易文献辨诂

郭 彧 著

北京大学出版社
PEKING UNIVERSITY PRESS

图书在版编目(CIP)数据

易文献辨诂/郭彧著.—北京:北京大学出版社,2013.11
(儒家思想与儒家经典研究丛书)
ISBN 978-7-301-21009-3

Ⅰ.①易… Ⅱ.①郭… Ⅲ.①《周易》-训诂 Ⅳ.①B221.5②H131.7

中国版本图书馆 CIP 数据核字(2012)第 166444 号

书　　　名:易文献辨诂
著作责任者:郭　彧　著
丛 书 主 编:汤一介
责 任 编 辑:王长民
标 准 书 号:ISBN 978-7-301-21009-3/B·1052
出 版 发 行:北京大学出版社
地　　　址:北京市海淀区成府路 205 号　100871
网　　　址:http://www.pup.cn　新浪官方微博:@北京大学出版社
电 子 信 箱:dianjiwenhua@163.com
电　　　话:邮购部 62752015　发行部 62750672
　　　　　　出版部 62754962　编辑部 62756694
印　刷　者:北京大学印刷厂
经　销　者:新华书店
　　　　　　880mm×1230mm　A5　14.5 印张　420 千字
　　　　　　2013 年 11 月第 1 版　2013 年 11 月第 1 次印刷
定　　　价:36.00 元

教育部哲学社会科学研究重大课题攻关项目

《儒藏》附属项目

总　序

当前，随着全球化浪潮的跌宕起伏，欧美金融危机、债务危机不断深化，国际形势日变。世界范围内原有的社会经济、政治、科技，及至外交、思想、文化等固有格局，均面临重大变动、调整和重新组合，近三百年来一直占统治地位的工业文明形态，亦面临调整和转型。这一历史进程的快慢缓急，目前虽然还难以具体预测，但从人类文明发展的历史逻辑和基本规律来看，此一历史趋势之无法逆转似乎已成定局。也正是这一现实背景和历史动因，为我国的“和谐社会”和全人类的“和谐世界”的建设，提供了千载难逢的历史机遇。

中华民族正处于伟大复兴的过程中，民族的复兴必有民族文化复兴的支撑。儒家文化在历史上曾是中华文化的主流，她自觉地传承着夏、商、周三代文明且代有发展，并深刻影响着中国社会的方方面面。同时，我们必须清醒地认识到，只有首先植根于本民族的文化传统并给以现代的转化，在此基础上才能有效地汲取和消化其文明的优秀成果，从而熔铸和塑造出新的民族文化精神，其中包括思维方式、行为方式、价值观体系、话语系统、社会发展模式、文化软实力以及民族的创造力、凝聚力等。只有如此，我们才能在新的历史条件下，加强对人类文明转型的自主能力，取得决定适应新环境、新时代文化选择的自主地位，以支撑我们的民族复兴大业能够最终得以实现、完成、发展和巩固，并为当前人类社会作出应有贡献。

（一）

有鉴于上述时代发展的历史特点和当今人类文明激变转型的背景及中华民族复兴的历史大趋势，北京大学于 2003 年启动了由汤一介先生为首席专家的《儒藏》编纂工程。该工程作为我国一项重大的学术文化项目,由教育部正式批准立项,并被确定为"教育部哲学社会科学研究重大课题攻关项目"。在"立项通知书"中,教育部要求北京大学和首席专家"瞄准国内和世界先进水平,认真组织跨学科、跨学校、跨部门和跨地区的联合攻关,积极开展实质性的国际学术合作与交流,力争取得具有重大学术价值和社会影响的标志性成果"。编纂这一浩大的文化主体工程,在采取符合现代方式对儒家文献进行整理出版的同时,加强对儒家经典和儒家思想研究,便成为《儒藏》编纂工程的"一体之两翼"。这也是当初《儒藏》工程总体设计和的基本内容和主要任务。也即是说,在我们集全国二十六所高校及有关科研院所几百名专家学者共同攻关编纂一部有现代标点、校勘的《儒藏》(精华编),以实现儒家文献外部形式的现代化,以为现代世界和现代人提供一个能够方便利用的现代版本,这是推动儒学现代化和中国文化复兴的重要一步,同时也是对儒家经典本身及儒家思想进行全面、系统深入研究的重要基础。

《儒藏》工程首席专家汤一介先生早在《儒藏》工程论证时即明确提出:"《儒藏》工程由编纂与研究两部分构成,它既要对儒家经典文献进行全面的整理和编纂,又要对儒家思想进行系统的研究和阐释。"汤先生认为,在《儒藏》编纂过程中,"编目"本身就是一项重要的研究工作,编出一部好的《儒藏大全总目》和一套好的《儒藏精华总目》,都可以说是一项重要研究成果。因为每一部典籍,从版本、源流,到校刊、考订,再到断句、标点及写出一篇合格的校勘记等,无不需要有宽广深厚的古代语言文字学、目录学、版本学和丰富的历史文化知识为底蕴,都需要在研究的基础上才能作好。由于《儒藏》的编纂是一项十年至二十年,甚至更长时间才能完成的巨大工程,因此在编纂《儒藏》的同时,也要对儒家经典文献方面和儒家义理思想方面进行全方位的探索、挖掘和研究。这些研究性的工作,正可以利用编纂《儒藏》的有利条件(文献资料、版本选择、校勘成果及人才配备等多方面条件),组织力量编写出高质量的学术研究成果,如《中国儒学史》、《儒家人物研究》、《儒家典籍研究》、《儒家伦理问题研究》

等。还可以考虑组织力量撰写当前人类社会所面临的重大课题的研究，如《儒家思想与生态问题》等等。汤先生的这些设想，对《儒藏》工程的攻关进展起到蓝图设计和思想推动的作用。

从《儒藏》工程正式由教育部批准立项起，经过近八年的努力，在《儒藏》工程的总体部分，标点、断句、校勘已完成了《儒藏》精华编总量的近百分之八十。在儒家思想和儒家经典研究方面，已经完成了九卷本《中国儒学史》的研究和撰写（北京大学出版社 2011 年出版），同时还出版了五期《儒家典籍与思想研究集刊》。（共发表了近 150 篇学术论文）这些研究成果的出现，标志着《儒藏》工程正在顺利发展并茁壮成长。

（二）

《儒藏》工程的顺利进行并取得多项阶段性研究成果，是与教育部、北京大学和积极参与此项工程的所有专家学者共同努力及关心中国文化发展和民族复兴的各界朋友的支持分不开的。在此我们愿与各位读者分享学术前辈及学术同仁对《儒藏》事业的支持、关怀和谆谆勉励的殷殷之情。

著名国学大师饶宗颐先生盛称《儒藏》的编纂与研究乃是“重新塑造我们的新经学”和“我们国家踏上文艺复兴时代”过程中的学术盛筵。为此他专门撰写了《〈儒藏〉与新经学》一文发表在《光明日报》上。其文充满了对中国文化复兴的期待，他说：

> 我们现在生活在充满进步、生机蓬勃的盛世，我们可以考虑重新塑造我们的新经学。世界上没有一个国家没有他们的 Bible（圣经）。……我们的哲学史，由子学时代进入经学时代，经学几乎贯彻了汉以后的整部历史。“五四”以来，把经学纳入史学，只作史料来看待，不免可惜！现在许多出土的简帛记录，把经典原型在秦汉以前的本来面目，活现在我们眼前，过去自宋迄清的学人千方百计去求索梦想不到的东西，现在正如苏轼诗句“大千在掌握”之中，我们应该再做一番整理工夫，重新制定我

们新时代的Bible。我所预期的文艺复兴,不是一二人的事,而是整个民族的事,也是世界汉学家共同的期待。

经书是我们的文化精华的宝库,是国民思维模式、知识涵蕴的基础;亦是先哲道德关怀与睿智的核心精义、不废江河的论著。重新认识经书的价值,在当前是有重要意义的。……"经"的重要性,由于讲的是常道,树立起真理的标准,去衡量行事的正确与否,取古典之精华,以笃实的科学理解,使人的文化生活与自然相协调,使人与人之间的联系取得和谐的境界。……经书对现代推进精神文明建设有积极性的重大作用。汉人比"五经"为五常,……五常是很平常的道理,是讲人与人之间互相亲爱、互相敬重、团结群众、促进文明的总原则。在科技领先的时代下,更应发扬光大,以免把人沦为物质的俘虏。我们对古代文献不是不加一字的不给予批判,而是要推陈出新,与现代接轨,给以新的诠释。

欣闻近年来北京大学在教育部支持下,已联合内外数十所大学和学术机构……数百位学者参加,正在编纂校点排印本《儒藏》,将儒家的传世文献,包括最新的出土文献以及域外文献作一次系统的整理,同时还进行相应的儒学及多项专题研究,这项巨大的工程必将对新经学的重建、对我国的文艺复兴作出重大贡献。为此,我特为主持其事的汤一介教授写过一副对联,上联是"三藏添新典",下联是"时中协太和",以示对《儒藏》工程的支持。

法国远东学院、法国高等人文学院前院长、欧洲著名汉学家汪德迈(LéonVandermeersch)先生,是一位对东方学术,特别是对中国文化有浓厚兴趣并对中国儒学家有专门研究的法国学者,他尤其重视儒家经典中《周易》的价值意义,认为"在中国的各个历史时期,没有一部像《周易》这样被阅读研究和一再修订,《周易》就如欧洲传统中的《圣经》一样"。这位法国汉学家不但能说一口流利的汉语,且对当代中国的政治、经济、社会及文化常保持高度关注并有深入研究。汪德迈先生对《儒藏》的编纂与研究也一直给予热情的关心和支持,他在《〈儒藏〉的世界意义》一文中说：

> ……不仅在社会实践方面，也在人与宇宙的观念方面，中国思想家与西方思想家大相异趣，两者有着完全不同的路向。启蒙运动后，西方思想家不再对中国感兴趣，因为鸦片战争后中国的衰落被认在现代化发展上难有出路。然而，1978 年以来，在新的目标推动下，中国的飞速发展，表明了适应现代化要求的中国文化的能力。与此同时，面对后现代化的挑战，西方反而表现出无能为力，如全球环境的破坏、富国与穷国之间经济差距的扩大、核武器扩散、不同种族之间的地区冲突增多。曾经带给世界完美的人权思想的西方人文主义面对近代社会以降的挑战，迄今无法给出一个正确的答案。
>
> 那么，为什么不能思考一下儒家思想可能指引世界的道路，例如“天人合一”提出的尊重自然的思想、“远神近人”所倡导的拒绝宗教的完整主义，以及“四海之内皆兄弟”的博爱精神呢？可能还应该使儒教精神在当今世界诸多问题的清晰追问中重新认识。依我的意见，《儒藏》的重要意义是给当代思想家从中国传统最重要的思潮中汲取精神遗产的一个平行的通道。我希望这不仅针对中国的当代思想家，同样也针对世界思想家。
>
> 我要指出，20 世纪下半叶代表西方最高汉学研究水平的著名学者李约瑟，正是他将中国的科学思想收集并使之成为世界科学文化的一部分，《儒藏》的出版或也可将中国人文主义汇集并将成为后现代全球人文主义的组成部分，就像李约瑟所说的那样——朝宗于海。

以上两位各具代表性的学者对《儒藏》工程的支持，其中也包含了他们对儒家经典和儒家思想研究的价值意义的充分肯定，同时也反映了他们对以“西方现代性”引领下的当今人类文明的发展所心存的诸多忧虑和反思，因此他们对以儒家思想为主流、主干的中国传统文化，在当今中国及世界如何发挥作用等问题给予了深具历史性和现实性的深切关注。

（三）

其实，从上世纪末至本世纪初，甚至一直到现在，已有不少西方学者持有与上述两位各具代表性的学者基本相同的立场和观点，他们在当今人类文明突飞猛进发展的脉动中似乎看到了自工业文明以来，人类生存所遇到的从未有过的困境，因而呼吁在“汲取西方文明之精华，去其糟粕，通过融合东方与南半球文明的重大贡献而创造出文明共生的局面”。这是对西方文化全方位的反省和对人类新文化的呼唤。

这里，“文明共生”的命题包含着对近年西方颇为流行的所谓“文明冲突论”、“终极价值论”、“历史终结论”以及“可持续发展论”的理论甄别和文化的批判。他们认为，过去的三百年，世界的现代化多是由西方来定义的，因此在很多地方，现代化基本等同于西方化或美国化。特别是在冷战刚刚结束不久，便有人提出西方自由民主制度的所谓“终极价值”论和所谓“历史终结”论。殊不知，人类文明的发展不会停止在任何一个历史阶段上，因此把人类文明发展的某个阶段看作是“历史的终结”，把任何一种特定条件下生成的社会制度或社会形态绝对化为“终极价值”，这都是较为肤浅和短视的观点。如果承认历史可“终结”在人类文明发展的某个特定的阶段而不会再变，或者认为某种制度或价值体系有所“终极”而不再发展，这是既缺乏历史眼光，又缺乏哲学头脑。这样的看法，比杜撰玛雅世界末日的预言高明不了多少。

至于“可持续发展”的理论，在一些具有叛逆精神的西方学者眼中，这仅仅是在生态环境压力下暂缓发展的一种权宜之计，该理论并未挖掘“发展”逻辑的根源。“而在‘人类发展’这一提法里，‘人类’这个词十分空洞，它最多也只是指西方的人文模式。”因此，“‘发展’这一表面看来具有普遍价值的概念，构建的却是一个西方中心主义的典型神话。它是一架疯狂的西化发动机，一个北半球国家对‘不发达’国家的殖民工具。”（〔法〕埃德加·莫寒：《社会世界还是帝国世界》）我们从这些表述中，可以看到一些西方学者对西方现代性的反思和真正的文化觉醒及对现实世界的人文关怀。在他们看来，所谓"发展"，"恰恰忽视了不可计算、不可变卖的人类精神财富，诸如捐献、高尚、信誉和良心。'发展'所经之处扫荡了文化宝藏与古代传统和文明的知识。而'欠发展'这一漫不经心的和粗野的提法，将千万年的文化智慧与人生艺术贬得一钱不值"。"发展"当然给人们带来了科学的、技术的、医学的、和社会的进步，"但它同时也带来了对环境对文化的破坏，造成了新的不平等，结果是新的奴役取代了老式奴役。'可持续'或'可行性发展'的说法虽然可以减缓或削弱这一破坏进程，但却不能改变其摧毁性的结局"。（出处同前引）

西方学者对当今人类文明发展局限性的提示与批判，已常常触及近三百年来工业文明所面临的困境，即人与自然、人与人（包括人与社会）、人自身的灵与肉等三大关系的严重失调、失序、失范和失控。由于三大关系平衡的破坏，于是便产生了人类迄今为止最为严重的生态危机、社会危机和道德危机。那么，这些危机产生的根源究竟在哪里？这也是从上世纪末至本世纪初，一些西方学者所一再追寻的问题。他们认为，自工业文明以来，西方社会生活的各个领域都越来越受制于算计，受制于攫取利益的技巧，数量凌驾于质量之上，人口密集地区的生活质量下降，工业化种植和养殖使乡村荒漠化，而且造成了严重的食物危害。"悖论在于，西方文明在全球凯旋之时，却正在经受其内部的危机，而他的完成揭示的却是它自身的贫乏。""地球这颗宇宙行星被四个既相关又不受控制的动力所推动：科学、技术、工业与资本主义（利润）。"这四大动力在为工业文明积累无限的物质财富和为人类创造无限福祉的同时，也制造并加工了自人类产生以来一个最大的"产品"——欲望。在这些西方者看来，工业文明实质上不过是一架不断制造"欲望"的疯狂发动机。然而，人类的欲望又是没有止境的，这就必然导致人欲横流而得不到控制。三大关系的破坏和三大危机的产生，其内在原因盖源于此。

欲望驱动利益的追逐，利益的追逐又反过来刺激欲望的躁动、萌生与膨胀，使人类生活的各个领域都越来越多地受制于巧伪和算计，越来越多地受制于攫取利益的权力、技巧和庞杂的工具,使人与自然、人与社会、人与人、人自身灵与肉之间展开没有止境的纠缠和搏斗,未来展示给我们的“既是黄金时代,又是恶魔的时代”。在这个善恶“俱分进化”的时代,人生如何安顿?社会如何安宁?世界如何和谐?这一系列问题和一大堆问号都需要回答和解决,而解决之道又在哪里?

(四)

汤一介先生在北京大学新近出版的九卷本《中国儒家史》总序中说:“全球化已把世界连成一片,任何国家、任何民族所解决的不仅是其自身社会的问题,而是要面向全世界。因此,世界各国、各民族理应将会出现为人类社会走出困境的大思想家或跨国大思想家集团。实际上,各国各民族的有些思想家已在思考和反省人类社会如何走出当前的困局、迎接一个新时代的种种问题。在此情况下,各国各民族的历史文化经验和智慧,无疑是十分重要的。因此,对影响中国社会二千多年历史的主流文化‘儒家’应有一总体的认识和态度是很必要的。”汤先生的这些话固然是对九卷本《中国儒家史》的研究和出版说的,但也同样适用于“儒家思想与儒家经典研究丛书”。

现在,我们将把四部关于“儒家思想与儒家经典”的研究新著奉献给读者。它们分别是郭彧所著的《易文献辨诂》、苏永利所著的《易学思维研究》、乔清举所著的《儒家生态思想通论》、张沛所著的《中说解理》。这四部新著是作为“儒家思想与儒家经典研究丛书”的一部分与读者见面的,同时它也是“北京大学《儒藏》编纂与研究中心”承担教育部“《儒藏》编纂与研究”重大攻关项目主体工程中若干子项目中的一项。这套丛书所以命名为“儒家思想与儒家经典研究”,是为了体现《儒藏》工程“一体之两翼”的设想,即“《儒藏》的编纂与研究”是主体,“儒家思想研究”和“儒家经典研究”是“两翼”。思想研究多属文本之义理范畴,其中包括思想、义理之辨析,逻辑、方法之发明以及思想、旨趣之探讨等。而经典研究,则多属文本之文义、考据范畴，其中包括传统文献学中的目录、版本、文字、注释、校勘、训诂乃至辨伪、辑佚等工夫。因此，上述所谓“两翼”，实即古已有之的所谓“辞”与“志”，抑或义理与章句或义理与考据，这两者的互动，形成传统学术中的所谓义理学与考据学两派的历史分野。

随着历史的发展和时代的变迁，儒家思想，乃至儒家经典自身也不断地发生变化。在变化过程中，往往是思想的变化大于经典文本本身的变化，在中国历史上所形成的经学传统及其发展，即体现这种双重变化所带来的学术研究的复杂性和歧异性。义理学派强调思想的演变要尽量符合时代发展，因此自觉或不自觉地在经典解释中体现时代的特点，因此也就自觉或不自觉地对文本本身加以义理的“干预”，而出现穿凿甚至“无视”。而考据学派则更多地强调文本本身的相对稳定性，对“穿凿”和“无视”加以纠正，促使思想的研究不脱离文本或更符合文本原意。在中国传统学术研究中，这两派的相互“纠结”，不但没有影响传统学术的进步，反而推动了学术研究的发展。两者的结合恰是中国经典解释的基本特征。

汤一介先生在九卷本《中国儒学史》的“总序”中，专设“儒学与普遍价值”和“儒学与经典诠释”两节，这与他多年来一直提倡在中国传统文化中寻求“普遍价值”和建立“中国自己的解释学”相呼应。他说:“如果说儒学能为解决‘人与自然’、‘人与人(社会)’、‘人自身的身心内外’的矛盾提供某些有意义的思想资源，那么我们能不能说这些思想资源针对某些特定的问题包含着‘普遍价值’的意义呢？我认为这应是肯定的。”同时汤先生也指出，中国哲学，特别是儒家思想，经过新的解释，才有可能从“传统”走向“现代”，实现所谓儒家思想的“现代转化”。我个人的理解，汤先生所以呼吁追寻中国哲学和儒家思想资源中具有“普遍价值”的东西，是需要艰苦细致的“现代转化”工作，而这项工作又与“建立中国的解释学”有密切关系。无论是义理之学还是考据之学，从本质上说它们都是现代意义上的“解释学”。中国有很长的解释经典的历史传统，而且形成了种种不同的对经典解释的方法，其中包括文字学、音韵学、训诂学、考据学及义理之学等等，但我们还缺乏对经典解释实践中内含的解释学的自觉。因此，对解释历史的充分了解与考察，将有助于从中提炼、归纳中国的解释学理论，提高儒家思想“现代转化”的理论能力和理论建设，以便更广泛、更深入地追寻和提炼深藏在中国哲学和中国文化中具有“普遍价值”的文化思想资源。

《儒家思想与儒家经典研究丛书》的集结与出版，即是为实现上述任务的一种尝试，它将与《儒藏》的编纂与研究同步展开。感谢《易文献辨诂》、《易学思维研究》、《儒家生态思想通论》及《中说解理》四部新著的作者，因为，这四部新著的出版，为《儒藏》的编纂与研究及“儒家思想与儒家经典研究”提供了新的学术成果。同时，也感谢北大出版社对此付出的辛勤努力。

李中华

2012 年岁末于北京大学

目　录

前 言

笔者身为《儒藏》(精华编)编审专家,在通审经部易类诸多校点稿件的过程中,发现了许多原则性的问题。今举数例如下。

1.《周易述》:

两象易者本诸《系辞》下传大壮大过夬三盖取与无妄中孚履两象易此汉法也

校点者标点作:

两象易者,本诸《系辞》下传。大壮、大过、夬三,盖取与无妄、中孚、履。两象易,此汉法也。

按:《系辞下》"上古穴居而野处,后世圣人易之以宫室,上栋下宇,以待风雨,**盖取**诸大壮;古之葬者,厚衣之以薪,葬之中野,不封不树,丧期无数,后世圣人易之以棺椁,**盖取**诸大过;上古结绳而治,后世圣人易之以书契,百官以治,万民以察,**盖取**诸夬",是谓"三盖取"。

正确的句读应该是:

两象易者,本诸《系辞下》传。大壮、大过、夬三"盖取",与无妄、中孚、履两象易。此汉法也。

此处错误出于没有核对《系辞》原文。

2.《周易述》:

彼注云财爻与人同制之爻故以聚人火珠林巽属木六四辛未土巽之财也故云以四阴作财与下三阳共之为富以其邻也

校点者标点作:

彼注云:"财爻与人同,制之爻故以聚人。"《火珠林》:"巽属木,六四辛,未土,巽之财也。"故云以四阴作财,与下三阳共之为富,以其邻也。

正确的句读应该是：

彼注云“财爻与人同制之爻，故以聚人”，《火珠林》“巽属木，六四辛未土，巽之财也”，故云“以四阴作财，与下三阳共之”，为“富以其邻”也。

此处错误在于不明白“六四辛未土”和“富以其邻”的出处。

3.《周易述》里面有“春秋五十凡”五字，校点者认定这是指一本书而言，于是加上了书名号，作《春秋五十凡》。如何审查校点者所加标点是否正确，笔者也不是胸有成竹，只好按部就班一步一步地检查了。首先查历史上是否有这样一本书，结果是否定的。其次查阅《春秋》一书，不但没有“五十凡”三字相连的内容，更没有五十句以“凡”字开头的文字内容。第三翻阅《春秋》三传，《公羊》、《穀梁》里面没有相关内容，最后在《左传》里面找到了六十多句以“凡”字开头的文字内容。剔除了“某某曰”的内容，最后归纳出与礼仪方面有关的文句，恰好是五十句。

至此，问题解决了。原来所谓“春秋五十凡”既不是一本书的名字，也不是《春秋》书中的内容，原本是左丘明传《春秋》时就礼仪方面说的五十句以“凡”字开头的话。就时间花费而言，通审这五个字是否应该加上书名号，足足用了大半天。

此处错误在于校点者武断“春秋五十凡”是一本书。

4.《汉上易传》里面有“武功爵十三级曰闲舆卫”十个字，校点者标点作“武功爵十，三级曰闲舆卫”。表面看来，如此句读无可挑剔。查四库本《厚斋易学》、《合订删补大易集义粹言》，亦作“武功爵十三级曰闲舆卫”。一般通审至此，就算完成使命，更没有什么需要承担的责任。然而，《周易·大畜》九三曰“良马逐，利艰贞，曰闲舆卫，利有攸往”，为什么“曰闲舆卫”与“武功爵”扯上了关系？“三级曰闲舆卫”，其他的级别叫什么？又为什么郑玄作“日闲舆卫”？此等问题，促使我继续审查下去。

《史记》：“议令民得买爵，及赎禁锢免减罪。请置赏官，命曰武功爵。"《集解》瓒曰:"《茂陵中书》有武功爵,一级曰造士,二级曰闲舆卫,三级曰良士,四级曰元戎士,五级曰官首,六级曰秉铎,七级曰千夫,八级曰乐卿,九级曰执戎,十级曰左庶长,十一级曰军卫。此武帝所制,以宠军功。"可谓"歪打正着",居然发现了《四库全书》抄录方面的错误。原本是"武功爵十一二级曰闲舆卫"十一字,误把"一"与"二"合作"三"字,于是变成了"武功爵十三级曰闲舆卫"十字。

类似如此的错误,责任既不在校点者,更不在通审专家。但是从校勘学的角度看,必须予以纠正。

小时候,祖父曾经给我讲了一个故事。他说有人问梁启超:《孟子》里面说"不孝有三,无后为大",那两个不孝是什么?梁启超回答:三是大数,如同"三生万物"一样。既然有"二十四孝",那么不孝也不止三个。结果,那个人唯唯诺诺回头走了。其实,那个人在故意考察梁启超的学问。因为汉代赵岐《孟子注》里面已经说:"于礼有不孝者三事:谓阿意曲从,陷亲不义,一不孝也;家穷亲老,不为禄仕,二不孝也;不娶无子,绝先祖祀,三不孝也。"梁启超的缺点在于以不知为知,结果贻笑大方。

身为《儒藏》编审专家,就通审过程中发现的诸多问题谈谈感触的话,就是越来越觉得编审《儒藏》的任务繁重,越来越觉得责任重大!子曰:"知之为知之,不知之为不知,是知也。"所以,参与校点者不能强以不知为知,不能掉以轻心地从事《儒藏》的编纂工作。所有参与者都应该时刻想到:我们的劳动成果,能否供后人充分利用?对我们工作的成绩后人会如何评价,特别是会不会有所诟病?《四库全书》的编纂结果可为镜鉴,更何况今《儒藏》编纂采用现代标点符号句读,可不慎乎!

正是诸如此类的问题,使我认识到易文献学知识的重要性。在通审相关易学书籍过程中,于目录、版本、校勘、训诂、句读、理校等诸多方面,均发现了许多问题,而易文献学知识的欠缺几乎是参与校点者的通病。于是萌发了撰写一本《周易文献学辨诂》的小书,以补历史空白。幸运的是,此课题得到北京大学《儒藏》编纂与研究中心的批准,于是就笔者校点和通审过的部分易类著作,利用原先的札记进行了文献学方面的辨诂，便有了这些固陋的文字内容。（改名为《易文献辨诂》）对此，笔者战战兢兢，如临深渊，如履薄冰。第一个吃螃蟹的人是冒险家，可能称不上美食家。所以，笔者衷心希望方家教正。

2011 年 3 月 12 日写于广州寓所

第一篇　《京氏易传》辨诂

一　《京氏易传》校点与整理举要

《儒藏》精华编经部易类所选第一本书即是《京氏易传》，校点者郭彧。取《四部丛刊》影印天一阁本为底本，以《四库全书》本为参校本。是书究竟应该属于何部，历来既有不同分类。

李昉等编集《太平御览》把《京房易传》归入“经史图书纲目”，与《周易正义》并列。

宋尤袤《遂初堂书目》把《汉京氏易传》归入“周易类”，与《程氏古周易考》并列。

宋王应麟《玉海》记《汉京房易传》云：“详见易类。晁说之曰，《汉·艺文志》易京氏凡三种八十九篇。”

宋陈振孙《直斋书录解题》把《京房易传》三卷归入易类，与《周易集解》并列。

明杨士奇《文渊阁书目》把《京氏易传》归入“地字号第一厨书目”，与《周易王弼注》并列。

明陶宗仪《说郛》把《汉京氏易传》归入“周易类”，与《周易正义》并列。

清朱彝尊《经义考》把《京氏易传》归入《易》六。显然以之为经。

《钦定四库全书总目》经部易类一云：“陆氏《易解》一卷……此本采《京氏易传》注为多。”则明显承认陆氏所撰周易《京氏易传》属于“经部易类”，然而于《钦定四库全书总目》子部术数类却云：“京氏易传三卷，汉京房撰，吴陆绩注。”则又把是书归入了“术数类占卜之属”。

考是书内容,前两卷为解六十四卦的文字,与所谓“纳甲筮法”的“命书”没有关系,而卷下只有“分天地乾坤之象,益之以甲乙壬癸”至“易之变化,六爻不可据,以随时可占”不足二百字属于阐述“纳甲”的内容。怎么能据此即把是书归入子部术数类呢?

张元济编辑《四部丛刊》,则把《京氏易传》归入初集的经部易类,应该是有所根据的。今北京大学编纂《儒藏》精华编,把《京氏易传》归入经部易类,也是经历波折之后定夺下来的。笔者认为如同《四库全书》把《子夏易传》列为经部易类第一本书一样,虽有不同议论,然毕竟不失其类别之正确划分。

天一阁《京氏易传》三卷本,为明代兵部侍郎范钦订。半叶九行,行十八字,小字双行三十六字。左右双边,黑口,单鱼尾纹。

卷上述:

乾 姤 遁 否 观 剥 晋 大有 (乾宫八卦)

震 豫 解 恒 升 井 大过 随 (震宫八卦)

坎 节 屯 既济 革 丰 明夷 师 (坎宫八卦)

艮 贲 大畜 损 睽 履 中孚 渐 (艮宫八卦)

卷中述:

坤 复 临 泰 大壮 夬 需 比 (坤宫八卦)

巽 小畜 家人 益 无妄 噬嗑 颐 蛊 (巽宫八卦)

离 旅 鼎 未济 蒙 涣 讼 同人 (离宫八卦)

兑 困 萃 咸 蹇 谦 小过 归妹 (兑宫八卦)

前二卷以八卦分八宫,每宫一纯卦统七变卦,系以世应、飞伏、游魂、归魂诸例。

卷下论纳甲、八卦卦气、天地人鬼四易、五行各具一行而一行咸具五行、阴阳之数等。后半部分文字,则为后人附录北宋晁以道《记京房易传后》内容。

上海涵芬樓景印天
一閣刊本原書版匡
高營造尺六寸五分
寬四寸九分

京氏易傳卷上

吳鬱林太守陸績註

明兵部侍郎范欽訂

乾下乾上乾純陽用事象配天屬金與坤爲飛伏居世壬戌土癸酉金易云用九見羣龍无首吉九純陽用九之德九三三公爲應肖乾乾夕惕之憂甲壬配外內二象乾爲天地之首分甲壬入乾位積筭起巳巳火至戊辰土周而復始吉凶之兆積年起月積日起時積時起卦入本宮五星從位起鎮星土星入西方羆西北居壬戌爲伏位參宿從位起壬戌壬戌

京氏易傳卷中

吳鬱林太守陸績註

明兵部侍郎范欽訂

坤下坤上坤純陰用事象配地屬土柔道光也陰凝感與乾相納臣奉君也易云黄裳元吉六二內卦陰處中臣道正也與乾爲飛伏癸酉金壬戌土宗廟居世三公爲應未免龍戰之灾無成有終陰成陽君臣不敢爲物之始陽唱陰和君命臣終其事也初六起履霜至於堅氷陰雖柔順氣亦堅剛爲無邪氣也建始甲午

京氏易傳卷下

吳鬱林太守陸績註

明兵部侍郎范欽訂

夫易者象也爻者效也聖人所以仰觀俯察象天地日月星辰草木萬物順之則和逆之則亂夫細不可窮深不可極故揲蓍布爻用之於下筮分六十四卦配三百六十四爻序一萬一千五百二十策定天地萬物之情狀故吉凶之氣順六爻上下次之八九六七之數內外承乘之

另外，《京氏易传》还有明代新安程荣校本和《四库全书》本。

京氏易傳卷上

漢　東郡京房著

吳　吳郡陸績註

明　新安程榮校

☰ 乾下乾上 乾純陽用事象配天屬金與坤爲飛伏居世 壬戌土 癸酉金 易云用九見羣龍无首吉 純陽用九之德 九三三公爲應肖乾乾夕惕之憂甲壬配外内二象 乾爲天地之首分甲壬入乾位 積筭起巳巳火至戊辰土周而復始 吉凶之兆積年起月積日起時積時起卦入本宮 五星從位起鎮星 土星入西方麗西北居壬戌爲伏位

京氏易傳卷中

漢　東郡京房著

吳　吳郡陸績註

明　新安程榮校

☷ 坤下坤上 坤純陰用事象配地屬土柔道光也陰凝感與乾相納臣奉君也易云黃裳元吉六二内卦陰處中臣道正也與乾爲飛伏 癸酉金 壬戌土 宗廟居世三公爲應未免龍戰之災無成有終 陰成陽君臣不敢爲物之始陽唱陰和君命臣終其事也 初六起履霜至於堅冰陰雖柔順氣亦堅剛爲

京氏易傳卷下

漢　東郡京房著

吳　吳郡陸績註

明　新安程榮校

夫易者象也爻者效也聖人所以仰觀俯察象天地日月星辰草木萬物順之則和逆之則亂夫細不可窮深不可極故揲蓍布爻用之於下筮分六十四卦配三百六十四爻序一萬一千五百二十策定天地萬物之情狀故吉凶之氣順六爻上下次之八九六

欽定四庫全書

京氏易傳卷上

漢　京房　撰

☰ 乾下乾上 乾純陽用事象配天屬金與坤爲飛伏居世 壬戌土 癸酉金 易云用九見羣龍无首吉 純陽用九之德 九三三公爲應肖乾乾夕惕之憂甲壬配外内二象 乾爲天地之首分甲壬入乾位 積算起巳巳火至戊辰土周而復始 吉凶之兆積年起月積日起時積時起卦入本宮 五星從位起鎮星 土星入西方麗西北居壬戌爲伏位 參宿從位

欽定四庫全書 京氏易傳 卷上

2002年，笔者曾经参与教育部人文社会科学重点研究基地基金资助《历代易学名著整理与研究丛书》课题项目，著《京氏易传导读》。内容包括《京氏易传》三卷和《京氏易》八卷。《京房易》之名先见于南宋晁公武的《郡斋读书志》，为北宋晁说之得于民间之书，原称之为《京房易传》。《京氏易》为清代王保训辑佚之书。

卷下后人附录之文（自“晁氏公武曰”至“具如别录”），如下。

事八卦仰觀俯察在乎人隱顯災祥在乎天考天時察人事在乎卦八卦之要始於乾坤通乎萬物故曰易窮則變變則通通則久久於其道其理得矣卜筮非襲於吉唯變所適窮理盡性于茲矣

晁氏公武曰漢藝文志易京氏凡三種八十九篇隋經籍志有京氏章句十卷又有占候十種七十三卷唐藝文志有京氏章句十卷而易占候存者五種二十三卷今其章句亡矣乃畧見於僧一行及李鼎祚之書今傳者曰京氏積算易傳三卷雜占條例法一卷或共題易傳四卷而名皆與古不同今所謂京氏易傳者或題曰京氏積算易傳者疑隋唐志之錯卦是也雜占條例法者疑唐志之逆刺占災異是也錯卦在隋七卷唐八卷所謂積算雜逆刺占災異十二卷是也至唐逆刺三卷而亡其八卷元祐八年高麗進書有京氏周易占十卷疑隋周易占十二卷是也是古易家有書而無傳者多矣京氏之書幸而與存者纔十之一尚何離失師說邪景迂嘗曰余自元豐壬戌偶脫去舉子事業便有志學易而輒本好王氏妄以謂弼之外當自有名象者果得京氏傳而文字顛倒舛訛不可訓知迨其服習甚久漸有所窺今三十有四年矣乃能以其象數辨正文字之舛謬於邉郡山房寂寞之中而私識之曰是書兆乾坤之二象以成八卦凡八變而六十有四於其往來升降之際以觀消息盈虛於天地之元而酬酢乎萬物之表者炳然在目也大抵辨三易運五行正四時謹二十四氣志七十二候而位五星降二十八宿其進退以幾而爲一卦之主者謂之世奇耦相與據一以起二而爲主之相者謂之應世之所位而陰陽之肆者謂之飛陰陽肇乎所配（乾與坤震與巽坎與離艮與兌）而終不脫乎本（以飛某位之卦乃伏某宮之位）以隱顯佐神明者謂之伏起乎世而周乎內外參乎本數以紀月者謂之建終之始之極乎數而不可窮以紀日者謂之積會於中而以四

爲用一卦備四卦者謂之互乾建甲子於下坤建甲午於上八卦之上乃生一世之初初一世之五位乃分而爲五世之位其五世之上乃爲游魂之世五世之初乃爲歸魂之世而歸魂之初乃生後卦之初其建剛日則節氣柔日則中氣其數虛則二十有八盈則三十有六蓋其可言者如此若夫象遺乎意意遺乎言則錯綜其用唯變所適或兩相配而論內外二象若世與內（革水火配位離火四世水）若世與外（用金木交爭外先金初世木）或不論內外之象而論其內外之位（萃土水入艮兌初土四水）或三相參而論內外與飛（賁土火木分陰陽艮土離火飛木）若伏（旅火土木入離艮離火艮土休伏木）或相參而論內外世應建伏（觀金土火木互爲體建金水應內土伏火外木）或不論內外而論世建與飛伏（益金土入震索也與飛土建與伏金）或兼論世應飛伏（復水）（土見假世應水土飛伏水土屯土木應象世應土木飛伏土水）或專論世應（夬金）（木合乾先入坤象世金應木蠱金木入艮巽世金應木）或論世之所忌（履金）（火入卦初九火□九四火克九五世金爻及乾文金）或論世之所生（巽火木與）（巽同宮世木巽木見火）於其所起見其所滅（大壯起于子滅于亥）於其所形見其所生（隨金木交形水火相激兌金巽木）故曰死於位生於時死於時生於位苟非彰往而察來微顯而闡幽者曷足以與此前是小王變四千九十有六卦後有管輅定乾之軌七百六卦復有入坤之軌六百七十有二其知之者將可以語邵康節二易矣徒小王之徒唯知尚其詞耳其謂斯何昔魯商瞿子木受易孔子五傳而至漢田何子裝何授洛陽丁光光授碭田王孫王孫授東海孟喜孟喜授梁焦贛延壽延壽授房房授東海殷嘉河東姚平河南乘弘由是易有京房之學而傳盛矣有瞿牧自生者不肯學京氏曰京非孟氏學也劉向亦疑京託之（缺一字）孟氏不知當時爲何說也今以當時之書驗之蓋有孟氏京房十一篇以大異孟氏京房六十六篇與夫京氏殷嘉十二篇同爲一家之學則其源委孰可誣哉此亦學者不可不知也若小王者果何所授受邪蓋自京氏爲王學有餘力而王學之適京氏則無繇矣或傳是書而文字舛謬

渙訟同人 謙小過歸妹

京氏易傳卷下 終

得以予言而攷諸凡學不可就正者缺以待來哲積筭雜占條例法具如別録

乾 姤遯否觀 剥晉大有 震 豫解恒升 井大過隨

坎 節屯既濟革 豐明夷師 艮 賁大畜損 睽離中孚漸

坤 復臨泰大壯 夬需比 巽 小畜家人益无妄 噬嗑頤蠱

離 旅鼎未濟蒙 兑 困萃咸蹇

其文曰：

《汉·艺文志》易京氏凡三种八十九篇，《隋·经籍志》有《京章句》十卷，又有《占候》十种七十三卷，《唐·艺文志》有《京章句》十卷，而《占候》存者五种二十三卷。今其《章句》亡矣，乃略见于僧一行及李鼎祚之书，而其传者曰《易传》三卷，《积算杂占条例法》一卷，或共题《易传》四卷，而名皆与古不同。今所谓《京氏易传》者，或题曰《京氏积算易传》，疑隋、唐《志》之《错卦》是也。《错卦》在隋七卷、唐八卷，所谓《积算杂占条例法》者，疑隋《逆刺占灾异》十二卷是也。至唐《逆刺》三卷而亡其九卷，元祐八年高丽进书有《京氏周易占》十卷，疑《隋·志·周易占》十二卷是也。自古易家有书而无师者多矣，京氏之书幸而与存者才十之一，尚何谁之师哉？说之自元丰壬戌偶脱去举子事业，便有意学易，而辄不好王氏，妄以为弼之外当自有名家者，果得《京氏传》，而文字颠倒舛讹不可训知。逮其服习既久，渐有所窥，今三十有四年矣。乃能以其象数辨正文字之谬，于边郡山房寂寞之中，而私识之曰，是书兆乾坤之二象以成八卦，卦凡八变而六十有四，于其往来升降之际，以观消息盈虚于天地之元，而酬酢乎万物之表者，炳然在目也。大抵辨三易、运五行、正四时、谨二十四气、悉七十二候，而位五星、降二十八宿，其进退以几，而为一卦之主者，谓之世。奇偶相与，据一以超二而为主之相者，谓之应。世之所位而阴阳肇乎所配，乾与坤、震与巽、坎与离、艮与兑。而终不脱乎本，以飞某卦之位，乃伏某宫之位。以隐赜佐神明者，谓之伏。起乎世而合内外，参乎本数以纪月者，谓之建。终终始始极乎数，而不可穷，以纪日者，谓之积。含于中而以四为用，一卦备四卦者，谓之互。乾建甲子于初，坤建甲午于上，八卦之上乃生一世之初，一世之五位乃分而为五世之位，其五世之上乃为游魂之世，五世之初乃为归魂之世，而归魂之初乃生后卦之初，其建刚日则节气，柔日则中气，其数虚则二十有八，盈则三十有六，盖其可言者如此。若夫象遗乎意，意遗乎言，则错综其用，唯变所适，或两相配而论内外二象，若世与内，革，水火配位，内离火，四世水。若世与外，困，金木交争，外兑金，初世木。或不论内外二象，而论其内外之位，萃，土水入艮，兑初土四水。或三相参而论内外与飞，贲，土火木分阴阳，艮土，离火，飞木。若伏，旅，火土木入离艮，离火，艮土，伏木。或相参而论内外世应建伏，观，金土火木互为体，建金，世应内土，伏火外木。不论内外而论世建与飞伏。益，金土入震巽，世与飞土，建与伏金。或兼论世应飞伏，复，水土见候，世应水土，飞伏水土。屯，土木应象，世应土木，飞伏土木。或专论世应，夬，金木合乾兑，入坤象，世金应木。蛊，金木入艮巽，世金应木。或论世之所忌，履，金火入卦，初九火，九四火克九五世金及乾之金。或论世之所生，巽火木与巽同宫，世木，巽木，建火。于其所起见其所灭，大壮，起于子灭于亥。于其所刑见其所生，随，金木交刑，水火相激，兑金巽木。故曰“死于位生于时，死于时生于位”。苟非彰往而察来，微显而阐幽者，曷足以与此！前是焦小黄变四千九十有六卦，后有管辂定乾之轨七百六十有八、坤之轨六百七十有二，其知之者将可以语邵康节之易矣。彼小王之徒，唯知尚其辞耳，其谓斯何？昔鲁商瞿子木受易孔子，五传而至汉田何子装，何授洛阳丁宽，宽授砀田王孙，王孙授东海孟喜，喜授梁焦赣延寿，延寿授房，房授东海殷嘉，河东姚平，河南乘弘，繇是易有京氏之学而传盛矣。有瞿牧、白生者不肯京氏，曰京非孟氏学也。刘向亦疑京托之孟氏，予不知当时为何说也？今以当时之说验之，盖有《孟氏京房》十一篇，《灾异孟氏京房》六十六篇，与夫《京氏殷嘉》十二篇同为一家之学，则其源委孰可诬哉！此亦学者不可不知也。若小王者，果何所授受邪？盖自京氏为王学有余力，而王学之适京氏则无繇矣。或传是书而文字舛缪，得以予言而考诸，今有不可就正者，阙以待来哲。《积算杂占条例法》具如别录。

政和五年乙未五月庚辰嵩山晁说之记

以上引文，宋王应麟《玉海》、元马端临《文献通考》、明唐顺之《稗编》、清朱彝尊《经义考》等均引用之。考其原，出于北宋晁说之《景迂生集》卷十八《记京房易传后》。

两相比较，《京氏易传》卷末引文舛误不少。引文本出北宋晁说之，误作南宋巨野人晁公武。晁说之，字以道，巨野人，自号曰景迂，神宗元丰壬戌进士。晁公武，字子止，孝宗隆兴年间充侍御史，官至敷文阁直学士，著有《郡斋读书志》四卷。书中记："《京房易》三卷，隋有《汉京房章句》十卷。此书旧题京房传，吴陆绩注。皆星行气候之学，非章句也。"

引文内容亦不少讹夺，非校点功力所及。因而，今《儒藏》精华编将北宋晁说之《景迂生集》卷十八《记京房易传后》内容附录于《京氏易传》之后。

经考证，卷下最后"八宫卦"，乃宋末元初易学家俞琰补入。

二 关于《京氏易传》辨伪的问题

有版本学家言：凡历史上没有记载，突然于某时得见于民间者，十有八九是伪书。今《京氏易传》,的确是历史上没有任何记载,而是于北宋元丰壬戌年间(1082),晁说之偶然得于民间之书。是书“文字颠倒舛讹,不可训知”,经晁氏“服习既久,渐有所窥”,三十有四年之后“乃能以其象数辨正文字之谬”。如此,依照版本学家所言,是书“十有八九是伪书”。

今见《易纬》诸书,亦没有涉及“纳甲”内容,东汉魏伯阳《周易参同契》则大谈“纳甲”,三国虞翻亦用“纳甲”解《易》。然而,清人所辑《京氏易》,有大谈灾异内容,却没有涉及“纳甲”的任何内容。

今见《京氏易传》,则有大谈“纳甲法”的内容。《汉上易传表》:“臣闻商瞿学于夫子,自丁宽而下,其流为孟喜、京房,喜书见于唐人者犹可考也。一行所集房之《易传》,论卦气、纳甲、五行之类。”可知,唐一行和尚编辑的京房《易传》里面有“纳甲”内容。

究竟“纳甲”起于何时?“八宫世卦”先见于何书?是否先于《周易参同契》?如果把以上问题弄清楚,似乎可以考证明白《京氏易传》的真伪。所以,笔者现在还不敢肯定《京氏易传》一定是伪书。

三 《京氏易传》校勘记的辩证举要

卷上

p.1

(北京大学出版社2009年7月出版发行《儒藏》精华编第一册之页码,以下同此)

乾。纯阳用事。象配天,属金。与坤为飞伏。居世。①……九三三公为应。

校勘记:①“居世”上,疑有脱字。

上九为世,九三为应。京氏以上九为“宗庙”,九三为“三公”。所以,原文当作“宗庙居世”。

p.14

上艮下艮二象,土木分气候。与兑为飞伏。丙寅木,丁未土。②

校勘记:②“土”,原无,据四库本补。

据《火珠林·八卦六位图》，艮上九为“丙寅木”，兑上六为“丁未土”，补作“丁未土”是。

庚寅至乙未。④立春、大暑。

校勘记：④“庚”上，据上下文义，当有“建始”二字。

前《师》卦：建始壬辰至丁酉。清明、秋分。所以，“庚寅至乙未”前当有“建始”二字。

p. 16

三公居世，宗庙。①六三，上九。

校勘记：①“宗庙”下，四库本有“为应”二字。

损卦，六三为世，上九为应，所以作“宗庙为应”是。

分气候二十八。二十起数，③算吉凶八卦。

校勘记：③“二十”下，四库本有“八”字。

晁说之《记京房易传后》：“其建刚日则节气，柔日则中气，其数虚则二十有八，盈则三十有六。”作“二十八起数”是。

p. 17

建始乙未至庚子。大暑、大雪。积算起庚子至乙亥。①金水入卦，配六位算吉凶。

校勘记：①“庚子至乙亥”，四库本作“己亥至庚子”。

庚为金，子为水，是为“金水入卦”，自庚至乙为“配六位”。所以，作“积算起庚子至乙亥”是。

p. 18

阴阳升降，八卦将尽，六十八爻阴阳相杂，①

校勘记：①“八”，四库本作“四”。

一卦六爻，八卦六十四爻。作“六十四爻阴阳相杂”是。

卷中

p. 20

火之入地泽临卦。①

校勘记：①“火之”，四库本作“次降”。

观《京氏易传》六十四卦尾语，或作“次降”，或作“降入”，或作

“至次降入”，显然作“火之”误，当作“降之入地泽临卦”。

临者，天也。②

校勘记：②“天”，四库本作“大”。

《周易·序卦》：“临者，大也。”作“大”字是。

p. 21

积算起癸至壬寅。土未入卦起积算。③

校勘记：③“未”，四库本作“木”。

癸为水，卯为木。壬为水，寅为木。应该作“水木入卦起积算”。

p. 22

坤之反覆，适阳入阴。夬卦九四入需卦，成六四阳之位也。②

校勘记：②“阳”，四库本作“阴”。

需卦六四本为“阴之位”，夬卦九四替代需卦六四为“适阳入阴”，改需卦六四为“阳之位”。所以，四库本为误改。

p. 23

六四戊申金土起积算吉凶。①

校勘记：①“土”，四库本作“上”。

需卦上坎，《火珠林·八卦六位图》坎六四为“戊申金”，所以，改“土”为“上”是。

需与饮食，③争于坎也。

校勘记：③“与”，四库本作“于”。

需卦九五：“需于酒食，贞吉。”需卦覆为讼卦，原上坎变作下坎。《周易·杂卦》：“需者饮食之道也。饮食必有讼，故受之以讼。”所以有“需于饮食，争于坎也”之说，作“于”字是。

建始癸卯至戊申，春分、立秋。积算起荧惑，④

校勘记：④“起”下，四库本有“戊申至丁未，周而复始。五星从位起”十四字。

前《夬》卦：“建始己亥至甲辰。小雪、清明。积算起甲辰至癸卯，周而复始。”所以需卦“积算起戊申至丁未”为是。

p. 24

分虚宿入翼上九辛卯木土。②

校勘记:②"土",四库本作"上"。

《火珠林·八卦六位图》巽上九为"辛卯木",作"辛卯木上"是。

p. 25-26

分计宿入风雷益六二庚辰土上。①

校勘记:①"土上",四库本作"上上"。

《火珠林·八卦六位图》震六二为"庚寅木",六三为"庚辰土",此句当作"分计宿入风雷益六三庚辰土上"。四库本误改,原"益六二"当作"益六三"。

p. 34

分室宿入离宫上九巳火上也。①

校勘记:①"巳"上,四库本有"己"字。

《火珠林·八卦六位图》离上九为"己巳火",有"己"字是。

p. 29

火居木上,③

校勘记:③"上",四库本作"土"。

鼎卦上离下巽,离为火,巽为木,所以作"火居木上"是。四库本误改。

p. 30

诸侯为世,②元士为应。六四、初六。

校勘记:②"侯",四库本作"位"。

初六为元士位,六四为诸侯位。四库本误。

p. 36

木下见土,二阳畜阴,六位相刑,吉位生也。①

校勘记:①"位",四库本作"凶"。

《小过》卦,卦辞曰"大吉",初六爻辞曰"凶",九三爻辞曰"凶",上六爻辞曰"凶",可谓"六位相刑,吉凶生也"。四库本作"凶"字是。

卷下

p.38

孔子易云有四易:①

校勘记:①"易云",四库本作"云易"。

明陶宗仪《说郛》、董斯张《广博物志》、清朱彝尊《经义考》、惠栋《易汉学》和《易例》均作"孔子易云有四易"。南宋王应麟《困学纪闻》、明孙瑴编《古微书》、清王宏撰《正学隅见述》均作"孔子云易有四易"。王应麟去晁说之未远,似乎作"云易"为是。

p.39

乾起巳,坤起亥。震起午,巽起辰。坎起子,离起丑。艮起寅,兑起□。

晁说之《记京房易传后》曰:"世之所位而阴阳肇乎所配,乾与坤、震与巽、坎与离、艮与兑。"

四月上世乾为己巳,所以说"乾起巳";十月上世坤为己亥,所以说"坤起亥"。

五月上世巽为丙午,所以应该说"巽起午";十一月上世震为丙子,所以应该说"震起子"。

六月上世坎为癸未,所以应该说"坎起未";十二月上世离为癸丑,所以说"离起丑"。

七月上世兑为庚申,所以应该说"兑起申";正月上世艮为庚寅,所以说"艮起寅"。

四　存疑举例

p.32-33

兑。积阴为泽,纯金用体,畜水凝霜,阴道同也。上六阴生,与艮为合。①兑下六阴凝艮上,②于阳健纳兑为妻,二气合。土木入兑,水火应之。二阴合体,积于西郊。秋王。冲震入乾,③气类阴也。配象为羊,物类同也。与艮为飞伏。丁未土,丙寅木。上六宗庙在世,六三三公为应。

校勘记:①“艮”原作“民”,据四库本改。
②“上”,四库本作“土”。
③“震”,四库本作“艮”。

《周易·说卦》兑象为泽、为正秋(金旺)。兑“上六”为阴爻,艮“上九”为阳爻,上九变则成上六,是阴阳有合。兑上六(“兑下六阴”当作“兑上六阴”)为艮上九之变,所以说“阴凝艮上”。似乎不应该改“上”字作“土”字。阳爻健,阴爻弱。下艮上兑为咸卦,卦辞曰“取女吉”。所以有“于阳健纳兑为妻,二气合”之说。

《火珠林·八卦六位图》兑上六为“丁未土”,艮上九为“丙寅木”,所以说“土木入兑”,又兑卦互体有离,泽有水,所以说“水火应之”。

《小畜》卦辞曰“密云不雨,自我西郊”;《小过》卦六五曰“密云不雨,自我西郊”。小畜卦与小过卦皆有互体兑,兑为西方,所以有“二阴合体,积于西郊”之说。

《周易·说卦》乾,健也。震,其究为健。“冲震入乾,气类阴也”,上震下乾为大壮卦,象夹划兑,因而大壮初九曰“壮于趾”;九三曰“羝羊触藩,羸其角”;六五曰“丧羊于易”;上六曰“羝羊触藩,不能退,不能遂”。震与乾皆阳卦,因其象夹划兑,所以说“气类阴也”。大壮为夹划兑,兑为羊,因而说“配象为羊,物类同也”。

不知四库本何以改“震”字作“艮”字。存疑可也。

五 《京氏易传》舛误举例

清沈彤《果堂集》卷八有《书校本京房易传后》一文:

> 《京氏易传》三卷,吴陆绩注。宋晁景迂尝病其文字舛谬,加辨正焉而未有雕本。明程荣、范钦、毛凤苞诸公先后刊刻,又鲜能辨正,舛谬益滋。余于康熙后壬寅,从事古法寻绎是书,用诸本互勘,又参以《易稗传》、《启蒙翼传》二书,所引凡增减涂乙改换几二百件,粗可观览,而舛谬尚不可数计。今年冬,于子未何君斋见叶石君所传冯定远点勘范钦本,间有小笺,假归重校,

复是正二十余件，然终未得为完善也。

昔景迂博极群书，尤精于《易》，乃自谓服习《京氏传》三十四年，始能以其象数辨正文字之舛谬，而其不可就正者且缺焉以待来哲。矪素本浅陋，于是书无累岁服习之功，而欲舛谬之尽去，其可得乎？冯氏小笺，大概论飞伏直月二事，即不无小疵，然条理秩然，颇有根据，故余并录焉。

雍正六年十一月既望书

虽惜乎《冯氏小笺》不传，然范钦本舛误明显可见。今试举数例如下。

1. 乾卦当补“小满至寒露”。遁卦当补“大暑至大雪”。

2. 大过原文“寒露至秋分”当作“寒露至春分”。

3. 坎建候为“大暑至大雪”，原文“建起戊寅至癸未”当作“建起癸未至戊子”（“建起戊寅至癸未”是离宫六世卦建候，立春至大暑）。

4. 坤原文“芒种至小满”当作“芒种至小雪”。

5. 萃原文“建始戊寅至癸未，立春，大雪”当作“建始丁巳至壬戌，小满至寒露”。

6. 蹇原文“大暑，大寒”当作“大暑，大雪”。

7. 姤“积算起乙亥至丙戌”当作“积算起乙亥至甲戌”。

8. 坎“积算起癸未至壬午”当作“积算起戊子至丁亥”。

9. 履“积算起己亥至庚子”当作“积算起庚子至己亥”。

10. 未济“积算起丙辰至丁卯”当作“积算起丙辰至乙卯”。

11. 萃“积算起癸未至壬午”当作“积算起壬戌至辛酉”。

12. 乾数当作“三十六”，恒数当作“二十八”，大畜数当作“三十六”，旅数当作“二十八”，萃数当作“三十六”，咸数当作“二十八”，节数当作“三十六”，归妹数当作“二十八”，既济数当作“三十六”，屯数当作“二十八”，丰数当作“三十六”，革数当作“二十八”，师数当作“三十六”。

第二篇 《周易注》辨诂

《儒藏》精华编经部易类初选南宋槧善本《周易注》,为附录陆德明《经典释文》卷二《周易音义》本(通称"单注附音义本")。是书白口,双鱼尾,上下单边,左右双边,半叶十二行,行二十一字,小字注与

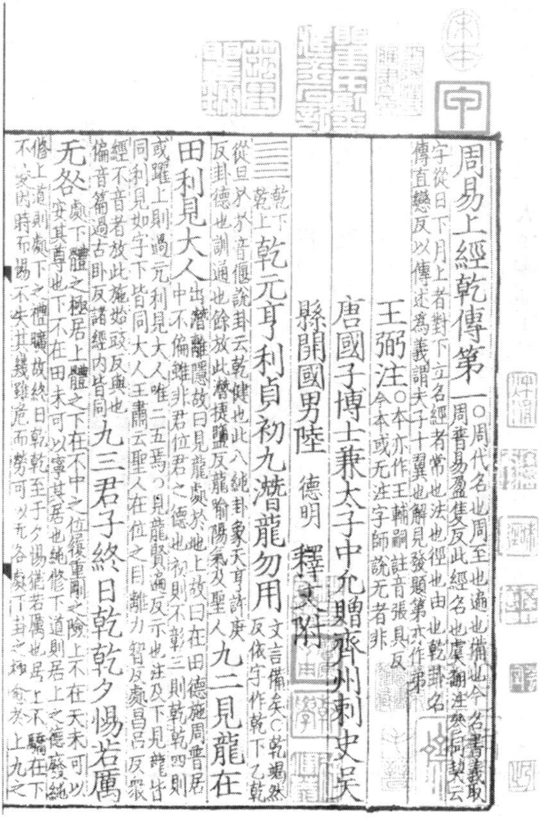
周易上經乾傳第一
王弼注
唐國子博士兼太子中允贈齊州刺史吳縣開國男陸德明釋文附
乾下乾上 乾元亨利貞初九潛龍勿用
九二見龍在田利見大人
九三君子終日乾乾夕惕若厲无咎

音义双行，行二十八字。书中“殷”、“玄”、“贞”、“恒”、“桓”、“媾”、“遘”、“慎”等字皆避讳缺末笔，而不避讳“敦”、“椁”字，则知是书刻于南宋孝宗年间。至于清秦蕙田谓“此真北宋嘉本”，似乎根据贲卦内容仍然有大小三个“媾”字没有缺笔而发。如果说此处没有避南宋高宗名讳，而其他地方为递修时改动，因此断定为北宋刻而南宋递修，似乎可备一说。

通审后又改用南宋椠善本《周易注》（通称“单注本”），卷一、卷五钤有明代长洲人文徵明斋号“玉阑堂”印鉴，卷五还钤有清康熙御史季振宜“季振宜读书”印鉴。

是书白口，四周双边，双鱼尾，半叶十行，行十六字，注双行二十四字。版心上记大小字数，下记刊工姓名。上鱼尾下有“壬戌刊”、

四部叢刊書錄

經

周易十卷二册 上海涵芬樓藏宋刊本

魏王弼晉韓康伯注略例王弼撰唐邢璹注　卷首題周易上經乾傳第一次行低七格題王弼注每葉二十行行大字十六小字廿四四周雙邊上魚尾上雙行記大小字數下魚尾下記刻工姓名卷末各記經注字數不附釋文殷匡貞徵桓媾姤敦等字皆爲字不成宋時補版居十之六七悉於版心記云某歲重刊或重刁惟卷一第十六葉云開禧乙丑重換知爲寧宗時所補由此推之記壬戌者爲嘉泰二年記壬申者爲嘉定五年俱寧宗年號元刻字畫極精有北宋遺風補葉較遜當是宋季得南宋初年雕版補印者今元刻亦避敦字其爲後來追改無疑不然豈有寧宗初年刻本曾不數年而已煩補版耶卷五第十五葉刻工爲巴川口郁豈卽岳氏九經三傳沿革例所稱蜀學重刊大字本耶宋刻存上下經繫辭以下皆影寫此本阮文達未見足補校勘記之未及者甚多周易單注本絕少宋槧此誠經部之甲觀矣 有玉蘭堂季滄葦等圖記

錄 經　一　涵芬樓

“壬申重刊”、“癸丑重刊”字样。卷一第十六叶版心有“开禧乙丑换”五字，又“殷”、“贞”、“恒”、“桓”、“媾”、“遘”、“慎”、“敦”等字皆避讳，而不避讳“广”字，是为南宋宁宗年间（1195—1224）刊本无疑。傅增湘《藏园群书经眼录》言为南宋抚州公使库递修本。是书问世，要后于《周易注》附音义本许多年。

一 《周易注》目录

周易上经乾传第一

乾 坤 屯 蒙 需 讼 师 比 小畜 履

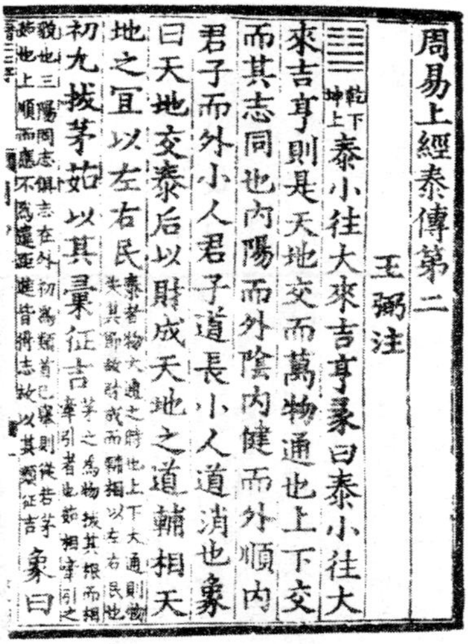

周易上经泰传第二

泰 否 同人 大有 谦 豫 随 蛊 临 观

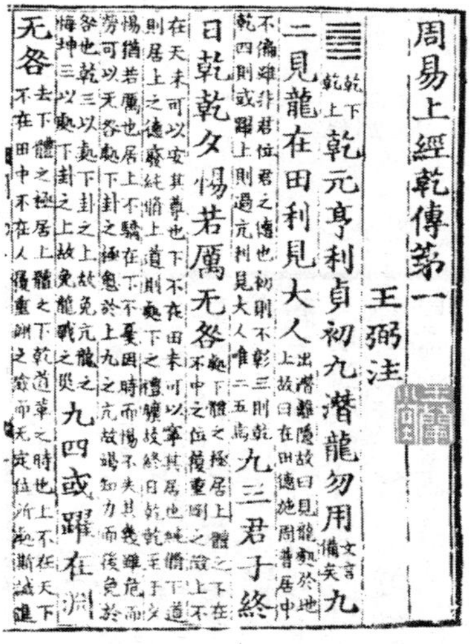

周易上经噬传第三

噬嗑 贲 剥 复 无妄 大畜 颐 大过 坎 离

周易下经咸传第四

咸 恒 遁 大壮 晋 明夷 家人 睽 蹇 解 损 益

周易上經噬嗑傳第三
王弼注
☲☳ 震下離上 噬嗑亨利用獄 噬齧也嗑合也凡物之不親由有間也物之不齊由有過
也有間與過齧而合之所以通也刑克以通獄之利也 彖曰頤中有物曰噬嗑
頤中有物齧而合之噬嗑之義也 噬嗑而亨 有物有間不齧不合无由亨也 剛柔分
動而明雷電合而章 剛柔分動不溷乃明雷電並合不亂乃章皆利用獄之義
柔得中而上行雖不當位利用獄也 謂五也能為齧
合而通必有其主五則是也上行謂所之在進也凡言上行皆所之在貴也雖不當位不害用獄也 象曰雷
電噬嗑先王以明罰勑法初九屨校滅趾
无咎 居无位之地以處刑初受刑而非治刑者也凡過之所始必始於微而後至於著罰之所始必始於薄而後至

周易下經咸傳第四
王弼注
☱☶ 艮下兌上 咸亨利貞取女吉彖曰咸感也柔
上而剛下二氣感應以相與 是以亨也 止而說 故利
貞也 男下女 取女吉也 是以亨利貞取女吉也天地
感而萬物化生 二氣相與乃化生也 聖人感人心而天下
和平觀其所感而天地萬物之情可見矣
天地萬物之情見於所感也凡感之為道不能感非類者也故引取女以明同類之義也同類而不相感應以其各亢所處也
故女雖應男之物必下之而後取女乃吉也 象曰山上有澤咸君子以
虛受人 以虛受人物乃感應 初六咸其拇 處咸之初為感之始所感在末故有

周易下经夬传第五

夬 姤 萃 升 困 井 革 鼎 震 艮 渐 归妹

周易下经丰传第六

丰 旅 巽 兑 涣 节 中孚 小过 既济 未济

周易下經夬傳第五
王弼注
☱☰ 乾下兌上 夬揚于王庭孚號有厲告自邑不
利即戎利有攸往 夬與剝反者也剝以柔變剛至於剛幾盡夬以剛決柔如剝之消剛剛隕
則君子道消柔消則小人道隕君子道消則剛正之德不可得直道而用刑罰之威不可得坦然而行揚于王庭其道公也
彖曰夬決也剛決柔也健而說決而和 健而
說則決而和矣 揚于王庭柔乘五剛也 剛德齊長一柔為逆衆所同誅而无忌者
也故可揚于王庭 孚號有厲其危乃光也 剛正明信以宣其令則柔邪者
危故曰其危乃光也 告自邑不利即戎所尚乃窮也 以剛斷制
告令可也告自邑謂行令於邑也用剛即戎尚力取勝也尚力取勝物所同疾也 利有攸往剛長

周易下經豐傳第六
王弼注
☳☲ 離下震上 豐亨王假之 大而亨者王之所至 勿憂宜日中
豐之為義闡弘微細通夫隱滯者也為天下之主而令微隱者不亨憂未已也故至豐亨乃得勿憂也用夫豐亨不憂之德宜
處天中以徧照者也故曰宜日中也 彖曰豐大也 音闡大之大也 明以動故
豐王假之尚大也 大者王之所尚故至之也 勿憂宜日中宜
照天下也 以勿憂之德故宜照天下也 日中則昃月盈則食
天地盈虛與時消息而況於人乎況於鬼
神乎 豐之為用困於昃食者也施於未足則尚豐施於已盈則方溢不可以為常故具陳消息之道者也 象
曰雷電皆至豐君子以折獄致刑 文明以動不失情理也

周易系辞上第七

周易系辞下第八

周易繫辭上第七
韓康伯注
天尊地卑乾坤定矣乾坤其易之門戶先明天尊地卑以定乾坤之體卑
高以陳貴賤位矣天尊地卑之義既列則涉乎萬物貴賤之位明矣動靜
有常剛柔斷矣剛動而柔止也動止得其常體則剛柔之分著矣方以類
聚物以羣分吉凶生矣方有類物有羣則有同有異有聚有分也順其所同則吉
乖其所趣則凶故吉凶生矣在天成象在地成形變化見矣
象況日月星辰形況山川草木也縣象運轉以成昏明山澤通氣而雲行雨施故變化見矣是故剛柔
相摩相切摩也言陰陽之交感也八卦相盪相推盪也言運化之推移鼓之以
雷霆潤之以風雨日月運行一寒一暑乾

周易繫辭下第八
韓康伯注
八卦成列象在其中矣備天下之象也因而重之爻
在其中矣夫八卦備天下之理而未極其變故因而重之以象其動用擬諸形容以明治亂之宜觀其所
應以著適時之功則爻卦之義所存各異故爻在其中矣剛柔相推變在其中矣
繫辭焉而命之動在其中矣剛柔相推況八卦相盪或否或泰繫
辭焉而斷其吉凶況之六爻動以適時者也立卦之義則見於彖象適時之功則存之爻辭王氏之例詳矣吉凶
悔吝者生乎動者也有變動而後有吉凶剛柔者立本
者也變通者趣時者也立本況卦趣時況爻吉凶者貞
勝者也貞者正也一也夫有動則未免乎累殉吉則未離乎凶盡會通之變而不累於吉凶者其唯貞者乎老子

周易说卦第九

周易略例

周易說卦第九
韓康伯注
昔者聖人之作易也幽贊於神明而生蓍
幽深也贊明也蓍受命如響不知所以然而然也參天兩地而倚數參奇也兩耦也
七九陽數六八陰數觀變於陰陽而立卦卦象也蓍數也卦則雷風相薄山澤
通氣擬象陰陽變化之體蓍則錯綜天地參兩之數蓍極數以定象卦備象以盡數故蓍曰參天兩地而倚數卦曰觀變於陰
陽也發揮於剛柔而生爻剛柔發散變動相生和順於道德
而理於義窮理盡性以至於命命者生之極窮理則盡其極也
昔者聖人之作易也將以順性命之理是
以立天之道曰陰與陽立地之道曰柔與

爲蚌爲龜其於木也爲科上槁
艮爲山爲徑路爲小石爲門闕爲果蓏爲
閽寺爲指爲狗爲鼠爲黔喙之屬其於木
也爲堅多節
兌爲澤爲少女爲巫爲口舌爲毀折爲附
決其於地也爲剛鹵爲妾爲羊
周易序卦第十
有天地然後萬物生焉盈天地之間者唯
萬物故受之以屯屯者盈也屯者物之始
生也屯剛柔始交故爲物之始生也物生必蒙故受之以蒙蒙

入而後說之故受之以兌兌者說也說而後散之故受之以渙〔說不可偏係故宜散也〕渙者離也〔渙者發暢而无所壅滯則殊趣各肆而不反則遂乖離也〕物不可以終離故受之以節〔夫事有其節則物之所同守而不散越也〕節而信之故受之以中孚〔孚信也既已有節則宜信以守之〕有其信者必行之故受之以小過〔守其信者則失貞而不諒之道而以信爲過故曰小過也〕有過物者必濟〔行過乎恭禮過乎儉可以矯世勵俗有所濟也〕故受之以既濟物不可窮也故受之以未濟終焉〔有爲而能濟者以已窮物者也物窮則乖功極則亂其可濟乎故受之以未濟也〕

周易雜卦第十一〔雜卦者雜糅衆卦錯綜其義或以同相類或以異相明也〕

〔女終於出嫁也〕未濟男之窮也〔剛柔失位其道未濟故曰窮也〕夬決也剛決柔也君子道長小人道憂也〔君子以決小人長其道小人見決去爲深憂也〕

周易卷第九

周易略例序

唐四門助教邢璹註

原夫兩儀未位神用藏於視聽一氣化矣至賾隱乎名言於是河龍負圖犧皇畫卦仰觀俯察遠物近身八象窮天地之情六位備剛柔之體言大道之妙有一陰一陽論聖人之範圍顯仁藏用寔三元之胎祖鼓舞財成爲萬有之蓍龜知來藏往是以孔子三絶未臻樞奧劉安九師尚迷宗旨臣舞象之年鼓篋鱣序漁獵墳典偏習周

周易略例卷第十

明彖　王弼

夫彖者何也〔將釋其義故假設問端而曰何〕統論一卦之體明其所由之主者也〔統論一卦功用之體明辯也辯卦體功用所由之主立主之義義在一爻明辯也〕夫衆不能治衆治衆者至寡者也〔萬物是衆一是寡衆不能治衆治衆者至少以治之也〕夫動不能制動制天下之動者貞夫一者也〔天下之動動則不能自制制其動者貞之一者也老子曰王侯得一以爲天下貞然則一爲君體君體合道動是衆衆由一致也制衆歸一故靜爲躁君安爲動主〕故衆之所以得咸存者主必致一也〔致猶歸也衆得皆存其存有必歸於一故無心於存皆得其存也〕動之所以得咸運者原必无二

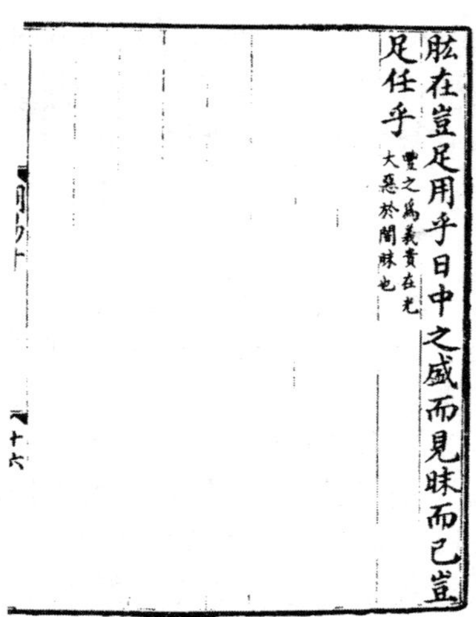
肱在豈足用乎日中之盛而見昧而已豈足任乎豐之爲義貴在光大惡於闇昧也

十六

二 校勘记辩证举例

是书由陈邵燕、王同印校点,郭彧通审。底本为《四部丛刊》影印涵芬楼藏南宋刊《周易注》(单注本),主要参校本为《无求备斋易经集成》影南宋《周易注》附音义本(单注附音义本)。

卷一

p.712

(履)九四,履虎尾,愬愬,终吉。逼近至尊,以阳承阳,①处多惧之地,故曰“履虎尾,愬愬”也。

校勘记:①“承”,无求备斋本作“乘”。

《周易·系辞》曰:“四多惧,近也。”韩康伯注:“位逼于君,故多惧也。”《周易》里面言“乘刚”有多处:屯“六二之难,乘刚也”;豫“六五贞疾,乘刚也”;噬嗑六二“象曰:噬肤灭鼻,乘刚也”;困六三“象曰:据于蒺藜,乘刚也”;震六二“象曰:震来厉,乘刚也”。皆是柔爻乘下刚爻,没有下为柔爻时而言“乘刚”者。履九四是以阳爻居阴位,四多惧是因为“逼近至尊”。“以阳乘阳”是指九五乘驾在九四之上，与柔乘刚有异，而九四并没有能力承担九五至尊之君之乘，所以单注附音义本作“以阳乘阳”是正确的，而后刻之单注本改王弼原注作“以阳承阳”是违背易理的（四库本作“以阳乘阳”）。

卷二

p.714

初六，拔茅茹，以其汇，贞吉亨。注：居否之初，处顺之始，为类之首者也。顺非健也，何可以征？居否之时，动则入邪，三阴同道，皆不可进，故茅茹以类，①贞而不谄则吉亨。

校勘记：①“茅茹”，无求备斋本作“拔茅”。

《周易正义》曰：“拔茅茹者，以居否之初，处顺之始，未可以动，动则入邪，不敢前进，三阴皆然。犹若拔茅牵连，其根相茹也。己若不进，余皆从之，故云拔茅茹也。以其汇者，以其同类，共皆如此。”拔茅牵连而其根相茹，以其同类，所以王弼注曰“故拔茅以类”。不拔茅则其根不相茹以类，所以作“故拔茅以类”是。改“拔茅”为“茅茹”，又是后人妄为。茅不拔则不见“根茹”，亦不见“茅茹以类”。

南宋孝宗淳熙年间刻《周易注疏》，注作“故拔茅茹以类”。无论如何，作“拔茅”或“拔茅茹”则可，作“茅茹”则不可。

p.716

（同人）九四，乘其墉，弗克攻，吉。处上攻下，力能乘墉者也。履非其位，以与人争，二自五应，三非犯已，攻三求二，尤而效之，违义伤理，众所不与，故虽乘墉而不克也。不克则反，反则得吉也。①不克乃反，其所以得吉，困而反则者也。

象曰：乘其墉，义弗克也。其吉，则困而反则也。

校勘记①“反则得吉也”，《经典释文》云：“一本作‘反则得得则吉也’。”无求备斋本下《音义》云：“‘反则得则得则则吉也’，一本作‘反则得得则吉也’。”王弼原注或非“反则得吉也”五字。

今见南宋刻《经典释文》第二《周易音义》，同人内容有“反则得则 得则则吉也一本作反则得得则吉也”。可知唐陆德明所见王弼注有两样：一本是“反则得则 得则则吉也”；一本是“反则得 得则吉也”。显然，陆氏赞成王弼注应该是“反则得则得则则吉也”。

不與安行也安辭也九四乘其墉弗克攻吉處上攻下力能乘墉者也履非其位以與人爭二自五應三非犯已攻三求二尤而效之違義傷理衆所不與故雖乘墉而不克也不克則反反則得吉也不克乃反其所以得吉困而反則者也象曰乘其墉義弗克也其吉則困而反則也九五同人先號

南宋刻单注本

量音良又音亮象曰伏戎于莽敵剛也三歲不興安行也安辭也九四乘其墉弗克攻吉處上攻下力能乘墉者也履非其位以與人爭二自五應三非犯已攻三求二尤而效之違義傷理衆所不與故雖乘墉而不克也不克則反反則得吉也不克乃反其所以得吉困而反則者也○墉徐音容鄭作庸效下教反反則得則得則則吉也一本作反則得得則吉也象曰乘其墉義弗克也其吉則困而反則也九五同人先號咷而後笑大師克相遇彖曰柔得位得中而

南宋刻单注附音义本

象曰“其吉则困而反则也”，所谓“反则”，即是“反”则“得则”，而能“得则”则会“吉”。

宋刻本《周易正义》曰：“乘其墉者，履非其位，与人斗争，与三争二，欲攻于三，既是上体，力能显亢，故乘上高墉，欲攻三也。弗克攻吉者，三欲求二，其事已非，四又效之，以求其二，违义伤理，众所不与，虽复乘墉，不能攻三也。吉者，既不能攻三，能反自思，愆以从法，则故得吉也。此爻亦假物象也。象曰乘其墉义弗克也者，释不克之义，所以乘墉攻三不能克者，以其违义，众所不从，故云义不克也。其吉则困而反则者，释其吉之义，所以得吉者，九四则以不克困苦而反归其法则，故得吉也。"孔颖达于此两申"法则"，则王弼注原文应该是"反则得则 得则则吉也"。南宋刻《周易注疏》，注作"反则得吉也"。

由此可见，王弼注"反则得则 得则则吉也"一句，自唐至南宋的演变情况。唐初，孔颖达、陆德明仍然明了"法则"之义，然而那时已经有了"反则得 得则吉也"的演变，至南宋之单注附音义本、单注本和注疏本就已经演变作"反则得吉也"五字，完全失去了"法则"的涵义。

p. 718

（谦）六四，无不利，㧑谦。处三之上，而用谦焉，则是自上下下之义也。承五而用谦顺，则是上行之道也。③尽乎奉上下下之道，故无不利。指㧑皆谦，不违则也。

校勘记：③"承"，无求备斋本作"乘"。

南宋刻《周易注疏》，注作"承五而用谦顺"，宋刻本《周易正义》曰："无不利者，处三之上而用谦焉，则是自上下下之义。承五而用谦顺，则是上行之道，尽乎奉上下下之道，故无所不利也。"上爻对下爻曰"乘"，一般下爻为刚，所以多言"乘刚"。谦六四在六五之下，所以不能言"乘"。孔颖达既引用"承五而用谦顺"，则证明王弼原注如此，南宋单注附音义本（无求备斋本）作"乘"字误。

p. 720

（随）《彖》曰：随，刚来而下柔，动而说，随。大亨贞无咎，而天下随时，随时之义大矣哉。震刚而兑柔也，以刚下柔，动而之说，乃得随也。为随而不大通，逆于时也。相随而不为利正，灾之道也。故大通利贞，乃得无咎也。为随而今大通利贞，②得于时也。得时则天下随之矣。随之所施，唯在于时也。时异而不随，否之道也，故"随时之义大矣哉"。

校勘记：②"今"，无求备斋本作"令"。

南宋刻《周易注疏》，作"为随而令大通利贞"，四库本同。日本庆长中古活字印本与南宋刻单注附音义本同，皆作"为随而令大通利贞"。

震下兑上隨元亨利貞无咎彖曰隨剛來而下柔動而說隨大亨貞无咎而天下隨時隨時之義大矣哉震剛而兑柔也以剛下柔動而之說乃得隨也爲隨而不大通逆於時也相隨而不爲利正災之道之故大通利貞乃得无咎也爲隨而令大通利貞得於時也得時則天下隨之矣隨之所施唯在於時也時異而不隨否之道也故隨時

日本庆长中活字本《周易注》

震下兑上隨元亨利貞无咎彖曰隨剛來而下柔動而説隨大亨貞无咎而天下隨時隨時之義大矣哉震剛而兑柔也以剛下柔動而之説乃得隨也爲隨而不大通逆於時也相隨而不爲利正災之道也故大通利貞乃得无咎也爲隨而令大通利貞得於時也得時則天下隨之矣隨之所施唯在於時也時異而不隨否之道也故隨時之義大矣哉○隨從也震宮歸魂卦下遐嫁反注下柔同説音悦注下皆同大亨貞本又作大亨利貞而天下隨時王肅本作隨之隨時之義王肅本作隨之時義令力呈反否音備鄙反象曰澤中有

南宋单注附音义本

宋刻本《周易正义》曰:“为随而不大通,逆于时也。物既相随之时,若王者不以广大开通,使物闭塞,是违逆于随从之时也。相随而不为利正,灾之道者,凡物之相随,多曲相朋附,不能利益于物守其正直,此则小人之道长,灾祸及之,故云灾之道也。随之所施,唯在于时者,释随时之义,言随时施设,唯在于得时。若能大通利贞,是得时也。若不能大通利贞,是失时也。时异而不随,否之道者,凡所遇之时,体无恒定,或值不动之时,或值相随之时,旧来恒往,今须随从。时既殊异于前,而不使物相随,则是否塞之道,当须可随则随,逐时而用,所利则大,故云随时之义大矣哉。”

注云“为随而不大通”与“为随而令大通”,正是为了表达“逆于时”与“得于时”。而孔颖达曰“今须随从”,是为了表达顺从“或值相随之时”。南宋刻单注本改“令”作“今”,则只有“随而今时通”一面,没有了“随而不大通”一面,所以改“令”作“今”是妄改。此则似乎依据《周易正义》之“今须随从”之“今”字,而改注“为随而令大通利贞”之“令”字。

p. 722

(蛊)《彖》曰:蛊,刚上而柔下。上刚可以断制,下柔可以施令。巽而止,蛊。既巽又止,不竞争也。有事而无竞争之患,故可以有为也。蛊,元亨,而天下治也。有为而大亨,非天下治而何也?利涉大川,往有事也。先甲三日,后甲三日,终则有始,天行也。蛊者,有事而待能之时也。可以有为,其在此时矣。物已说随,则待夫作制以定其事也。进德修业,往则亨矣。故元亨利涉大川也。甲者,制之令也。创制不可责之以旧,故先之三日,后之三日,使令洽而后乃诛也。①因事申令,终则复始,若天之行用四时也。

校勘记:①“洽”,阮刻本、无求备斋本作“治”。

“治”字与“洽”字形相近。“洽”字有“周遍”、“遍及”之义,如《孟子·公孙丑》:文王“百年而后崩,犹未洽于天下”。又有“符合”之义,如《诗经·载芟》:“蒸畀祖妣,以洽百礼。”又有“通达”之义,如《管子·国蓄》:“民爱可洽于上。”

南宋刻《周易注疏》,注作“使令治而后乃诛也”,日本庆长中活字本亦作“使令治而后乃诛也”,与南宋单注附音义本同。

宋刻本《周易正义》曰:“先甲三日后甲三日者,甲者,创制之令,既在有为之时,不可因仍旧令,今用创制之令以治于人,人若犯者,未可即加刑罚,以民未习,故先此宣令之前三日,殷勤而语之,又于此宣令之后三日,更丁宁而语之,其人不从乃加刑罚也。”从孔颖达“今用创制之令以治于人”之说,可知唐初所见王弼注原作“使令治而后乃诛也”。

四库本作“使令洽而后乃诛也”,《四库全书》沈廷芳《十三经注疏正字》卷一有“利涉节注‘使令洽而后乃诛也’,洽误治”之记,看来乾隆年间既有“洽误治”之辩证。从王弼注本义分析,“制令”目的为而天下治也有爲而大亨非天下治而何也利涉大川往有事也先甲三日後甲三日終則有始天行也蠱者有事而待能之時也可以有爲其在此時矣物已說隨則待夫作制以定其事也進德修業往則亨矣故元亨利涉大川也甲者創制之令也創制不可責之以舊故先之三日後之三日使令洽而後乃誅也因事申令終則復始若天之行用四時也象曰

日本庆长中活字本《周易注》

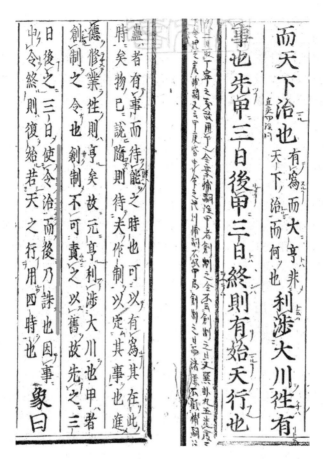

治民,民“未习”未可即加刑罚,习而再犯,则加刑罚。并非“制令”有所不洽,而需要在民习过程中使之“洽”。所以,依据孔颖达《周易正义》,王弼此注当作“使令治而后乃诛也”。

p. 723

(临)六三,甘临,无攸利。既忧之,无咎。甘者,佞邪说媚不正之名也。履非其位,居刚长之世,而以邪说临物,宜其无攸利也。若能尽忧其危,改修其道，刚不害王，①故咎不长。

校勘记：①“王”，阮刻本、无求备斋本作“正”。

南宋单注附音义本及日本庆长中活字本皆作“刚不害正”，南宋刻《周易注疏》本及四库本亦同。既然王弼前有“不正之名”之注，则“刚不害正”是。显然为南宋《周易注》刻本之误。

p.724

（临）六五，知临，大君之宜，吉。处于尊位，履得其中，能纳刚以礼，用违其正，①不忌刚长而能任之，委物以能，而不犯焉，则聪明者竭其视听，知力者尽其谋能，不为而成，不行而至矣。

校勘记：①“违”，阮刻本、无求备斋本作“建”。

宋刻《周易正义》曰：“知临大君之宜吉者，处于尊位，履得其中，能纳刚以礼，用建其正，不忌刚长而能任之，故聪明者竭其视听，知力者尽其谋能，是知为临之道，大君之所宜以吉也。”可知孔颖达作“用建其正”。南宋刻《周易注疏》、《周易注》附音义本及日本庆长中活字本，其注皆作“用建其正”。显然，作“用违其正”与上下文意不通。

（观）初六，童观，小人无咎，君子吝。处于观时而最远朝美，①体于阴柔不能自进，无所鉴见，故曰童观。

校勘记：①“时”，阮刻本作“盥”。“朝”，阮刻本作“德”。

宋刻《周易正义》曰：“童观者，处于观时而最远朝廷之美，体是柔弱不能自进，无所鉴见，唯如童稚之子而观望也。”南宋刻《周易注疏》、单注附音义本及日本庆长中活字本，其注皆作“处于观时而最远朝美”，明嘉靖中福建刻九行《周易兼义》本亦作“处于观时而最远朝美”。又卦辞“观 盥而不荐 有孚颙若”，“观”字乃卦名，作“观盥而不荐”连读而解释者误。如果注作“观盥而最远德美”，则是出于“观盥而不荐”连读，显然不符合易理。

卷三

p.727

（贲象传）观乎天文以察时变，观乎人文以化成天下。解天之文，①则时变可知也。解人之文，则化成可为也。

校勘记:①“解”,阮刻本作“观”。下“解之人文”之“解”同。

南宋刻《周易注疏》、单注附音义本及日本庆长中活字本,其注皆作“解天之文,则时变可知也。解人之文,则化成可为也”,明嘉靖中福建刻九行《周易兼义》则作“观天之文,则时变可知也。观人之文,则化成可为也”。阮元则依据南宋刻十行兼义本,只改“解天之文”作“观天之文”,至明刻九行兼义本则全改两“解”字。只有把观察到的天文与人文作出正确解释,方能“时变可知”和“化成可为”。所以,王弼原注当为两“解”字,不可随意把“解”字改作“观”字。

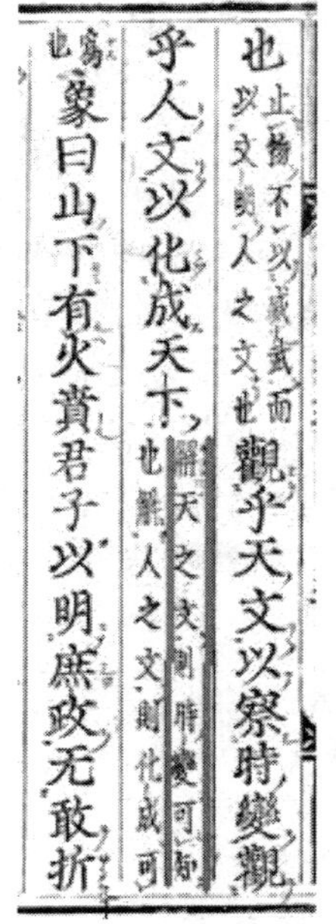
也止物不以威武而以文明人之文也觀乎天文以察時變觀乎人文以化成天下解天之文則時變可知也解人之文則化成可爲也象曰山下有火賁君子以明庶政无敢折

日本庆长中活字本

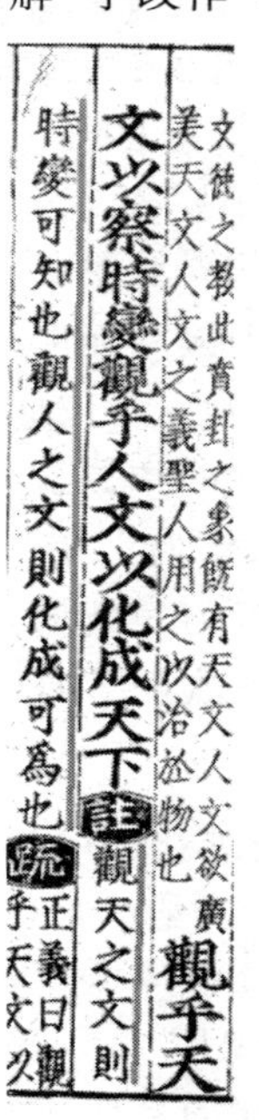
文飾之教此賁卦之象既有天文人文欲廣美天文人文之義聖人用之以治於物也觀乎天文以察時變觀乎人文以化成天下注觀天之文則時變可知也觀人之文則化成可爲也疏正義曰觀乎天文以

明嘉靖中福建刻本

p. 728

(贲)六二,贲其须。得其位而无应,三亦无应,俱无应而比焉,近而相得者也。须之为物,上附者也。修其所履以附于上,①故曰贲其须也。

校勘记:①“修”,阮刻本、无求备斋本作“循”。

宋刻《周易正义》曰："贲其须者，须是上附于面，六二当上附于三，若似贲饰其须也。循其所履以附于上，与上同为兴起，故象云'与上兴也'。"可见，孔颖达所见王弼原注为"循其所履以附于上"。南宋刻《周易注疏》、单注附音义本及日本庆长中活字本，其注皆作"循其所履以附于上"，明嘉靖中福建刻九行《周易兼义》亦作"循其所履以附于上"。而此南宋刻单注本作"修"字，又是妄改。

六四，贲如皤如，白马翰如，匪寇婚媾。有应在初，而阂于三，为己寇难，二志相感，不获通亨，欲静则钦。①初之应欲进，则惧三之难，故或饰或素，内怀疑惧也。鲜絜其马，翰如以待，虽履正位未敢果其志也。三为刚猛，未可轻犯，匪寇乃婚，终无尤也。

校勘记：①"钦"，四库本作"失"，阮刻本作"疑"。

南宋刻《周易注疏》、单注附音义本及日本庆长中活字本，其注皆作"欲静则钦"，而明嘉靖中福建刻九行《周易兼义》则作"欲静则疑"。可知，阮元所依据的南宋十行兼义本即是作"欲静则疑"。

南宋李衡《周易义海撮要》卷三，引王弼《周易注》作"欲静则钦"。"钦"通"吟"，有"呻吟"之意，如《山海经·西山经》曰"其音如钦"。贲六四与初九为正应，相感而欲通亨，碍于九三之隔阂，所以怀有疑惧，虽欲止而呻吟犹豫。原注作"欲静则钦"是，不可妄改。

p.734

（颐）六五，拂经，居贞吉，不可涉大川。以阴居阳，拂颐之义也。行则失类，故宜居贞也。无应于下而比于上，故可守贞从上，得顺之吉。①虽得居贞之吉，处颐违谦，难未可涉也。

校勘记：①"顺"，阮刻本、无求备斋本作"颐"。

南宋刻《周易注疏》、单注附音义、日本庆长中活字本及明嘉靖中福建刻九行《周易兼义》皆作"得颐之吉"。

宋刻《周易正义》曰："拂，违也。经，义也。以阴居阳，不有谦退，乖违于颐养之义，故言拂经也。居贞吉者，行则失类，居贞吉也。不可涉大川者，处颐违谦，患难未解，故不可涉大川，故居贞吉也。象曰'顺以从上'者，释居贞之义，以五近上九，以阴顺阳亲从于上，故得居贞吉也。"颐九五与六二为敌应，与上九亲比，只有守正顺以从上九，方可“得颐之吉”。自下而上为“顺”，上九为“由颐”之吉，六五顺而从上，所以说“得颐之吉”，而不是“得顺之吉”。改“颐”作“顺”者，似乎看重小象“居贞之吉，顺以从上”之“顺”字，然而他不明白只有六五顺从上九，方能得“由颐”之吉的真谛，此又是妄改也。

p. 735

（大过）九三，栋桡，凶。居大过之时，处下体之极，不能救危拯弱，以隆其栋，而以阳处阳，自守所居，又应于上，系心在下，①宜其淹溺而凶衰也。

校勘记：①“下”，阮刻本、无求备斋本作“一”。

南宋刻《周易注疏》本、单注附音本、日本庆长中活字本及明嘉靖中福建刻九行《周易兼义》本，注文皆作“系心在一”。

宋刻《周易正义》曰：“栋桡凶者，居大过之时，处下体之极，以阳居阳，不能救危拯弱，唯自守而已。独应于上，系心在一，所以凶也。心既褊狭，不可以辅救衰难，故象云‘不可以有辅也’。”可见，孔颖达所见王弼注原作“系心在一”。大过九三与上六为正应，所以说“独应于上”，如果不能“自守”，褊狭“独应”而“系心在一”，则上六为“过涉之凶”，因而说“所以凶也”。此处所谓之“在一”，并非指初六而言。初六“借用白茅无咎”，如何能说“所以凶也”？可知此单注本作“系心在下”，又是不懂易理者所为。

卷四

p. 740

（恒）《彖》曰：恒久也，刚上而柔下。刚尊柔卑，得其序也。雷风相与，长阳长阴，能相成也。巽而动，动无违也。刚柔皆应，不孤媲也。恒。皆可久之道。恒亨无咎利贞，久于其道也。道得所久，则常通无咎而利正也。①

校勘记：①“常”，无求备斋本作“恒”。

南宋刻《周易注疏》本、日本庆长中活字本及明嘉靖中福建刻九行《周易兼义》本，注文皆作“常通无咎”，四库本亦同。

宫三世卦利有攸往各得所恒修其常道終則有始也往而无違故利有攸往彖曰恒久也剛上
而柔下剛尊柔卑得其序也雷風相與長陽長陰能相成也○長並丁丈反大象注同巽而動動无
違也剛柔皆應不孤媲也○媲普計反配也恒皆可久之道恒亨无咎利貞久於
其道也道得所久則恒通无咎而利正也天地之道恒久而不已也得其所久故不
已也利有攸往終則有始也得其常道故終則復始往无窮極○復扶又反日月得天而

宋刻单注附音义本

宋刻《周易正义》曰:“恒久也者,训释卦名也。恒之为名,以长久为义。刚上而柔下者,既训恒为久,因名此卦,得其恒名,所以释可久之意,此就二体以释恒也。震刚而巽柔,震则刚尊在上,巽则柔卑在下,得其顺序所以为恒也。雷风相与者,此就二象释恒也。雷之与风,阴阳交感,二气相与,更互而相成,故得恒久也。巽而动者,此就二卦之义因释恒名。震动而巽顺,无有违逆,所以可恒也。刚柔皆应者,此就六爻释恒,此卦六爻刚柔皆相应和无孤媲者,故可长久也。恒者,历就四义释恒名讫,故更举卦名以结之也。明上四事皆可久之道,故名此卦为恒。恒亨无咎利贞久于其道者,此就名释卦之德,言所以得亨无咎利贞者,更无别义,正以得其恒久之道,故言久于其道也。”孔颖达说“恒之为名,以长久为义”,并不以“恒”为“常”。只有汉代避皇帝名讳,方改“恒”作“常”。王弼注“恒亨无咎利贞,久于其道也”而言“道得所久,则恒通无咎而利正也”,则是以“恒”取“可长久”之义。而孔颖达的“正义”,亦是强调此义,所以没有以“恒”为“常”的意思。王弼原注应当是“恒通无咎”,有可能是后人见注没有释“恒”字,遂改“恒”字为“常”字。由此可见,宋刻单注附音义本有可能早于宋刻注疏本、单注本和十行兼义本。

p. 471

九四,田无禽。恒于非位,虽劳无获也。①

校勘记:①“获”,原误作“复”,今据阮刻本、无求备斋本作改。

宋刻《周易正义》曰:“田者,田猎也,以譬有事也。无禽者,田猎不获,以喻有事无功也。恒于非位,故劳而无功也。”可见,改“复”为“获”是。

六五,恒其德,贞,妇人吉,夫子凶。居得尊位,为恒之主,不能制义,而系应在二,②用心专贞,从唱而已。妇人之吉,夫子之凶也。

校勘记:②“二”,原误作“上”,今据阮刻本、无求备斋本作改。

宋刻《周易正义》曰:“恒其德贞者者,六五系应在二,不能傍及他人,是恒常贞一其德,故曰恒其德贞也。妇人吉者,用心专贞,从唱而已,是妇人之吉也。夫子凶者,夫子须制断事宜,不可专贞从唱,故曰夫子凶也。"可见,改"上"为"二"是。

p.743

(大壮)上六,羝羊触藩,不能退,不能遂,无攸利,艰则吉。有应于三,故不能退。惧于刚长,故不能遂。持疑犹豫,志无所定,以斯决事,未见所利。虽处刚长,刚不害正,苟定其分,固志在一,①以斯自处,则忧患消亡,故曰艰则吉也。

校勘记:①"一",阮校云:"闽、监、毛本'一'作'三'。"孔颖达亦云:"但难固其志,不舍于三,即得吉。"

南宋刻《周易》注疏本、单注附音义本及日本庆长中活字本,注文皆作"固志在一",而明嘉靖中福建刻九行兼义本则作"固志在三",四库本亦同。

日本庆长活字本

明嘉靖中福建兼义本

宋刻《周易正义》曰:“退谓退避,遂谓进往,有应于三,钦之不已,故不能退避。然惧于刚长,故不能遂往,故云羝羊触藩,不能退,不能遂也。无攸利者,持疑犹豫不能自决,以此处事,未见其利,故曰无攸利也。艰则吉者,虽处刚长,刚不害正,但艰固其志,不舍于三,即得吉,故曰艰则吉也。”孔颖达曰“但艰固其志”,即是“固志在一”,而不是三心二意。正因为“有应在三”而呻吟不已,所以才能“固志在一”,并非“固志在三”。此“一”乃一心一意之一,非指大壮九三而言。上六正应九三,当然“不舍于三”。说到“固志”,将如何“固志”于“贞厉”和“羸其角”之九三?阮元所见南宋刻十行兼义本亦不作“固志在三”,改“一”字为“三”字者,可能为明代人所为。

p.744

(晋)初六,晋如摧如,贞吉。罔孚,裕无咎。处顺之初,应明之始,明顺之德,于斯将隆。进明退顺,不失其正,故曰晋如摧如贞吉也。处卦之始,功业未著,物未之信,①故曰罔孚。方践卦始,未自丧其长者也,故必裕之,然后无咎。

校勘记:①“信”,原误作“言”。今据阮刻本、无求备斋本作改。

南宋刻《周易》注疏本、单注附音义本、日本庆长中活字本及明嘉靖中福建九行《周易兼义》本,注文皆作“物未之信”,四库本亦同,显然是此单注本刻版之误。

宋刻《周易正义》曰:“罔孚者,处卦之始,功业未著,未为人所信服,故曰罔孚。”孚为信,孔颖达“未为人所信服”之疏,已经证明王弼原注为“物未之信”。有本改“言”作“吉”,则是以误改误。

p.748

(睽)六五,悔亡。厥宗噬肤,往何咎?非位悔也,有应故亡。①厥宗,谓二也。噬肤者,啮柔也。三虽比二,二之所噬,非妨己应者也。以斯而往,何咎之有,往必合也。

校勘记:①“有应故亡”,阮校曰:“古本、足利本‘亡’上有‘悔’字。按《集解》有‘悔’字,《正义》本同。是古本所据也。”

南宋刻《周易》注疏本、单注附音义本、及明嘉靖中福建九行《周易兼义》本,注文皆作“有应故亡”,四库本亦同。日本庆长中活字本则作“有应故悔亡”。

言夫者蓋是丈夫之夫非夫婦之夫也 六五悔亡厥宗噬膚往何咎 注云非位悔也有應故亡厥宗謂二也噬膚者齧柔也三雖比二二之所噬非妨己應者也以斯而往何咎之有往必合也 象曰厥宗噬膚往有慶也 疏 正義曰悔亡者失位悔也有應故悔亡也厥宗噬膚往何咎者宗主也謂二也噬膚謂噬三也三雖隔二二之

宋注疏本

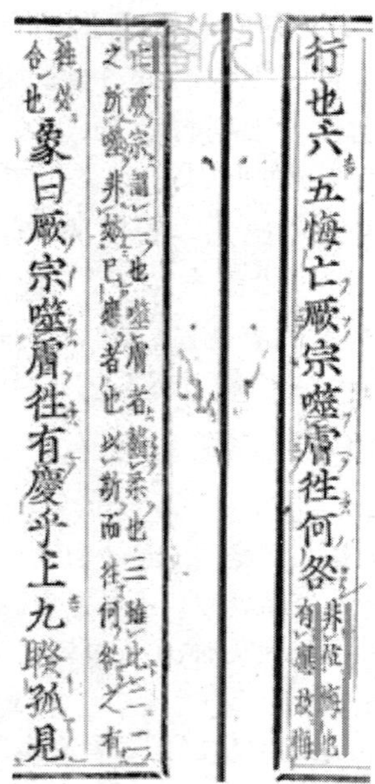

行也六五悔亡厥宗噬膚往何咎 非位悔也有應故悔亡厥宗謂二也噬膚者齧柔也三雖比二二之所噬非妨己應者也以斯而往何咎之有往必合也 象曰厥宗噬膚往有慶也上九睽孤見

日本庆长中活字本

宋刻《周易正义》曰：“悔亡者，失位悔也，有应故悔亡也。”

王弼注“悔亡”曰“非位悔也，有应故亡”，以“非位”释“悔”，以“有应”释“亡”，四字对偶，似乎不能以孔颖达“悔亡者，失位悔也，有应故悔亡也”之疏而断定原注一定是“有应故悔亡”。然而，唐李鼎祚《周易集解》：“王弼曰，非位悔也，有应故悔亡。厥宗谓二也，噬肤者，啮柔也。三虽比二，二之所噬，非妨己应者也。以斯而往，何咎之有，往必见合，故有庆也。”由此可知，王弼原注应该在“象曰厥宗噬肤往有庆也”之后，而且诸多宋刻本均对此注有所删减。至此，我们就可以断定阮元的校勘记无懈可击，也清楚了孔颖达《周易正义》“有应故悔亡”应该是重复王弼注之语。

曰厥宗噬膚初筵之詩曰錫爾純嘏子孫其湛其湛曰樂故象曰往有慶也 象曰厥宗噬膚往有慶也 王弼曰非位悔也有應故悔亡厥宗謂二也噬膚者齧柔也三雖比二二之所噬非妨己應者也以斯而往何咎之有往必見合故有慶也 疏 王注 非位故悔正應二故悔亡 案二兌爲口五爻陰柔噬膚之象也二陽自乾中往故厥宗謂二也噬膚謂噬三也三陰爻柔脆故噬柔也三雖比二相隔然三爲二所噬非有妨于己應者也

周易集解纂疏五

八百七十九字

清李道平《周易集解纂疏》

p. 749

上九，睽孤。见豕负涂，载鬼一车。先张之弧，后说之弧，匪寇婚媾，往遇雨则吉。处睽之极，睽道未通，故曰睽孤。己居炎极，三处泽盛，睽之极也。以文明之极，而观至秽之物，睽之甚也。豕而负涂，秽莫过焉。至睽将合，至殊将通。恢诡谲怪，道将为一。未至于洽，①先见殊怪，故见豕负涂甚可秽也。

校勘记：①"洽"，无求备斋本作"合"，阮刻本作"治"。阮校曰："宋本'治'作'洽'。"

南宋刻单注附音义本作"未至于合"，"至睽将合，至殊将通"与"未至于合，先见殊怪"对仗，似乎应该为"合"字。

南宋刻《周易》注疏本、日本庆长中活字本及四库本，注文皆作"未至于洽"，唯有明嘉靖中福建九行《周易兼义》本作"未至于治"。

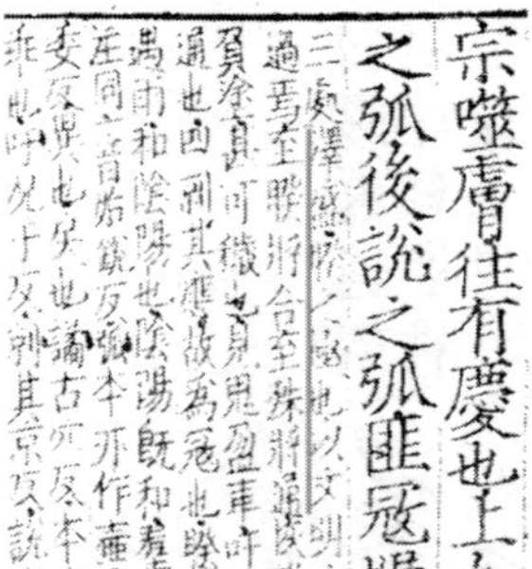

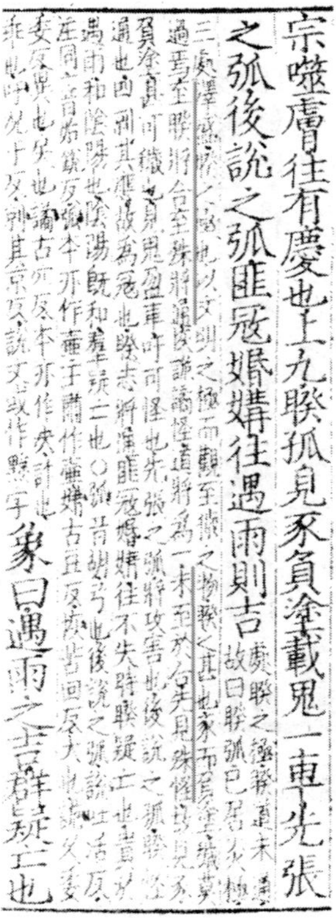

南宋刻单注附音义本

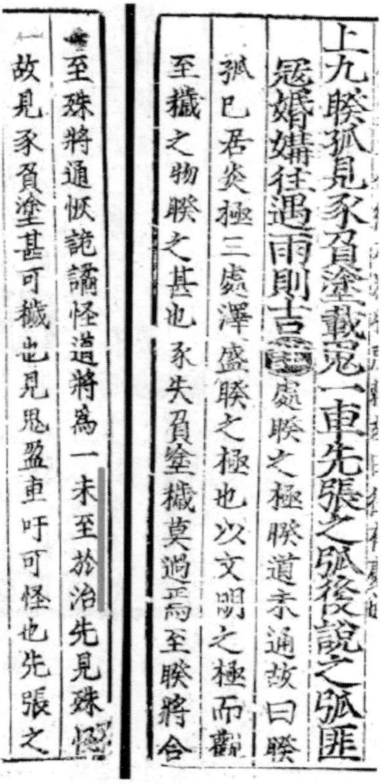

明嘉靖中福建刻兼义本

阮元刻《十三经注疏》，其《周易注疏》以南宋刻十行兼义本为底本，而明嘉靖福建刻九行兼义本亦是以南宋十行兼义本重刻者。南宋所刻《周易》十行兼义本时就已经把王弼此注改作"未至于治"，所以为阮元所宗从。如果笼统谓"宋本'治'作'洽'"，则可以包括注疏本和单注本，而不可把单注附音义本统计在内。实际情况则是南宋本"合"或作"洽"或作"治"，才是历史事实。

p. 750

解，利西南。西南众也，解难济险，利施于众也。亦不困于东北，①故不言"不利东北"也。

校勘记：①"亦"，阮刻本作"遇难"。

南宋刻《周易》注疏本、单注附音义本、明嘉靖中福建兼义本及四库本，注文皆作"利施于众也 亦不困于东北"，与此单注本同。"亦不"，日本庆长中活字本作"亦下"。

正因为前面蹇卦辞曰"利西南，不利东北"，所以此注方说"亦不困于东北，故不言'不利东北'也"。蹇覆解，东北艮山成东方震雷，没有了"困于东北"之山，所以用"亦不"二字。阮元刻本作"遇难"则不知何据。依阮氏任江西巡抚时所记："其书刻于宋南渡之后，由元入明递有修补，至正德其板犹存，是以十行本为诸本最古之册。此后闽板乃明嘉靖中用十行本重刻者；有明监板，乃明万历中用闽本重刻者；有汲古阁毛氏板，乃明崇祯中用明监本重刻者。"则知，今见明嘉靖中福建刻九行兼义本即是根据南宋十行兼义本重刻者。明嘉靖中福建兼义本作"利施于众也 亦不困于东北"，却不作"利施于众遇难不困于东北"。既然阮氏刻《十三经注疏·周易注疏》底本用南宋十行兼义本，那么此注应该作"利施于众也亦不困于东北"，如何就成了"利施于众遇 难不困于东北"呢？

依据阮元《周易正义》卷四校勘记：

> 利施于众遇难不困于东北岳本闽监毛本遇难作也亦宋本难不困于东北作亦不困于东北

原来阮刻本之“利施于众遇 难不困于东北”，岳本、闽监、毛本作“利施于众也 亦不困于东北”；宋本作“利施于众也 亦不困于东北”。并非如同今校勘记所言：“亦”，阮刻本作“遇难”。当改作：“也亦”，阮刻本作“遇难”。

笔者是通审此书的编审人，面对如此校勘记方面的舛误，也负有疏忽不察的责任。究其原因皆由于以阮校本作为参校本所致。本来南宋刻《周易》有注疏本、单注附音义本可用，即便需要孔颖达“正义”，也有宋刻《周易正义》可用，实在不应该采用底本为十行兼义本的阮元刻《十三经注疏》作为参考校本。这是因为各个本子都有各自不同的编纂体例，比如所谓“兼义”就是兼并“正义”的意思，不全部遵照原文引用“正义”即是其编纂体例之一。就此校勘记而言，如果不采用阮刻本做参校本，就没有如此麻烦，也不会产生如此错误。我们毕竟不是专门比较南宋刻单注本与阮刻本的优劣，由此可见如何选择参校本的重要性。诸如此类的问题还出现在《周易正义》校点之中，容后再述。

《彖》曰：解，险以动，动而免乎险，解。动乎险外，故谓之免。免险则解，故谓之解。解，利西南，往得众也。其来复吉，乃得中也。有攸往，夙吉，往有功也。天地解而雷雨作，雷雨作而百果草木皆甲坼。天地否结，则雷雨不作。交通感散，雷雨乃作也。雷雨之作，则险厄者亨，否结者散，故百果草木皆甲坼也。解之时大矣哉！无所而不释也。②难解之时，非治难时，故不言用。体尽于解之名，无有幽隐，故不曰义。

校勘记：②“所”，阮刻本作“圻”。阮校曰：“‘圻’，当作‘坼’。毛本作‘所’，非也。”

南宋刻《周易》注疏本、单注附音义本、日本庆长中活字本、明嘉靖中福建兼义本、毛晋汲古阁本及四库本，注文皆作“无所而不释也”，与此单注本同。

“圻”音“寅”，同“垠”。又读“棋”，“边界”的意思。“坼”音“彻”，“裂开”、“分离”、“拆开”的意思。解卦辞曰“无所往，其来复吉”，此当为注“无所”之所本。如果作“无坼而不释”，则与“甲坼”

歧义,作"无圻而不释",亦有所不通。

宋刻《周易正义》曰:"皆甲坼者,此因震坎有雷雨之象,以广明解义。天地解缓,雷雨乃作。雷雨既作,百果草木皆孚甲开坼,莫不解散也。解之时大矣哉者,结叹解之大也。自天地至于草木,无不有解,岂非大哉!"其"莫不解散"即是解释注"无所而不释也"。

诸本皆作"无所而不释",不知阮刻本作"圻"之所宗。其实不必采用阮刻本,以南宋诸刻本参校即可。

卷五

p. 757

(夬)九四,臀无肤,其行次且。牵羊悔亡,闻言不信。下刚而进,非己所据,必见侵食,失其所安,故臀无肤其行次且也。羊者,抵很难移之物,①谓五也。

校勘记:①"抵很",阮刻本作"抵狠"。阮校曰:"岳本'抵狠'作'牴很',古本亦作'牴'。《释文》出'牴很'。'牴'本又作'抵'或作'羝'。"

南宋刻《周易》注疏本作"牴很",单注附音义本作"抵很",日本庆长中活字本、明嘉靖中福建兼义本、毛晋汲古阁本及四库本作"抵狠"。

宋刻《周易正义》曰:"牵羊悔亡,闻言不信者,羊者,牴很难移之物,谓五也。"可知,孔颖达所见王弼注为"牴很"。大壮所言之"羝羊",《释文》:"音低,张云羖羊也。《广雅》云吴羊曰羝。"公羊或吴羊,"羝"为羊之一名,与"抵牴"之"牴"不同。可见,"抵"可通"牴","很"可通"狠",而"羝"不可通"牴"或"抵"。

p. 759

(萃)初六,有孚不终,乃乱乃萃,若号,一握为笑,勿恤,往无咎。有应在四而三承之,心怀嫌疑,故有孚不终也。不能守道以结至好,迷务竞争,故乃乱乃萃也。一握者,小之貌也。为笑者,懦劣之貌也。己为正配,①三以近宠,若安夫卑退谦以自牧,则勿恤而往无咎也。

校勘记:①"配",无求备斋本作"妃"。

日本庆长中活字本、四库本与南宋单注附音义本同,作"己为正妃”。南宋刻《周易》注疏本、明嘉靖中福建兼义本及毛晋汲古阁本作“己为正配”。“妃”音“配”,“婚配”的意思。如《左传·文公十四年》:“子叔姬妃齐昭公。”如果一定要出校勘记,则应该说明“妃”通“配”。

p.760

六三,萃如嗟如,无攸利,往无咎,小吝。履非其位,以比于四,四亦失位,不正相聚,相聚不正,患所生也。千人之应,害所起也,故萃如嗟如无攸利也。上六亦无应而独立,处极而忧危,思援而求朋,巽以待物者也。与其萃于不正,不若之于同志,故可以往而无咎也。二阴相合,犹不若一阴一阳之至,①故有小吝也。

校勘记:①“至”,阮校曰:“闽、监、毛本‘至’作‘应’。按:《正义》作‘应’。”

南宋刻《周易》注疏、南宋刻单注附音义本及日本庆长中活字本作“至”,明嘉靖中福建兼义本及毛晋汲古阁本作“应”。

宋刻《周易正义》曰:“但以上六是阴,己又是阴,以二阴相合,犹不若一阴一阳之应,故有小吝也。”以孔颖达“犹不若一阴一阳之应”,不能证明王弼原注就一定不是“犹不若一阴一阳之至”。艮卦曰“上下敌应”,是指初与四、二与五、三与上的关系为“敌应”。而萃六三与九四虽是“一阴一阳”,然不是“应”的关系。王弼注“上六亦无应而独立”,已经阐明六三无应。改“至”作“应”者,乃明代人不懂易理者所为。从阮氏刻《周易正义》中可见,其所据南宋刻十行兼义本亦作“至”。阮元不擅改古书,止于校勘记中指明异同,这种精神值得赞赏!

p.761

九三,升虚邑。履得其位,以阳升阴,以斯而举,莫之违距,故若升虚邑也。象曰:升虚邑,无所疑也。往必得也。①

校勘记①“也”,阮刻本作“邑”。

南宋刻《周易》注疏、南宋刻单注附音义本及日本庆长中活字本作“也”,明嘉靖中福建兼义本及毛晋汲古阁本作“邑”。

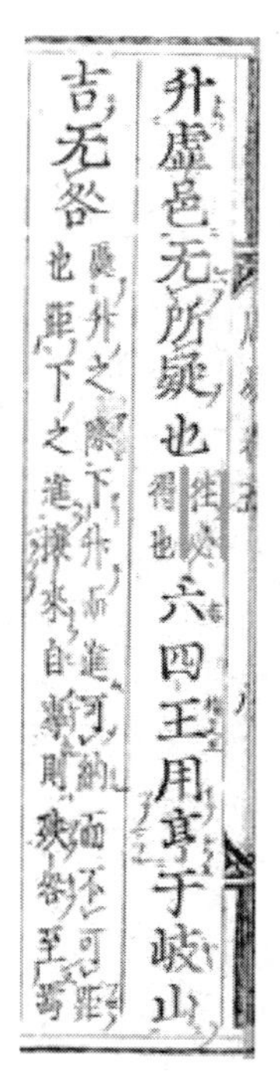
升虛邑无所疑也往必得也六四王用亨于岐山
吉无咎

日本庆长中活字本

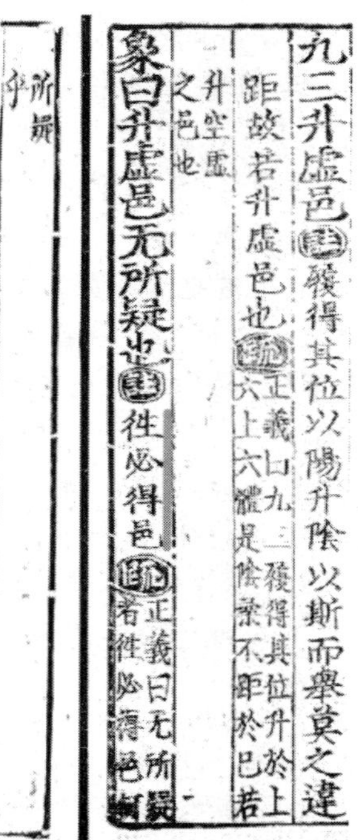
九三升虛邑注履得其位以陽升陰以斯而舉莫之違距故若升虛邑也疏正義曰九三履得其位升於上六上六體是陰柔不距於己若升空虛之邑也
象曰升虛邑无所疑也注往必得邑疏正義曰无所疑者往必得邑何
所疑

明嘉靖中福建刻兼义本

闽、监、毛本皆为兼义本，皆是依据南宋十校兼义本递次重刻者。阮刻本作“邑”，当然说明南宋刻十行兼义本原作“邑”。可知，改“也”作“邑”是南宋刻兼义本时所为。宋刻《周易正义》曰：“象曰无所疑者，往必得邑，何所疑乎？”此似乎成为改“也”作“邑”的依据。

升卦“南征吉”，是“往必得也”；“升虚邑”，是“往必得也”；“升阶”，是“往必得也”，何止“往必得邑”之一得？孔颖达解释“何所疑”是针对“升虚邑”而发，当然可以说“往必得邑”。此又为南宋人妄改之例。

p. 763

（困）九二，困于酒食，朱绂方来，利用享祀，征凶，无咎。以阳居阴，尚谦者也。居困之时，处得其中。体夫刚质，而用中履谦，应不在一，心无所私，盛莫先焉。夫谦以待物，物之所归。刚以处险，难之所济。履中则不失其宜，无应则心无私恃，以斯处困，物莫不至，不胜丰衍，故曰困于酒食，美之至矣。坎，北方之卦也。朱绂，南方之物也。处困以斯，能招异方者也，故曰朱绂方来也。丰衍盈盛，故利用享祀。盈而又进，倾之道也。以此而往，①凶谁咎乎，故曰征凶无咎。

校勘记：①"往"，无求备斋本作"征"。

南宋刻《周易》注疏、南宋刻单注附音义本、日本庆长中活字本、明嘉靖中福建兼义本、毛晋汲古阁本及四库本皆作"以此而征凶 谁咎乎"。困卦辞曰"征凶，无咎"，所以注曰"以此而征凶 谁咎乎"。今句读作"以此而往，凶谁咎乎"，则文意有所不通。显然此南宋刻单注本误"征"字作"往"字，当据诸本改正之。校勘记当作："征"，原误作"往"，今据无求备斋本、阮刻本改。

p. 768

（震）震，亨。惧以成则，是以亨。震来虩虩，笑言哑哑。震之为义，威至而后乃惧也，故曰震来虩虩，恐惧之貌也。震者，惊骇怠惰以肃解慢者也，故震来虩虩，恐致福也，笑言哑哑，后有则也。震惊百里，不丧匕鬯。威震惊乎百里，则足可以不丧匕鬯矣。①

校勘记：①"足"，阮刻本作"是"。

南宋刻《周易》注疏、南宋刻单注附音义本、日本庆长中活字本，皆作"则足可以不丧匕鬯矣"，明嘉靖中福建兼义本、毛晋汲古阁本及四库本皆作"则是可以不丧匕鬯矣"。由此可知，南宋刻十行兼义本已经改"足"为"是"。

从文意看，既然"威震惊乎百里"，"则足可以"为是。

p. 770

（渐）初六，鸿渐于干，小子厉有言，无咎。鸿，水鸟也。适进之义，始于下而升者也，故以鸿为喻。六爻皆以进而履之为义焉。①

校勘记：①"六爻"，阮刻本作"之又"。

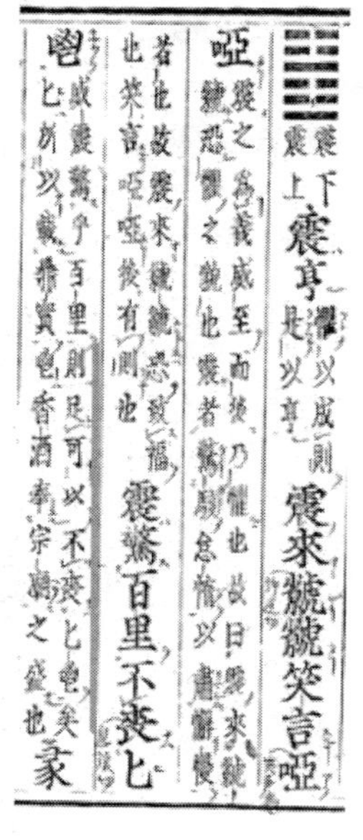
䷲震下震上 震亨懼以威則是以亨 震來虩虩笑言啞啞震之為義威至而後乃懼也故曰震來虩虩恐懼之貌也震者驚駭怠惰以肅解慢者也故震來虩虩恐致福也笑言啞啞後有則也 震驚百里不喪匕鬯威震驚乎百里則是可以不喪匕鬯矣匕所以載鼎實鬯香酒奉宗廟之盛也 彖

日本庆长中活字本

明嘉靖中闽刻兼义本

南宋刻《周易》注疏、南宋刻单注附音义本、日本庆长中活字本、明嘉靖中福建兼义本、毛晋汲古阁本及四库本皆作皆作“六爻”，不知阮刻本作“之又”有什么根据？阮氏并没有对此出校勘记。

宋刻《周易正义》曰：“鸿渐于干者，鸿，水鸟也。干，水涯也。渐进之道，自下升高，故取譬鸿飞自下而上也。初之始进未得禄位，上无应，援体又穷，进于河之干，不得安宁也，故曰鸿渐于干也。”孔颖达曰“渐进之道，自下升高，故取譬鸿飞自下而上也”，是在疏解“六爻皆以进而履之”之注，作“之又”则可能是南宋兼义本刻本之误，阮氏为什么不参校明嘉靖中闽刻兼义本及毛晋汲古阁刻本而出校勘记呢？

卷六

p. 776

（旅）上九，鸟焚其巢，旅人先笑后号咷，丧牛于易，凶。居高危而以为宅,巢之谓也。客而得上位,①故先笑也。

校勘记:①“而”,阮刻本作“旅”。

南宋刻《周易》注疏、南宋刻单注附音义本、日本庆长中活字本皆作“而”,明嘉靖中福建兼义本、毛晋汲古阁本及四库本皆作“旅”。

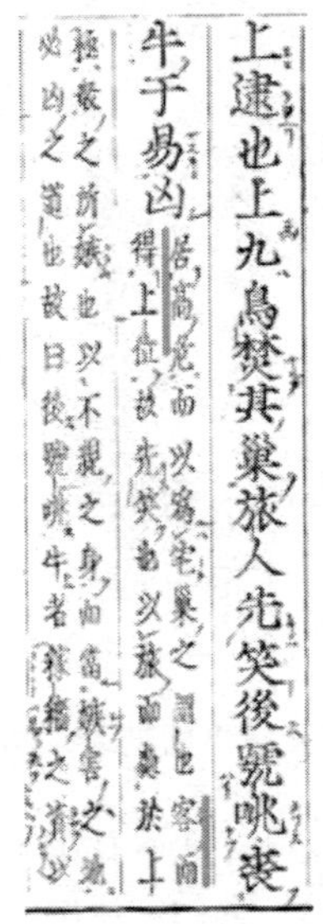

上建也上九鳥焚其巢旅人先笑後號咷喪
牛于易凶居高危而以爲宅巢之謂也客而
得上位故先笑也以旅而處於上
極衆之所嫉也以不親之身而當嫉害之地
必凶之道也故曰後號咷牛者稼穡之資

日本庆长中活字本

上九鳥焚其巢旅人先笑後號咷喪牛于易凶注居高
危而以爲宅巢之謂也客旅得上位故先笑也以旅

明嘉靖中福建兼义本

由此可知,南宋刻十行兼义本就已经改“而”为“旅”。

p. 777

(注)牛者,稼穑之资,以旅处上,众所同嫉,故丧牛于易。不在于难,物莫之与,危而不扶,丧牛于易,故莫之闻。①莫之闻,则伤之者至矣。

校勘记:①“故”,阮刻本作“终”。

南宋刻《周易》注疏、南宋刻单注附音义本、日本庆长中活字本皆作“故”,明嘉靖中福建兼义本、毛晋汲古阁本及四库本皆作“终”。由此可知,阮刻本所用南宋十行兼义底本已经改“故”作“终”。王弼注前有“故丧牛于易”,后有“故莫之闻”,皆是“因为”之“所以”。明人改“故”作“终”,以为合小象“终莫之闻”,实在是故作聪明。

(巽)六四,悔亡,田获三品。乘刚,悔也。然得位承五,卑得所奉。虽以柔御刚,②而依尊履正,以斯行命,必能获强暴,远不仁者也。

校勘记:②“御”,阮刻本作“乘”。

南宋刻《周易》注疏、南宋刻单注附音义本、日本庆长中活字本、明嘉靖中福建兼义本、毛晋汲古阁本及四库本皆作“御”。南宋十行兼义亦当作“御”,不知阮刻本为什么改“御”作“乘”而不出校勘记?

“御”为“侍奉”意思,如《战国策·齐策》:“令长子御,旦暮进食。”注曰“以柔御刚”,是指六四卑奉九五,所以下文曰“依尊履正”,并非“乘”于九三之上。所以,妄改“御”作“乘”,不合易理。

p. 780

(节)《彖》曰:节亨,刚柔分而刚得中。坎阳而兑阴也,阳上而阴下,刚柔分也。刚柔分而不乱,刚得中而为制主,节之义也。节之大者,莫若刚柔分,男女别也。苦节不可贞,其道穷也。为节过苦,则物所不能堪也。物不能堪,则不可复正也。说以行险,当位以节,中正以通。然后乃亨也。①无说而行险,过中而为节,则道穷也。

校勘记:①“乃”,阮刻本作“及”。

南宋刻《周易》注疏、南宋刻单注附音义本、日本庆长中活字本及四库本皆作“乃”,明嘉靖中福建兼义本、毛晋汲古阁本则作“及”。可知南宋刻十行兼义本已经误“乃”为“及”,不知阮氏为什么不出校勘记?

p. 781

九五,甘节,吉,往有尚。当位居中,为节之主,不失其中,不伤财,不害民之谓也。为节而不苦,①非甘而何?术斯以往,往有尚也。

校勘记:①“而”,阮刻本作“之”。

南宋刻《周易》注疏、南宋刻单注附音义本、日本庆长中活字本及四库本皆作“而”,明嘉靖中福建兼义本、毛晋汲古阁本则作“之”。

可知南宋刻十行兼义本已经改“而”为“之”,不知阮氏为什么不出校勘记?

上六,苦节,贞凶,悔亡。过节之中,以至亢极,苦节者也。以斯施正,②物所不堪,正之凶也。以斯修身,行在无妄,故得悔亡。

校勘记:②“正”,阮校曰:“闽、监、毛本‘正’作‘人’,依《正义》当作‘人’。”

南宋刻《周易》注疏、南宋刻单注附音义本及日本庆长中活字本皆作“正”,明嘉靖中福建兼义本、毛晋汲古阁本及四库本则作“人”。可知南宋刻十行兼义本已经改“正”为“人”。

宋刻《周易正义》曰:“上六处节之极,过节之中,节不能甘,以至于苦,故曰苦节也。为节过苦,物所不堪,不可复正,正之凶也,故曰贞凶。若以苦节施人,则是正道之凶。若以苦节修身,则俭约无妄,可得亡悔,故曰悔亡也。”依据王弼“以斯施正,物所不堪,正之凶也”,孔颖达疏曰“为节过苦,物所不堪,不可复正,正之凶也”,正是以“施正”而“不可复正”,所以解“贞凶”为“正之凶”。后面“若以苦节施人,则是正道之凶。若以苦节修身,则俭约无妄”,则是解“悔亡”之义。不能本孔颖达“若以苦节施人”之说,就断定王弼注就一定是“以斯施正”。

(中孚)《彖》曰:中孚,柔在内而刚得中,说而巽。孚,有上四德然后乃孚。乃化邦也。信立而后邦乃化也。柔在内而刚得中,各当其所也。③

校勘记:③“当”,无求备斋本作“得”。

南宋刻《周易》注疏、日本庆长中活字本、明嘉靖中福建兼义本、毛晋汲古阁本及四库本皆作“当”,阮刻本亦作“当”。由此可见,可能是南宋刻单注附音义本误“当”为“得”。

利涉大川,木舟虚也。乘木于用舟之虚,则终已无溺也。用中孚以涉难,若乘木舟虚也。④

校勘记:④“若乘木舟虚也”,阮校曰:“古本作‘若乘木于舟虚者’。”

阮氏所谓“古本”,乃出于日本山井鼎《七经孟子考文补遗》。其文曰:“若乘木舟虚也,二本作若乘木于舟虚者也。”

p. 782

九二,鸣鹤在阴,其子和之。我有好爵,吾与尔靡之。处内而居重阴之下,而履不失中,不徇于外,任其真者也。立诚笃至,①虽在暗昧,物亦应焉,故曰鸣鹤在阴其子和之也。

校勘记:①“至”,无求备斋本作“志”。阮校曰:“岳本、监、毛本‘至’作‘志’。”

南宋刻《周易》注疏本、单注本、明嘉靖中福建兼义本皆作“至”,阮刻本亦作“至”。南宋刻单注附音义本、日本庆长中活字本、毛晋汲古阁本及四库本则作“志”。

日本庆长中活字本

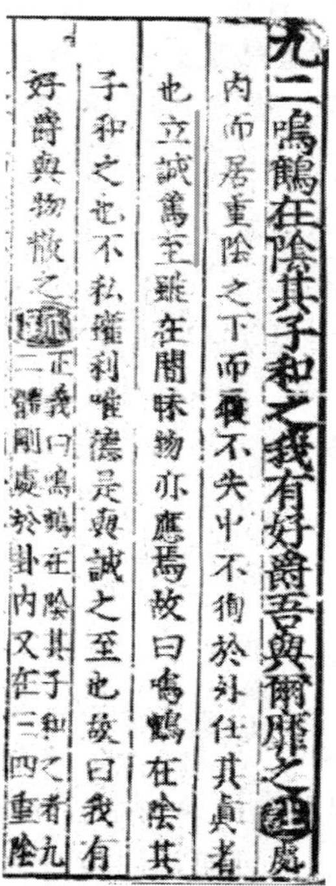
九二鳴鶴在陰其子和之我有好爵吾與爾靡之注處
內而居重陰之下而履不失中不徇於外任其眞者
也立誠篤至雖在闇昧物亦應焉故曰鳴鶴在陰其
子和之也不私權利唯德是與誠之至也故曰我有
好爵與物散之疏正義曰鳴鶴在陰其子和之者九
二體剛處於卦內又在三四重陰

明嘉靖中闽刻兼义本

阮氏刻《十三经注疏》,其《周易正义》底本是南宋刻十行兼义本,而明嘉靖中福建九行兼义本亦是本南宋十行兼义本重刻,所以阮刻本此注作“立诚笃至”。

“笃”通“督”。王弼注中孚初九曰“志未能变,系心于一”,注九二曰“立诚笃志”,是因“履不失中”而督查初九之“志”。所以,原注应该是“立诚笃志”。

九五,有孚挛如,无咎。挛如者,系其信之辞也。处中诚以相交之时,居尊位以为群物之王,②信何可舍?故有孚挛如,乃得无咎也。

校勘记:②“王”,阮刻本、无求备斋本作“主”。

南宋刻《周易》注疏本、南宋刻单注附音义本、日本庆长中活字本、明嘉靖中福建兼义本、毛晋汲古阁本及四库本皆作“主”,阮刻本亦作“主”。显然是此单注本刻本误“主”为“王”。“居尊位以为群物之王”不如“居尊位以为群物之主”通顺。

p. 784

(小过)六五,密云不雨,自我西郊,公弋取彼在穴。小过者,小者过于大也。六得五位,阴之盛也,故密云不雨至于西郊也。夫雨者,阴布于上,而阳薄之而不得通,则蒸而为雨。今艮止于下而不交焉,故不雨也。是故小畜尚往而亨则不雨也,小过阳不上交亦不雨也。虽阴盛于上,未能行其施也。公者,臣之极也。五极阴盛,故称公也。弋,射也。在穴者,隐伏之物也。小过者,过小而难未大作,犹在隐伏者也。以阴质治小过,能获小过者也,故曰公弋取彼在穴也。除过之道,不在取之,足及密云,①未能雨也。

校勘记:①“足及”,阮刻本作“是乃”。阮校曰:“宋本、足利本‘是乃’作‘足及’。古本同也。”

南宋刻《周易》注疏本、单注附音义本、单注本、日本庆长中活字本皆作“足及”,明嘉靖中福建兼义本、毛晋汲古阁本及四库本则作“是乃”。由此可知,南宋刻十行兼义本已经改“足及”作“是乃”,所以阮刻本从之。四库本以汲古阁本为底本,当然亦作“是乃”。

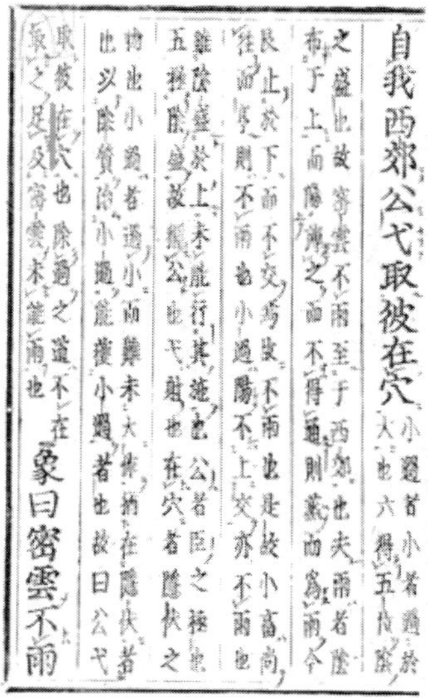

日本庆长活字本　　　　明嘉靖中闽刻兼义本

（既济）《彖》曰：既济亨，小者亨也。既济者，以皆济为义者也。小者不遗，乃为皆济，故举小者以明既济也。利贞，刚柔正而位当也。刚柔正而位当，则邪不可以行矣，故唯正乃利贞也。初吉，柔得中也。终止则乱，其道穷也。柔得中，则小者亨也。柔不得中，则小者未亨。小者未亨，虽刚得正，则为未既济也。故既济之要，在柔得中也。以既济为家者，②道极无进，终唯有乱，故曰初吉终乱。终乱不为自乱，由止故乱，故曰终止则乱也。

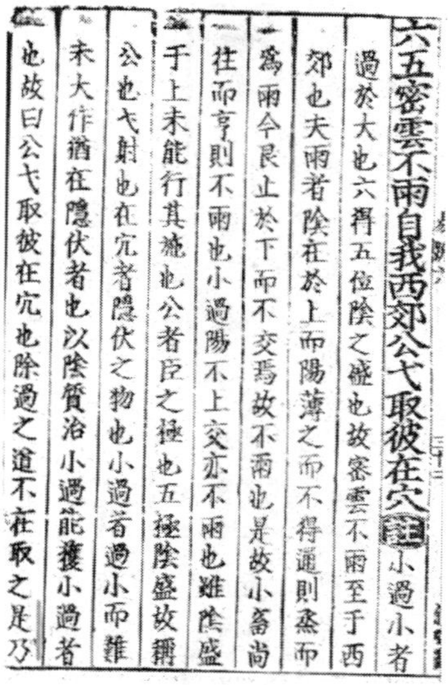

校勘记：②“家”，阮刻本作“安”。阮校曰：“钱本、古本、足利本‘安’作‘象’，宋本作‘家’。案：‘家’即‘象’之误。”

南宋刻《周易》注疏本、日本庆长中活字本皆作“象”，明嘉靖中福建兼义本、毛晋汲古阁本及四库本则作“安”。南宋刻单注附音义本和单注本则是误把“象”字刻作“家”字。由此可知，南宋刻十行兼义本已经改“家”字作“安”字。其后，元岳珂、明毛晋、清阮元则一律遵从南宋十行兼义本作“安”。阮校曰“家即象之误”，是正确判断。

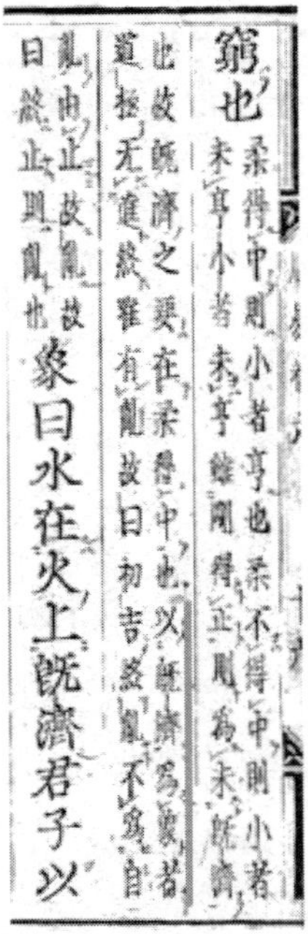
窮也柔得中則小者亨也柔不得中則小者未亨小者未亨雖剛得正則爲未既濟也故既濟之要在柔得中也以既濟爲安者道極无進終唯有亂故曰初吉終亂不爲自亂由止故亂故曰終止則亂也象曰水在火上既濟君子以

日本庆长中本

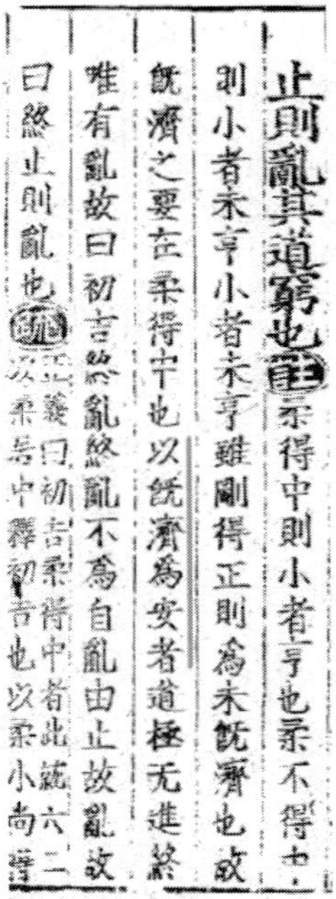
止則亂其道窮也注柔得中則小者亨也柔不得中則小者未亨小者未亨雖剛得正則爲未既濟也故既濟之要在柔得中也以既濟爲安者道極无進終唯有亂故曰初吉終亂終亂不爲自亂由止故亂故曰終止則亂也疏正義曰初吉柔得中者此釋六二以柔居中釋初吉也以柔小尚得

嘉靖中闽本

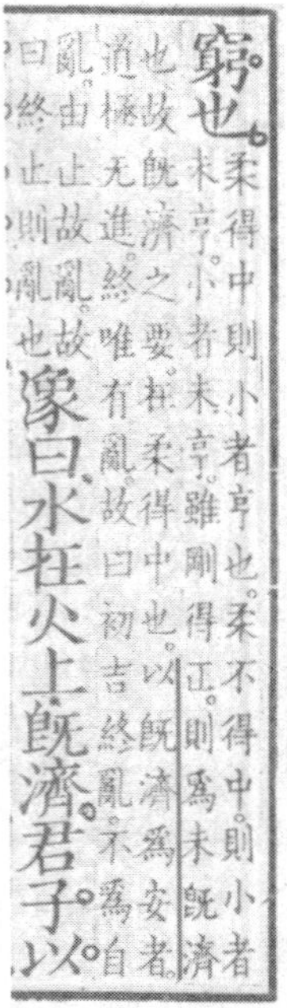
窮也。柔得中則小者亨也。柔不得中則小者未亨。小者未亨。雖剛得正。則爲未既濟也。故既濟之要。在柔得中也。以既濟爲安者道極无進。終唯有亂。故曰初吉終亂。不爲自亂由止故亂。故曰終止則亂也。象曰。水在火上既濟。君子以。

清仿相台岳本

p. 785

九三，高宗伐鬼方，三年克之。小人勿用。处既济之时，居文明之终，履得其位，是居而未而能济者也。①故伐鬼方，②三年乃克也。君子处之，故能兴也。小人居之，遂丧邦也。

校勘记：①“而未”，阮刻本、无求备斋本作“衰末”。

底本南宋单注本原文是“是居衰而未能济者也”，今《儒藏》精华编校点误作“是居而未而能济者也”。所以校勘记亦是误出，当作：“衰而未能”，阮刻本、无求备斋本作“衰末而能”。

南宋刻《周易》注疏本、单注附音义本、日本庆长中活字本及四库本皆作“居衰末而能济者也”，明嘉靖中福建兼义本、毛晋汲古阁本则作“居衰末而能济者”（无“也”字，阮本同）。

勿用處既濟之時居文明之終履得其位是居衰而未能濟者也故伐鬼方三年乃克也君子處之故能興也小人居之遂喪邦也象曰三年克之憊也六四繻有衣袽

南宋刻单注本

車蔽也子夏作[illegible]荀作[illegible]董作[illegible]此志反象曰七日得以中道也九三高宗伐鬼方三年克之小人勿用處既濟之時居文明之終履得其位是居衰末而能濟者也故伐鬼方三

南宋刻单注附音义本

三年克之小人勿用處既濟之時居文明之終履得其位是居衰末而能濟者也故伐鬼方三年乃克也君子處之故能興也小人居之遂喪邦也象曰

日本庆长中本

九三高宗伐鬼方三年克之小人勿用注處既濟之時居文明之終履得其位是居衰末而能濟者高宗伐鬼方三年乃克也君子處之故能興也小人居之遂喪邦也疏正義曰高宗伐鬼方三年克之者高宗者殷王武丁之號也九三處既濟之時居

明嘉靖中闽本

宋刻《周易正义》曰："高宗伐鬼方三年克之者，高宗者，殷王武丁之号也。九三处既济之时，居文明之终，履得其位，是居衰末而能济者也。高宗伐鬼方以中兴殷道，事同此爻，故取譬焉。高宗德实文明而势甚衰惫，不能即胜，三年乃克，故曰高宗伐鬼方三年克之也。"由此可知，南宋刻单注本作"是居衰而未能济者也"错误，又可能为妄改之例。

校勘记：②"故伐鬼方"，阮刻本作"高宗伐鬼方"。

明嘉靖中福建兼义本、毛晋汲古阁兼义本皆作“高宗伐鬼方”，可知南宋刻十行兼义本已经改“故”为“高宗”，所以阮刻本从之。

p.786

上，濡其首，厉。处既济之极，既济道穷，则之于未济。之于未济，则首先犯焉。过进不已，①则遇于难，故濡其首也。将没不久，危莫先焉。

校勘记：①“进”，阮刻本作“惟”。阮校：“岳本、钱本、宋本、足利本‘惟’作‘进’，古本同。一本作‘过进惟不已’。闽、监、毛本‘惟’作‘而’。”孔颖达疏曰：“若进而不已，必遇于难。”

南宋刻《周易》注疏本、单注附音义本、单注本、日本庆长中活字本、清仿相台岳本皆作“过进不已”，明嘉靖中福建兼义本、毛晋汲古阁本及四库本则作“过而不已”，阮刻本作“过惟不已”。可见，南宋刻十行兼义本原作“过而不已”。阮氏取“过进惟不已”而作“过惟不已”，是本于日本山井鼎《七经孟子考文补遗》卷六，其文曰“过而不已一本足利本宋板而作进一本作过进惟不已”。

宋刻《周易正义》曰：“上六处既济之极，则反于未济。若反于未济，则首先犯焉。若进而不已，必遇于难，故濡其首也。”孔颖达曰“进而不已”是疏解“过进不已”，不能因此而断定王弼原注就一定是“过而不已”。

九二，曳其轮，贞吉。体刚履中而应于五，五体阴柔应与而不自任者也。居未济之时，处险难之中，体刚中之质，而见任与拯救危难，经纶屯蹇者也。用健施难，循难在正，②而不违中，故曳其轮贞吉也。

校勘记：②“施难”、“循难”，阮刻本作“拯难”、“靖难”。阮校曰：“岳本、闽监毛本同。宋本、足利本‘拯’作‘施’，‘靖’作‘循’，古本同。”

南宋刻《周易》注疏本、单注附音义本、单注本、日本庆长中活字本皆作“用健施难，循难在正”，明嘉靖中福建兼义本、毛晋汲古阁本、清仿相台岳本及阮刻本则作“用健拯难，靖难在正”，四库本作“用健拯难，循难在正”。

阮氏所谓“古本同”，则本于日本山井鼎《七经孟子考文补遗》卷六,其文曰"用健拯难靖难在正二本足利本宋板拯作施靖作循但一本循作修"。山井鼎以明嘉靖中闽刻本为底本,所以取"用健拯难靖难在正",而谓宋本作"用健施难循难在正"。阮氏取南宋刻十行兼义本为底本,所以采用"用健拯难靖难在正"。

宋刻《周易正义》曰:"曳其轮贞吉者,九二居未济之时,处险难之内,体刚中之质,以应于五,五体阴柔,委任于二,令其济难者也。经纶屯蹇,任重忧深,故曰曳其轮。曳其轮者,言其劳也。循难在正,然后得吉,故曰曳其轮贞吉。"据孔颖达疏,当作"循难在正",而不是"靖难在正"。

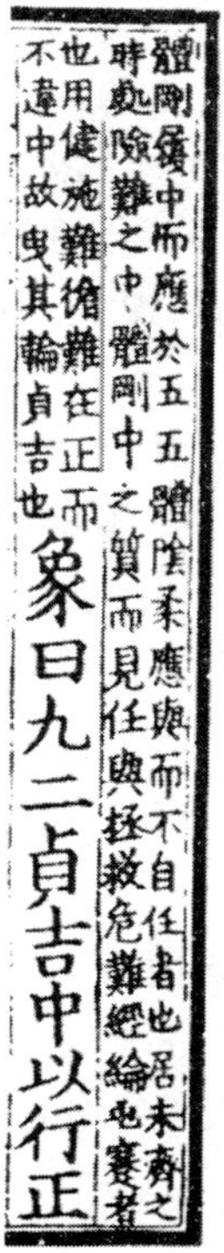
體剛履中而應於五五體陰柔應與而不自任者也居未濟之
時處險難之中體剛中之質而見任與拯救危難經綸屯蹇者
也用健施難循難在正而
不違中故曳其輪貞吉也
象曰九二貞吉中以行正

南宋单注本

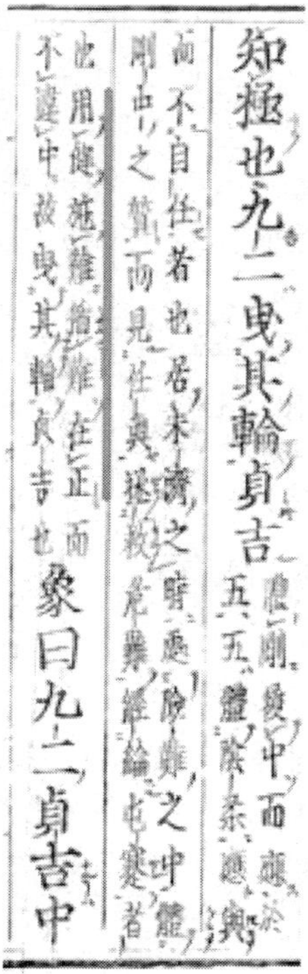
知拯也九二曳其輪貞吉體剛履中而應於五五體陰柔應與
而不自任者也居未濟之時處險難之中體
剛中之質而見任與拯救危難經綸屯蹇者
也用健施難循難在正而
不違中故曳其輪貞吉也
象曰九二貞吉中

日本庆长中本

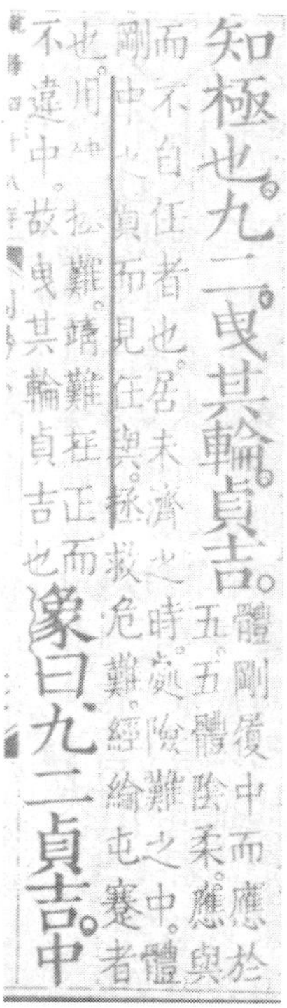
知極也九二曳其輪貞吉體剛履中而應於五五體陰柔應與
而不自任者也居未濟之時處險難之中體
剛中之質而見任與拯救危難經綸屯蹇者
也用健拯難靖難在正而
不違中故曳其輪貞吉也
象曰九二貞吉中

相台岳本

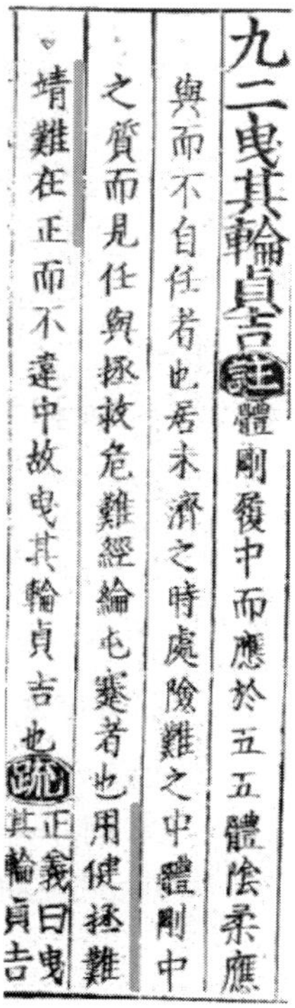
九二曳其輪貞吉注體剛履中而應於五五體陰柔應
與而不自任者也居未濟之時處險難之中體剛中
之質而見任與拯救危難經綸屯蹇者也用健拯難
靖難在正而不違中故曳其輪貞吉也疏正義曰曳
其輪貞吉

嘉靖中闽本

总之，就今《儒藏》精华编所收录《周易》南宋单注本的校勘情况而言，大体上可以说细致而准确。其中出现的问题也多是因参校本选择了“阮刻本”而发生。

我们知道，阮元修《十三经注疏》在乾隆编纂《四库全书》之后，其所谓“周易正义”是以南宋刻十行兼义本为底本，显然混淆了不同体例的《周易》书。以“兼并正义”的书去搞“周易正义”，显然不明白什么是“正义”、什么是“注疏”。我们今天校点南宋刻本《周易注》，就应该用南宋时期的“注疏”刻本或“单注附音义本”，而宋刻《周易正义》亦可引为参考。至于采用阮刻本作为参校本，则中间隔有南宋刻注疏本、单注附音义本、元相台岳本、日本足利本（即庆长本）、明嘉靖中闽本、汲古阁本，实在不能保证没有递相演变的内容出现。虽阮氏称得南宋十行兼义本，为台岳本、明嘉靖中闽本、汲古阁本之母本，然南宋十行兼义本已经多有改动，特别是好事者任意以己意窜改，已经偏离易理甚远。这已经成为不容轻视的历史事实，所以，用阮刻本作为参校本是不明智的选择。

如果我们一律采用南宋刻本作为参校本，也就不会出如此多的校勘记。这是因为，我们毕竟不是校点阮元的《十三经注疏》里面的“周易正义”。

三 《周易略例》的差异

1. 邢璹序文字的差异

《周易》方面，南宋刻“单注合音义本”及“单注本”均附有王弼的《周易略例》。清修《四库全书·周易注》，亦附录《周易略例》。

这些版本之间的差异，主要反映在唐邢璹的序文与注文方面。

周易略例 幷叙 唐四門助

原夫兩儀未位神用藏於視聽

言於是河龍負圖犧皇畫卦仰

窮天地之情六位備剛柔之體

隅論聖人之範圍顯仁藏用寔

爲萬有之蓍龜知來藏往是以

安九師尚迷宗旨臣舞象之年

習周易研窮耽玩無舍寸陰是

言略矣象之吉凶孔仲尼之論

南宋刻《周易》单注附音义本

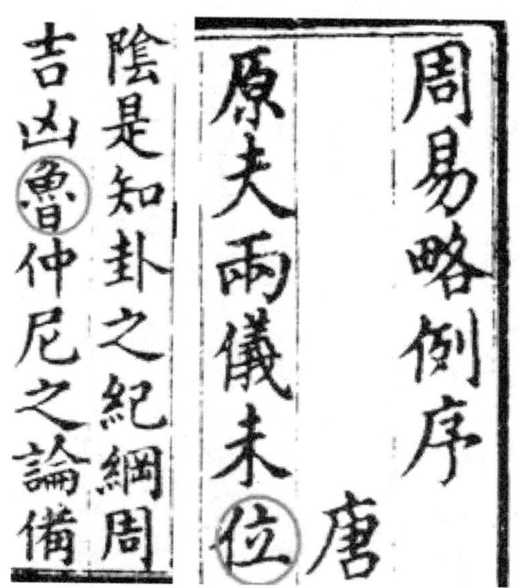
周易略例序

唐

原夫兩儀未位

陰是知卦之紀綱周

吉凶魯仲尼之論備

南宋刻《周易》单注本，则把“孔”作“鲁”

周易略例序
原夫兩儀未立
孔仲尼之論備矣至
部之指歸小則明六

明嘉靖四年范氏天一阁刻
《周易略例》，则把“位”作“立”

原夫兩儀未位神用藏於視聽一氣
言於是河龍負圖犧皇畫卦仰觀俯
窮天地之情六位備剛柔之體言大
陽論聖人之範圍顯仁藏用寔三元
爲萬有之蓍龜知來藏往是以孔丘
欽定四庫全書　周易注　卷十
安九師尚迷宗旨臣舞象之年鼓篋
習周易研窮耽玩無舍寸陰是知卦
言略矣象之言凶魯仲尼之論備矣

四库本《周易注》，则从单注本作“位”和“鲁”

《周易》里面讲“时”与“位”,《周易乾凿度》曰:“孔子曰,易始于太极。太极分而为二,故生天地。天地有春夏秋冬之节,故生四时。四时各有阴阳刚柔之分,故生八卦。”两仪为天地,是“天地定位”,所以说“两仪未位……”。孔子姓孔字仲尼,是鲁国人不假,不知何人改“孔仲尼”为“鲁仲尼”?相比之下,《周易注》附音义本为最早善本,而改“位”作“立”、改“孔”为“鲁”者实属妄改,不足取。

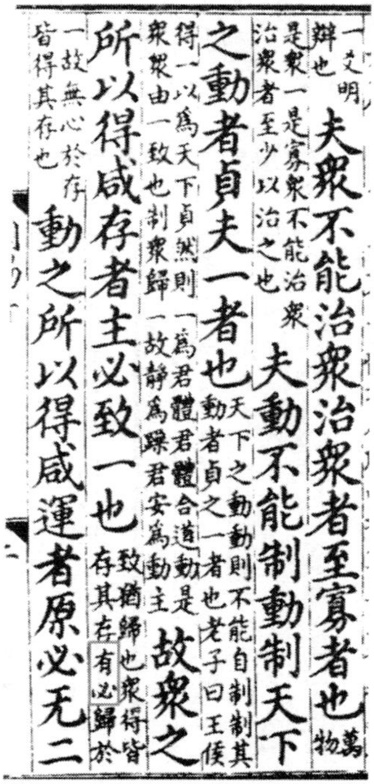

2. 邢璹注文字的差异

南宋刻单注本邢璹注是“众得皆存其存 有必归于一 故无心于存皆得其存也”,明嘉靖四年范氏天一阁刻本邢璹注是“众皆得存其存者 必归于一 故无心于存皆得其存也”。

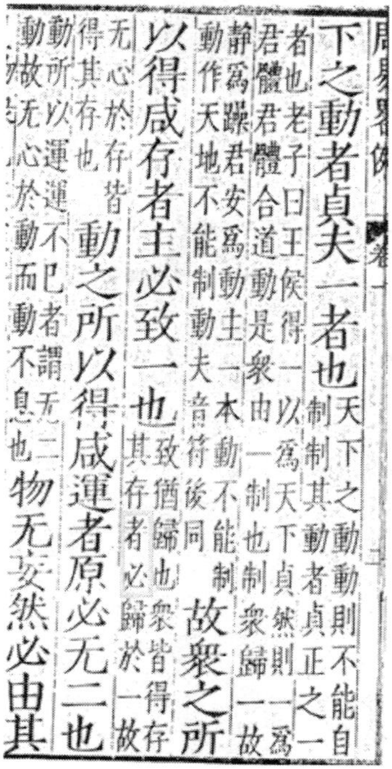

南宋刻单注本

明嘉靖四年范氏天一阁刻《周易略例》

夫衆不能治衆治衆者至寡者也萬物是衆一是寡衆不能理衆理衆者至少以理之也夫動不能制動制天下之動者貞夫一者也天下之動動則不能自制制其動者貞正之一者也老子曰王侯得一以爲天下貞然則一爲君體君體合道動是衆由一制也制衆歸一故靜爲躁君安爲動主一本動不能制動作天地不能制動夫音符後同故衆之所以得咸存者主必致一也致猶歸也衆皆得存其存者必歸於一故无心於存皆得其存也動之所以得咸運者原必无二也動所以運運不已者謂无二動故无心於動而動不息也物无妄然必由其

明万历二十年刻《汉魏丛书·周易略例》

明彖

夫彖者何也將釋其義故設問端而曰何統論一卦之體明其所由之主者也統論一卦功用之體明其所由之主立主之義在一爻明辨也夫衆不能治衆治衆者至寡者也萬物是衆一是寡衆不能治衆者至少以治之也夫動不能制動制天下之動者貞夫一者也天下之動動則不能自制制其動者貞之一者也老子曰王侯得一以爲天下貞然則一爲君體君體合道動是衆由一制也制衆歸一故靜爲躁君安爲動主故衆之所以得咸存者主必致一也致猶歸也衆得皆存其存者必歸於一故無心於存皆得其存動之所以得咸運者原必无二也動所以運運不已者謂无二動故無心於動而動不息也物

欽定四庫全書

四库本《周易注·周易略例》

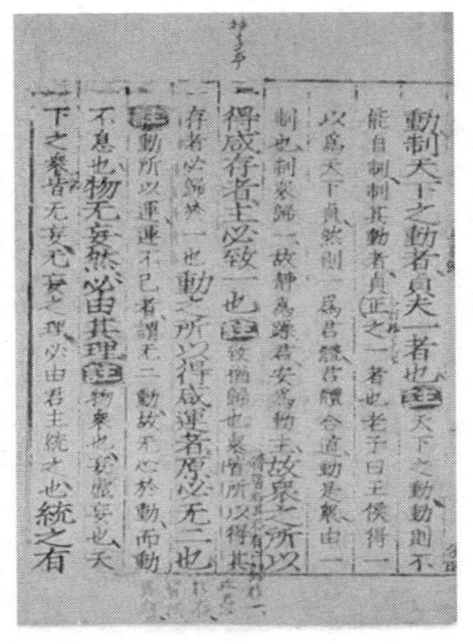

動制天下之動者貞夫一者也天下之動動則不能自制制其動者貞正之一者也老子曰王侯得一以爲天下貞然則一爲君體君體合道動是衆由一制也制衆歸一故靜爲躁君安爲動主故衆之所以得咸存者主必致一也致猶歸也衆皆所以得其存者必歸於一也動之所以得咸運者原必无二也動所以運運不已者謂无二動故不心於動而動不息也物不妄然必由其理物衆也必能妄也天下之衆皆无妄心……理必由君主統之也統之有

山井鼎校明嘉靖中九行《周易兼义》本

立主之義在一爻明辨也夫衆不能治衆治衆者至寡者也萬物是衆一是寡衆不能治衆者至少以治之也夫動不能制動制天下之動者貞夫一者也天下之動動則不能自制制其動者貞之一者也老子曰王侯得一以爲天下貞然則一爲君體君體合道動是衆由一制也制衆歸一故靜爲躁君安爲動主故衆之所以得咸存者主必致一也致猶歸也衆皆得存其存者必歸於一故无心於存皆得其存也動之所以得咸運者原必无二也動所

日本庆长年间活字版《周易注·周易略例》

明万历二十年刻本邢璹注是“众皆得存其存者 必归于一 故无心于存皆得其存也”。

四库本邢璹注是“众得皆存其存 有必归于一 故无心于存皆得其存也”。

日本的山井鼎校勘明嘉靖中福建刻九行《周易兼义》本时，曾经于页上注“括字本”三字，页下邢璹注为“众皆所以得其存者必归于一也”。山井鼎于“众”字旁附注“得皆存其存、有心归于一、故无心于存、皆得其存也”。

山井鼎注“括字本”，是指日本庆长年间活字版《周易注》而言。我们看傅增湘曾经收藏的本子，邢璹此注的内容是“众得皆存其存 有心归于一 故无心于存 皆得其存也”，正是山井鼎附注的内容。

以上六个版本，皆是围绕着“有”与“者”、“心”与“必”做文章。本前后文意，究竟那个版本“正确”？

“众由一制”，“众皆得存”者“必致一”。“无心于存”者方能“皆得其存”，所以“有心”者要得其存就必须“归于一”。倘若是这个意思，就应该说：“众得皆存其存，有心归于一，故无心于存，皆得其存也。”看来，日本庆长年间活字版《周易注·周易略例》的内容是正确的。那么，此本内容又是从哪里来的呢？

看来，南宋孝宗年间所刻“单注合音义本”，应该是邢璹注原文。正是日本庆长年间活字版《周易注·周易略例》依据的底本。其后所刻的“单注本”，有人擅自更改“心”字作“必”字。明代人认为“有必归于一”不通，遂改“有”字作“者”字，于是句读也有相应改变。

邢璹注文，前曰“有心归于一”对应“无心于存”，后曰“谓无二动”对应“无心于动”。邵雍曰：一为太极；心为太极。“心”可以“归于一”，而“有”如何能“归于一”？

宋儒苏轼深恶鄙浅之人擅改古书，宋张淏《云谷杂记》记：“东坡云，近世人轻以意改书，鄙浅之人好恶多同，故从而和之者众，遂使古书日就讹舛，深可忿疾。孔子曰‘吾犹及史之阙文也’，自予少时见前辈，皆不敢轻改书，故蜀本大字书皆善本。”对于此邢璹注，“心”字与“必”字一笔之差，好事者多添一笔，自以为得意，殊不知贻害千年。

衆之所以得咸存者主必致一也致由歸也衆得皆存其存在同心歸於一故無心於存而存[illegible]
其存也動之所以得咸運者原必無二也動所以運運不已者謂無二動故無心於動而動不
自息也物無妄然必由其理物衆也妄虛妄也天下之衆衆皆无妄无妄之理必由君主統之也統之

南宋刻单注附音义本

由此可见,南宋孝宗年间所刻《周易》"单注附音义本",实在是地道的善本书。

附录:通审《周易注》附音义本意见

通审之后,总的印象是:校点者忽视《周易音义》的校勘工作,应该出校勘记而不出者达数百条之多。又一律为"象"字加书名号,亦不知古称卦辞为象。个别句读亦有错误。

一 校点说明问题

近人孟森之校勘记不无问题,一以之为准而出本书校勘记即成新问题,因而只宜作附录供读者参考。参校本当以"殿本"为主,"阮刻本"为注疏本,主要用于《经典释文》之校勘。此《无求备斋易经集成》底本,似不如《四部丛刊》宋本。

二 目录问题

应出原书目录。

通审者已经代作新目录(有打印件)。

三 标点与校勘记问题

1. 标点部分,因参照楼宇烈《王弼集校释》,基本无误,个别句读有错误,已经改正。

2. 全书校勘记"参见孟校"字样,一律删除。校点者忽略全书"音义"校勘,今以宋本、四库本《经典释文》补校。共出 441 条校勘记,经通审者补充、修正者几乎占百分之八十之多。

意见:如果认可这一底本,通审后校点稿可以交出版社发排。

附:《周易略例》邢璹注"有心"字辨

《周易略例·明象》:"众之所以得咸存者,主必致一也。"

邢璹注:众得皆存,其存**有心**归于一,故**无心**于存皆得其存也。

《周易略例·明象》:"动之所以得咸运者,原必无二也。"

邢璹注:动所以运,运不已者,谓无二动,故**无心**于动而动不息也。

此与日本藏庆长中古活字印本同:是本作"其存有心归于一"。

邢璹之注，前曰“有心”后曰“无心”，意甚明朗。“有心于存”、“有心于动”与“无心于存”、“无心于动”并列，“无二心”与“无二动”并列，用以注王氏“必致一”与“必无二”之说，可谓的当。

然而，孟森校勘记曰：“岳‘心’作‘必’，此本误。”所谓“岳”是指元相台岳氏刻梓荆溪家塾本（即乾隆四十八年武英殿本之底本）。孟校判定此本之“心”字乃“必”字之误，当否？前人谓擅改古书者为“妄人”，孟氏当为何等样人耶？今校点者一本孟氏说，改原本“心”字作“必”，且云“参见孟校”，何以如此笃信孟校乎？

查殿本作：“众得皆存其存。有必归于一。故无心于存。皆得其存也。”（“。”号为原有句读）

查四库本作：“众得皆存其存者必归于一故无心于存皆得其存也。”此与明刻本《周易略例》同。

何以明刻本与四库本皆改“其存有必归于一”为“其存者必归于一”？为语句通顺故也。由此可见，“众得皆存”为句读，而“其存有必归于一”为句读则不通。

我们从理校的角度看，此本“心”字无误，后人本王注有“必”字而添一笔改“心”作“必”，遂使文义不通，所以后又有改“有”字为“者”字者。

由此可见，校勘古书文句当慎之又慎。凡遇有异义，出校勘记即可。倘若改字，不能偏信前儒，一定要服从义理。倘若义理不明，似只可出校勘记，而不可擅自更改古文。

附：同人九四注“反则得吉”原文辨

此底本同人卦九四注曰“反则得吉也”，“○”后引用《经典释文》曰：“‘反则得则，得则则吉也’，一本作‘反则得，得则吉也’。”

查宋刻本《经典释文·周易音义》，作“反则得则 得则则吉也 一本作反则得 得则吉也”，与此底本引用正同。由此可见，唐陆德明所见《周易注》原本同人卦九四注曰“反则得则得则则吉也”（或一本作“反则得得则吉也”），而“反则得吉也”之注则不见于唐代。

九行兼义本、四库本与阮刻本皆是“反则得吉也一本作反则得得则吉也”。

此底本王弼注为“反则得吉”，而“○”后引用《经典释文》却作“反则得则得则则吉也一本作反则得得则吉也”，显然与注矛盾。只有注文作“反则得则得则则吉也”，方与释文有合。

同人卦九四象曰：“其吉，则困而反则也。”王弼之注文是本此义而出，所以孔颖达疏曰“以从法则”、“反归其法则，故得吉也”。可见，王弼注“反则得则”为“得法则”之义。如此其原注当为“反则得则得则则吉也”。而后人简化作“反则得吉”，遂失“原则”之义。

宋刻释文

周易正义

第三篇 《周易集解》辨诂

李鼎祚的《周易集解》，是今《儒藏》精华编经部易类第二册收录的第二部书，由山东大学张文智校点。历史上《周易集解》的刻本，主要有南宋嘉定壬申鲜于中之十卷刻本、明代朱睦㮮十七卷刻本、[①]毛氏汲古阁十卷本、[②]胡氏秘册汇函十卷本、清代卢见曾雅雨堂十七卷本、张海鹏照旷阁十七卷本、周孝垓枕经楼十卷本、[③]孙氏岱南阁十七卷本等。此次校点的底本则采用卢见曾雅雨堂十七卷刻本，参校本为文渊阁《四库全书》十七卷本和张海鹏照旷阁本。

一 关于《周易集解》的目录与卷数

李鼎祚《周易集解》，采集子夏、孟喜、焦赣、京房、马融、荀爽、郑玄、刘表、何晏、宋衷、虞翻、陆绩、干宝、王肃、王弼、姚信、王廙、张璠、向秀、王凯冲、侯果、蜀才、翟元、韩康伯、刘巘、何妥、崔憬、沈驎士、卢氏、崔觐、伏曼容、孔颖达、姚规、朱仰之、蔡景君等三十六家《易》说而成。

今见雅雨堂《周易集解》底本为十七卷，六十四卦厘为十二卷，《系辞》厘为四卷，《说卦》、《序卦》、《杂卦》合为一卷，似乎与《新唐书·艺文志》记李鼎祚《集注周易》十七卷之数有合。然而，李氏自序称"别撰《索隐》，错综根萌，音义两存，详之明矣。其王氏《略例》，得失相参，采葑采菲，无以下体，仍附经末，式广未闻，凡成一十八

---

① 《授经图义例》记"周易集解十七卷李鼎祚"。

② 毛晋刻本名《李氏易传》。

③ 周孝垓枕经楼《周易集解》十卷刻本，为李道平撰《周易集解纂疏》之底本。

卷”,如果除去《索隐》与《略例》卷数,则必然不合“十七卷”之数。

宋王尧臣《崇文总目》记:“周易十卷 李鼎祚注。”

宋晁公武《郡斋读书志》记:“李氏集解十卷 右唐李鼎祚集。”

宋陈振孙《直斋书录解题》:“周易集解十卷 唐著作郎李鼎祚集案:《唐书》作十七卷,晁公武谓今止十卷,而始末皆全,无所亡失,或后人并之也。”

明杨士奇《文渊阁书目》:“李鼎祚易传集解一部十册。”

清朱彝尊《经义考》:“鼎祚自序曰‘别撰《索隐》,错综根萌,音义两存,详之明矣。其王氏《略例》,得失相参,采葑采菲,无以下体,仍附经末,式广未闻,凡成一十卷’。”又曰:“李焘曰鼎祚自序止云十卷,无亡失也……朱睦㮮序曰《唐·艺文志》称李鼎祚《集注周易》十七卷,据鼎祚自序云十卷,而首尾俱全,初无亡失,不知唐史何所据而云十七卷也。”

以上历史记载证明,李鼎祚《周易集解》原本是“一十卷”。四库馆臣所言“《集解》本十卷,附《略例》一卷为十一卷,尚别有《索隐》六卷,共成十七卷”,也有一定道理。

今见《周易集解》十七卷,需、讼分属卷二与卷三;剥、复分属卷五与卷六;困、井分属卷九与卷十,明显违背“六十四卦二二相偶,非覆即变”的原则。特别是把《系辞》一章内容“易曰不远复,无只悔,元吉。天地细缊,万物化醇”分属卷十五和卷十六,更是没有先例。

既然李鼎祚本着王弼《周易注》作各家易学集注,则《周易》上下经就如同王弼一样,不会把对卦分割从属于不同卷,也不会割裂《系辞下》某章内容作两卷。

我们从清陆心源撰《群书校补》里面,可以了解到《周易集解》原来十卷本的分卷情况。陆氏曰:“余旧藏抄本十卷,以宋嘉定壬申鲜于中之刻本影写,颇有胜卢本处。今以影宋本为正,大字正书,而以卢本注于下。”

羣書校補卷一

歸安陸心源伯剛甫輯

李氏易傳 李鼎祚周易集解自序云十卷唐志作十七卷與自序不同明朱西亭刻本原出李中麓家宋本世不多見胡震亨秘册彙函本雖分卷與自序合尊譌最多近時刻本以盧見曾雅雨堂本爲最善惟分卷十七與自序不合余舊藏抄本十卷以宋嘉定壬申鮮于中之刻本影寫頗有勝盧本處今以影宋本爲正大字正書而以盧本注于下

陆心源《群书校补》影印

看陆氏之《群书校补》,南宋刻本《周易集解》十卷目录如下。

易传卷第一

乾 坤

易传卷第二

屯 蒙 需 讼 师 比 小畜 履

易传卷第三

泰 否 同人 大有 谦 豫 随 蛊 临 观

易传卷第四

噬嗑 贲 剥 复 无妄 大畜 颐 大过 坎 离

易传卷第五

咸 恒 遁 大壮 晋 明夷 家人 睽 蹇 解 损 益

易传卷第六

夬 姤 萃 升 困 井 革 鼎 震 艮

易传卷第七

渐 归妹 丰 旅 巽 兑 涣 节 中孚 小过 既济 未济

易传卷第八

系辞上

易传卷第九

系辞下

易传卷第十

说卦 序卦 杂卦

清道光年间之李道平依据周孝垓枕经楼十卷本撰《周易集解纂疏》,其分卷目录如下。

周易集解纂疏卷一

上经乾传第一 乾

周易集解纂疏卷二

上经坤传第二 坤 屯 蒙 需 讼 师 比 小畜 履

周易集解纂疏卷三

上经泰传第三 泰 否 同人 大有 谦 豫 随 蛊 临 观

周易集解纂疏卷四

上经噬嗑传第四 噬嗑 贲 剥 复 无妄 大畜 颐 大过 坎 离

周易集解纂疏卷五

上经咸传第五 咸 恒 遁 大壮 晋 明夷 家人 睽 蹇 解 损 益

周易集解纂疏卷六

上经夬传第六 夬 姤 萃 升 困 井 革 鼎 震 艮 渐 归妹

周易集解纂疏卷七

上经丰传第七 丰 旅 巽 兑 涣 节 中孚 小过 既济 未济

周易集解纂疏卷八

系辞上第八

周易集解纂疏卷九

系辞下第九
周易集解纂疏卷十
说卦第十
序卦第十一
杂卦第十二

我们比较陆氏所见南宋十卷本目录与周孝垓枕经楼十卷本目录，只有卷一与卷二、卷六与卷七内容有所不同。前者坤卦属卷一，后者坤卦属卷二；前者渐与归妹二卦属卷七，后者渐与归妹二卦属卷六。尽管两个十卷本分卷略有差异，但是仍然可以看出原本出于王弼《周易注》的分卷体例。

既然南宋陈振孙《直斋书录解题》记《周易集解》十卷，并且说"始末皆全，无所亡失"，则无论如何《周易集解》原本必定是十卷。今见李氏序中所言"凡成一十八卷"，其余八卷，或许有《索引》七卷，外加《略例》一卷。雅雨堂刻本勉强把《周易集解》十卷分拆作十七卷，意欲合于《新唐书·艺文志》记李鼎祚《集注周易》十七卷之数，实在是失于考证的不当之举。

二　李鼎祚序文避讳改字及引文差异

1. 避唐帝讳，特意避"民"作"人"、避"世"作"代"、避"治"作"理"。如：

《周易·系辞》"致天下之**民**"，序作"致天下之**人**"。

《周易·系辞》"后**世**圣人易之以书契，百官以**治**，万**民**以察"，序作"后**代**圣人易之以书契，百官以**理**，万**人**以察"。

2. 引文方面的差异

如：

《周易·系辞》"圣人有以见天下之**赜**，而拟诸其形容，象其物宜，是故谓之象。圣人有以见天下之动，而观其会通，以行其典礼"，李鼎祚序作"故圣人见天下之**啧**，而拟诸其形容，象其物宜，而观其会通,以行其典礼”。①

《周易·系辞》“探赜索隐,钩深致远,以定天下之吉凶,成天下之亹亹者,莫大乎蓍龟”,李鼎祚序作“探啧索隐,钩深致远,以定天下之吉凶,成天下之娓娓者,莫善乎蓍龟”。②

法象莫大乎天地變通莫大乎四時懸象著明莫大乎日月崇高莫大乎富貴位所以一天下之動而濟萬物也備物致用立成器以爲天下利莫大乎聖人探賾索隱鉤深致遠以定天下之吉凶成天下之亹亹莫善乎蓍龜子曰天之所

唐魏徵《周易治要》

《周易·系辞》“神以知来,知以藏往”,李鼎祚序作:“神以知来,智以藏往。”③

---

① 李鼎祚《周易集解·系辞》作“圣人有以见天下之啧”。

② 李鼎祚《周易集解·系辞》作“探啧索隐,钩深致远,以定天下之吉凶,成天下之娓娓者,莫善乎蓍龟”。

③ 李鼎祚《周易集解·系辞》作“神以知来,知以藏往”。

《周易·系辞》“将有为也，将有行也，问焉而以言，其受命也如向，无有远近幽深，遂知来物”，李鼎祚序作“将有为也，问之以言，其受命也，应之如向，无有远近幽深，遂知来物”。①

辨证

对于李鼎祚《周易集解》所引《周易·系辞》，清李道平《周易集解纂疏》曰“皆上下系文”，并没有与《四库全书·周易集解》比较文字异同。此次《儒藏》编审，校点《周易集解》时亦没有针对此“啧”字出任何校勘记，今当补足并予以辨证。

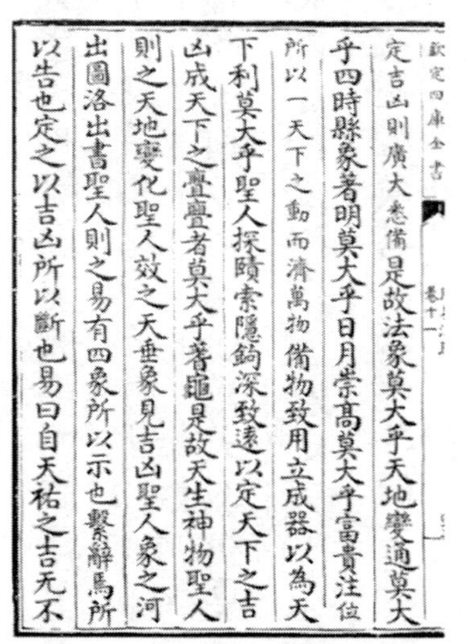
欽定四庫全書

定吉凶則廣大悉備是故法象莫大乎天地變通莫大
乎四時縣象著明莫大乎日月崇高莫大乎富貴注位
所以一天下之動而濟萬物備物致用立成器以為天
下利莫大乎聖人探賾索隱鉤深致遠以定天下之吉
凶成天下之亹亹者莫大乎蓍龜是故天生神物聖人
則之天地變化聖人效之天垂象見吉凶聖人象之河
出圖洛出書聖人則之易有四象所以示也繫辭焉所
以告也定之以吉凶所以斷也易曰自天祐之吉无不

《四库全书》易类《周易·系辞》一律“啧”作“赜”、“善”作“大”

1.“赜”与“啧”

李鼎祚《周易集解·序》“见天下之啧”、“探啧索隐”、“议三圣之幽啧”，今《四库全书》本则作“见天下之赜”、“探赜索隐”、“议三圣之幽赜”。

今《四库全书》本《周易·系辞》“探赜索隐”，马王堆出土帛书

① 李鼎祚《周易集解·系辞》作“无有远近幽深”。

《周易》作“深备错根”。

汉许慎《说文解字》：“叙曰……方以类聚，物以群分……广业甄微，学士知方，探啧索隐，厥谊可传。”

清惠栋《周易述》作“探啧索隐”，并注曰“啧，初也”。

清惠栋《九经古义》：“‘圣人有以见天下之赜’，九家作‘册’，京房、许慎皆作‘啧’。栋案：经‘赜’字皆当作‘啧’。后汉范式碑云‘探啧研机’；杨子《太玄经》云‘阴阳所以抽啧，啧，情也’。”

敦煌石室《经典释文·周易音义》（残卷）作“赜 仕责反 下同 京作啧”、“赜 九家作册”、“之赜 本亦作之至赜”。

宋刻《经典释文·周易音义》作“赜 仕责反 下同 九家作册 京作啧 云情也”、“赜 九家作册”、“之赜 本亦作之至赜”。

由此可知，两汉时期《系辞》作“啧”，至唐代已经变“啧”作“赜”。《经典释文》作者陆德明，是唐太宗贞观中官国子博士兼太子中允，敦煌石室《经典释文·周易音义》抄写于唐玄宗开元廿六年九月至廿七年五月，而李鼎祚《周易集解》成书于唐代宗时期，其序中引《系辞》文有三个“啧”字，卷十三《系辞上》有五个“啧”字，卷十四《系辞下》有六个“啧”字，清乾隆年间修《四库全书》，则一律把《周易集解》中的“啧”字改作“赜”字。①

---

① 雅雨堂底本卷十三里面有五个啧字：

圣人有以见天下之啧，而拟诸其形容。虞翻曰：乾称圣人，谓庖牺也。啧，谓初。自上议下称拟形容，谓阴在地成形者也。

言天下之至啧，而不可恶也。虞翻曰：至啧，无情。阴阳会通，品物流宕，以乾易坤，简之至也。元善之长，故不可恶也。

言天下之至动，而不可乱也。虞翻曰：以阳动阴，万物以生，故不可乱。六二之动，直以方。动，旧误作啧也。

雅雨堂底本卷十四里面有六个啧字：

探啧索隐，钩深致远，以定天下之吉凶，成天下之亹亹者，莫善乎蓍龟。虞翻曰：探取，啧初也。初隐未见，故探啧索隐，则幽赞神明而生蓍。初深，故曰钩深致远，谓乾乾为蓍，乾五之坤，大有离为龟，乾生知吉，坤杀知凶，故定天下之吉凶，莫善于蓍龟也。

是故夫象，圣人有以见天下之啧。崔憬曰：此重明易之缊，更引易象及辞以释之，言伏羲见天下之深啧，即易之缊者也。

极天下之啧者，存乎卦。陆绩曰：言卦象极尽天下之深情也。

为什么李鼎祚不本着孔颖达《周易正义》和陆德明《经典释文》之“赜”字,而是一律作“啧”字？我们应该先来看看“啧”和“赜”字的解说。

徐铉本《说文解字》曰:“啧,《周易疏义》云‘深也’。”并且把“赜”字列入“二十八俗书讹谬不合六书之体”之一字。

《周易集解》虞翻曰“啧谓初”、“至赜,无情”、“探,取;啧,初也”。

《左传注疏》晋杜预注“啧有烦言”曰:“啧,至也。”孔颖达疏曰:“啧,至。贾逵云然,是相传训也。《易·系辞》云‘圣人有以见天下之赜’,谓见其至深之处,赜亦深之义也。”

胡瑗《周易口义》曰:“赜者,幽赜也”、“赜谓幽隐难见之处”。

司马光《温公易说》曰:“赜者,精微之极致,人莫之见”、“赜者,至理幽微,无形者也”。

苏东坡《东坡易传》曰:“赜,喧错也。古作啧,从口从臣,一也。”

朱熹《周易本义》曰:“赜,杂乱也。”

《文公易说》曰:“《说文》说赜字,曰杂乱也。古无此字,只作啧”。“赜,与《左传》啧有烦言之啧同”。“赜是杂乱,不是妙字。本从口,是喧闹意”。“字书无赜,只作啧,云大呼也”。

王夫之《周易稗疏》曰:“徐铉曰:赜字不合六书之义,此亦假借之字,当作啧。传曰‘啧有烦言’,赜之左从臣,无所取。今按:赜字,或萧齐之上改造以为己名,令字形茂美,实则古所无也。”

由此可知,古无“赜”字,《四库全书》易类里面所有“赜”字皆当作“啧”字。李鼎祚集汉魏三十六家《易》注,自然本着古《易》及注而用“啧”字。不知四库馆臣为什么一律把《周易集解》里面的“啧”字改作“赜”字。

既然我们用四库本作参校本,对于“啧”与“赜”二字的异同就应该出校勘记。

2.“大”与“善”

今通行本《周易》“莫大乎蓍龟”,马王堆出土帛书《周易》作“莫善乎蓍龟”。

唐徐彦疏《春秋公羊传》作“莫善乎蓍龟”，并曰：“‘易曰’至‘蓍龟’，解云此皆上《系辞》文也。今《易》本‘善’作‘大’字，为异。”

敦煌石室《经典释文·周易音义》(残卷)作“莫善乎蓍龟 本亦作莫见”。

唐开成(837年)石经《周易》，作“莫大乎蓍龟”。

宋刻《经典释文·周易音义》，作“莫善乎蓍龟 本亦作莫大”。

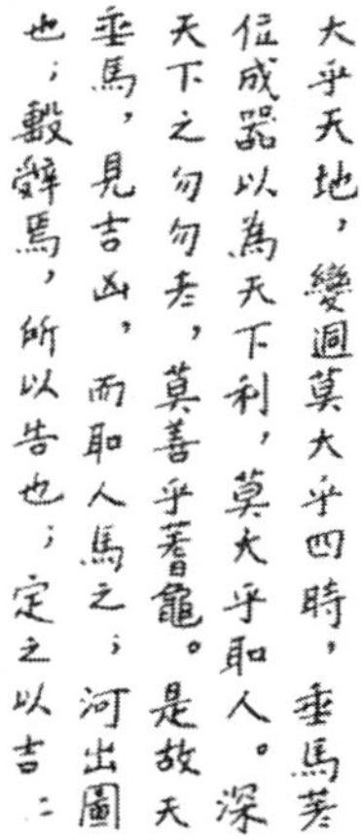
大乎天地，變迵莫大乎四時，垂馬著
位成器以為天下利，莫大乎耶人。深
天下之勿勿者，莫善乎著龜。是故天
垂馬，見吉凶，而耶人馬之；河出圖
也；毄辭馬，所以告也；定之以吉ㄧ

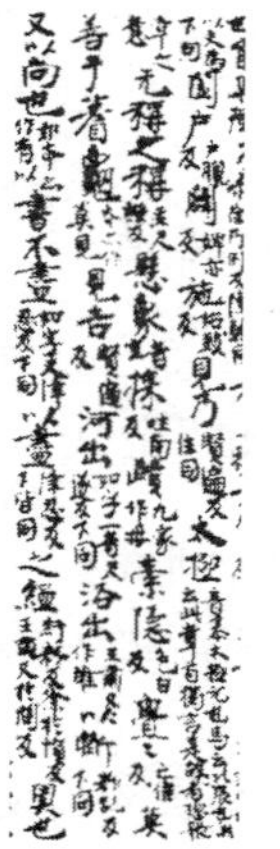

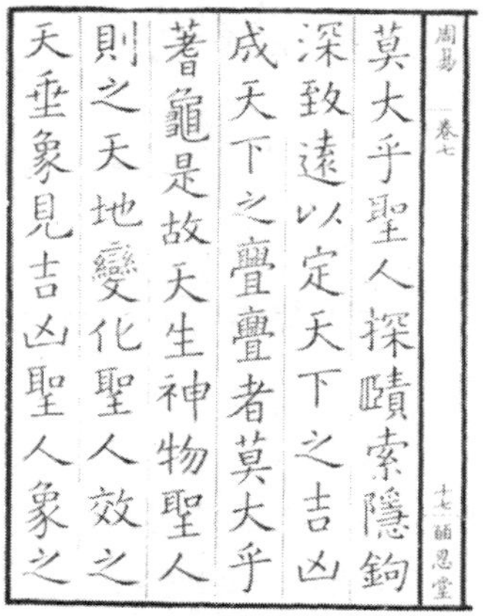
周易 卷七
莫大乎聖人探賾索隱鉤
深致遠以定天下之吉凶
成天下之亹亹者莫大乎
蓍龜是故天生神物聖人
則之天地變化聖人效之
天垂象見吉凶聖人象之
十七 皕忍堂

帛书《系辞》抄写件　敦煌石室《经典释文》　唐开成石经皕忍堂影摹版

宋吕祖谦《古周易音训》：“莫善乎蓍龟 今本作莫大。”

宋俞琰《周易集说》曰：“李氏曰‘莫大乎蓍龟’，古本作‘莫善乎蓍龟’。”

清惠栋《周易述》，作“莫善乎蓍龟”。

清惠栋编《新本郑氏周易》引《公羊疏》，作“莫善乎蓍龟”。

中华书局1936年印《四部备要·汉魏古注十三经·周易》，作“莫大乎蓍龟”。

从易理角度分析，或卜或筮，只能说是“圣人之道有四”之一，不能与“莫大乎天地”、“莫大乎四时”、“莫大乎日月”、“莫大乎富贵”、“莫大乎圣人”同等对待。李道平疏曰：“前皆言大，此独言善者，蓍龟皆始于乾坤之元，‘元者善之长’，故曰‘莫善乎蓍龟’。”

从古文献角度看,出土帛书《周易》就是作"莫善乎蓍龟"。抄写于唐玄宗时期的敦煌石室《经典释文》仍然作"莫善乎蓍龟",到了唐文宗的开成石经就改作了"莫大乎蓍龟"。

从文字演变角度看,敦煌石室《经典释文·周易音义》注"本亦作莫见",而宋刻《经典释文·周易音义》则注"本亦作莫大",则说明"大"字很可能是从"见"字演变而来,而"见"字则是从"善"字演变而来。正因为"见"字于理不通,所以才顺从前面五个"大"字。或者认为前面有五个"大"字,直接改"善"为"大"也有可能。

三 《周易集解》与"子夏易传"关系辨诂

(一) 李氏《周易集解》引"子夏传"全文总汇

1.《子夏传》曰:元始也,亨通也,利和也,贞正也。言乾禀纯阳之性,故能首出庶物,各得元始开通和谐贞固,不失其宜,是以君子法乾而行四德,故曰元亨利贞矣。

彧按:引用此条解《易》者,只有明陈耀文《经典稽疑》。

2.《子夏传》曰:龙所以象阳也。

彧按:引用此条解《易》者,有清毛奇龄《仲氏易》、赵继序《周易图书质疑》。

3. 崔憬曰:《子夏传》作"大人并王者之师也"。

彧按:引用此条解《易》者,只有明陈耀文《经典稽疑》。

4.《子夏传》曰:地得水而柔,水得土而流,比之象也。

彧按:引用此条解《易》者,有唐史徵《周易口诀义》、宋王宗传《童溪易传》、宋魏了翁《周易要义》、宋王应麟《困学纪闻》、明熊过《周易象旨决录》、明魏濬《易义古象通》、明徐元太《喻林》、明陈祖念《易用》、清惠栋《周易述》。

引用此条为考证者,有宋王应麟《汉艺文志考证》、朱彝尊《经义考》、清翟均廉《周易章句证异》。

5.《子夏传》云:先甲三日者,辛壬癸也。后甲三日者,乙丙丁也。

或按:引用此条解《易》者,有清毛奇龄《仲氏易》、清雷鋐《读书偶记》。

6. 子夏曰:"工居肆。"

或按:此条没有任何引用或考证。《论语》:"子夏曰:'百工居肆,以成其事。君子学以致其道'。"此处缺一"百"字,当作:"子夏曰百工居肆"。

絜齊故云齊物號令齊物如繩直以正木也**爲工**荀爽曰以繩木故爲工虞翻曰爲近利市三倍故爲工子夏曰工居肆【疏】荀注凡規矩準繩皆所以齊物齊乎巽故爲工虞注巽近市利漢書刑法志開市肆以通之是市即肆也論語子夏曰百工居肆以成其事故近市爲工愚案考工記審曲面埶以飭五材以辨民器謂之百工材有五而皆從木故謂之工左傳曰山有木工則度之巽爲木故爲工**爲白**虞翻曰乾陽在上故白孔穎達曰取其風吹去塵

《续修四库全书》李道平《周易集解纂疏》

李道平疏曰:"《汉书·刑法志》'开市肆以通之',是'市'即'肆'也。《论语》:'子夏曰"百工居肆,以成其事"',故近市为工。"显然,李道平明白应该作"子夏曰百工居肆"。

值得重视的是,以上《周易集解》所引“子夏”注《易》内容,《四库全书·子夏易传》全无。

(二)《四库全书》经部易类之书言“卜子夏曰”总汇

1. 宋冯椅《厚斋易学》

卜子夏曰:以柔居阴,不敏于事者也。

彧按:《子夏易传》无,不知出处。

卜子夏曰:柔依刚以成文。

彧按:《子夏易传》无,不知出处。

卜子夏曰:阳爻居中,有中人之性,不能应上,从师友之训,而反习于下,自败其材器之象。

彧按:《子夏易传》无,不知出处。

卜子夏曰:独应者,多至于争。

彧按:《子夏易传》无,不知出处。

卜子夏曰:以柔济险,始涉者也。近浅犹濡尾,况其深远,必不济矣。

彧按:《子夏易传》无,不知出处。

卜子夏曰:阳已下阴,万物既成。

彧按:《子夏易传》无,宋朱震《汉上易传》引。

卜子夏曰:五疋为束,三玄二纁,象阴阳也。

彧按:出《经典释文》,《子夏易传》无。

卜子夏曰:为小人所系,不能遁也。

彧按:《子夏易传》“君子知几,绝而好遁。小人情系,不能遁也”,文有不同。

卜子夏曰:决而当于时,适于中道乃行也。

彧按:《子夏易传》曰“决而当于时,适于中道乃行也”。

2. 宋赵汝楳《读易辑闻》

卜子夏曰:杞梓连抱瓜,阴实而蔓生,象阴之来,绵绵未已,章美也。

彧按:《子夏易传》无,不知出处。

3. 明潘士藻《读易述》

卜子夏曰:居外已过其同,无与同者,争患之祸则免矣。求同之可得乎。爻词凡同人者,无系应也。

彧按:《子夏易传》无。宋李衡《周易义海撮要》:“居外已过其同,无与同者,患争之祸则免矣。求同之志可得乎。子爻辞称同人者,无系应也。子。”

卜子夏曰:刚中而能济难,众之所附,初承以奉之五,正而应之,众来附也,非我之求也。得中之道,正之吉也。

彧按:《子夏易传》无。宋李衡《周易义海撮要》:“刚居中而能济难,众之所附,初承以奉之五,正而应之,众来附之,非我之求也。得中之道,正之吉也。子。”

卜子夏曰:以柔济险,初始涉者也。近浅犹濡尾,况其深远,必不济矣。不知力之极也。

彧按:《子夏易传》无。宋李衡《周易义海撮要》:“以柔济险,初始涉者也。近浅犹濡尾,况其深远,必不济矣。不知力之极也。子。”

卜子夏曰:五天位也,而以非阳居之,或有战争之事。二刚阳也,而能正众,可崇任之,佐其尊而臣也。丈人之谓,居中而应,行险而顺,以杀戮毒其人而人从也。专其命令则吉,复大矣,又何咎焉。

彧按:《子夏易传》有,曰“五天位也,而以非阳居之,或有战争之事。二刚阳也,而能正众,可崇任之,佐其尊而臣也。丈人之谓,居中而奉,行险而顺,以杀上杀毒其人而人从也。专其命咎则吉,复大矣,又何咎焉”。

卜子夏曰:王者天下为心,用兵非以怒也。平寇,非善杀也。三锡命,非私也。安万邦而已矣。

彧按:《子夏易传》有,曰“王者以天下为心,用兵非以怒也。平之,非喜杀也。三锡命,非私也。安万邦而已矣”。

卜子夏曰:无诚于附,道穷而比,戮斯及矣,何终哉。

彧按:《子夏易传》有,曰“无诚于附,道穷而比,戮斯及矣,何终哉”。

卜子夏曰:泰象于天地交而万物生,上下交而人治成。阳内得时,而阴外也。健发于内,其道顺行于外。亲内君子,疎外小人,君子之长也。是以损削之道往,而丰大之道来,吉而通者也。

彧按:《子夏易传》有,曰"易者象也,神之用也。故泰象于天地交而万物生,上下交而人治成。阳内得时,而阴外也。健发于内,其道顺行于外。亲内君子,踈外小人,君子之长也。是以损削之道往,而丰大之道来,吉而通者也"。

卜子夏曰:随主于见,可而变也。不随则不吉,随而丧本,亦不吉。初无专应,得其理也。刚不失正,得其吉也。与二相得,出门交有功也。非应而合之,不失其随时之宜。不随,则独立无功矣。

彧按:《子夏易传》有,曰"随主于见,可而变也。不随则不吉,随而丧本,亦不吉。初无专应,得其理也。刚不失正,得其吉也。与二相得,出门交有功也。非应而合之,不失其随时之宜。不随,则独立无功矣"。

卜子夏曰:柔非能乾蛊也,事必有主之者矣。

彧按:《子夏易传》有,曰"柔非能乾蛊也,事必有主之者矣"。

卜子夏曰:戒为治者,不可以不禁其微。

彧按:《子夏易传》有,曰"戒为治者,不可以不禁其微"。

卜子夏曰:冬至,阳潜动扵地中也。帝王者,体化合乾,故至日闭关绝行,不务察事,以象潜之勿用,与时更始也。

彧按:《子夏易传》有,曰"冬至,阳潜动于地中也。帝王者,体化合乾,故至日闭关绝行,不务察事,以象潜之勿用,与时之更始也"。

卜子夏曰:刚正而在乎前,柔守位而上应也,其可妄乎不合?初以首事,不与邻以谋富,故不耕不菑,获畬而已矣。承令而行,则利其往也。

彧按:《子夏易传》有,曰"刚正而在乎前,柔守位而上应也。其可妄乎不合?初以首事,不与邻以谋富,故不耕菑,获畬而已矣。承令而行,则利其往也"。

卜子夏曰:牛阴类也,而又童焉,居牢而安,能止其健,不劳备而得其用,则何往而不济焉,故大吉有喜矣。

或按:《子夏易传》有,曰“牛阴类也而又童焉,居牢而安,能止其健,不劳其备而得其用,则何往而不济焉,故大吉有喜也”。

卜子夏曰:二气之相感应也,中无间也,故得万物变化乎其内。天气下降,地气上济,阳下阴而阴从阳也。止于所说,其利之正也,故取女以之吉也,而感应之道取焉。圣人无为与天地准,寂然虚中,通变则随乎时,顺情而通天下之故,而咸得其治,则天下和平矣。夫相下而不私,则感之而通也。观天地万物之情,而感一也。彖语其感大者,如此也。至于爻,则形相趋也,利相逐也,岂及于感之至哉。天下忘于情而有累于质者,则于万物不尽矣,故见利则躁,后时则绝,皆凶悔之道也。

或按:《子夏易传》有,曰“二气之相感应也,中无间也,故得万物变化乎其内。天气下降而地气上济,阳下阴而阴从阳也。止于所说,其利之正也,故取女以之吉也,而感应之道取焉。圣人无为与天地准,寂然虚中,通天下之情,因其情而通天下之故,而咸得其治,则天下和平矣。夫相下而不私,则感之而通也。观天地万物之情,而感一也。彖语其感大者,如此也。至于爻,则形相趋也,利相逐也,岂及于感之至哉。天下忘于情而有累于质者,则于物不尽矣。故见利则躁,后时则绝,皆凶悔之道也”。

卜子夏曰:雷在天上,阳气大行。君子得其道也,非礼弗履,保其壮也。

或按:《子夏易传》有,曰“雷在天上,阳气大行。君子得其道也,非礼弗履,保其壮也”。

卜子夏曰:得位而进,无应而愁如也。夫以谨慎中正,忧勤其进,非惟吉,抑受其福也。五以阴而降德也,苟能立身行道,当时大明,何必待于应乎。王母阴尊而幽远者,犹知福之,况其明王乎。

或按:《子夏易传》有,曰:“得位而进,无应而愁如也。夫以谨顺中正,忧勤其进,非唯获吉,抑受其福也。五以阴而降德也,苟能立身行道,当时大明,何必待于应乎。王母阴尊而幽远者,犹知福之,况其明王乎。”

卜子夏曰:取天下之物,成天下之事,异物相制,或以相合。弦木为弧,剡木为矢,盖取诸睽。合众材各睽其小体,以成大器。夫济天下之务者,岂于一才乎。

彧按:《子夏易传》有,曰“古者圣人之治也,用天下之物,成天下之事,取异物相制,或以相合,其类多矣,则天下无不同也。至于天地之殊,男女之别,体异而事同,况乎小物也。子曰弦木为弧,剡木为矢,盖取诸睽。合众材各睽其小体,而成其大器。观是而他可知也。夫济天下之务者,岂止于一材乎。非圣人不能合睽而为功也”。

卜子夏曰:四得位矣,可以承其上,而不可独济也,故往则蹇矣。来则当其位,而连于实,得所附也。

彧按:《子夏易传》有,曰“蹇非得中,不能济下也。四得位矣,可以承其上,而不可独济也。故往则蹇矣。来则当其位,而连于实,得其所附也”。

卜子夏曰:高而无位,赞五之功,虽应得臣,无自有也。

彧按:《子夏易传》有,曰“高而无位,赞五之功,虽应得臣,无自有也”。

卜子夏曰:以刚正之说首,出门而和人者也。守正和人,何往不吉。

彧按:《子夏易传》有,曰“以刚正之说,首出门而和人也。守正和人也,守正和人,何往不吉,行岂疑哉”。

卜子夏曰:君子居则观其象而玩其辞,动则观其变而玩其占,自卜之明也。圣人极阴阳之度,穷变化之会,而得其易,是以合于天,而自天祐之吉无不利也。

彧按:《子夏易传》有,曰“故君子居则观其象而玩其辞,动则观其变而玩其占,自卜之明也。圣人极阴阳之度,穷变化之会,而得其易,是以合于天,而自天佑之,吉无不利也”。

卜子夏曰:帝者,造化之主,天地之宗,无象之象也,不可以形智索,因物之生成,始终而显其出入焉。参而主之者,阳也。是故出乎东,春之建也。阳动于下,万物震之而生也。故震,东方之物,齐乎巽,物之长齐乎布生鲜洁,区别而不相乱也。物方长貌,强而下柔也。故下柔而巽之,待其大者不可以不巽,故巽东南之物也。离也者,明也。万物之貌，始大皆明，而相见中柔顺也，可以治之矣。是以圣人南面而听天下，向明而治，盖取诸此。坤也者，地也万物皆致养焉，物之杂也，外盛而中未盈，养之而后成者也。故顺而求役而致养之，故坤为西南之卦也。兑，正秋也。外柔而中壮也。万物之盛而咸说也，故兑为正西之物也。乾，西北地也，阳之老，阴薄而争兴也，故战也。万物衰而落其荣也，故乾为西北之物也。坎者，阳胎于中，而阴盛于外，水之卦也。水幽，阴之物也。水流而不已也，万物之所归也。故物之生先聚水，而质其死也。水涸而枯，故其劳卦为北方之物也。艮，四时之终，万物之所成止于艮也。终则有始也，故曰成言乎艮，为东北之卦也。

彧按:《子夏易传》有，曰"帝者，造化之主，天地之宗，无象之象也，不可以形智索，因物之生成，始终其显其出入焉。参而主之者，阳也。是故出乎东，春之建也。阳动于下，万物震之而生也。故震，东方之物，齐乎巽，物之长齐而布生，鲜洁区别而不相乱也。物方长貌，强而下柔也，故下柔而巽之，待其大者不可以不巽，故巽东南之物也。离也者，明也。万物之貌始大皆明，而相见中柔顺也，可以治之矣。是以圣人南面而听天下，向明而治，盖取诸此。坤也者，地也。万物皆致养焉，物之杂也。外盛而中未盈，养之而后成者也。故顺而求役而致养，之故坤为西南之卦也。兑，正秋也。外柔而中壮也，万物之盛而咸说也，故兑为正西之物也。乾，西北地也，阳之老，阴薄而争兴也，故战也。万物衰而落其荣也，故乾为西北之物也。坎者，阳胎于中，而阴盛于外，水之卦也。水幽阴之物也，水流而不已也，万物之所归也，故物之生，先聚水而质其死也。水涸而枯槁，故其劳卦为北方之物也。艮，四时之终，万物之所成止于艮也。终则有始也，故曰成言乎艮，为东北之卦也"。

卜子夏曰:兑刚内而柔外，见其情而说人也。巽刚外而柔内，隐其情而巽物也。

彧按:《子夏易传》有，曰"圣人之治也，兑刚中而柔外，见其情而说人也。巽刚中而柔内，隐其情而巽物也"。

4. 清孙奇逢《读易大旨》

卜子夏曰:临事耑故厉成其志,故无咎,有事然也。

或按:《子夏易传》无,不知出处。

5. 清毛奇龄《仲氏易》

按子夏传曰:临事专故厉成其志,故无咎,有事然也。

或按:《子夏易传》无,不知出处。

以上,或见于《子夏易传》、《经典释文》,或见于《汉上易传》、《厚斋易学》,或不知出处。总之,没有一条见于《周易集解》。

(三)《经典释文》引"子夏传"内容总汇

1. 亢 苦浪反 子夏传云极也
2. 屯如 子夏传云如辞也
3. 乘马 绳证反 四马曰乘 子夏传音绳
4. 班如 如字 子夏传云相牵不进貌
5. 眚 生领反 子夏传云妖祥曰眚
6. 比 毗志反 子夏传云地得水而柔 水得地而流 故曰比

   或按:此条《周易集解》有所引用,作"子夏传曰,地得水而柔,水得土而流,比之象也"。
7. 挛 力专反 子夏传作恋 云思也
8. 几 子夏传作近
9. 愬愬 子夏传云恐惧貌
10. 篇篇 如字 子夏传作翩翩 向本同 云轻举貌 古文作偏偏

    或按:《周易集解》作"翩翩"。
11. 隍 音皇 城堑也 子夏作堭 姚作湟
12. 其彭 步郎反 子夏作旁 虞作尪

    或按:《周易集解》作"尪",引虞翻注:"尪或为彭,作旁声,字之误。"出土帛书《周易》作"彭"。
13. 谦 子夏作嗛 云嗛谦也

    或按:《周易集解》作"谦"。出土帛书《周易》作"嗛"。
14. 盱 香于反 睢盱也 子夏作纡

15. 簪 徐侧林反 子夏传同 疾也
16. 胏 缁美反 子夏作脯
17. 束帛 子夏传云五匹为束 三玄二纁 象阴阳
18. 戋戋 在千反 子夏传作残残
19. 眚 生领反 子夏传云 伤害曰灾 妖祥曰眚
20. 拂 符弗反 违也 子夏传作弗 云辅弼也
21. 逐逐 如字 敦实也 子夏传作攸攸
22. 寘 之豉反 置也 子夏传作湜
23. 戚 千寂反 子夏传作嘁嘁
24. 拇 茂后反 子夏作踇
25. 肥遁 如字 子夏传云肥饶裕
26. 鼫 音石 子夏传作硕鼠
27. 夷于 如字 子夏作睇 郑陆同 云旁视曰睇
28. 用拯 拯救之拯 子夏作抍 字林云抍上举 音承
29. 掣 昌逝反 子夏作契 传云一角仰也
30. 牵羊 苦年反 子夏作掔
31. 柅 子夏作鑈
32. 包瓜 白交反 子夏作苞
33. 徐徐 疑惧貌 子夏作荼荼 翟同 荼音图 云内不定之意
34. 鲋 音附 鱼名也 子夏传谓虾蟇
35. 甃 侧旧反 子夏传云修治也
36. 沛 本或作旆 谓幡幔也 子夏作芾 传云小也
37. 沬 子夏传云昧星之小者 马同
38. 得其资斧 如字 子夏传及众家并作齐斧
39. 用拯 拯救之拯 子夏作抍 抍取也
40. 其茀 方拂反 子夏作髴
41. 繻有 而朱反 子夏作襦 王廙同
42. 衣袽 女居反 丝袽也 子夏作茹

陆德明为唐初人,李鼎祚撰《周易集解》只引用了《经典释文·周易音义》里面一小部分内容。特别对其中“子夏”的内容,也仅仅引用了“地得水而柔,水得土而流,比之象也”一条,并且与《经典释文·周易音义》有所不同。对此,发人深思。

《四库全书·子夏易传》提要曰:“《子夏易传》十一卷,旧本题卜子夏撰。案说《易》之家,最古者莫若是书。其伪中生伪,至一至再而未已者,亦莫若是书。《唐会要》载开元七年诏:《子夏易传》近无习者,令儒官详定。刘知幾议曰,《汉志》,《易》有十三家,而无子夏作传者。至梁阮氏《七录》始有子夏易六卷。或云韩婴作,或云丁宽作……是唐已前,所谓‘子夏传’已为伪本。晁说之《传易堂记》又称,今号为‘子夏传’者,乃唐张弧之《易》,是唐时又一伪本并行……而《崇文总目》亦称此书篇第略依王氏,决非卜子夏之文也。朱彝尊《经义考》证以陆德明《经典释文》、李鼎祚《周易集解》、王应麟《困学纪闻》所引,皆今本所无。德明鼎祚犹曰在张弧以前,应麟乃南宋末人,何以当日所见,与今本又异,然则今本又出伪托,不但非子夏书,亦并非张弧书矣。”由此可知,唐已前所谓“子夏传”已为伪本,而陆德明《经典释文》、李鼎祚《周易集解》、王应麟《困学纪闻》所引,虽然“今本所无”,但是出于伪本无疑。

今天从文献学角度我们要如何对待历史上的伪书?这是一个应该认真讨论的问题。我个人认为,虽然托名属伪,但是书之内容不伪,仍然不失利用其书的价值。

四 雅雨堂底本与陆心源影宋本内容互勘

彧按:以今《儒藏》精华编经部易类二册《周易集解》与《续修四库全书·群书校补》互勘,取第二册页码。

雅雨堂底本	陆心源影宋本
易传卷第一　　唐资州李鼎祚集解	易传卷第一　　李氏集解
p. 279(乾)	(乾)
元亨利贞	“贞”避讳阙末笔,下同。
天地之气有升降	天地之气有升降
干宝	宋本皆作“于宝”。

p. 280	
免于羑里(“於”卢本皆作“于”,下同)	宋本皆作“於”,下同。
无咎	宋本“无”多作“無”。
p. 281	
用九见群龙无首吉	误作“用九天德不可为首”。
p. 282	
时乘六龙以御天	时乘六龙以御天也
p. 284	
九家易曰通者谓阳合而为乾	“通”避唐讳“亨”。
故以配通	“通”避唐讳“亨”。
p. 285	
亨为嘉会	“通为嘉会”,避唐讳“亨”。
气用随宜所以利民	宋本同,“气”当作“器”。
逾乱则败礼 其教淫 逆则拂时 其功否	宋本同, 衍“逾”字 。
四愆者商纣所由亡	四愆商纣所由亡
p. 286	
遁世无闷	宋本“遯”皆作“遁”。
阳出初震	阴出初震
谓言常以信	口言常以信
p. 287	
宋衷曰闭防也(卢本误“闲”作“闭”)	宋衷曰闲防也
宜利天下	误“宜”作“宣”。
知终者可以知始终谓三也	知终者可以知始终终谓三也
p. 291	
天下治也	天下治矣
p. 296	
燕哙让位于子之之类	燕哙让位于子之类
卢本卷一止此。	

易传卷第二　唐资州李鼎祚集解

p. 300(坤)	(坤)
谓坤初六之乾四	谓坤初六之于乾四(《九家易解》同)
言阳顺阴之性(《九家易解》同)	言阳顺阴之往

p. 301	
布阳气于四方也(《九家易解》同)	布阳气动于四方也(四库本同)
故或从王事	或从主事
p. 303	
顺承天地(“地”四库本作“施”)	须承天地
p. 304	
故直其正	敬直其正(“敬”阙末笔,下同)
p. 305	
必有鄰也	必有隣也
p. 306	
五动为比乃事业之盛(《九家易解》同)	五动为此乃事业之盛
王凯冲曰	王凯仲曰
	易传卷第二　李氏集解
p. 307(屯)	(屯)
资生于坤	资生于地
p. 308	
盘桓	磐桓
虽盘桓得其正也	虽盘得其正也
p. 310	
往则吝穷也	往则爻穷也
互艮为手	宋本“互”皆作“㸦”
p. 311(蒙)	(蒙)
初筮告	初筮吉
p. 312	
彖曰蒙山下	彖正圣功也
君子谓二	君子为二
p. 313	
初六戊寅	初六戌寅
勿用娶女	勿用取女
p. 315(需)	(需)
利用恒	“恒”阙末笔,下同。
卢本卷二止此。	

易传卷第三　唐资州李鼎祚集解	
p.319(讼)	(讼)
乾知大始	乾知太始
p.321	
正之危也("危"卢本作"卮")	正之危也(四库本同)
p.23(师)	(师)
吉又何咎矣	吉又何咎也
p.327(比)	(比)
违天失人("失"卢本作"夫")	违天失人
p.328	
它吉	他吉
p.329(小畜)	(小畜)
故曰小畜也	故四小畜也
p.332	
二变承三	二变承二(四库本作"三变承二")
p.333(履)	(履)
定民志也	定民忘也
p.334	
为虎所囓(四库本同)	为虎所齧
卢本卷三止此。	

易传卷第四　唐资州李鼎祚集解	易传卷第三　李氏集解
p.338(泰)	(泰)
故无平不陂	故无平无陂
p.340(否)	(否)
故曰匪人	故曰非人
p.341	
俭或作险	险或作俭
p.345(同人)	(同人)
故伏戎于莽也	故曰伏戎于莽也
p.347(大有)	(大有)
虞翻曰谓五	虞氏曰谓五
p.348	
明辩折也	明辩晢也(四库本同)

虞翻曰折之离故明辩折也	虞翻曰哲之离故明辩哲也(四库本同)
以信应君君物交信(四库本同)	以信应于君君物交信
p. 349(谦)	(谦)
p. 354(豫)	(豫)
虞翻曰体剥蔑贞	虞翻曰体剥篾贞
卢本卷四止此。	
易传卷第五　唐资州李鼎祚集解	
p. 358(随)	(随)
故舍初系四	故捨初系四(四库本同)
p. 359(蛊)	(蛊)
子修圣道(四库本同)	子脩圣道
p. 363(临)	(临)
刚长而柔消(四库本同)	刚长而柔削
p. 364(观)	(观)
为鬼门宫阙者(四库本同)	为鬼门宫阒者
进爵灌地(四库本同)	进爵灌池
p. 365	
斯即东邻杀牛(四库本同)	斯即东邻煞牛
	易传卷第四　李氏集解
p. 368(噬嗑)	(噬嗑)
卢氏曰此本否卦	卢氏曰此本否对
二者合而其道章也(四库本同)	三者合而其道章也
p. 369	
昔肉	腊肉(四库本同)
p. 371(贲)	(贲)
序卦曰物不可以苟合而已	序卦曰物不可以合而已
p. 372	
今近四棄于二比(四库本同)	今近四弃于二比
卢氏曰有离之文以自饰	虞翻曰有离之文以自饰(四库本同)
p. 375(剥)	(剥)

则出入無疾(四库本同)　　则出入无疾
卢氏曰蔑灭也　　虞翻曰蔑灭也(四库本同)
p. 376
剥以大臣之象(四库本同)　　剥于大臣之象
p. 376
故曰剥庐终不可用矣(四库本同)　　曰故剥庐终不可用也
卢本卷五止此。

易传卷第六　唐资州李鼎祚集解

p. 378(复)　　(复)
犹未侧其端倪　　犹未测其端倪(四库本同)
p. 381
动不失中(四库本同)　　动不失□中
p. 382(无妄)　　(无妄)
天命不右　　天命不祐(四库本同)
p. 384(大畜)　　(大畜)
大畜利贞　　利大畜亨
p. 385
乾知大始(四库本同)　　乾知太始
p. 386
日闲舆卫(四库本同)　　曰闲舆卫
讲武闲兵故曰日闲舆卫也(四库本同)　　讲武闲兵故曰曰闲舆卫也
p. 387
止其觝触也(四库本同)　　正其甗触也
p. 388(颐)　　(颐)
颐者口车辅之名也(四库本同)　　颐者口车之名也
彧按:《周易郑康成注》作“颐者口车辅之名也”。
眈眈下视貌　　眈眈下眩貌(四库本同)
无应于下而比于上(“比”卢本作“此”)　　无应于下而比于上(四库本同)
p. 391(大过)　　(大过)
所以栋桡(四库本同)　　所栋桡
p. 394(坎)　　(坎)
虞翻曰坎为心(四库本同)　　虞氏曰坎为心
p. 396

进其忠信(四库本同)	进共忠信
p. 397	
褆既平	只既平(四库本同)
中未光大也(四库本同)	中未大也
系用徽纆(四库本同)	系用徽纏
p. 398(离)	(离)
故畜牝牛吉(四库本同)	故畜牝牛言
坤为地(四库本同)	坤为二
卢本卷六止此。	
易传卷第七　唐资州李鼎祚集解	**易传卷第五　李氏集解**
p. 401(咸)	(咸)
故夫子慇懃深述其义(四库本同)	“慇”作“殷”,阙末笔
p. 402	
此保合太和(四库本同)	此保合大和
咸其母	咸其母(四库本作“拇”)
往咎	往吝(四库本同)
p. 403	
则失其正义(四库本同)	则失其止义
p. 404	
媵口说也(四库本同)	腾口说也
p. 404(恒)	(恒)
恒者久也	所有“恒”字皆阙末笔
p. 406	
九四失位利二上之五	九四失位利也上之五(四库本同)
p. 407(遯)	(遁)
受之以遯	宋本“遯”字皆作“遁”
故遯而通则当位而应(四库本同)	“通”避讳“亨”。
与时行也	与时行之也(四库本同)
始任他国(“任”卢本作“仕”)	始任他国(四库本同)
p. 409	
情未能棄(四库本同)	情未能弃
p. 410(大壮)	(大壮)
遁而后通(四库本同)	遁而复通

乾下震上(四库本同)	误作"震下乾上"
p.411	
四藩未决(四库本同)	四藩未决
p.412	
乾善为详(四库本同)	乾善为祥
故不详也(四库本同)	故不祥也
p.413(晋)	(晋)
而以明自照其德	而以明自昭其德(四库本同)
故以自照明德也	故以自昭明德也(四库本同)
p.415	
矢得勿恤(四库本同)	失得勿恤
p.417(明夷)	(明夷)
故曰于出门庭矣(四库本同)	故曰于出于门庭矣
p.418	
明不可息也(四库本同)	明不可息□也
卢本卷七止此。	

易传卷第八　唐资州李鼎祚集解

p.420	
行有恒	宋本"恒"皆阙末笔
p.424(睽)	(睽)
遇元夫(四库本同)	遇元夫孚
p.425	
睽三顧五(四库本同)	睽三顾五
p.426(蹇)	(蹇)
故知矣哉(四库本同)	故至矣哉
兑象见丁(四库本同)	兑象见下
p.427	
内谓二阴也	内喜谓二阴也(四库本同)
p.428(解)	(解)
p.432(损)	(损)
案坤之上九(四库本同误)	案坤之上六
少男在上	少男在下(四库本同误)
与时偕行(四库本同)	与时皆行

p.435(益)	(益)
益利有攸往(四库本同)	益利□有攸往
故利有攸往(四库本同)	故利□有攸往
p.437	
苍精之帝(四库本同)	仓精之帝
而体奸邪(四库本同)	而体姧邪
卢本卷八止此。	
易传卷第九　唐资州李鼎祚集解	**易传卷第六　李氏集解**
p.440(夬)	(夬)
乾为阳("阳"卢本作"扬")	乾为阳(四库本同)
故曰夬扬于王庭也(四库本同)	故曰决扬于王庭也
p.442	
必能棄夫情累(四库本同)	必能弃夫情累
p.443	
陆和睦也(四库本同)	睦和睦也
p.445(姤)	(姤)
皆緫在初(四库本同)	皆揔在初
p.447(萃)	(萃)
萃王假有庙	萃亨王假有庙(四库本同)
说德居上待之(四库本同)	说德居止待之
p.448	
王假有庙(四库本同)	五假有庙
故顺天命也(四库本同)	故顺天命矣
p.449	
谓敹甲胄(四库本同)	谓类甲胄
初不之四故其志乱也(四库本无"故"字)	初之四其志乱也
已独履正与众相殊(四库本同)	已独履正众相殊
p.450	
则五体皆正(四库本同)	则五体比正
p.453(升)	(升)
徙居岐山之下(四库本同)	从居岐山之下
p.454(困)	(困)
困刚弇也	困刚揜也(四库本同)

二五为阴所弇也	二五为阴所揜也(四库本同)
二虽弇阴	二虽揜阴(四库本同)
p. 455	
五亲奉之故利用享祀(四库本同)	五亲奉之故奉利用享祀
阳从上来居中得位(四库本同)	阳从上来居得中位
故据蒺蔾者也(四库本同)	故据蔾者也
卢本卷九止此。	

易传卷第十　唐资州李鼎祚集解

p. 458(井)	(井)
羸其瓶(四库本同)	羸其瓶
p. 459	
百姓无聊(四库本同)	百姓无抑
p. 460	
以其时舍(四库本同)	以其时捨
p. 461	
又阴爻鱼之象也(四库本同)	又阴爻鱼之象矣
王得其民民得其主("主"卢本作"王")	王得其民民得其主(四库本同)
p. 464(革)	(革)
武王克纣(四库本同)	武王剋纣
p. 465	
在离焚棄(四库本同)	在离焚弃
小人革面征凶居贞吉(四库本同)	小人革面征凶贞吉
p. 466	
谓若大公周召之徒也(四库本同)	谓若大公周邵之徒也
p. 466(鼎)	(鼎)
鼎亨孰物之象鼎亨孰以养人(四库本同)	鼎亨孰以养人
彖曰鼎象也	"彖"误作"象"
p. 469	
上尊故玉(四库本同)	上尊故王
喻诸侯顺天子(四库本同)	喻诸侯顺天
p. 470	
鼎主烹饪(四库本同)	鼎王烹饪
p. 471(震)	(震)

秬酒芬芳修鬯因名焉(四库本同)	秬酒芬芳脩鬯因名焉
p. 473(艮)	(艮)
恩敬不相与通(四库本同)	"敬"字阙末笔
p. 475	
限要带处也坎为要	限腰带处也坎为腰(四库本同)
读作动	或误作动(四库本同)
卢本卷十止此。	
易传卷第十一　唐资州李鼎祚集解	**易传卷第七　李氏集解**
p. 477(渐)	(渐)
进得位(四库本同)	进□得位
p. 480	
毋教又明("毋"卢本作"毋")	毋教又明(四库本同)
p. 481(归妹)	
以征则有不正之凶(四库本同)	以正则有不正之凶
p. 483	
袂口袂之饰也(四库本同)	被口袂之饰也
承筐(四库本同)	"筐"阙笔,内"王"作"干"。
p. 484(丰)	(丰)
日中则昃(四库本同)	日中则仄
p. 485	
丰者至盛故日中	丰者至盛故曰中(四库本同)
p. 486	
故日中见沬(四库本同)	故日中见昧
p. 488(旅)	(旅)
故再言旅恶而愍之(四库本同)	"愍"之"民"阙笔
p. 489	
僮仆(四库本同)	童仆
p. 490	
不获平坦之地(四库本同)	不获平怛之地
p. 491	
变震为筐(四库本同)	"筐"内"王"字阙末笔
p. 494(巽)	(巽)
白甲巽白(四库本作"白谓巽也")	白甲巽也

故吉矣（“矣”卢本作“也”）	故吉矣（四库本同）
床下为初也（“为”卢本作“谓”）	床下为初也（四库本同）
明当变穷上而复初者也	明当变穷上而复初也（四库本同）
p. 495（兑）	（兑）
卢本卷十一止此。	

易传卷第十二　唐资州李鼎祚集解

p. 497（涣）	（涣）
故曰说而后散之（四库本同）	故曰言说而后散之
王假有庙王乃在中也（四库本同）	王假有庙乃在中也
p. 498	
志在外也（四库本同）	志其外也
p. 499（节）	（节）
p. 502（中孚）	（中孚）
离为鹤在坎阴中故有鸣鹤在阴之义也	“离”、“鹤”皆作“离”“鶴”
p. 503	
兑说而巽顺（四库本同）	兑悦而巽顺
p. 504	
进而阂敌	进而碍敌（四库本同）
惧见侵陵（四库本同）	惧□见侵陵
p. 505（小过）	（小过）
杵臼之利（“臼”卢本作“目”）	杵臼之利（四库本同）
p. 507	
祖谓祖母初也（四库本同）	祖祖母谓初也
p. 508	
公谓三也弋矰缴射也（四库本同）	公谓三也矰缴射也
p. 509（既济）	（既济）
商辛毒痡终止也（四库本同）	商辛毒痛终止也
妇丧其茀（四库本同）	“茀”皆作“髴”
p. 510	
三年克之小人勿用（四库本同）	三年克之勿用
繻者布帛端末之织也（四库本同）	繻者布泉端末之织也
p. 511	
克殷之岁（四库本同）	剋殷之岁（“殷”阙末笔）

位极乘阳	位极承阳(四库本同)
p. 512(未济)	(未济)
故无攸利不续终也(四库本同)	故无攸利不终续也
p. 513	
平克四国	平剋四国(四库本同)
卢本卷十二止此。	
易传卷第十三　唐资州李鼎祚集解	**易传卷第八　李氏集解**
周易系辞上	**系辞上**
p. 518	
刚谓乾柔谓坤("谓"卢本作"为")	刚谓乾柔谓坤(四库本同)
以离之目(四库本同)	以离之日
自天右之	自天祐之(四库本同)
p. 521	
知周道济	智周道济(四库本同)
p. 523	
歘尔而自造矣(四库本同)	欻尔而自造矣
p. 524	
远谓乾天高不御也(四库本同)	远□谓乾天高不御也
以言乎天地之间(四库本同)	以言乎天迩之间
p. 526	
鸣鹤在阴(四库本同)	鸣靏在阴
吾与尔靡之	吾与尔縻之(四库本同)
p. 527	
同人反师震为出	同人反师□震为出
p. 529	
又当谨慎周密(四库本同)	又当慎周密
卢本卷十三止此。	
易传卷第十四　唐资州李鼎祚集解	
周易系辞上	
p. 532	
参天两地而倚数(四库本同)	三天两地而倚数
以守其位(四库本同)	以守其□位

p. 533

立此五十数以数神神虽非数而著	立此五十数神神虽非数而着
掛一以象三（四库本同）	所有“掛”字皆作“挂”

p. 534

言阴阳相薄而战于乾（四库本同）	言阴阳□相薄而战于乾
二七合火三八合木四九合金	二七合木四九合金

彧按：四库本误作“二七合木三八合火四九合金”。

p. 535

而行鬼神也（四库本同）	而行乎鬼神也
十二月为一期	十三月为一期（四库本同）
二篇谓上下经也（四库本同）	二篇谓上经也

p. 541

谓作易者其有忧患也（四库本同）	谓作有者其有忧患也
其孰能与于此哉（四库本同）	其孰能与此哉

p. 542

以此齐戒韩康伯曰洗心曰斋（四库本同）	以此齐戒韩康伯曰洗心曰齐
可以为器用者也（四库本同）	可以为器用□者也
總众篇之义（四库本同）	摠众篇之义

p. 543

县象著明	宋本“县”皆作“悬”（四库本同）

p. 544

否四之二（四库本同）	否二之四
故莫大乎圣人者也（四库本同）	故莫大圣人者也
在旋玑玉衡	在璇玑玉衡（四库本同）

p. 545

定之以吉凶（四库本同）	定之吉凶
大有兑为口（四库本同）	有大兑为口

p. 546

文王作卦爻之辞（四库本同）	文王作卦爻之□辞

卢本卷十四止此。

易传卷第十五　唐资州李鼎祚集解	**易传卷第九　李氏集解**
周易系辞下	**系辞下**

p. 550

故示人简者也(四库本同)	故示人简
p. 551	
自此以下(四库本同)	自此已下
言天地之盛德常生万物(四库本同)	言天地之盛德□常生万物
是其大德也(四库本同)	是其大德
庖牺(四库本同)	宋本皆作“包牺”
八卦之形者也(四库本同)	八卦之形者矣
p. 552	
作结绳而为罟	作结绳而为网罟(四库本同)
p. 553	
则利民播种(四库本同)	则利民播农
故揉木为耒耒耜耔器也(四库本同)	故揉木为耒耨耨耔器也
故法风雷而作耒耜(四库本同)	故法雷风而作耒耜
p. 554	
艮为手为小木又为上持(四库本无“又”字)	艮为手为小木又为正持
p. 555	
故取诸豫也	故盖取诸豫也(四库本同)
p. 556	
约誓之事事大大其绳(四库本同)	约誓之事大大其绳
p. 557	
又總结上义也(四库本同)	又摠上义也
故阳爻画一(四库本同)	故阳爻画奇
p. 558	
憧憧往来(四库本同)	憧憧往来
一致而百虑(四库本同)	一致而百虑尽也
与五成离故日往(四库本同)	与五成离故曰往
p. 563	
言有亡之虑(四库本同)	言其有亡之虑
p. 564	
前章言	前章云(四库本同)

卢本卷十五止此。

易传卷第十六　唐资州李鼎祚集解

周易系辞下

p. 567

故伤之者至矣	故伤之至矣(四库本同)
乾坤其易之门邪	乾坤其易之门耶(四库本同)

p. 569

故有忧患(四库本同)	故有患忧

p. 571

自此以下	自此已下(四库本同)

p. 572

以辅济君父者也(四库本同)	以辅济□君父者也

p. 573

非虚设也(四库本同)	非虚设

p. 574

若大畜而后通之类是也(四库本同)	若大畜而后通之类是者也

p. 575

故知其不可也(四库本同)	故知其不可矣
且上论初上二爻(四库本同)	且上论初上二爻
總言四爻矣(四库本同)	摠言四爻矣
有外内也(四库本同)	存外内也

p. 576

故多功也(四库本同)	故多功
失其应也(卢本“失”前有“者”字)	私其应也(四库本同)
与天地準(四库本同)	与天地准
三才(四库本同)	宋本皆作“三材”
故總谓之物也(四库本同)	故摠谓之物也
更相杂成(四库本同)	更相离成

p. 578

平易而反倾覆(四库本同)	平易而本倾覆
故有百物	故百物不废(四库本同)
故以知险也(四库本同)	故以知阻也

卢本卷十六止此。

易传卷第十七　唐资州李鼎祚集解	**易传卷第十　李氏集解**
周易说卦	**说卦传**

p. 583	
和顺谓坤(四库本同)	和谓坤
p. 584	
谓坤消从午至亥	谓坤消从五至亥(四库本同)
雨以润之(四库本同)	雨而以润之
p. 586	
巽东南也(四库本同)	巽东方也
p. 589	
犬近奎星(四库本同)	犬迎奎星
p. 591	
太阳为赤(四库本同)	大阳为赤
p. 592	
太阳火得水有声(四库本同)	大阳火得水有声
p. 593	
此上虞义也	此上虞义者也(四库本同)
p. 597	
为折上稿	为科上槁(四库本同)
p. 599	
兑为震声	兑得震声(四库本同)
周易序卦	**周易序卦**
p. 600	
韩康伯曰屯	韩康曰屯
齐人谓萌为蒙也(四库本同)	齐人谓萌蒙也
p. 601	
豫豫行出(四库本同)	逸逸行出
p. 602	
故曰合也(“曰”四库本作“口”)	故口含也
p. 604	
物不可以终久于其所	物不可以久于其所(“于”四库本作“居”)
必反于家(四库本同)	必及于家
受之以遘遘者遇也	受之以姤姤者遇也(四库本同)

p. 606

九女为大援(四库本同)　　九□女为大援

p. 607

以己穷物物穷则乖(四库本同)　　以已穷物物穷则归

周易杂卦　　**周易杂卦**

p. 607

比五得位(四库本同)　　“比”误作“此”

舆尸故忧(四库本同)　　舆屍故忧

p. 608

损益盛衰之始也(四库本同)　　损益衰盛之始也

困三遇四(四库本同)　　因三遇四

p. 609

此上虞义(四库本同)　　此上虞义也

p. 610

故女之终也(四库本同)　　故之终也

两体遘决　　两体姤决(四库本同)

p. 611

故殷自野以教敬敬之弊鬼(四库本同)　　“敬”皆阙末笔

卢本卷十七止此。

历代皆重李鼎祚《周易集解》一书,特别是清代乾嘉学派较之宋、元、明三代学者,更是有过之而无不及。比如惠士奇、惠栋、张惠言、卢文弨、李富孙、陆心源、李道平、曹元弼等,皆精心致力于是书之校补乃至疏释。今天人们尚有幸看到这些人苦心研究的成果,这对于李氏《周易集解》一书的整理和校点,无疑是不可多得的珍贵文献资料。笔者能结合《儒藏》精华编的成果编写《易学辨诂》一书,并能就《周易集解》写出一些文字,也着实得力于这些珍贵文献资料的参考作用。虽然人们对古文献学并不陌生,但是专门对《周易》文献学进行研究者,却是寥寥无几。笔者不揣固陋,大胆尝试,也仅仅带头而已。学海无涯,对古代易学著作的整理和校点必需深入进行,希冀区区文字能够有助于这方面的工作。

第四篇 《周易正义》辨诂

一 版本概述及校点句读

《周易正义》十四卷，底本今藏国家图书馆，是解放后国家用重金从香港购回，后全书景印收入《续修四库全书》。先前是书藏于傅增湘双鉴楼，是他于1934年以一万三千圆从临清徐悟生之子手中购得。傅氏称“双鉴楼中藏书三万卷，宋刊秘籍且逾百帙，一旦异宝来投，遂岿然为群经之弁冕。私衷荣幸，如膺九锡”，可见傅氏得此书后之愉悦心情。

傅氏言是书乃南宋绍兴十五年至二十一年间临安府刊本，半叶十五行，每行二十六七字，白口，左右双阑。版心记刻工姓名。避宋讳至构字，有补版。钤有俞石磵藏印及季振宜二印。[①]

是书卷首，为长孙无忌等进《五经正义表》和孔颖达《周易正义序》。[②]

孔颖达《周易正义序》曰：“今既奉敕删定，考案其事，必以仲尼为宗，义理可诠，先以辅嗣为本。去其华而取其实，欲使信而有征。其文简，其理约，寡而制众，变而能通。仍恐鄙才短见，意未周尽，谨与朝散大夫行大学博士臣马嘉运、守大学助教臣赵乾叶等对共参议，详其可否。至十六年，又奉敕与前修疏人及给事郎守四门博士上骑

---

① 见傅增湘《藏园群书经眼录》卷一。

② 南宋王应麟《玉海》卷四十二：“贞观十二年(638)国子祭酒孔颖达《五经义疏》一百七十卷，名曰《义赞》，有诏改为《五经正义》。太学博士马嘉运每掎摭之，有诏更令详定，未讫而卒。永徽三年(652)三月十四日，诏太尉赵国公无忌等刊正。四年三月一日进之(《正义表》，永徽四年二月二十四日上)，颁于天下以为定式。”

都尉臣苏德融**等对**,**敕使**赵弘智覆更详审,为之正义凡十有四卷。庶望上裨圣道,下益将来。故序其大略附之卷首尔。"

《序》中"又奉敕与前修疏人及给事郎守四门博士上骑都尉臣苏德融等对敕使赵弘智覆更详审"一句,今校点者没有点断,作"苏德融等,对敕使赵弘智覆更详审"? 抑或"苏德融等对敕(通饬),使赵弘智覆更详审"? 与前修疏人及苏德融"等对",即是说与前修疏人及苏德融"同对",而皇帝又敕"使赵弘智覆更详审"。所以正确的句读应该是"又奉敕与前修疏人及给事郎守四门博士上骑都尉臣苏德融**等对**,**敕使**赵弘智覆更详审"。①

二 目录及分卷问题

周易正义卷第一 内容为孔颖达撰之"八论"。卷末原空白页,为清翁方纲写于嘉庆十一年丙寅冬十二月朔之跋。

---

① 宋冯椅《厚斋易学》:"唐贞观中,国子祭酒孔颖达奉敕为《正义》十四卷。初号《义赞》,诏改《正义》。颜师古、司马才章王恭、王谈、于志宁与焉。马嘉运驳正其失。序云与博士马嘉运、太学助教赵乾时等参定。颖达,字仲达,冀州衡水人。永徽中,诏太尉长孙无忌与诸儒刊定。序'与前修疏人及四门博士苏德融等对',诏更令裁定,功未就,复诏中书门下与国子三馆博士弘文馆学士考正,序云'勅使赵弘智覆更详审'。"可知"等对"即是"同对","勅使赵弘智覆更详审"当为一句。

又《旧唐书》记:"赵弘智,洛州新安人,后魏车骑大将军肃孙,父玄轨,隋陕州刺史。弘智早丧母,事父以孝闻。学通三礼、《史记》、《汉书》。隋大业中,为司隶从事,武德初,大理卿郎楚之应诏,举之授詹事府主簿,又预修六代史。初与秘书丞令狐德芬、齐王文学袁朗等十数人同修《艺文类聚》,转太子舍人。贞观中,累迁黄门侍郎兼弘文馆学士,以疾出为莱州刺史。弘智事兄弘安同于事父,所得俸禄皆送于兄处,及兄亡哀毁过礼,事寡嫂甚谨,抚孤姪以慈爱称。稍迁太子右庶子,及宫废坐除名,寻起为光州刺史。永徽初,累转陈王师。高宗令弘智于百福殿讲《孝经》,召中书门下三品及弘文馆学士太学儒者并预讲筵,弘智演畅微言,备陈五孝,学士等难问相继,弘智酬应如响。高宗怡然曰,朕颇耽坟借至于《孝经》,偏所习睹,然孝之为德,弘益实深,故云德教加于百姓,刑于四海,是知孝道之为大也。顾谓弘智,宜略陈此经切要者,以辅不逮。弘智对曰,昔者天子有诤臣七人,虽无道不失其天下。微臣颛愚,愿以此言奏献。帝甚悦,赐彩绢二百匹,名马一疋。寻迁国子祭酒,仍为崇贤馆学士。四年卒,年八十二,谥曰宣。有文集二十卷。"可知"对敕使"不是赵弘智的官衔。

周易正義卷第一

國子祭酒上護軍曲阜縣開國子臣孔穎達奉

勑撰定

自此下分爲八段

第一論易之三名

第二論重卦之人

第三論三代易名

第四論卦辭爻辭誰作

第五論分上下二篇

第六論夫子十翼

第七論傳易之人

第八論誰加經字

第一論易之三名

正義曰夫易者變化之總名改換之殊稱自天地開闢陰陽運行寒暑迭來日月更出孚萌庶類亭毒群品新新不停生生相續莫非資

五經正義表

臣无忌等言臣聞混元初闢三極之道分焉醇德既醨六籍之文著矣於是龜書浮於溫洛爰演九疇龍圖出於榮河以彰八卦故能範圍天地埏埴陰陽道濟四溟知周萬物所以七教八政垂炯誡於百王五始六虛貽徽範於千古詠歌明得失之跡雅頌表興廢之由實刑政之紀綱乃人倫之隱括昔雲官司契之后火紀建極之君雖步驟不同質文有異莫不開茲膠序樂以典墳敦稽古以弘風闡儒雅以立訓啓含靈之耳目贊神化之丹青姬孔發揮於前荀孟抑揚於後馬鄭迭進成均之望鬱興蕭戴同昇石渠之業愈峻歷夷險其教不墜經隆替其道彌尊斯乃邦家之基王化之本者也伏惟皇帝陛下得一繼明通三撫運乘天地之正齊日月之暉敷四術而緯俗經邦蘊九德而辨方軌物御紫宸而訪道坐玄扈以裁仁化被丹澤政洽幽陵三秀六穗之祥府无虛月集囿巢閣之瑞史不絕書照金鏡而泰階平運玉衡而景宿麗可謂鴻名軼於軒昊茂績冠於勳華而垂拱无爲遊心經典以爲聖教幽賾妙理深玄訓詁紛綸文

周易正義卷第三

國子祭酒上護軍曲阜縣開國子臣孔穎達奉

勑撰

䷁坤下坤上 坤元亨至安貞吉

正義曰此一節是文王於坤卦之下陳坤德之辭但乾坤合體之物故乾後次坤言地之爲體亦能始生萬物各得亨通故云元亨與乾同也利牝馬之貞者此與乾異乾之所利利於萬事爲貞此唯云利牝馬之貞坤是陰道當以柔順爲貞假借柔順之象以明柔順之德也牝對牡爲柔馬對龍爲順假借此柔順以明柔道故云利牝馬之貞牝馬外物自然之象此亦聖人因坤元亨利牝馬之貞自然之德以垂教也不云牛而云馬者牛雖柔順不能行地无疆无以見坤廣生之德馬雖比龍爲劣所行亦能廣遠象地之廣育君子有攸往者以其柔順利貞故君子利有所往先迷後得主利者以其至陰當待唱而後和凡有所爲若在物之先即迷惑若在物之後即得主利以陰不可先唱猶臣不可先君卑不可先尊故也西南得朋者此假象

周易正義卷第二

國子祭酒上護軍曲阜縣開國子臣孔穎達奉

勑撰

䷀乾下乾上 乾元亨利貞

正義曰乾者此卦之名謂之卦者易緯云卦者掛也言縣掛物象以示於人故謂之卦但二畫之體雖象陰陽之氣未成萬物之象未得成卦必三畫以象三才寫天地雷風水火山澤之象乃謂之卦也故繫辭云八卦成列象在其中矣是也但初有三畫雖有萬物之象於萬物變通之理猶有未盡故更重之而有六畫備萬物之形象窮天下之能事故六畫成卦也此乾卦本以象天天乃積諸陽氣而成天故此卦六爻皆陽畫成卦也此既象天何不謂之天而謂之乾者天者定體之名乾者體用之稱故說卦云乾健也言天之體以健爲用聖人作易本以教人欲使人法天之用不法天之體故名乾不名天也天以健爲用者運行不息應化無窮此天之自然之理故聖人當法此自然之象而施人事亦當應物成務云爲不已終日乾乾無時

周易正义卷第二 内容为乾卦正义。周易正义卷第三 内容为坤、屯、蒙、需、讼五卦正义。

周易正义卷第四 内容为师、比、小畜、履、泰、否、同人七卦正义。周易正义卷第五 内容为大有、谦、豫、随、蛊、临、观、噬嗑、贲、剥十卦正义。

周易正义卷第六 内容为复、无妄、大畜、颐、大过、习坎、离七卦正义。周易正义卷第七 内容为咸、恒、遁、大壮、晋、明夷、家人、睽、蹇、解十卦正义。

周易正义卷第八 内容为损、益、夬、姤、萃、升、困、井、革九卦正义。周易正义卷第九 内容为鼎、震、艮、渐、归妹、丰六卦正义。

周易正义卷第十 内容为旅、巽、兑、涣、节、中孚、小过、既济、未济九卦正义。周易正义卷第十一 周易正义卷第十二 内容为周易系辞上第七正义。

周易正义卷第十三 内容为周易系辞下第八正义。

周易正義卷第六

國子祭酒上護軍曲阜縣開國子臣孔穎達奉

勑撰

䷗震下坤上 復亨至攸往

正義曰復亨者陽氣反復而得亨通故云復亨也出入无疾者出則剛長入則陽反理會其時故无疾病也朋來无咎者朋謂陽也反復衆陽朋聚而來則无咎也若非陽衆來則有咎以其衆陽之來故无咎也反復其道七日來復者欲速反之與復而得其道不可過遠唯七日則來復乃合於道也利有攸往者以陽氣方長往則小人道消故利有攸往也　彖曰復亨至之心乎　正義曰復亨者以陽復則亨故以亨連復而釋之也剛反動而以順行者既上釋復亨之義又下釋出入无疾朋來无咎之理故云是以出入无疾朋來无咎也反復其道七日來復天行者以天行釋反復其道七日來復之義言反之與復得合其道唯七日而來復不可久遠也此是天之所行也天之陽氣絶滅之後不過七日陽氣復生此乃天之自然之理故

周易正義卷第七

國子祭酒上護軍曲阜縣開國子臣孔穎達奉

勑撰

䷞艮下兌上 咸亨利貞取女吉

正義曰先儒以易之舊題分自此已上三十卦為上經已下三十四卦為下經序卦至此又別起端首先儒皆以上經明天道下經明人事然韓康伯注序卦破此義云夫易六畫成卦三才必備錯綜天人以效變化豈有天道人事偏於上下哉案上經之内明飲食必有訟訟必有衆起是兼於人事不專天道既下經不專人事理則然矣但孔子序卦不以咸繫離繫辭云二篇之策則是六十四卦舊分上下乾坤象天地咸恒明夫婦乾坤乃造化之本夫婦是人倫之原因而擬之何為不可天地各卦夫婦共卦者周氏云尊天地之道略於人事猶如三才天地為二人止為一也此必不然竊謂乾坤明天地初闢至屯乃剛柔始交故以純陽象天純陰象地則咸以明人事人物既生共相感應若二氣不交則不成於相感自然天地

周易正義卷第八

國子祭酒上護軍曲阜縣開國子臣孔穎達奉

勑撰

䷨兌下艮上 損有孚至用享　正義曰損者減損之名此卦明損下益上故謂之損損之為義損下益上損剛益柔損下益上非補不足者也損剛益柔非長君子之道者也若不以誠信則涉諂諛而有過咎故必有孚然後大吉无咎可正而利有攸往矣故曰損有孚元吉无咎可貞利有攸往也先儒皆以无咎可貞各自為義言既吉而无咎則可以為正准下王注彖辭云損下而不為邪益上而不為諂則何咎而可正然則王意以无咎可貞共成一義故莊氏云若行損有咎則須補過以正其失今行損用信則是无過可正故云无咎可貞竊謂莊氏之言得王旨矣曷之用二簋可用享者明行損之禮貴夫誠信不在於豐既行損以信何用豐為二簋至約可用享祭矣故曰曷之用二簋可用享也　彖曰損損至偕行　正義曰損損下益上其道上行者此就二體釋卦名之義艮陽卦為止兌陰卦為說

周易正義卷第九

國子祭酒上護軍曲阜縣開國子臣孔穎達奉

勑撰

䷱巽下離上 鼎元吉亨

正義曰鼎者器之名也自火化之後鑄金而為此器以供亨飪之用謂之為鼎亨飪成新能成新法然則鼎之為器且有二義一有亨飪之用二有物象之法故彖曰鼎象也明其有法象也雜卦曰革去故而鼎取新明其亨飪有成新之用此卦明聖人革命示物法象惟新其制有鼎之義以木巽火有鼎之象故名為鼎焉變故成新必須當理故先元吉而後乃亨故曰鼎元吉亨　彖曰鼎象至元亨　正義曰鼎象也者明鼎有亨飪成新之法象也以木巽火亨飪也者此明上下二象有亨飪之用此就用釋卦名也聖人亨以享上帝而大亨以養聖賢者此明鼎用之美亨飪所須不出二種一供祭祀二當賓客若祭祀則天神為大賓客則聖賢為重故舉其重大則輕小可知享帝直言亨養人則言大亨者亨帝尚質特牲而已故直言亨

周易正義卷第十

國子祭酒上護軍曲阜縣開國子臣孔穎達奉

勑撰

䷷艮下離上　旅小亨旅貞吉　正義曰旅者客寄之名羈旅之稱失其本居而寄他方謂之爲旅既爲羈旅苟求僅存雖得自通非甚光大故旅之爲義小亨而已故曰旅小亨羈旅而獲小亨是旅之正吉故曰旅貞吉也　彖曰旅小亨至大矣哉　正義曰旅小亨者舉經文也柔得中乎外而順乎剛止而麗乎明是以小亨旅貞吉者此就六五及二體釋旅得亨貞之義柔處於外弱而爲客之象若所託不得其主得主而不能順從則乖逆而離散何由得自通而貞吉乎今柔雖處外而得中順陽則是得其所託而順從於主又止而麗明動不履妄故能於寄旅之時得通而正不失所安也旅之時義大矣哉者此歎美寄旅之時物皆失其所居若能與物爲附使旅者獲安非小才可濟惟大智能然故曰旅之時義大矣哉　象曰山上至留獄　正義曰山上有火旅君子以明慎用刑而不留獄者火在

周易正義卷第十一

國子祭酒上護軍曲阜縣開國子臣孔穎達奉

勑撰

周易繫辭上第七

正義曰謂之繫辭者凡有二義論字取繫屬之義聖人繫屬此辭於爻卦之下故此篇第六章云繫辭焉以斷其吉凶第十二章云繫辭焉以盡其言是繫屬其辭於爻卦之下則上下二篇經辭是也文取繫屬之義故字體從毄又音爲係者取綱係之義卦之與爻各有其辭以釋其義則卦之與爻各有綱係所以音謂之係也夫子本作十翼申說上下二篇經文繫辭條貫義理別自爲卷摠曰繫辭分爲上下二篇者何氏云上篇明无故曰易有太極太極即无也又云聖人以此洗心退藏於密是其无也下篇明幾從无入有故云知幾其神乎今謂分爲上下更无異義直以簡編重大是以分之或以上篇論易之大理下篇論易之小理者事必不通何則案上繫云君子出其言善則千里之外應之出其言不善則千里之外違之又云藉用白

周易正義卷第十二

國子祭酒上護軍曲阜縣開國子臣孔穎達奉

勑撰

聖人有以至如蘭

正義曰此第六章也上章既明易道變化神理不測聖人法之所以配於天地道義從易而生此章又明聖人擬議易象以贊成變化又明人擬議之事先慎其身在於慎言語同心行動舉措守謙退勿驕盈保靜密勿貪非位凡有七事是行之尤急者故引七卦之義以證成之聖人有以見天下之賾者賾謂幽深難見聖人有其神妙以能見天下深賾之至理也而擬諸其形容者以此深賾之理擬度諸物形容也見此剛理則擬諸乾之形容見此柔理則擬諸坤之形容也象其物宜者聖人又法象其物之所宜若象陽物宜於剛也若象陰物宜於柔也是各象其物之所宜六十四卦皆擬諸形容象其物宜也若泰卦比擬泰之形容象其泰之物宜若否卦則比擬否之形容象其否之物宜也舉此而言諸卦可知也是故謂之象者以是之故

周易正義卷第十三

國子祭酒上護軍曲阜縣開國子臣孔穎達奉

勑撰

周易繫辭下第八　正義曰此篇章數諸儒不同劉瓛爲十二章以對上繫十二章也周氏莊氏並爲九章今從九章爲說也第一起八卦成列至非曰義第二起古者包犧至蓋取諸夬第三起易者象也至德之盛第四起困于石至勿恒凶第五起乾坤其易之門至失得之報第六起易之興至巽以行權第七起易之爲書至思過半矣第八起二與四至謂易之道第九起夫乾天下至其辭屈八卦成列至非曰義　正義曰此第一章覆釋上繫第二章象爻剛柔吉凶悔吝之事更具而詳之八卦成列象在其中矣者言八卦各成列位萬物之象在其八卦之中也因而重之爻在其中矣者謂因此八卦之象而更重之萬物之爻在其所重之中矣然象亦有爻爻亦有象所以象獨在卦爻獨在重者卦則爻少而象多重則爻多而象少故在卦舉象在重論爻也剛柔相推變在其中矣者則上繫第二章云

周易正義卷第十四
國子祭酒上護軍曲阜縣開國子臣孔穎達奉
勅撰
周易說卦第九　正義曰說卦者陳說八卦之德業變化及法象所爲也孔子以伏犧畫八卦後重爲六十四卦八卦爲六十四卦之本前繫辭中略明八卦小成引而伸之觸類而長之天下之能事畢矣又曰八卦成列象在其中矣因而重之爻在其中矣又云古者包犧氏之王天下也仰則觀象於天俯則觀法於地觀鳥獸之文與地之宜近取諸身遠取諸物於是始作八卦以通神明之德以類萬物之情然引而伸之重三成六之意猶自未明仰觀俯察近身遠物之象亦爲未見故孔子於此更備說重卦之由及八卦所爲之象故謂之說卦焉先儒以孔子十翼之次乾坤文言在二繫之後說卦之前以彖象附上下二經爲六卷則上繫第七下繫第八文言第九說卦第十輔嗣以文言分附乾坤二卦故說卦爲第九　昔者聖人至以至於命　正義曰此一節將明聖人引伸因重之意故先叙

周易正义卷第十四 内容为周易说卦第九、周易序卦第十、周易杂卦第十一正义。

关于《周易正义》的卷数，刘昫《旧唐书》记“周易正义十四卷　孔颖达撰”；欧阳修《新唐书》记“周易正义十六卷 国子祭酒孔颖达、颜师古、司马才章王恭、太学博士马嘉运、太学助教赵乾叶、王谈、于志宁等奉诏撰，四门博士苏德融、赵弘智覆审”；郑樵《通志》记“周易正义十四卷　唐孔颖达”；王尧臣《崇文总目》记“周易正义十四卷”；晁公武《郡斋读书志》记“周易正义十四卷”；杨士奇《文渊阁书目》记“周易孔颖达注疏一部十册 周易孔颖达注疏一部六册”；朱睦㮮《经图义例》记“周易正义十四卷孔颖达 周易正义十六卷任希古”；朱彝尊《经义考》记“孔氏颖达等周易正义 旧唐志十四卷 中兴书目同 新唐志作十六卷”。

南宋王应麟于《玉海》卷四十二中记：“周易正义十六卷 国子祭

酒孔颖达、颜师古、司马才章王恭、马嘉运、赵乾叶、王谈、于志宁等奉诏撰，四门博士苏德融、赵弘智覆审。”看来，王应麟趋向《周易正义》原来卷数应该是十六卷。

《周易正义》曰：“今验六十四卦，二二相耦，非覆即变。覆者，表里视之遂成两卦，屯蒙、需讼、师比之类是也。变者，反覆唯成一卦，则变以对之，乾坤、坎离、大过颐、中孚小过之类是也。”在分卷方面，孔颖达似乎不应该违背这一原则。今看六十四卦分卷，却是违背了这个原则。《系辞》曰：“乾坤，其易之缊邪？乾坤成列，而易立乎其中矣。乾坤毁，则无以见易。易不可见，则乾坤或几乎息矣。”又曰：“乾坤，其易之门邪？乾，阳物也。坤，阴物也。阴阳合德，而刚柔有体。以体天地之撰，以通神明之德。”既然乾坤为门户之卦，可以各作一卷，也可以本着“变以对之”合作一卷，没有把坤与屯蒙、需讼五卦合作第三卷的理由。又卷第四为师、比、小畜、履、泰、否、同人七卦，卷第五为大有、谦、豫、随、蛊、临、观、噬嗑、贲、剥十卦，卷第六为复、无妄、大畜、颐、大过、习坎、离七卦，则同人与大有、剥与复各为一对覆卦，也没有分隔开来从属不同卷的理由。又卷第八为损、益、夬、姤、萃、升、困、井、革九卦，卷第九为鼎、震、艮、渐、归妹、丰六卦，卷第十为旅、巽、兑、涣、节、中孚、小过、既济、未济九卦，则革与鼎、丰与旅各为一对覆卦，也没有分隔开来从属不同卷的理由。

如果第二卷为乾卦正义，第三卷为坤卦正义，第四卷为屯、蒙、需、讼、师、比六卦正义，第五卷为小畜、履、泰、否、同人、大有六卦正义，第六卷为谦、豫、随、蛊、临、观、噬嗑、贲八卦正义，第七卷为剥、复、无妄、大畜、颐、大过、习坎、离八卦正义，则上经多出一卷。第八卷为咸、恒、遁、大壮、晋、明夷六卦正义，第九卷为家人、睽、蹇、解、损、益六卦正义，第十卷为夬、姤、萃、升、困、井、革、鼎八卦正义，第十一卷为震、艮、渐、归妹、丰、旅、巽、兑八卦正义，第十二卷涣、节、中孚、小过、既济、未济六卦正义，则下经多出一卷。合《系辞》、《说卦》、《序卦》、《杂卦》一共为十六卷。至于今见孔颖达序内称“为之正义凡十有四卷”，则不能排除后人改动的可能性。无论如何，作十四卷也好，作十六卷也好，分卷时终究不能违背六十四卦“二二相耦,非覆即变”的原则。现实的分卷情况,似乎仅仅考虑到卷本页数的厚度而完全忽视了六十四卦“二二相耦,非覆即变”的原则。这说明,在某种程度上是外行人重视印刷操作而漠视易理的结果。由此可见,如何对易学书籍分卷,应该是易文献目录学中的重要内容。

三　此《周易正义》应该是北宋刻南宋递修本

是书卷末题“乡贡进士臣张寿书”;还有堪官“秦奭”至“解损”;都堪官“孔维”;详堪官“孙俊”至“李说”;再校“刘弼”至“李说”;都校“孔维”;推忠“王沔”至“臣普”。后面接“吴郡唐寅书”及“嘉庆十一年丙寅冬十二月朔北平翁方纲校读一遍记”一行文字。

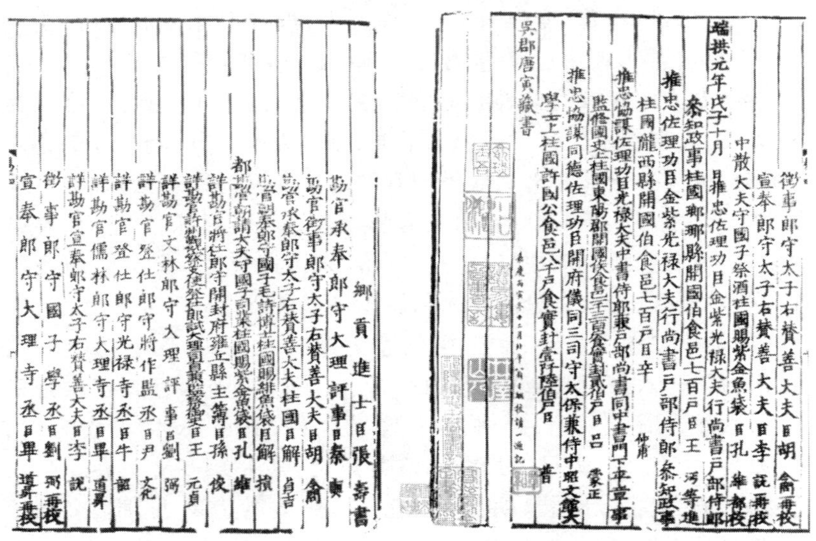
鄉貢進士臣張壽書
勘官承奉郎守大理評事臣秦奭
勘官徵事郎守太子右贊善大夫臣胡[illegible]
勘官承奉郎守太子贊善大夫柱國臣解貞吉
勘官朝奉郎守國子毛詩博士柱國賜緋魚袋臣解損
都勘官朝請大夫守國子司業柱國賜紫金魚袋臣孔維
詳勘官將仕郎守開封府雍丘縣主簿臣孫俊
詳勘官許州觀察支使登仕郎試大理司直兼監察御史臣王元貞
詳勘官文林郎守大理評事臣劉弼
詳勘官登仕郎守將作監丞臣尹文化
詳勘官登仕郎守光祿寺丞臣牛韶
詳勘官儒林郎守大理寺丞臣畢道昇
詳勘官宣奉郎守太子右贊善大夫臣李說
徵事郎守國子學丞臣劉弼再校
宣奉郎守大理寺丞臣畢道昇再校

徵事郎守太子右贊善大夫臣胡[illegible]再校
宣奉郎守太子右贊善大夫臣李說再校
中散大夫守國子祭酒柱國賜紫金魚袋臣孔維都校
端拱元年戊子十月　日推忠佐理功臣金紫光祿大夫行尚書戶部侍郎
參知政事柱國瑯琊縣開國伯食邑七百戶臣王沔等進
推忠佐理功臣金紫光祿大夫行尚書戶部侍郎參知政事
柱國隴西縣開國伯食邑七百戶臣辛仲甫
推忠協謀佐理功臣光祿大夫中書侍郎兼戶部尚書同中書門下平章事
監修國史上柱國東陽郡開國侯食邑二千三百戶食實封貳伯戶臣呂蒙正
推忠協謀同德佐理功臣開府儀同三司守太保兼侍中昭文館大
學士上柱國許國公食邑八千戶食實封壹阡陸伯戶臣普
嘉慶丙寅冬十二月朔北平翁方綱校讀一遍記
吳郡唐寅藏書

傅增湘曾言是书为“宋绍兴十五年至二十一年间临安府刊本”,又于书后跋曰:“世传此书为北宋初刊本,乃据进书时题‘端拱元年’而言。兹详检各卷,恒、构等字悉已阙笔,则为南渡覆雕可知。考《玉海》载‘绍兴九年九月七日诏下诸郡,索国子监元颁善本校对镂板。十五年闰十一月,博士王之望请群经义疏,未有板者,令临安府雕造。二十一年五月,诏令国子监访得五经三馆旧监本刻板。上曰其他阙书亦令次第镂板,虽重有所费,亦不惜也。由是经籍复全'。[①]循是推之,则五经正义再刊当在绍兴九年以后二十一年以前。再证以庙讳之阙避、雕工之姓名、刻书之风气,益足推堪得实,正不必侈言北宋监本为重也。"究竟是"北宋刻南宋递修"还是"南渡覆雕",还是大有商量的余地。

翁方纲跋曰:"《周易正义》十四卷,端拱元年进本,有赵普、吕蒙正诸人系衔,曾为俞石硐、季苍苇所藏,此宋椠之最古者。"翁方纲似乎肯定是书为北宋刊本,所以说"端拱元年进本"、"此宋椠之最古者"。

上海古籍出版社 1985 年 10 月出版之《中国古籍善本书目》,记"周易正义十四卷 唐孔颖达撰 宋刻递修本 清翁方纲跋 傅增湘跋"。既然说"宋刻递修本",则明白说是北宋刻南宋递修。

既然王应麟有"索国子监元颁善本校对镂板"、"未有板者令临安府雕造"、"诏令国子监访寻五经三馆旧监本刻板"之记载,我们不能武断今见《周易正义》一书就是根据"南渡覆雕"板而印刷出来的。"访寻五经三馆旧监本刻板"而"校对镂板",就有可能在旧监本刻板的基础上递修,或补刻半叶,或补刻整叶,或剜去避讳"构"、"媾"等字的末笔,而对于裂板及模糊之原刻板则无能为力。兹详检各卷,倘若如此,就肯定不全是"南渡覆雕"了。下面,我们试举数例。

---

① 《玉海》卷四十三:端拱(988)元年三月,司业孔维等奉敕校勘孔颖达五经正义百八十卷,诏国子监镂板行之。易则维等四人校勘,李说等六人详勘又再校,十月板成以献。

咸平元年(998)正月丁丑,刘可名上言诸经板本多误,上令颐正详校,可名奏诗书正义差误事。二月庚戌,奭等改正九十四字,沆预政。二年,命祭酒邢昺代领其事,舒雅、李维、李慕清、王涣、刘士元预焉。五经正义始毕,国子监刻诸经正义板,以赵安仁有苍雅之学奏留书之,逾年而毕。

祥符七年(1014)九月,又并易、诗重刻板本,仍命陈彭年、冯元校定。自后九经及释文有讹缺者,皆重校刻板。天禧元年(1017)九月癸亥,诏国子监,群书更不增价。五年五月辛丑,令国子监重刻经书印板,以岁久刓损也。

绍兴九年(1139)九月七日,诏下诸郡,索国子监元颁善本校对镂板。十五年(1154)闰十一月,博士王之望请群经义疏,未有板者令临安府雕造。二十一年(1159)五月,诏令国子监访寻五经三馆旧监本刻板。上曰其他阙书亦令次第镂板,虽重有所费,亦不惜也。由是经籍复全。

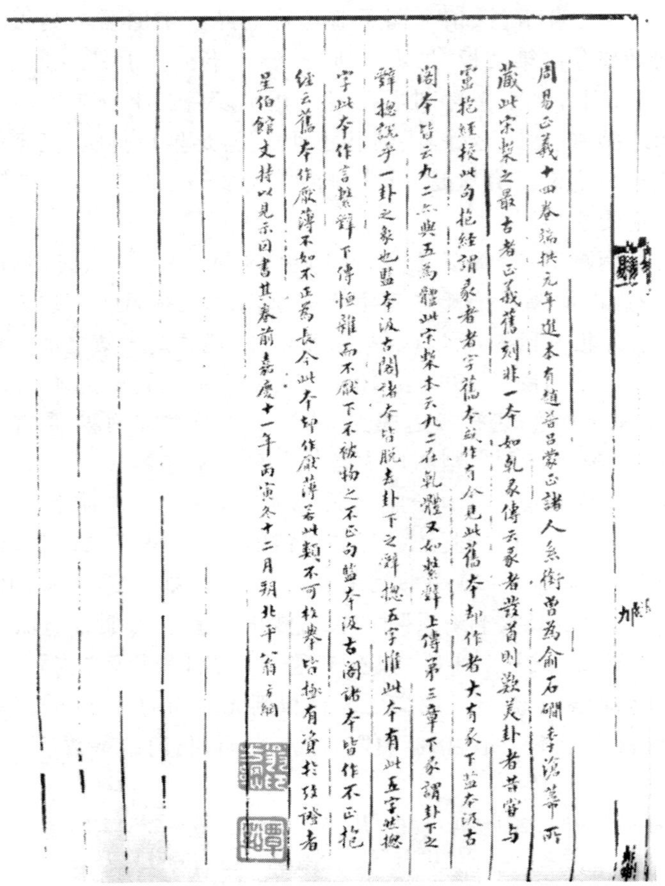
周易正義十四卷端拱元年進本有趙普呂蒙正諸人系銜曾爲俞石磵季滄葦所
藏此宋槧之最古者正義舊刻非一本如乾彖傳云彖者發首則歎美卦者皆當与
盧抱經校此句抱經謂彖者者字舊本皆作有今見此舊本却作者大有彖下監本汲古
閣本皆云九二六與五爲體此宋槧本云九二在乾體又如繫辭上傳第三章下彖謂卦下之
辭總說乎一卦之象也監本汲古閣諸本皆脫去卦下之辭總五字惟此本有此五字然總
字此本作言繫辭下傳恒雜而不厭下不被物之不正句監本汲古閣諸本皆作不正抱
經云舊本作厭薄不如不正爲長今此本却作厭薄若此類不可枚舉皆極有資於經證者
星伯館丈持以見示因書其卷前嘉慶十一年丙寅冬十二月朔北平翁方綱

《周易正义》宋刻递修本翁方纲跋

1. 今见卷一“论易之三名”内容中有“刘贞□简”，即是“贞”字与“简”字之间有剔除一个字的空格。我们看南宋刻《周易注疏》本，则作“刘贞简”，则知已经明白北齐易学家刘瓛谥曰“贞简”，所以刻板时没有空格。日本山井鼎校理明嘉靖中闽刻本《周易兼义》记“足利书本简上有周字，作刘贞周简”。所谓“书本”乃指日本足利学校所藏《周易正义》写本而言。我们看日本《周易正义》书写本，仍然作

“刘贞□简”，可知其抄写的底本即是我们今天所见到的宋刻《周易本义》善本。山井鼎所谓有“周”字，则不知根据哪个“书本”？或许后来剜去的一个字就是“周”字，也或许为抄写之人见下文有“周简子云”，而特意在“刘贞□简”空格处添加一“周”字。无论如何，是南宋递修时发现错误，于是在原雕板上面剔除一个错误字，则是历史事实。如果说这就是“南渡覆雕”，则不应该仍然留有空格。

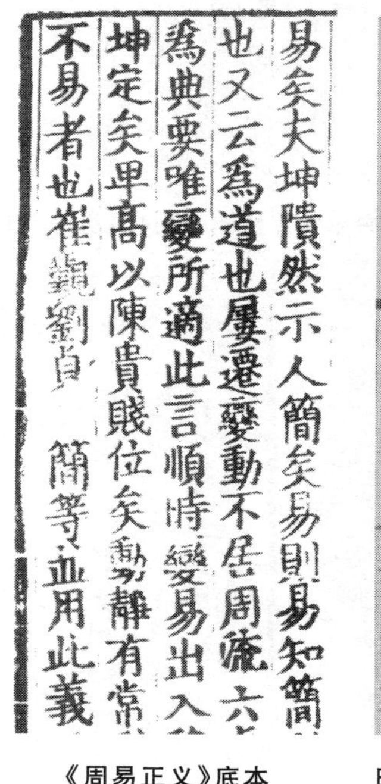
易矣夫坤隤然示人簡矣易則易知簡
也又云爲道也屢遷變動不居周流六
爲典要唯變所適此言順時變易出入
坤定矣卑高以陳貴賤位矣動靜有常
不易者也崔覲劉貞 簡等並用此義

《周易正义》底本

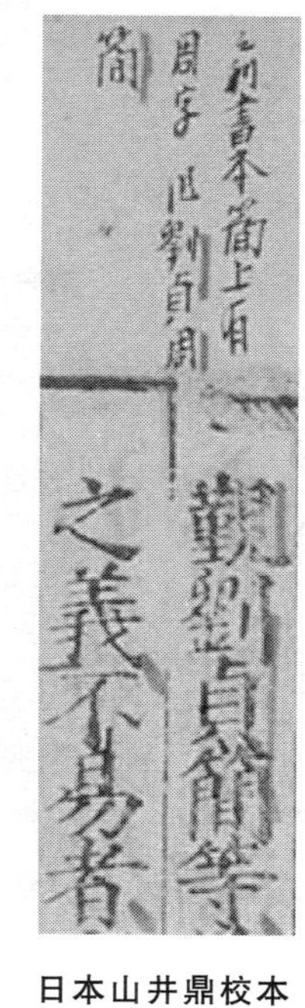
覲劉貞簡等
之義不易者

日本山井鼎校本

矣動靜有常剛柔斷矣此言其
崔覲劉貞 簡等並用此義云

日本书写本

2. 原刻板部分阙字仍旧，证明不是“南渡覆雕”。

今北京大学《儒藏》编纂与研究中心之《儒藏》精华编，收录《周易正义》所使用的底本即是傅增湘赴日本再造百本《周易正义》之赠送山东大学藏本。

从图中看见，是傅氏再造时补上了原刻板贮存日久所损坏的文字。如果说是书是根据“南渡覆雕”之板印刷，则上面的缺损情况就无法辨解。

崔覲劉貞。簡等
之義不易者言

嘉业堂据日本写本再造本

者也崔覲劉貞簡等並用此義云易者謂生生之
德有易簡之義不易者言天地定位不可相易變
易者謂生生之道變而相續皆以緯稱不煩不擾
澹泊不失此明是簡易之義无爲之道故易者易
也作難易之音而周簡子云易者易音亦也不易也
變易也易者易代之名凡有无相代彼此相易皆

南宋孝宗淳熙年间刻《周易注疏》本

理當反從此原本不爭之　反從本理變前
渝變也但倒經渝字在命　變前之命前命
訟之命也令乃變之也安　者謂四安居貞
安貞不犯爲仁由己故吉從之者　爲仁由己論語
陵於初是爲仁義之道自由於己故云爲仁由己
至中正也　正義曰訟元吉者處得尊位中而

国家图书馆藏《周易正义》善本

理當反從此原本不爭之理故云反從本理變前
渝變也但倒經渝字在命上故云變前之命前命
訟之命也令乃變之也安貞不犯者謂四安居貞
安貞不犯爲仁由己故吉從之者爲仁由己論語
陵於初是爲仁義之道自由於己故云爲仁由己
至中正也　正義曰訟元吉者處得尊位中而

山东大学藏《周易正义》本

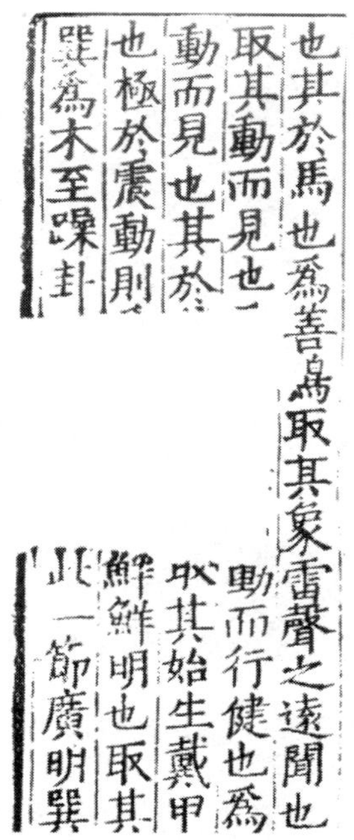

也其於馬也爲善鳴取其象雷聲之遠聞也
取其動而見也
動而行健也爲
動而見也其於
取其始生戴甲
也極於震動則
鮮鮮明也取其
巽爲木至躁卦
此一節廣明巽

国家图书馆藏《周易正义》善本

也其於馬也爲善鳴取其象雷聲之遠聞也
取其動而見也爲作足取其動而行健也爲
動而見也其於稼也爲反生取其始生戴甲
也極於震動則爲健也爲蕃鮮鮮明也取其
巽爲木至躁卦。正義曰此一節廣明巽

山东大学藏《周易正义》再造本

3. 刻板断裂,证明不是“南渡覆雕”。

4. 字体模糊走样,证明不是“南渡覆雕”。

我们根据以上种种情况断定,此书应该是“北宋刻而南宋递修本”,而不是“南渡覆雕”的印刷本。看来,翁方纲称其为“此宋槧之最古者”没有错。在诸多宋刻《周易》善本书籍中,除此之外都是南宋刻本,还有南宋刻元代递修本。[①] 比如阮元所藏“宋十行《周易兼义》”,则是宋“南渡”之后刻本的元代覆雕本,而所谓“仿宋岳珂相台本”,也只是仿了元代的刻本。

---

① 《周易注疏》刻于南宋孝宗淳熙年间(1174—1189),今见《续修四库全书》十三卷本则为南宋刻元代递修本。

休美之事於否塞之時能施此否閉之道遏絶小人則是否之休美
者也故云休否大人吉者唯大人乃能如此而得吉也若其凡人則
不能其亡其亡繫于苞桑者在道消之世居於尊位而遏小人必近
危難須恒自戒慎其意常懼其危亡言丁寧戒慎如此也繫于苞桑
者苞本也凡物繫于桑之苞本則牢固也若能其亡其亡以自戒慎
則有繫于苞桑之固无傾危也象曰大人之吉位正當者釋大人吉
之義言九五居尊得位正所以當遏絶小人得其吉　注居尊至
得固也　正義曰心存將危解其亡其亡之義身雖安靜心意常
存將有危難恒念其亡其亡乃得固者即繫于苞桑也必云苞桑者
取會韻之義又桑之爲物其根衆也衆則牢固之義　上九傾否
至可長也　正義曰傾否先否後喜者處否之極否道已終此上
九能傾毁其否故云傾否也先否後喜者否道未傾之時是先否之
道否道已傾之後其事得通故云後有喜也象曰否終則傾何可長
者釋傾否之義否道已終通道將至故否之終極則傾損其否何得
長久故云何可長也

国家图书馆藏《周易正义》善本

休美之事於否塞之時能施此否閉之道遏絶小人則是否之休美
者也故云休否大人吉者唯大人乃能如此而得吉也若其凡人則
不能其亡其亡繫于苞桑者在道消之世居於尊位而遏小人必近
危難須恒自戒慎其意常懼其危亡言丁寧戒慎如此也繫于苞桑
者苞本也凡物繫于桑之苞本則牢固也若能其亡其亡以自戒慎
則有繫于苞桑之固无傾危也象曰大人之吉位正當者釋大人吉
之義言九五居尊得位正所以當遏絶小人得其吉　注居尊至
得固也　正義曰心存將危解其亡其亡之義身雖安靜心意常
存將有危難恒念其亡其亡乃得固者即繫于苞桑也必云苞桑者
取會韻之義又桑之爲物其根衆也衆則牢固之義　上九傾否
至可長也　正義曰傾否先否後喜者處否之極否道已終此上
九能傾毁其否故云傾否也先否後喜者否道未傾之時是先否之
道否道已傾之後其事得通故云後有喜也象曰否終則傾何可長
者釋傾否之義否道已終通道將至故否之終極則傾損其否何得
長久故云何可長也

山东大学藏《周易正义》再造本

所爲日進不被厭退也既榮而隕者薄也者釋經篤實也凡物暫時
榮華而即隕落者由體質虚薄也若能篤厚充實則恒保榮美不有
隕落也　注謂上至之謂也　正義曰謂上九也者言上九之
德見乾之上進而不距逆是貴尚賢也處上而大通者釋上九何天
之衢亨是處上通也既處於上下應於天有大通之德也剛來而不
距者以有大通既見乾來而不距逆是尚賢之義也　注有大畜
至大川也　正義曰尚賢制健者謂上九剛來不距尚賢之謂也
艮能畜剛制健之謂也故上經云剛上而尚賢王注云謂上九也又
云能止健大正也王注云健莫過乾而能止之非夫大正未之能也
則是全論艮體明知尚賢謂上九也制健謂艮體也大正應天者謂
艮也故前文云能止健大正也止健是艮也應天者上體之艮應下
體之乾故稱應天也此取上卦下卦而相應非謂一陰一陽而相應也
象曰天在至其德　正義曰天在山中者欲取德積於身中故云
天在山中也君子以多識前言往行以畜其德者君子則此大畜物
既大畜德亦大畜故多記識前代之言往賢之行使多聞多見以畜

国家图书馆藏《周易正义》善本

所爲日進不被厭退也既榮而隕者薄也者釋經篤實也凡物暫時
榮華而即隕落者由體質虚薄也若能篤厚充實則恒保榮美不有
隕落也　注謂上至之謂也　正義曰謂上九也者言上九之
德見乾之上進而不距逆是貴尚賢也處上而大通者釋上九何天
之衢亨是處上通也既處於上下應於天有大通之德也剛來而不
距者以有大通既見乾來而不距逆是尚賢之義也　注有大畜
至大川也　正義曰尚賢制健者謂上九剛來不距尚賢之謂也
艮能畜剛制健之謂也故上經云剛上而尚賢王注云謂上九也又
云能止健大正也王注云健莫過乾而能止之非夫大正未之能也
則是全論艮體明知尚賢謂上九也制健謂艮體也大正應天者謂
艮也故前文云能止健大正也止健是艮也應天者上體之艮應下
體之乾故稱應天也此取上卦下卦而相應非謂一陰一陽而相應也
象曰天在至其德　正義曰天在山中者欲取德積於身中故云
天在山中也君子以多識前言往行以畜其德者君子則此大畜物
既大畜德亦大畜故多記識前代之言往賢之行使多聞多見以畜

山东大学藏《周易正义》再造本

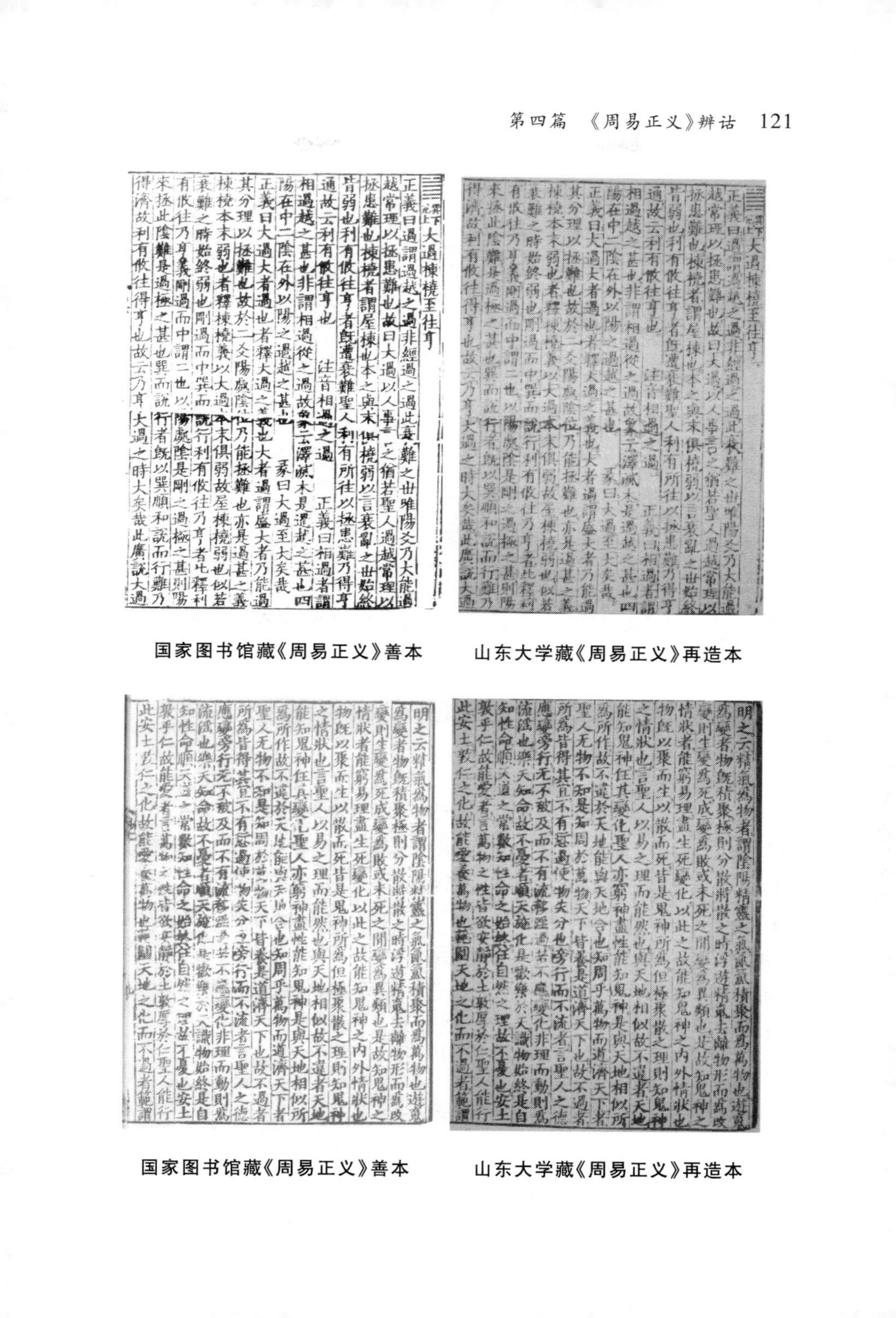

国家图书馆藏《周易正义》善本

山东大学藏《周易正义》再造本

国家图书馆藏《周易正义》善本

山东大学藏《周易正义》再造本

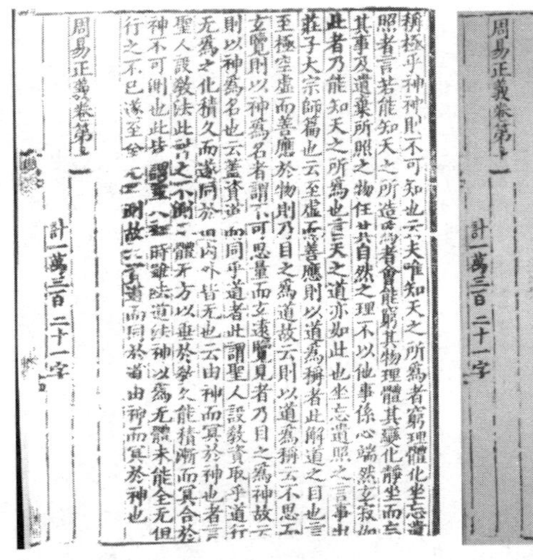

稱極乎神神則不可知也云夫唯知天之所為者窮理體化坐忘遺
照者言若能知天之所造為者會能窮其物理體其變化靜坐而忘
其事及遺棄所照之物任其自然之理不以他事係心端然玄寂如
此者乃能知天之所為也言天之道亦如此也坐忘遺照之言事出
莊子大宗師篇也云至虛而善應則以道為稱者此解道之目也言
至極空虛而善應於物則乃目之為道故云則以道為稱云不思而
玄覽則以神為名者謂不可思量而玄遠覽見者乃目之為神故云
則以神為名也云蓋資道而同乎道者此謂聖人設教資取乎道行
无為之化積久而遂同於道內外皆无也云由神而冥於神也者言
聖人設教法此神之不測无體无方以垂於教久能積漸而冥合於
神不可測也此皆謂聖人初時雖法道法神以為无體未能全无但
行之不已遂至全无不測故云資道而同於道由神而冥於神也

周易正義卷第十一

計一萬三百二十一字

国家图书馆藏《周易正义》善本

稱極乎神神則不可知也云夫唯知天之所為者窮理體化坐忘遺
照者言若能知天之所造為者會能窮其物理體其變化靜坐而忘
其事及遺棄所照之物任其自然之理不以他事係心端然玄寂如
此者乃能知天之所為也言天之道亦如此也坐忘遺照之言事出
莊子大宗師篇也云至虛而善應則以道為稱者此解道之目也言
至極空虛而善應於物則乃目之為道故云則以道為稱云不思而
玄覽則以神為名者謂不可思量而玄遠覽見者乃目之為神故云
則以神為名也云蓋資道而同乎道者此謂聖人設教資取乎道行
无為之化積久而遂同於道內外皆无也云由神而冥於神也者言
聖人設教法此神之不測无體无方以垂於教久能積漸而冥合於
神不可測也此皆謂聖人初時雖法道法神以為无體未能全无但
行之不已遂至全无不測故云資道而同於道由神而冥於神也

周易正義卷第十一

計一萬三百二十一字

山东大学藏《周易正义》再造本

四　傅增湘再造宋刻《周易正义》百部善本的功劳

下面的照片，左面是傅增湘书于珍藏的《周易正义》书后面的文字，右面则为傅增湘书于再造底片的文字。两相比较，虽所署日期一样，然文字内容却有所差异。如书于珍藏本小字注“宝应刘氏藏半部五卷”，而书于再造底片的小字注则作“宝应刘氏藏残本五卷”；书于珍藏本小字注“集中丙午七夕”，而书于再造底片的小字注则作“遗集中卷五丙午七夕”。书于珍藏本大字“以汉易书”，而书于再造底片的大字则作“以易汉书”。从改正错误和添加文字来看，显然再造底片的文字是后书。

群經注疏以單疏本爲最古，八行注疏本次〻顧單疏刊於北宋覆於南宋傳世乃绝罕就余所見者尚書正義二十卷藏日本帝國圖書寮毛詩正義四十卷藏日本内藤湖南家（缺首七卷）禮記正義殘本四卷藏日本身延山久遠寺公羊疏殘本九卷藏上海涵芬樓爾雅疏十卷二部一藏烏程蔣氏密韻樓一藏日本静嘉堂文庫（寶應劉氏藏本半部五卷）儀禮疏舊藏汪閬源家今不知何在合此周易計之存於天壤間者秪此七經而已易單疏本自清初以来相傳有錢孫保校宋本然其書藏於誰氏則不可知後閲程春海侍郎遺集乃知徐星伯家有之（集中丙午七夕集蔡心友宅和吴荷屋詩有先中徐公令漢儒手繪研譯吴尚圖油易孫本孫宋初注云是日呈伯前輩摹宋槧單疏周易）嗣歸道州何氏最後爲臨清徐監丞梧生所得監丞藏書多異本然厳扃深鐍秘不示人同時京曹官嗜古如繆荍風窮經如柯鳳蓀与監丞號爲石交亦未得寓目監丞逝世遺書漸出余偶訪令子聖與幸獲一覩驚爲曠世奇寶時〻往来於懷旋聞業已易主康君南湖曾爲作緣以未能諧價而罷昨歲殘臘忽聞有人求之甚急議垂成而中輟然其懸值高奇殊駭物聽余詗知怦然心動遂銳意舉債收之雖古人之割一莊以易漢書無此豪舉也雙鑑樓中藏書三萬卷宋刊秘籍且踰百帙一旦異寶来投遂歸然爲群經之弁冕私衷榮幸如膺九錫顧竊自維念此書自端拱進御紹興覆雕存世本稀沿及今兹更成孤帙若復私諸帳秘使昔賢留貽之經訓前代守護之遺編將自我而沈埋何以對古人更何以慰來者爰郵致海東妙選良工精摹影印板式若一點畫無訛紙幅標題咸依舊貫與近歲覆印書疏聯爲雙江全善容安書院藏元龜鈔本昌平學藏天正十年鈔本見經籍訪古志楊君惺吾隨使東邦曾收一本歸國後以贈繆藝風甲寅二月吳興劉君翰怡為刻入嘉業堂叢書中第以展轉傳鈔舛誤觸目深以宋本錮藏不得校訂異同為恨是此書鈔本雖行而近世鴻生鉅儒想慕宋槧殆如飢渴之思飲食焉余得書之後粗事披尋偶取北監本校之前四卷改定一百七十餘字此外差失之甚者如觀卦脫二十四字咸卦脫八十九字遯卦脫七字艮卦脫六字皆賴以補完其關係最要者尤為本書卷第考孔氏序言為之正義凡十有四卷新書志及郡齋讀書志同至直齋書錄解題乃作十三卷且引館閣書目言今本止十三卷殿本易疏朱良裘跋謂廣四維舊本得文淵閣所藏易疏殘帙如孔疏王注分六卷為十卷合之韓注三卷而十三卷自備因注疏合刻之始體例未定故尔乖違其說殊為未審至陳仲魚得八行祖本亦十三卷乃為之說曰原本止十三卷今云十四卷者殆兼略例一卷而言其說尤為差謬蓋孔氏為王注作正義於略例邢璹注未嘗加以詮釋何緣併為一談今得宋本觀之

壁遲此數百年孤行之寶籍化為百本流播無窮區區傳布之苦心庶為海内外人士所同鑒乎

按易疏行世最少善本阮氏校刻十三經注疏論者以周易為最劣瞿氏書目嘗深訾之緣其所據為十行無義本書屬晚印補刊已多訛奪自所不免自陳仲魚得八行注疏本撰為跋文臚列勝異定為注疏合刻之祖本其佳處自出閩中北監汲古各本之上今其書在常熟瞿氏然單疏原本終未嘗見也惟日本舊傳鈔本尚多如狩谷望之求古樓藏應永弘治天正三鈔本增島固竹蔭書屋藏永祿鈔本澁江全善容安書院藏元龜鈔本昌平學藏天正十年鈔本見經籍訪古志楊君惺吾隨使東邦曾收一本歸國後以贈繆藝風甲寅二月吳興劉君翰怡為刻入嘉業堂叢書中第以展轉傳鈔舛誤觸目

第一為六論第二乾第三坤遞推至第十四為說卦序卦雜卦則十四卷之數本然具在然後知朱陳諸氏自來懷疑不決者可以迎刃而解矣目不覩原刊而虛擬懸測以求合其數宜其言之無一當也至如嘉惠堂刊本源出舊鈔又經藝風手勘宜正定可傳今開卷藏題大書周易正義十卷已為巨謬而跋尾敘述各卷編次又復與宋本差違殊難索解若末卷所列銜名刊本失載誤為傳錄所遺無足詫也

又按此書雕刊年月取本書列銜與玉海證之正相符合玉海卷四十三云端拱元年三月司業孔維等奉敕校勘孔穎達五經正義百八十卷詔國子監鏤板行之易則維等四人校勘李説等六人詳勘又再校十月板成以獻今檢視銜名勘官解損等四人詳勘官李説等七人而孔維實為都勘官且其後再列銜維已改書守國子祭酒疑數月之間校書官時有更迭而維至進書時已擢守祭酒故人數與官位咸有不同非玉海誤記也世傳此書為北宋初刊本乃據進書題端拱元年而言茲詳檢各卷桓構等字悉已闕筆則為

深以宋本錮藏不得校訂異同為恨是此書鈔本雖行而近世鴻生鉅儒想慕宋槧殆如飢渴之思飲食也余得書之後粗事披尋偶取北監本校之前四卷改訂一百七十餘字此外差失之甚者如觀卦脫二十四字咸卦脫八十九字遯卦脫七字艮卦脫六字皆賴以補完其關係最要者尤為本書卷第考孔氏序言為之正義凡十有四卷新唐志及郡齋讀書志同至直齋書錄解題乃作十三卷且引館閣書目言今本止十三卷殿本易疏朱良裘跋言廣羅舊本得文淵閣所藏易疏殘帙如孔疏王注分六卷為十卷合之韓注三卷而十三卷自備因注疏合刻之始體例未定故尔乖違其說殊為未審至陳仲魚得八行祖本亦十三卷乃為之說曰原本祇十三卷今云十四卷者殆兼略例一卷而言其說益為差戾蓋孔氏為王注作正義

南渡覆雕可知。攷玉海載紹興九年九月七日詔下諸郡索國子監元頒善本校對鏤板。十五年閏十一月博士王之望請群經義疏未有板者令臨安府雕造。二十一年五月詔令國子監訪尋五經三館舊監本刻板。上曰其他闕書亦令次第雕板，雖重價所費亦不惜也。由是經籍復全。循是推之，則五經正義再刊當在紹興九年以後二十一年以前。再證以廟諱之闕避、雕工之姓名、刻書之風氣，益足推勘得實，正不必侈言北宋監本以為重也。第有不可解者，五經正義既為紹興中葉覆刊，則當日頒行必徧布各州軍學以宣齊之聞見，博洽為時甫及百年，顧於經籍之奉敕重刊者，乃獨未之經眼。其所著錄仍循十三卷之失，豈其本亦佚，已不可復得耶。嗟乎，以宋賢所未見之書，而余幸得私諸篋笥，蕘圃所謂書中之帝、寶中之寶者，可移以諭之而無愧矣。若夫本書流傳之緒，可以攷見者，宋代藏俞玉吾家，有林屋山人讀易樓、易學傳家、石澗諸印。明代藏唐子畏家，有墨識一行。清代則歸於季滄葦，有藏印二方，延令書目中第三種題周易正義四冊者

於略例邢璹注未嘗加以詮釋，何緣併為一談。今得宋本觀之，第一為八論，第二乾，第三坤，遞推至第十四為說卦、序卦、雜卦，則十四卷之數犂然具在，然後知朱陳諸氏自來懷疑不決者，可以迎刃而解。夫目不覩原刊而虛擬懸測以求合其數，宜其言之無一當也。至如嘉業刊本源出舊鈔，又經藝風手勘，宜正定可傳，今閱卷藏題大書周易正義十卷，已為巨謬，而跋尾敘述各卷編次復與宋本差違，殊難索解。若末卷所刊銜名刊本失載，諒為傳錄所遺，無足詫也。

又按此書雕刊年月，取本書刊銜與玉海證之，正相符合。玉海卷四十三云：端拱元年三月，司業孔維等奉敕校勘孔穎達五經正義百八十卷，詔國子監鏤板行之。易則維等四人校勘，李說等六人詳勘，又再校，十月版成以獻。今

是也。後歸於徐星伯，有翁覃谿手跋一則，題字一行，則有高松堂莊虎孫二印，其人無聞，意當在季氏之後、徐氏以前矣，茲更攷之。至其文字異同，當別為校記，訂正刊行，就質方雅。

歲在乙亥冬至後五日江安傅增湘識。

第四十八部

山東大學圖書館珍藏　丁丑正月沅叔手記

檢視銜名，勘官解損等四人，詳勘官李說等七人，而孔維實為都勘官，且其後再列銜，維已改書守國子祭酒。疑數月之間校書官時有更迭，而維至進書時已擢守祭酒，故人數與官位咸有不同，非玉海誤記也。世傳此書為北宋初刊本，乃據進書時題端拱元年而言。茲詳檢各卷桓構等字悉已闕筆，則為南渡覆雕可知。攷玉海載紹興九年九月七日詔下諸郡索國子監元頒善本校對鏤板。十五年閏十一月博士王之望請群經義疏未有板者令臨安府雕造。二十一年五月詔令國子監訪尋五經三館舊監本刻板。上曰其他闕書亦令次第雕，雖重價所費亦不惜也。由是經籍復全。循是推之，則五經正義再刊當在紹興九年以後二十一年以前。再證以廟諱之闕避、雕工之姓名、刻書之風氣，益足推勘得實，正不必侈言北宋監本為重

也第有不可解者五經正義既爲紹興中葉覆刊則當日頒行必徧布各州軍學以直齋之聞見博洽爲時甫及百年癈於經籍之奉敕重刊者乃獨未之經眼其所著錄仍循十三卷之失豈其本止佚已不可復得耶嗟乎以宋賢所未見之書而余得私諸篋笥蕘圃所謂奇中之奇實中之寶者（蕘翁題識禮單疏語）可移以譽之而無愧矣若夫此書流傳之緒可以考見者宋代藏俞玉吾家有林屋山人讀易樓易學傳家石澗諸印明代藏唐子畏家有墨識一行清代則歸於季滄葦有藏印二方延令書目中第三種題周易正義四冊者是也後歸於徐星伯有翁覃谿手跋一則題字一行別有高松堂莊虎孫二印其人無考意當在季氏之後徐氏以前矣俟更考之至其文字之異同當別撰校記訂正刊行就質方雅

歲在乙亥冬至後五日江安傅增湘識

傅增湘字沅叔，再造百本分送山东大学的本子后面书写“第四十八部 山东大学珍藏 丁丑正月沅叔手记”，则是再造《周易正义》善本百部运回国后，亲自本本手写的文字。可见，傅增湘先生以学术为天下公器，乐意刊布古籍善本，希望流传长久。特别是他在 1947 年，把自己多年辛苦收藏的四千三百多册珍贵古籍，悉数捐赠给国立北平图书馆，更是令人赞美不已。今天编纂《儒藏》精华编，能够使用傅增湘先生补字再造的《周易正义》作底本，亦足见傅先生的功劳所在了。

五　通审《周易正义》单疏本校点札记

自唐孔颖达等奉敕撰《周易正义》之后，有宋一代凡修九经乃至十三经注疏，皆收录王弼之注及孔颖达之疏。于群经之首《周易》方面，宋代有“单疏本”（全部孔颖达的《周易正义》，节录经传原文并王弼注，刻于北宋端拱年间）、“单注附音义本”（全收王弼的《周易注》，拆分附录陆德明《经典释文 · 周易音义》，刻于刻于南宋孝宗年间)、“注疏本”(全收王弼注和孔颖达正义的《周易注疏》,刻于南宋孝宗年间),“单注本”(只有全部王弼的《周易注》,刻于南宋宁宗年间),而且还有“兼义本”(全收王弼注,节录孔颖达正义的十行《周易兼义》,刻于宋末)。从刻本问世的时间方面看,最早是“单疏本”,其次是“单注附音义本”、“单注本”、“注疏本”,最后则是“兼义本”。今天收入《儒藏》精华编之《周易正义》,其底本则是北宋刻南宋递修本的“单疏本”,大部分雕板则制于北宋端拱元年。清阮元重刻《十三经注疏》,其《周易正义》则采南宋十行《周易兼义》为底本。虽清沈廷芳于《十三经注疏正字》曰“兼义二字,《释文》无。按唐书孔颖达与颜师古等诏撰五经义训,凡百余篇,号《义赞》,诏改为《正义》。今诸卷首末并作《兼义》,未详所自”,然后来阮元则曰“按‘兼义’字乃合刻注疏者所加,取兼并《正义》之意也。盖其始注疏无合一之本,南北宋之间以疏附于经注者,谓之某经兼义。至其后,则直谓之某经注疏,此变易之渐也”。

阮元曰:“此八论题目,十行本作四行,分上下两排。闽、监、毛本同,钱本作八行。”阮氏所谓之“钱本”,乃指“影宋钞本”,为“注疏本”。阮氏所谓“钱校本”,乃指“单疏本”。从底本看,“单疏本”之八论题目“亦作八行”。

阮氏曰:“十行本为诸本最古之册,此后有闽板,乃明嘉靖中用十行本重刻者;有明监板,乃明万历中用闽本重刻者;有汲古阁毛氏板,乃明崇祯中用明监本重刻者。”其实,乾隆武英殿《十三经注疏·周易正义》和《四库全书》之《十三经注疏·周易正义》,乃至今日卢光明等整理之《十三经注疏·周易正义》,其底本皆源于南宋十行“兼义本”。

北宋刻单疏本《周易正义》之“八论”作八行,而源于南宋十行《周易兼义》本之“八论”皆合并作四行(列)。二者之间的最大区别则在于,《周易正义》本是节录经传及王弼注文,而《周易兼义》本则是不节录经传及王弼注文,而是“兼并”孔颖达正义之文。

今《校点说明》言:“校本则采用刘承幹嘉业堂丛书《周易正义》(十四卷单疏本,系日传钞本,简称“嘉本”)和阮元校刻《十三经注

自此下分爲八段
第一論易之三名　第二論重卦之人
第三論三代易名　第四論卦辭爻辭誰作
第五論分上下二篇　第六論夫子十翼
第七論傳易之人　第八論誰加經字
第一論易之三名
正義曰夫易者變化之總名改換之殊稱自天地開闢
陰陽運行寒暑迭來日月更出孚萌庶類亭毒羣品
新新不停生生相續莫非資變化之力換代之功然

明代嘉靖中福建刻九行《周易兼义》

自此下分爲八段
第一論易之三名　第二論重卦之人
第三論三代易名　第四論卦辭爻辭誰作
第五論分上下二篇　第六論夫子十翼
第七論傳易之人　第八論誰加經字
第一論易之三名
正義曰夫易者變化之總名改換之殊稱自天地開闢
陰陽運行寒暑迭來日月更出孚萌庶類亭毒羣品
新新不停生生相續莫非資變化之力換代之功然

明代崇祯年间汲古阁刻九行《周易兼义》

否至十六年。又奉勅與前修疏人。及給事郎守四門
博士上騎都尉臣蘇德融等對勅使趙弘智覆更詳
審爲之正義凡十有四卷庶望上裨聖道。下益將來。
故序其大略附之卷首爾。
周易正義卷第一
自此下分爲八段
第一論易之三名　第二論重卦之人
第三論三代易名　第四論卦辭爻辭誰作
第五論分上下二篇　第六論夫子十翼
第七論傳易之人　第八論誰加經字

乾隆四年校刊　周易正義序　三

清乾隆武英殿刻《十三经·周易正义》本

欽定四庫全書
周易正義
卷首
自此下分爲八段
第一論易之三名　第二論重卦之人
第三論三代易名　第四論卦辭爻辭誰作
第五論分上下二篇　第六論夫子十翼
第七論傳易之人　第八論誰加經字
第一論易之三名

文渊阁《四库全书》本《十三经·周易正义》

周易正義卷第一

自此下分爲八段

第一論易之三名　第二論重卦之人　第三論三代易名　第四論卦辭爻辭誰作

第五論分上下二篇　第六論夫子十翼　第七論傳易之人　第八論誰加經字

第一論易之三名

清阮元刻《十三经注疏·周易正义》本

4

士上骑都尉臣苏德融等，对敕使赵弘智覆更详审，为之《正义》，凡十有四卷。庶望上裨圣道，下益将来，故序其大略，附之卷首尔。

周易正义卷首

自此下分为八段

第一	论"易"之三名	第二	论重卦之人
第三	论三代《易》名	第四	论卦辞爻辞谁作
第五	论分上下二篇	第六	论夫子《十翼》
第七	论传《易》之人	第八	论谁加"经"字

第一　论"易"之三名

正义曰：夫"易"者，变化之总名，改换之殊称，自天地开辟，阴阳运行，寒暑迭来，日月更出，孚萌庶类，亭毒群品，新新不停，生生相续，莫非资变化之力，换代之功。然变化运行，在阴阳二气，故圣人初画八卦，设刚柔两画，象二气也；布以三位，象三才也。谓之为"易"，取变化之义。既义总变化，而独以"易"为名者，《易纬乾凿度》云："易一名而含三义，所谓易也，变易也，不易也。"又云："'易'者，其德也。光明四通，简易立节，天以烂[①]明，日月星辰，布设张列，通精无门，藏神无穴，不烦不扰，淡泊不失，此其'易也'。'变易'者，其气也。天地不变，不能通气，五行迭终，四时更废，君臣取象，变节相移，能消者息，必专者败，此其'变易'也。'不易'者，其位也。天在

① "烂"，闽、监、毛本同，岳本作"阑"。

今卢光明等整理之《十三经注疏·周易正义》

疏》(上卷，中华书局一九七九年影印本，简称'阮本')；并参校以影印文渊阁《四库全书》本(简称四库本)。"由此可知，校点过程中，源于南宋十行的《周易兼义》本成了参校本。正因为采用了"阮本"为参校本，所以多出了不少校勘记。下面，就把笔者前期初审和最后通审的札记照录出来。

1. 笔者前期通审《周易正义》校点稿札记

阮氏曰："元旧作《十三经注疏校勘记》，虽不专主十行本、单疏本，而大端实在此二本。"今阅其刻十卷本《周易正义》，乃以十行兼义本为底本，并不擅自修改一字。遇有错讹，则主要参以宋单疏本出校勘记。

又曰："最患以臆见改古书。今重刻宋板，凡有明知宋板之误字，亦不使轻改，但加圈于误字之旁，而别据校勘记，择其说附载于每卷之末。俾后之学者不疑于古籍之不可据，慎之至也。"此言是矣，可引为今日类似工作之镜鉴。

阮氏重宋十行兼义本，而今日所选单疏宋监本则大大优于十行兼义本。往昔，阮氏重兼义本而参之以单疏本，其所出之校勘记繁琐而不知其误；今日，我们重单疏本而参之以阮校本，则不能重蹈其辙而画蛇添足。

如何知彼而及己，当借鉴前儒之得失。因而以前期通审一得之见，就前二卷成果分述如下。

宋单疏本《周易正义》校勘表之一（正确者标黑体字）

卷	**单疏宋监本**	宋十行兼义本	影宋注疏钱本	足利学写本	汲古阁本	四库全书本	监本闽本	阮校本	备注
周	**九圣**	凡圣	九圣	九圣	九圣	九圣	凡圣	凡圣	日本山井鼎《七经孟子考文补遗》言：足利学所藏三通写本。九、见、辛、案四字皆与宋监本同。
易	**独见**	独冠			独冠	独冠	独冠	独冠	
正	改辛			改辛	改新	改新	改新	改新	
义	**考案**	考察	考案	考案	考察	考察	考察	考察	
卷	□简	贞简		周简	贞简	贞简	贞简	贞简	陆德明《周易注解传述人》：“刘瓛，字子珪，沛国人。齐步兵校尉，不拜。谥贞简先生。”
第	**重卦**	画卦			画卦	重卦	画卦	画卦	北大本改阮校本作“以为伏羲重卦”。
一	小史	小史				小史		小史	
	囚奴	囚奴				囚奴		四奴	《周礼》：外史“掌三皇五帝之书”。

辨证：

例如，校点者校记：**“九”，嘉本、阮本作“凡”**。《汉书·艺文志》：“易道深矣，人更三圣，世历三古。”孔氏曰“业资九圣，时历三古”，日本山井鼎曰：“崇祯本与足利写本同彼。后人旁注九圣：伏牺、神农、黄帝、尧、舜、禹、汤、文王、孔子。”《唐大诏令集》言“九圣”者有五处，如曰：“颁九圣四贤之赞，以明道统。旌先儒从祀之礼，而黜异端。”作“九”字善。“凡”字乃“九”字之误。古语多云“凡圣人”

如何，“凡圣”非有“凡人”与“圣人”意思。

又如，校点者校记：**“冠”，原作“见”，据嘉本、阮本改。**可改乎？此当从前后文义求之。《周易正义序》：“唯魏世王辅嗣之注独见古今，所以江左诸儒并传其学，河北学者罕能及之。”所谓“古今”，乃指魏至唐而言。从易学发展史看，“王弼扫象”之后，“郑玄、王弼二注，梁、陈列于国学，齐代惟传郑义，至隋王注盛行，郑学寖微”（宋王应麟语），因而孔氏言“唯魏世王辅嗣之注独见古今”，岂能谓“王辅嗣之注独冠古今”？此条可出校而不可改。

又如，校点者校记：**“案”，嘉本、阮本作“察”。**“考案其事，必以仲尼为宗”，观上下文意，“案”字善。宋程大昌《禹贡山川地理图》有曰“左氏古书先乎秦世，而言及汉水者，考案其地皆隶古荆”，知唐宋人用“考案”一词。

又如，校点者校记：**“外史”原作“小史”。按：《周礼》“外史掌三皇五帝之书”，无“小史”之名，据改。**正文标点：**《周礼·外史》：“掌三皇五帝之书。”**《周礼》有“小史”之名，然不“掌三皇五帝之书”。“外史”、“小史”为正文之字，非书名。当标点作：《周礼》：外史“掌三皇五帝之书”。

宋单疏本《周易正义》校勘表之二（正确者标黑体字）

卷	**单疏宋监本**	宋十行兼义本	影宋注疏钱本	足利学写本	汲古阁本	四库全书本	监本闽本	阮校本	备注
周易正义卷第二	**使人**	使人	以		使人	使人	使人	使人	
	比潜	此潜			此潜	此潜	此潜	此潜	“比”字善。
	重钱	重体		重钱	重钱	重体	重体	重钱	“钱”字善。
	其钱	其体		其钱	其钱	其体	其体	其钱	
	且一	且初	且一		且初	且初	且初	且一	“一”空间义，
	一上	初上	一上		初上	初上	初上	一上	“初”时间义。
	之文	之云			之文	之文		之云	
	应是	应矣	应	应是	应矣	应是	应矣	应矣	“是”字善。
	处于	处其		处于	处于	处于	处其	处其	

续 表

卷	单疏宋监本	宋十行兼义本	影宋注疏钱本	足利学写本	汲古阁本	四库全书本	监本闽本	阮校本	备 注
周易正义卷第二	**田食**	田食			由食	田食	由食	田食	
	注意	注焉	注意	注意		注意		注焉	“意”字善。
	普遍	普独	普遍	普遍	普独	普遍	普独	普独	“遍”字善。
	大夫	大人		大夫	大人	大人	大人	大人	“夫”字善。
	此据	范模		此据	范模	此据	范模	范模	
	其礼	其相	其礼	其礼	其相	其礼	其相	其相	“礼”字善。
	常若	当若		常若	当若	常若	当若	当若	“常”字善。
	王以	正以		王以	正以	正以	正以	正以	“王”字善。指王弼。
	在于	于在		在于	于在	于在	于在	于在	
	迟疑	迟疑		持疑	迟疑	迟疑	迟疑	迟疑	阮校云“宋本迟作持”，非。北大本据改。
	疑以	疑以				疑以		是以	
	此明	此名		此明	此名	此名	此名	此名	
	则正	正	则正		正	正	正	正	“则”字善。
	象云	叹云				叹云		叹云	“象”字是。
	具解	其解		具解		其解		其解	“具”字善。
	乾是	乾则	乾是		乾则	乾则	乾则	乾则	“是”字善。
	退则	退在			退在	退则	退在	退在	“则”字善。
	谓饰	谓释				谓释		谓释	“饰”字善。
	限局	限局	限局			限局		限尚	
	后者	后言	后者		后言	后言	后言	后言	
	言之	有之				有之		有之	“言”字善。
	犯凶	凶	犯凶		犯		凶	凶	
	若失	至失				若失		至失	
	犹依	犹非	犹依			犹依		犹非	
	柱础	础柱				础柱		础柱	
	事广	事应				事广		事应	“广”字是。
	曰夫	曰夫				曰夫		取夫	
	应先	不先	应先		不先	应先	不先	不先	
	下文	下又			下又	下又	下又	下又	“文”字善。
	心惑	心或			心或	心或	心或	心或	“惑”字善。

辨证：

例如，校点者校记：**“此”，原作“比”，据嘉本、阮本改**。可改乎？此亦需从前后文义求之。“比潜龙始起在建子之月，于义恐非也”，“比”字有比拟、比喻意思，如“比物丑类”。意思是比喻“潜龙”始起在建子之月，于义不相符合，“比”字善。此条可出校而不可改。

又如，校点者校记：**“王”，嘉本、阮本同。阮校云：闽、监、毛本作“正”**。从而改“王”为“正”，可乎？此亦需从前后文义求之。王弼注“处下卦之极，愈于上九之亢，故竭知力而后免于咎也”，正是王弼以九三（下卦之极）与上九（亢龙）相并而立言（九三敌应上九）。所以，疏曰“‘故竭知力而后免于咎’者，王以九三与上九相并。九三处下卦之极，其位犹卑，故竭知力而得免咎也；上九在上卦之上，其位极尊，虽竭知力不免亢极。言下胜于上，卑胜于尊”。原“王”字乃指王弼，作“王”字善，不可改也。

又如，校点者校记：**“大人”，原作“大夫”，据阮本改**。疏曰“二为大夫，已居二位，是非君位也”，则是本汉京房说，谓五为君位，二为大夫位。即使王注谓九二为“大人”，亦不害大夫者为大人。出校即可，不当擅自更改。

又如，校点者校记：**“持”，原作“迟”。作“持”与注合，据改**。今《周易注》曰：“欲静其居，居非所安，持疑犹与未敢决志。”不但作“持疑”，而且还作“犹与”。宋单疏本曰：“‘欲静其居，居非所安，迟疑犹豫未敢决志’者，谓志欲静其居处，百姓既未离祸患，须当拯救，所以不得安居，故迟疑犹豫，未敢决断其志而苟进也。”可见孔氏所引王注之原文为“迟疑犹豫”，而非“持疑犹与”。盖唐时王弼注文如此乎？可出校而不可擅改。

又如，校点者校记：**“是”，嘉本同，阮本作“则”**。底本疏曰“天是体名，乾是用名”，作“乾则用名”，不对仗。“是”字善。

又如，校点者校记：**“则”，嘉本同，阮本作“是”**。底本疏曰“进则跳跃在上，退则潜处在渊”，作“退是潜处在渊”，不对仗。“则”字善。

又如，校点者校记：**“释”，原本作“饰”，据嘉本、阮本改**。底本疏曰:“文谓文饰,以乾坤德大,故特文饰以为《文言》……非是文饰华彩,当谓饰二卦之文,故称《文言》。”此意甚明,文饰乾坤德大二卦之文,故称《文言》。不可擅自更改作“释二卦之文”。

又如,校点者校记引阮校云卢文弨说,**“上九非位而上九居之”当作“上非九位而九居之”**。宋底本疏曰:“‘子曰贵而无位’者,以上九非位而上九居之,是无位也。”《乾·象》曰:“六位时成,时乘六龙以御天。”何得谓“上非九位”?“上九”之文已明上九是位。《系辞》曰“圣人之大宝曰位”,九五“飞龙在天”乃圣人之位,上九“亢龙”非圣人之位,因而曰“上九非位而上九居之”。此何错之有?卢氏非易学家而又奢言“易理”,擅自更改疏文,实不可取也。此后乾嘉学派之通病乎?

又如,校点者校记:**“文”,嘉本同、阮本作“又”**。底本疏曰:“下文即云‘行而未成’,是行亦称成。周氏之说,恐义非也……其‘成德为行’,未必文相对。”《文言·乾》上文曰“成德为行”,下文曰“行而未成”,因而曰“未必文相对”。“文”字是。

总而言之,以宋监本前二卷核对结果说明,阮元之校勘记多称“宋本”、“钱本”为“是”,而其用之十行兼义底本则多有舛误。阮氏出于“最患以臆见改古书”之慎重考虑,虽其刻书之正文多误,然其于校勘记中已多有指正。今以单疏宋监本为底本,以阮刻本为参校本,则与阮氏当年工作程式相反,今反其道而行之可也。

愚见:

1. 凡阮氏指出宋本、钱本不误而今能见于此底本者,一律不必出校。

2. 凡校对之后发现此底本有明显错误者,只能出校而不宜更改原文。

3. 凡有疑义难以定夺者,暂时存疑可也。不必如卢文弨等强行出校,慎防出现新错。

4. 如何少出错?阮氏重十行本而刻《周易正义》,今北大又本阮刻本重新整理《周易正义》。从所发现诸多错误来看,皆对此宋监单疏本重要文献有所忽视,此其一也。整理者忽视易理与文字训诂,从而校错、改错者，又造成前所未有之混乱，此其二也。日本山井鼎言："古本宋板题目各异，惟后世梓者妄意改换，遂失本真。"梓者包括校订及刻板者，而校订者之责任犹为重焉。

5. 除校订者易理水准有别之外，其文字训诂修养功夫亦不可小觑。如对圣人孔子，言"考案其事"是敬辞也，而曰"考察其事"则是僭辞矣。

2. 最后通审刘荣波先生校点宋监本《周易正义》意见

校点说明

1. "征"、"厘"等字已改作繁体。

2. 观卦"二十四字"，十行兼义本及四库本皆有之，校点者错以为此段为"傅先生后来补上的"。傅先生曰："爰邮致东瀛，选集良工，精摹影印，板式若一，点画无讹……偶取北监本校之，前四卷改定一百七十余字……皆赖以补完。"是他以所购得善本书为底本校北监本之讹误，非以北监本为底本校所得宋监本。正如四库馆臣于"周易注疏考证"所言："绳，监本讹作纲"、"中讹作实，依阁本改"、"咸九三咸其股执其随往吝〇此节疏文，监本全脱"。因而删除此段说明文字。

3. 改顺个别文句

五经正义表

1. 此篇文字十分难得。《四库全书》收明郑真撰《荥阳外史集》，中有《贞观十四年祭酒孔颖达上五经正义表》，首曰："伏以万国文明，久仰缉熙之学。五经简奥，曷彰训诂之功。"并没有长孙无忌此文。

2. "启舍灵之耳自赞神化之丹青"，"自"依文意当作"目"，出校即可，不宜擅自更改原文。

周易正义序

1. "业资九圣"，"九"，四库本亦作"九"，阮本作"凡"。

2. "独见古今"，"见"，四库本与阮本作"冠"。可出校，不宜更改原文。

3.“改辛之义”,“辛”,四库本与阮本作“新”。

4.“考案其事”,“案”,四库本与阮本作“察”。

日本山井鼎《七经孟子考文补遗》言:“足利学所藏《周易》四通,一通正义即宋板,三通皆写本。”以上四字,写本皆与此宋监本同。后之注疏本皆作“凡”、“冠”、“新”、“察”。

5.“为之正义凡十有四卷”,后言“卷”,前当为书名。已改。

卷一

1.“十翼”、“经”、“注”及如“泰卦”等不加书名号,已改正。此后通篇皆用涂改液改正,不再说明。

2.“天以烂明”,今《乾凿度》本作“天地烂明”。四库本与阮本皆作“天以烂明”,日本山井鼎言:“足利学所藏写本作天以烔明。”

3.“崔觐刘贞 简等并用此义”,日本山井鼎言:“足利学所藏书本,简上有周字。”四库本与阮本皆作“刘贞简”,无空格。唐陆德明录《周易注解传述人》:“刘瓛,字子珪,沛国人。齐步兵校尉,不拜。谥贞简先生。”校记引汪氏“谥”号说为多余,删之。

4.“断天地”,十行兼义本与四库本作亦作“断天地”。今本《周易乾凿度》“故易者所以经天地,案‘经天地’钱本作‘继天地’。理人伦而明王道。王道继天地而已。”校记“阮校引卢文弨”说:“《乾凿度》作‘断天地’,此‘断’字疑误。”此为一家之判定,引为校记不妥,删卢氏说。

5.“天应以鸟兽文章,地应以河图洛书”,汉时儒者以“河图洛书”为祥瑞,不应加书名号。已改。

6.“盖取诸益与噬嗑”,四库本与阮本皆无“诸”字。

7.《周礼·小史》:“掌三皇五帝之书。”“小史”非书名。查《周礼》原文作“外史”。已改作:《周礼》:外史“掌三皇五帝之书”。

8.“因代以题周”,四库本与阮本作“因代以题周”,皆有“周”字。校记引后人说谓“周字不当有”,又涉考证研究范围,已删除。

9.18 页清人翁方纲题字,当放入附录之中。

以北大整理本比之阮本,改阮本“辅嗣等以为伏羲画卦”之“画”为“重”、“箕子始被四奴”之“四”为“囚”等例,可见阮本之陋甚。宋监本原本作“重”、“囚”,四库本原本没有“画”、“四”之误。愚见,以阮本为参校本不如用四库本也。

卷二

此后,凡校记问题皆不记录。一本简单化原则删节。特别有涉学术问题之后人考证,一律不出现在校记中。本着尊重古籍善本原则,后人疑错之字,出校而不径改。

1.19 页,“天”字、“使人”,四库本与阮本皆同。“疑衍”、“作以”乃后人判断。删除此两条校记。

2.21 页“比潜龙始起在建子之月,于义恐非也”,“比”,四库本与阮本皆作“此”。“比”有比拟、比喻意思,如“比物丑类”。比拟潜龙始起在建子之月,于义恐非也,亦通。此条可出校而不可改。

阮氏云:“最患以臆见改古书。今重刻宋板,凡有明知宋板之误字,亦不使轻改,但加圈于误字之旁,而别据校勘记,择其说附载于每卷之末。俾后之学者不疑于古籍之不可据,慎之至也。”此言善矣,惜乎其校勘记又多误也。

3.23 页两“钱”字,他本作“体”字,增校记两条。删衍“其”字之说。

4.24 页“二为大夫”,他本作“大人”。本京房说“九二大夫居世”,“夫”字善。

5.28 页“百姓既未离祸患”,诸本皆同,衍“未”字乃后人一说,删除此条校记。

6.古“由”与“繇”通,删除此条校记。

7.34 页“具说”与“象曰”间之“缺文”。十行兼义本有“保和太和”至“向乾而立化”282 字,四库本则无之。愚见,补文可见于此条校记,而不能补入正文。似乎为原缺,亦未可知。

8.38 页,“饰”改“释”。四库本与阮本作亦作“释”。“文言”乃文饰之言,不当径改,出校可也。

9.49 页“上九非‘位’,而上九居之是无位也”,校记所引误。“圣人之大宝曰位”,九五“飞龙在天”为圣人大宝之“位”,因而说“上九非位”。阮校引卢氏说当作“上非九位而九居之”,更不合乾卦象,明言“上九”岂能说“上非九位”? 疏于易理者乱经如此,慨可叹也! 删除此条校记。

10.50页,“应先说乾”,四库本同。校记:“应”,阮本作“不”。阮曰“十行本‘不’字空”。明刻九行兼义本作“文言之首不先说乾”,有“不”字非“空”。通览上下文,“应”字善。

11.51页“明”下,四库本与阮本有“龙潜龙见之义”六字。

12.53页“正谓五与三”,四库本同,九行兼义本作“正谓五与二”,三、五为阳位,阳爻居之为正。阮本等作“五与二”误。

13.54页“六,嘉本作五,是”,原文“上第六节乾元者……此君子以成德为行亦是第六节”,分节有别,何可下“是”之判定? 删之。

14.56页二“经”字删除所加书名号。

卷三

1.67页“固为占固”,四库本与阮本作亦作“固为占固”。“为当作谓”说乃后人推断之言,不足取为校注。删除此条。

2.68页“为如之先”,四库本与阮本作亦作“为物之先”。

3.69页“各,阮本作名”之校注,与底本无关,删除。

4.70页“而见灭也”。“灭”,九行兼义本同,四库本作“血”。原作“灭”,不为错也。毋须作“血是”之校记。

5.72页“纶为绳纶”,四库本同,九行兼义本作“纶为纲纶”。

6.73页“纶为纬也”,四库本同,九行兼义本作“纶为纲也”。

7.74页“共五”,四库本同,九行兼义本作“其”。二五居中,“共五”善。

8.75页“事已显著”,四库本与九行兼义本同。阮本作“事已显者”,误。

“几微之几”,四库本同,九行兼义本作“几微之义”。爻辞言“君子几”,“几”善。

9.77页“初始一理剖决告之”及后“一理而则告之”,前句四库本与九行兼义本同,后句皆作“一理而剖告之”。此校记误颠倒阮本之句,改正之。

“此卦繇辞”,繇通爻。四库本同,九行兼义本作“此卦系辞”。

阮本作“系”。“繇辞”善。

10.78 页“蒙昧之象”,四库本与九行兼义本同。有“之”字善。

“君子当法此蒙道”,阮本作“发”,四库本与九行兼义本亦作“发”。“法”字善。

11.79 页“刑人说梏皆得当”,阮本作“刑人说桎梏皆得当”,四库本与九行兼义本亦作“刑人说桎梏皆得当”。此句言初六爻辞“刑人”与“说桎梏”,行文以“刑人”对仗“说梏”。“桎”字,乃后人本爻辞所加。

《小雅》乃指小学之尔雅,作《小·雅》。

“群蒙”,蒙卦非一“童蒙”,还有坎盗之蒙。四库本与九行兼义本作“童蒙”,阮本改作“童蒙”。“群蒙”善。

12.81 页“而事委任”,四库本同,九行兼义本作“而专委任”,阮本同。“事”善。

“需卦繇辞”,四库本与十行兼义本皆同。阮本作“需卦系辞”,误。

13.83 页“须道毕矣”,四库本与九行兼义本皆“需道毕矣”。王弼注为“需道毕矣”。“需”是。

此卷凡底本不错而校记引阮校错者,已酌情删除多处。

卷四

1.94 页“监临师众”,四库本与九行兼义本同。阮本作“监临师旅”,无坤为众之义。“众”善。

2.98 页“见犯乃行”,四库本与九行兼义本同。阮本作“见犯乃得”,“行”善。

3.101 页“故外比也”,四库本、九行兼义本同与阮本作“欲外比也”。“故”善。

4.102 页“大人之身”,四库本与九行兼义本同。阮本作“大人之道”,下有“大人之使”,“身”善。

5.103 页“今亦从之去则射之”,四库本与九行兼义本同。删阮校“衍文”之说。

6.105 页“雍抑”,四库本、九行兼义本同与阮本作“摧抑”。

7.108页“不有专固”，四库本与九行兼义本同。删阮校“当作为”之说。

8.113页“有大庆”，四库本、九行兼义本同与阮本作“大有庆”。出校即可。

9.115页“其贡”，《周礼》：“职方制其贡，各以其所有……东南曰扬州……其穀宜稻……正西曰雍州……其穀宜黍稷。”正义“职方云扬州其贡宜稻麦，雍州其贡宜黍稷”，乃间接引用，原有“其贡”二字，非“贡作穀”。阮校所云非也，删之。

“拔茅往行”，四库本同，九行兼义本作“拔茅征行”，上文有“已行则从”，“往”善。

10.116页“无在下”、“无在上”，“无”，四库本同，九行兼义本作“元”。“无”善。

11.122页“亨通”，四库本与十行兼义本同，阮本误。删之。阮氏校刻者“以周易为最劣”，此言中的不诬也。

卷五

1.128页“六五应九二，九二在乾体”，四库本同。阮校出九行兼义本，作“六五应九二，亦与五为体”。前此四库馆臣已曰：“监本作六五应乾九二，亦与五为体，误。今依阁本改。”阮氏之校不可取也。删之。

“以时而行则万物大得亨通”，四库本同。阮校出于十行兼义本，作“与时无违虽万物皆得亨通”，删之。

2.129页“皆取”，四库本同。阮校出十行兼义本，作“巽顺”，删之。以下校记，凡“嘉本同”而“阮本”有异者皆删之。校记引阮氏之校注，无异“画蛇添足”！

3.130页“非取其旁九四”，四库本与九行兼义本同。前曰“九三在九四之旁”，又因“九四若能专心承五”，而曰不取其（九三）“旁九四”，是“言不用九三也”，故下文曰“能弃三归五”。删“衍九四”说。后人删“九四”而作“非取其旁”，是无所“旁”对象之非。由此可见擅改古文所致之混乱也。

4.136页“实事”，四库本同。阮校出于十行兼义本，作“争”，删之。

5.138 页“具说故叹”，四库本同。九行兼义本作“具说且叹”，阮校作“其说且叹”，删之。

6.141 页“大得”，四库本与九行兼义本作“大有得”，阮本作“大有”，何据？

“大行”，四库本与九行兼义本同。阮本作“大同”，何据？

“非合己之所乘”，四库本与九行兼义本、阮本作“非己所乘”。

“争权”，四库本与九行兼义本同。阮本作“专权”，何据？

7.144 页“郑玄云晦冥也”，四库本与九行兼义本、阮本作“郑玄云晦宴也”。《春秋正传》曰：“晦者，日之晦冥也。”《穀梁传》：“晦，冥也。”

8.145 页“四俱无应者”，四库本与九行兼义本同，因王注有“四俱无应”句。阮校记误，删之。

9.146 页“今有不从”，九行兼义本同，四库本作“令有不从”。

10.147 页“于此”，四库本同。九行兼义本作“如此”。“于”善。

11.153 页“其礼卑也今所观宗庙之祭但观其盥礼不观在后笾豆之事”，此 24 字，四库本与九行兼义本皆有。阮本缺此 24 字，证明北监本有缺，正如傅增湘所言：“偶取北监本校之……观卦脱二十四字”。

12.154 页“在于上又顺而和巽”，四库本同。阮校据十行兼义本出，误。删之。

13.155 页 5 条与 156 页 4 条校记，四库本全同而阮校全误，全删之。

14.157 页“复言”，四库本与九行兼义本皆同。

15.158 页“恐畏之”，九行兼义本同，四库本作“谓之”。

“坤体”，四库本同，九行兼义本作“坤道体”，阮校从之。

“减三”，九行兼义本同，四库本作“减下”。

16.159 页“桎其小过”，四库本与九行兼义本皆同。“桎”另有滞塞意思，王注曰“桎其行也”。校记引“当是惩字误”，删之。

17.160页“非其”，四库本同。九行兼义本作“其非”，阮校从之。

18.162页“物首”，四库本同。九行兼义本作“顺首”，阮校从之。

19.163页“上附”，四库本同。九行兼义本作“上须”，阮校从之。

“二当上附”，四库本同。九行兼义本作“二常上附”，阮校从之。

20.164页“质素之道”，四库本同。九行兼义本作“素质之道”，阮校从之。

“不用聘士”，四库本与九行兼义本皆同。

21.166页“既灭”，四库本与九行兼义本作“既蔑”。

卷六

1.173页“闭塞其关也”，四库本与九行兼义本皆同。卢氏改“也”为“使”，误。删之。

2.177页“其德乃耳”，九行兼义本皆同，四库本作“其德乃尔”。

3.198页“似妇人”，四库本与九行兼义本皆同。删之。

卷七

1.206页之校注修改作：自“正义曰咸其股”至“故言往吝”，此一百零一字，阮校底本无。依傅增湘所言，北监本脱“咸卦八十九字”。

2.210页二“咸□□明感应”。此卷后计字数为13876，实数之为13874字。可见，两空处原应有两字。自前“刘贞□简”看，原本“□”作“周”，乃覆刻时将“周”字剔除后所留空处。此卷可容二字之空处，亦当为覆刻时发现有错误而剔除。后卷十四(429页)“因重□之意”，原作“因重卦之意”，显然因“卦”字为多余而剔除。后之刻本皆无空处，直接作“刘贞简”、“咸明感应”、“因重之意”，可以证明这一推断——凡底本空处皆为覆刻时剔除之错字，并无缺字。似乎还可证明：南宋时翻印仍用北宋时刻板，“覆雕”之说有误。

3.212页“须遁而后得通故曰遁亨”，四库本与九行兼义本同，阮本亦同。傅增湘言北监本“遁卦脱七字”,不知所指。

以上通审记录说明底本大大优于阮元所用十行兼义本。今底本用单疏本而不是注疏本,则突出孔颖达之“正义”。还说明用阮底本参校此单疏本,只能突出后人的校勘水准如何,而若用以“校正”此底本,则需要极其慎重。切忌擅自更改疏文,切忌采用后人之猜测出校记。

以下各卷凡校记底本与嘉本、阮本皆同者,一律删除,不再记录。凡阮本有所不同者留之,但一律删除“阮云”等内容。因为“校记”不应涉及学术或争议问题。此后各卷亦不再出通审记录,个别需要说明者则记录之。

卷九

1.289 页“止求诸身不陷于咎故曰艮其身无咎也”,四库本、九行兼义本同与阮本皆同。校记云“‘也’下,嘉本有‘注止求诸身者’六字”,不知与傅增湘所言“艮卦脱六字”有关否?嘉本有“注止求诸身者”六字本误,疏前已言“止求诸身”,正是解说注意,后面不当再引注文。傅增湘所言“艮卦脱六字”,乃指北监本脱,非指此底本有脱。

六 关于《周易正义》的编纂体例

汉代迄于两宋,凡言“五经”、“六经”、“九经”乃至“十三经”者,皆以《周易》(包含六十四卦经文及十翼)为众经之首。汉末郑玄有“周易注”,延至三国魏王弼及晋韩康伯又注解《周易》。时历晋、南北朝以至于隋,说《易》者所主,遂有河北郑玄与江南王弼两家。

至唐,太宗李世民以儒学多门,章句繁杂,乃诏国子监祭酒孔颖达与诸儒撰定五经义疏。撰修者孔颖达、颜师古、马嘉运、赵乾叶、王恭、王谈、于志宁等,于贞观十六年(642 年)始毕其事,延至永徽四年(653 年)方颁行天下。是书初名《义赞》,诏改称之为《正义》。

《旧唐书·经籍志》记“周易正义十四卷孔颖达撰”。是书先以王弼注为本,旁引汉魏南北朝诸说以供参证,并间有驳辩。有唐历五代以至于宋初,孔颖达《周易正义》一直占有易学之主道地位。这一期间,王弼《周易注》与孔氏《周易正义》各自流行,并无合而为一之举措。

自乾隆武英殿本《十三经注疏·周易正义》、《四库全书》文渊阁本《十三经注疏·周易正义》乃至阮元刻《十三经注疏·周易正义》,无不将"注疏"与"正义"混为一谈。下面试将宋代"周易注疏"之流变情况作一阐述。

一 宋代有《周易注》附音义本及《周易注》九卷刻本

《周易注》九卷刻本,只有王弼注及邢璹注《周易略例》,为南宋宁宗嘉泰至嘉定年间刻本。藏书家季沧苇谓此书是:得南宋初年雕版补印者,为蜀学重刊大字本。

是书内容:

"周易上经乾传第一"(卷一)

"周易上经泰传第二"(卷二)

"周易上经噬嗑传第三"(卷三)

"周易下经咸传第四"(卷四)

"周易下经夬传第五"(卷五)

"周易下经丰传第六"(卷六)

"周易系辞上第七"(卷七)

"周易系辞下第八"(卷八)

"周易说卦第九"、"周易序卦第十"、"周易杂卦第十一"(卷九)

今见上海涵芬楼景印宋刊本,"原书版匡高营造尺六寸七分宽四寸八分"。四周皆双边,白口双鱼尾,版心有"周易"二字及卷数,下有页码与刻工姓名。半叶十行,大字行十六字,小字双排每行二十四字。

王弼《周易注》初不附《周易略例》,更不附陆德明《经典释文·周易音义》。此书即是后来所谓之"单注本"。是"全注无疏"本。

二 宋代有《周易正义》十四卷勘刻本

至宋太宗端拱元年(988年),孔维等奉敕勘定《周易正义》。

是书内容:

前有长孙无忌等进“五经正义表”五页

“周易正义卷第一”为孔颖达序及“八论”

“周易正义卷第二”为乾卦正义

“周易正义卷第三”为坤、屯、蒙、需、讼五卦正义

“周易正义卷第四”为师、比、小畜、履、泰、否、同人七卦正义

“周易正义卷第五”为大有、谦、豫、随、蛊、临、观、噬嗑、贲、剥十卦正义

“周易正义卷第六”为复、无妄、大畜、颐、大过、习坎、离七卦正义

“周易正义卷第七”为咸、恒、遁、大壮、晋、明夷、家人、睽、蹇、解十卦正义

“周易正义卷第八”为损、益、夬、姤、萃、升、困、井、革九卦正义

“周易正义卷第九”为鼎、震、艮、渐、归妹、丰六卦正义

“周易正义卷第十”为旅、巽、兑、涣、节、中孚、小过、既济、未济九卦正义

“周易正义卷第十一”和“周易正义卷第十二”为周易系辞正义

“周易正义卷第十三”为周易系辞下正义

“周易正义卷第十四”为周易说卦、周易序卦、周易杂卦正义

今见是书为南宋绍兴初国子监覆印本,为修正北宋单疏雕板重印者。是书左右双边,上下单边,白口单鱼尾,版心有页数,下有刻工姓名。半叶十五行,行二十六字。

是书特点,如贞、敬、恒、桓等字皆避讳缺笔。又如《序》作“业资九圣”、“独见古今”、“考案其事”,《八论》作“刘贞□简”(有空格)等。又如经卷第七咸卦“九三咸其股至执下也”九字之下,并没有引注文“股之为物随足者也进不能制动退不能静处所感在股志在随人者也志在随人所执亦以贱矣用斯以往吝其宜也”四十六字,而是只有疏文“正义曰咸其股执其随往吝者九三处二之上转高至股股之为体动静随足进不能制足之动退不能静守其处股是可动之物足动则随不能自处常执其随足之志故云咸其股执其随施之于人自无操持志在随人所执卑下以斯而往鄙吝之道故言往吝象曰咸其股亦不处也

者非但进不能制动退亦不能静处也所执下者既志在随人是其志意所执下贱也”一百四十七字。

是书正义体例，于六十四卦经文下或顶格或空二格直谓“正义曰”，又于节引王弼注文（如：注云“出潜”至“五焉”）下空二格直谓“正义曰”。此则为宋初勘定唐本之名副其实“周易正义”，即是后来所谓之“宋单疏本”。是“节注全疏”之本。

三 宋代有《周易注疏》十三卷刻本

宋有大字《周易注疏》十三卷刻本。为南宋孝宗淳熙年间（1174—1189）浙东茶盐司刻本［实为南宋绍兴初监本（增修北宋单疏刻本）加王弼注全文之重雕版］。所以清陈鳣谓：其底本为绍兴初监本，其刷印则在乾道、淳熙间。又谓此书是：常熟钱求赤所藏钞本《周易注疏》十三卷。

是书内容：

周易正义卷首

五经正义表

周易正义序

八论

（以上为陈鳣“复从吴中周猗唐明经借影宋钞十三卷本……觅善书者补全”。）

周易注疏卷第一 乾卦之注与疏

周易注疏卷第二 坤、屯、蒙、需、讼五卦之注与疏

周易注疏卷第三 师、比、小畜、履、泰、否、同人七卦之注与疏

周易注疏卷第四 大有、谦、豫、蛊、临、观、噬嗑、贲、剥九卦之注与疏

周易注疏卷五 复、无妄、大畜、颐、大过、习坎、离七卦之注与疏

周易注疏卷第六 咸、恒、遁、大壮、晋、明夷、家人、睽、蹇、解十卦之注与疏

周易注疏卷第七 损、益、夬、姤、萃、升、困、井、革九卦之注与疏

周易注疏卷第八 鼎、震、艮、渐、归妹、丰七卦之注与疏

周易注疏卷第九 旅、巽、兑、涣、节、中孚、小过、既济、未济九卦

之注与疏

周易注疏卷第十 周易系辞上(上)之注与疏

周易注疏卷第十一 周易系辞上(下)卦之注与疏

周易注疏卷第十二 周易系辞下之注与疏

周易正义卷第十三 周易说卦、周易序卦第十、周易杂卦第十一之注与疏

南宋陈振孙《直斋书录解题》记"周易正义十三卷",曰:"孔颖达仲达撰序云十四卷,《馆阁书目》亦云。今本止十三卷。"将此书与单疏本对照,其卷一至卷十三目录与《周易正义》卷二至卷十四目录,完全相同,卷内"疏"文内容亦与"正义曰"相同。所不同者,于王弼注不再略引而是全引。可知,陈振孙所谓"周易正义十三卷",实是指《周易注疏》十三卷而言。

今见《续修四库全书》宋刻大字本《周易注疏》十三卷,为清嘉庆时人陈鳣"补全"卷首内容之本。而南宋陆子遹"以朱点传之"之《周易注疏》十三卷原本,据北京大学严绍璗先生《汉籍在日本的流布研究》一书所言,今藏日本足利学校。此本并没有陈鳣后来"补全"之内容。

下面是日本山井鼎写在我国明代嘉靖中福建刻本九行《周易兼义》封里的文字。叶右上角红色文字是"足利宋板卷尾"六字。墨笔文字内容则为南宋陆游儿子陆子遹记于南宋刻十三卷《周易注疏》书后面的文字。由此可知,日本藏有我国南宋刻的《周易注疏》的真正善本。

曾经赴日本考察善本书籍的北京大学严绍璗先生说:

> 足利学校藏汉籍,当以宋刊本《周易注疏》为首。此本十三卷,每半叶有界八行,行十六字至二十一字不等,注文双行,每行十八字或十九字。白口,左右双边。版心题"易注疏几",下方记刻工姓名,如丁珪、毛昌、王弥、朱明、李秀、孙冲、徐亮、高畋等共十八人。卷中避宋讳,缺笔至"构"字。此《周易注疏》原系宋代大家陆游旧藏。今每卷末仍保全有陆游的第六子陆子遹亲笔所题"识语",字体行楷,笔力遒劲,墨色亦精。

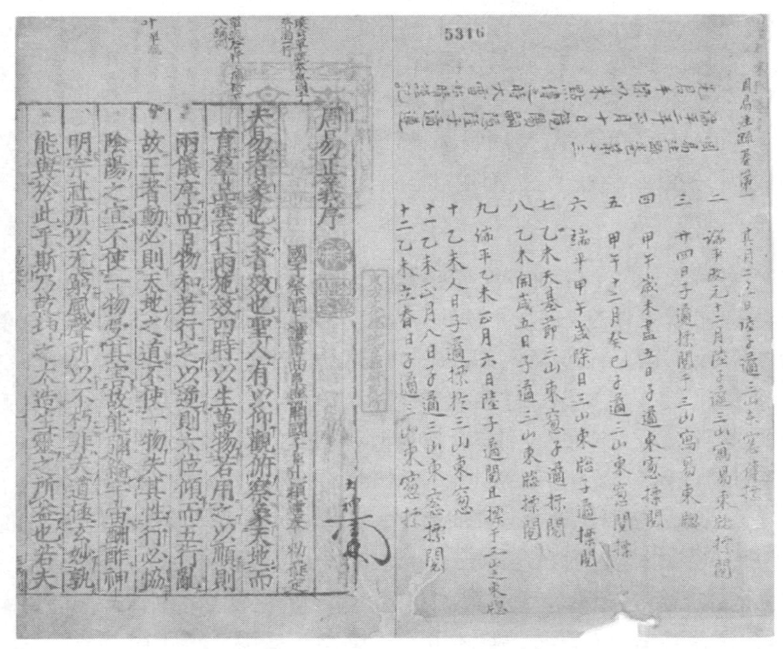

日本山井鼎抄于明刻本《周易兼义》序前之文字

卷一末题曰：其月二十一日，陆子遹三山东窗传标。

卷二末题曰：端平改元冬十二月二十三日，陆子遹三山写易东窗标阅。

卷三末题曰：廿四日，子遹标阅于三山写易东窗。

卷四末题曰：甲午岁未冬五日，子遹东窗标阅。

卷五末题曰：甲午十二月癸巳，子遹三山东窗阅标。

卷六末题曰：端平甲午岁除日，三山东窗子遹标阅。

卷七末题曰：乙未天基节，三山东窗子遹标阅。

卷八末题曰：乙未开岁五日，子遹三山东窗标阅。

卷九末题曰：端平乙未正月六日，陆子遹阅，且标于三山之东窗。

卷十末题曰：乙未人日，子遹标于三山东窗。

卷十一末题曰：乙未正月八日子遹三山东窗标阅。

卷十二末题曰:乙未立春日,子遹三山东窗标阅。

卷十三末题曰:端平二年正月十日,镜阳嗣隐陆子遹,遵先君手标,以朱点传之。时大雪始晴,谨记。

由此可见,严绍璗先生在日本期间见过足利学校所藏宋刻《周易注疏》十三卷原本。亦可知,陆子遹亲笔题识全部记于各卷之末。此与清陈鳣所言"今年秋从吴贾得宋刻大字本十三经,每半页十八行,行十九字,皆顶格,经下夹注。注有'注云'二字。注下作大字阴文'疏'字,仍夹行。先整释经文,然后释注,再接大字经文"之版式,大体相同。

是书特点,如敬、恒、贞、桓等字皆避讳缺笔。又如,《序》作"业资九圣"、"独冠古今"、"考案其事",《八论》作"刘贞简"(无空格)等。又如经卷第六咸卦九三爻辞及《象》辞下,既有注文"股之为物随足者也进不能制动退不能静处所感在股志在随人者也志在随人所执亦以贱矣用斯以往吝其宜也"四十六字,又有疏文"正义曰咸其股执其随往吝者九三处二之上转高至股股之为体动静随足进不能制足之动退不能静守其处股是可动之物足动则随不能自处常执其随足之志故云咸其股执其随施之于人自无操持志在随人所执卑下以斯而往鄙吝之道故言往吝象曰咸其股亦不处也者非但进不能制动退亦不能静处也所执下者既志在随人是其志意所执下贱也"一百四十七字。

是书注疏体例,大字阴文"疏"字紧接经文或注文,下空一格为"正义曰"。全引王弼注文,如:注云"出潜离隐故曰见龙处于地上故曰在田德施周普居中不偏虽非君位君之德也初则不彰三则乾乾四则或跃上则过亢利见大人唯二五焉"。是在《周易正义》全文"正义曰"基础之上,仅仅变节注为全注而已。此则为名副其实之"周易注疏"。是"全注全疏"之本。

四 宋代有十行《周易兼义》九卷刻本

清阮元《十三经注疏·重刻宋版注疏总目录》曰:"有宋十行注疏者……其书刻于宋南渡之后。由元入明,递有修补。至明正德中,其板犹存。是以十行本为诸本最古之册。后有闽板,乃明嘉靖中用十行本重刻者。有明监本，乃明万历中用闽本重刻者。有汲古阁毛氏板，乃明崇祯中用明监本重刻者。”清陈鳣谓：“注疏合刻起于南北宋之间……修版至明正德间，止亦谓之正德本，以其每半叶十行，又谓之‘十行本’。近世通行者，曰‘闽本’、曰‘监本’、曰‘毛本’，每半叶皆九行。”此处阮氏与陈氏所谓之“十行本”，皆指“周易兼义”刻本而言。是知在宋代，《周易》有所谓“十行兼义本”。此刻本则为阮元修《十三经注疏》之重要底本。

是书内容：

周易正义序

周易正义卷第一（八论）

周易兼义卷之一

周易兼义上经乾传第一　乾、坤、屯、蒙四卦注疏

周易兼义卷第二

周易兼义上经需传第二　需、讼、师、比、小畜、履、泰、否、同人、大有、谦、豫十二卦注疏

周易兼义卷第三

周易兼义上经随传第三　随、蛊、临、观、噬嗑、贲、剥、复、无妄、大畜、颐、大过、习坎、离十四卦注疏

周易兼义卷第四

周易兼义下经咸传第四　咸、恒、遁、大壮、晋、明夷、家人、睽、蹇、解、损、益十二卦注疏

周易兼义卷第五

周易兼义下经夬传第五　夬、姤、萃、升、困、井、革、鼎、震、艮、渐、归妹十二卦注疏

周易兼义卷第六

周易兼义下经丰传第六　丰、旅、巽、兑、涣、节、中孚、小过、既济、未济十卦注疏

周易兼义卷第七

周易系辞上第七　系辞上注疏

周易兼义卷第八

周易系辞下第八　系辞下注疏
周易兼义卷第九
周易说卦第九、周易序卦第十、周易杂卦第十一注疏
经典释文卷第一　周易音义

是书特点，如敬、恒、贞等字皆无缺笔。又如，《序》作“业资凡圣”、“独冠古今”、“考察其事”，《八论》作“刘贞简”（无空格）等。又如经卷第四咸卦九三爻辞及《象》辞之下，仅有注文“股之为物 随足者也 进不能制动 退不能静处 所感在股 志在随人者也 志在随人所执亦以贱矣 用斯以往 吝其宜也”四十六字，并不引疏文“正义曰 咸其股执其随往吝者 九三处二之上 转高至股 股之为体 动静随足 进不能制足之动 退不能静守其处 股是可动之物 足动则随 不能自处 常执其随足之志 故云咸其股执其随 施之于人 自无操持 志在随人所执卑下 以斯而往 鄙吝之道 故言往吝”一百零三字，但是却有“疏正义曰咸其股亦不处也者非但进不能制动退亦不能静处也所执下者既志在随人是其志意所执下贱也”四十八字，此非脱误，而是用意节录。是于原“正义曰”之一百四十七字中，节录了后面“咸其股亦不处也者”至“是其志意所执下贱也”四十四字。

是书注疏体例，大字经文下接小字注文，全引注文，如：“出潜离隐故曰见龙处于地上故曰在田德施周普居中不偏虽非君位君之德也初则不彰三则乾乾四则或跃上则过亢利见大人唯二五焉。”无“注云”字样。大字“疏”字紧接经文或注文。“疏”字下节引经文（如：“九二”至“利见大人”），○下为“正义曰”。○下直接释经之注文，并不节引。引“正义曰”则为用意节略之文。此则为名副其实之“周易注兼正义”本。是“全注节疏”之本。

明正德十行《周易兼义》本之后，无论嘉靖中之闽刻本，或万历中之监刻本，或崇祯中之汲古阁刻本，内容大都与十行兼义本同，只是版式略有不同，个别文字有所差别。清修《四库全书》之《周易注疏》（卷内又称“周易正义”）即采用毛氏汲古阁本为底本，只是分卷略有不同而已。总之，凡称“兼义”者，皆不省略王弼注文而用意节略孔颖达“正义曰”本文。

关于“兼义”二字，四库馆臣《周易正义·提要》曰：“此书初名《易赞》，后诏改《正义》。然卷端又题曰《兼义》，未喻其故。”正因为如此，《四库全书》经部易类书名题“周易注疏”，而提要则曰：“周易正义十卷，魏王弼、晋韩康伯注，唐孔颖达疏。”阮元于校勘记中曰：“南北宋之间，以疏附于经注者，谓之某经兼义，至其后则直谓之某经注疏，此变易之渐也。”

从上述有关宋《周易》各种刻本内容与名称底分析可知，各种书名皆因其内容方面有所差异，从而方有所区别。或“全注无疏”谓之“注”，或“节注全疏”谓之“正义”，或“全注全疏”谓之“注疏”，或“全注节疏”谓之“兼义”。岂能不加区别忽而称之为“正义”，忽而称之为“注疏”，又忽而将“兼义”混称之为“正义”和“注疏”耶？

大儒阮元尚且以“周易兼义”为十三经之“周易注疏”，无怪乎今日有人接踵大修《十三经注疏》仍以“兼义”为“注疏”矣。

今互联网上，日本“东方学デジタル图书馆”有“十三经注疏”之“周易兼义九卷坿略例一卷音义一卷”可供下载。此为明嘉靖中闽刻九行兼义本，并非什么“宋刻注疏本”。“八论”页末题有“享保癸卯春三月十九日足利学校东塾南海纪府学生山重鼎君寻校”，考日本享保癸卯乃享保八年，当清雍正元年（1723年）。日本享保十五年刊行山井鼎撰之《七经孟子考文》，书内“周易考文补遗”一本该明代闽刻本九行《周易兼义》而作。书中明言：“当以古本为正也。《正义》本，宋板可据。今更记其篇目分数，以复古观云尔。”其“右宋板”字前直书“周易注疏卷第一”，可见山井鼎氏明知此“周易兼义”本为“后世梓者妄意改换，遂失本真”之本。

子曰“名不正则言不顺”，古人既然对《周易》诸书有不同之命名，必然有其正当之理由。为此，《周易》诸书之名不可不正也。

下面，举例说明宋刻《周易》各种版本的内容差异。

例如：坤六二爻辞

1.《周易注》

六二直方大不习无不利

居中得正极于地质任其自然而物自生不假修营而功自成故不习

焉而无不利

象曰六二之动直以方也

动而直方任其质也

不习无不利地道光也

2.《周易正义》

六二直方至光也

正义曰 直方大不习无不利者 文言云直其正也 二得其位极地之质 故亦同地也 俱包三德 生物不邪 谓之直也 地体安静 是其方也 无物不载 是其大也 既有三德极地之美 自然而生不假修营 故云不习无不利 物皆自成 无所不利 以此爻居中得位 极于地体 故尽极地之义此因自然之性 以明人事 居在此位 亦当如地之所为 象曰六二之动直以方者 言六二之体 所有兴动 任其自然之性 故云直以方也 不习无不利地道光者 言所以不假修习 物无不利 犹地道光大故也

注居中至地质

正义曰 质谓形质 地之形质 直方又大 此六二居中得正 是尽极地之体质也 所以直者 言气至即生物 由是体正直之性 其运动生物之时 又能任其质性直而且方 故象云六二之动直以方也

注动而至质也

正义曰 是质以直方 动又直方 是质之与行内外相副 物有内外不相副者 故略例云形躁好静质柔爱刚 此之类是也

3.《周易注疏》

六二直方大不习无不利

注云 居中得正 极于地质 任其自然 而物自生 不假修营 而功自成 故不习焉而无不利

象曰 六二之动 直以方也

动而直方 任其质也

【疏】正义曰 直方大不习无不利者 文言云直其正也 二得其位极地之质 故亦同地也俱包三德 生物不邪 谓之直也 地体安静 是其方也 无物不载 是其大也 既有三德极地之美自然而生 不假修营 故

云不习无不利 物皆自成 无所不利 以此爻居中得位 极于地体 故尽极地之义 此因自然之性以明人事 居在此位 亦当如地之所为 象曰六二之动直以方者 言六二之体 所有兴动 任其自然之性 故云直以方也 不习无不利地道光者 言所以不假修习 物无不利 犹地道光大故也

注居中至地质

正义曰 质谓形质 地之形质直方又大 此六二居中得正 是尽极地之体质也 所以直者 言气至即生物 由是体正直之性 其运动生物之时 又能任其质性 直而且方 故象云六二之动直以方也

注动而至质也

正义曰 是质以直方 动又直方 是质之与行 内外相副 物有内外不相副者 故略例云形躁好静 质柔爱刚 此之类是也

4.《周易兼义》(阮元修《十三经注疏·周易注疏》之底本)

六二 直方大 不习无不利

居中得正 极于地质 任其自然 而物自生 不假修营 而功自成 故不习焉而无不利

【疏】六二至无不利 正义曰文言云直其正也 二得其位 极地之质 故亦同地也 俱包三德 生物不邪 谓之直也 地体安静 是其方也 无物不载 是其大也 既有三德 极地之美 自然而生 不假修营 故云不习无不利 物皆自成 无所不利 以此爻居中 得位极于地体 故尽极地之义 此因自然之性以明人事 居在此位 亦当如地之所为○注居中得正正义曰 居中得正 极于地质者 质谓形质 地之形质 直方又大 此六二居中得正 是尽极地之体质也 所以直者言气至即生物 由是体正直之性 其运动生物之时 又能任其质性 直而且方 故象云六二之动直以方也

象曰六二之动直以方也

动而直方任其质也

【疏】象曰至直以方也○正义曰 言六二之体 所有兴动 任其自然之 性故云直以方也○

注动而直方

正义曰 是质以直方 动又直方 是质之与行 内外相副 物有内外不相副者 故略例云形躁好静 质柔爱刚 此之类是也

不习无不利地道光也

【疏】正义曰言所以不假修习物无不利犹地道光大故也

5. 北大《十三经注疏·周易正义》(简体标点本)

六二:直方大,不习无不利。居中得正,极于地质,任其自然而物自生,不假修营而功自成,故“不习”焉而“无不利”。【疏】“六二”至“无不利”。○正义曰:《文言》云:“直其正也”。二得其位,极地之质,故亦同地也。俱包三德,生物不邪,谓之直也。地体安静,是其方也。无物不载,是其大也。既有三德,极地之美,自然而生,不假修营,故云“不习无不利”。物皆自成,无所不利,以此爻居中得位,极于地体,故尽极地之义。此因自然之性,以明人事,居在此位,亦当如地之所为。○注“居中得正”。○正义曰:“居中得正,极于地质”者,质谓形质,地之形质直方又大,此六二“居中得正”,是尽极地之体质也。所以“直”者,言气至即生物,由是体正直之性。其运动生物之时,又能任其质性,直而且方,故《象》云:“六二之动,直以方也。”

《象》曰:六二之动,直以方也。动而直方,任其质也。【疏】“《象》曰”至“直以方也”。○正义曰:言六二之体,所有兴动,任其自然之性,故云“直以方”也。○注“动而直方”。○正义曰:是质以直方,动又直方,是质之与行,内外相副。物有内外不相副者,故《略例》云“形躁好静,质柔爱刚”,此之类是也。

不习无不利,地道光也。【疏】正义曰:言所以不假修习,物无不利,犹地道光大故也。

卢光明等先生策划之北大《十三经注疏·周易正义》(简体标点本),凡例中言:“本书以1979年中华书局影印清嘉庆二十一年阮元校刻《十三经注疏》(简称阮刻)为底本。”由此可知,其本自然与阮元所刻相同。微有不同者,则表现在所出校勘记方面。

阮元《十三经注疏》卷一校勘记曰:“十行本、闽、监、毛本,每节内每段分属,虽便读者,究失旧第。”又针对坤六二爻曰:“岳本、闽、监、毛本同。宋本‘文言云’上有‘直方大不习无不利者’九字。山井鼎云宋板爻象连为一节,经文终乃有疏,每卦为然。如此篇'地道光也'下始有疏字,下无'六二至五无不利'六字,直作'正义曰直方大不习无不利者文言曰'云云。今本断章裁句,与宋板稍异。"诚然,文字是"与宋板稍异",但是从构书体例方面讲,却是"与宋板大异"。日本山井鼎得见宋版《周易注疏》,惜乎阮元不得见宋版单疏本与注疏本!

宋版《周易注疏》与《周易正义》体例大致相同,只是全引经文与注文而已。其于"正义曰"文字,并没有"断章裁句"。宋人构造所谓"兼义"本之目的,似乎为了便于读者阅读,然而却不尊重"正义"作者本意,随意割裂舍弃,颠倒挪移,遂有"断章裁句"之弊病。虽此弊端为阮元辈所深知,然其仍以十行兼义本为底本修《十三经注疏·周易注疏》,似乎考虑《四库全书·周易注疏》用明崇祯中汲古阁九行兼义本,不如己所藏宋十行兼义本为优。严格说来,所谓"周易注疏",就应该是全注与全疏之本。而所谓"兼义",本来就是节略引用孔颖达"正义"内容之"创新"本。以之为《十三经注疏·周易注疏》之底本,本身就难免先天缺陷。所以,无论如何"校勘",也只能"画蛇添足"而已。倘若阮氏得见宋刻《周易注疏》原本,也就不会用此十行兼义本了。

阮元不但没有得见当时深藏不露之宋监刻《周易正义》单疏本,即使是陈鳣"补全"之递修宋《周易注疏》本亦无缘得见。然而今日再修《十三经注疏·周易注疏》,其情况就与阮元时大不相同。这是因为我们可以看到真正宋刻《周易注疏》本,亦可以重新将宋刻《周易注》与宋刻单疏本《周易正义》合二而一构成"注疏本"。无论如何,要比沿用阮元以"周易十行兼义本"充"周易注疏"要好得多。

宋刻各种不同体例的《周易》本子,主要有:

1. 全录王弼《周易注》及陆德明《周易音义》之九卷本,称"单注附音义本";

2. 只有王弼《周易注》之九卷本,称"单注本";

3. 节略王弼《周易注》而全录孔颖达"正义"之十四卷本的《周易正义》,称"单疏本";

4. 全录王弼《周易注》和孔颖达《周易正义》之十三卷本的《周易注疏》,称“注疏本”;

5. 全录王弼《周易注》和兼并孔颖达《周易正义》九卷本之《周易兼义》,称“兼义本”。

清乾隆十二年“御制重刻十三经”,其《十三经注疏》共三百四十六卷,十七函。是书录《周易注疏》十三卷,前录孔颖达序及“八论”,翰林院侍读朱良裘按:此孔颖达所著《正义》十四卷之首卷也。通论《易》义,不在经疏传疏之列,故《馆阁书目》不数之,谓止十三卷。并此则为十四,非书有缺也。

《四库全书总目提要》曰:

> 此书初名《易赞》,后诏改《正义》。然卷端又题曰“兼义”,未喻其故。

清沈廷芳于《十三经注疏正字》曰:

> “兼义”二字,《释文》无。按《唐书》孔颖达与颜师古等诏撰《五经义训》,凡百余篇,号《义赞》,诏改为《正义》。今诸卷首末并作《兼义》,未详所自。

至阮元则曰:

> 按“兼义”字,乃合刻注疏者所加,取兼并《正义》之意也。盖其始注疏无合一之本,南北宋之间以疏附于经注者,谓之某经兼义。

阮氏初谓“取兼并《正义》之意”,可谓得之耳。然又以之为“以疏附于经注者”,并称之曰“注疏”,则又失之矣。

正因为如此,阮氏重刻《十三经注疏》时,其“周易正义”则采用“宋十行兼义本”,并统统混称之曰“周易注疏”。

阮氏于《重刻宋板注疏总目录》曰:

> 刻书者最患以臆见改古书,今重刻宋板,凡有明知宋板之误字,亦不使轻改,但加圈于误字之旁,而别具校勘记,择其说附载

> 于每卷之后，俾后之学者不疑于古籍之不可据，慎之至也。其经文、注文有与明本不同，恐后人习读明本而反疑宋本之误，故卢氏亦引校勘记载于卷后，慎之至也。

阮氏此言，善哉！虽阮刻《十三经注疏》“不使轻改，但加圈于误字之旁，而别具校勘记”，然其《周易正义》所据十行《周易兼义》底本，却不是全录孔颖达“正义曰”内容之本。所以，阮氏刻本则有“据补”之举。如此，则阮刻“周易正义”既不是原孔颖达之《周易正义》，亦不是宋刻之《周易兼义》，而是一种创新之“周易注疏”版本。

我们之所以说阮氏刻本“周易正义”并非孔氏之《周易正义》，因为：这一刻本全录王弼、韩康伯之“注”，而不是节略引用；这一刻本对孔颖达之“疏”补而不全，仍然是节略引用。

时至今日，卢光明等先生“择善而从”重修《十三经注疏》（标点本）。其“周易注疏”《整理说明》曰：

> 1979年中华书局据原世界书局缩印本阮刻《十三经注疏》进行了影印，并曾与清江西书局重刻阮本及点石斋石印本核对，改正文字讹脱及剪贴错误三百余处。此次点校整理，即以中华书局影印阮元刻本为底本。

这就告诉人们，其所用底本，是经阮元创新之“周易注疏”并经后人“改正文字讹脱及剪贴错误三百余处”之版本。

唐时既有孔颖达之《周易正义》，亦有魏徵之《周易治要》；宋时既有经注本，又有单疏本，又有注疏本，又有兼义本。之所以书名不同，是因为其写书之体例与内容有所不同。

至清既有官修《十三经注疏》之“周易正义”，又有阮刻《十三经注疏》之“周易正义”，虽其名称相同，然其体例与内容大不同。至今又有北京大学出版社出版之《十三经注疏》（标点本），虽称用阮刻《十三经注疏》之“周易正义”为底本，然其内容又与阮刻有所不同。

仅从宋代至今，凡涉及“注”与“疏”之“周易”各种版本，就引用“注”与“疏”之多少及文字内容来看，所谓“周易正义”就有单疏本、注疏本、兼义本、阮刻本及卢光明策划本。此名不副实邪,抑名不符实邪?

名不正,则言不顺。试读“周易正义”所有不同名称之书,无非在“注”与“疏”方面大做文章。曷《周易》之“注”与“疏”如是之滥乎?

第五篇 《汉上易传》辨诂

北京大学《儒藏》精华编第三册收录两宋间人朱震的《周易集转》十一卷，由梁韦弦校点，书名作《汉上易传》。

一 版本辨诂

《儒藏》是书校点采用张元济《四部丛刊》续编经部《汉上易传》为底本，底本卷首方框内题“上海涵芬楼景印北平图书馆藏宋刊本阙卷以汲古阁影宋钞本配补原书板高二十二公分宽十五公分”。参校本则是《中华再造善本》影印清初毛氏汲古阁影宋抄本《汉上易传》、康熙《通志堂经解》本中纳兰成德校订的《汉上易传》和文渊阁《四库全书》本《汉上易传》。

上海涵芬樓景印
北平圖書館藏宋
刊本闕卷以汲古
閣影宋鈔本配補
原書板高二十二
公分寬十五公分

四部丛刊题识

據中國國家圖書館藏清初
毛氏汲古閣影宋抄本影印
原書版框高二十一·八釐
米寬十四·八釐米

中华再造善本题识

上海汉涵芬楼景印北京图书馆藏宋刊本，张元济跋曰："是为南宋旧刊，影自北平图书馆，存《易传》九卷，佚卷一、二及卷五若干叶，补以毛氏汲古阁影抄本。"从字体方面看，《四部丛刊》大部分影印内容为宋椠原版，字体笔画较粗，而汲古阁影宋抄本，并非照相所得，字体笔画较细。

二书板式大致相同，上下单边，左右双边，白口，单鱼尾，下刻书名及卷数、叶数，半叶十行，行二十一字，注文低一格，二十字。遇"贞"、"恒"、"媾"等字皆缺末笔。

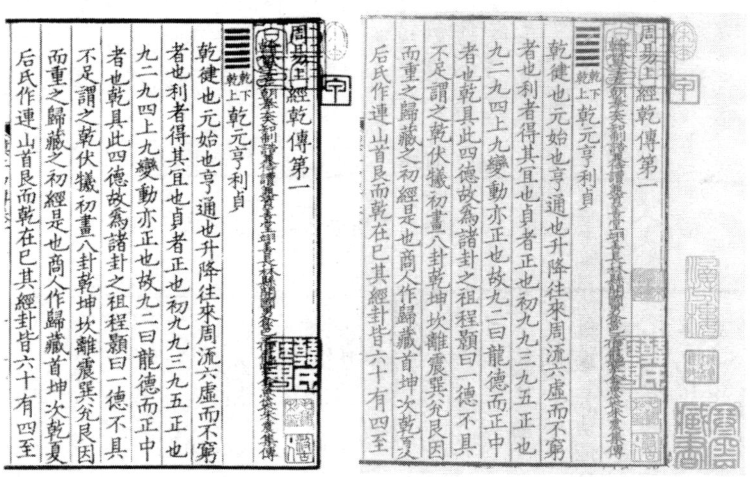
周易上經乾傳第一
乾下乾上 乾元亨利貞
乾健也元始也亨通也升降往來周流六虛而不窮
者也利者得其宜也貞者正也初九九三九五正也
九二九四上九變動亦正也故九二曰龍德而正中
者也乾具此四德故為諸卦之祖程顥曰一德不具
不足謂之乾伏犧初畫八卦乾坤坎離震巽兌艮因
而重之歸藏之初經是也商人作歸藏首坤次乾夏
后氏作連山首艮而乾在巳其經卦皆六十有四至

《四部丛刊》卷一采自汲古阁影宋抄本

相同朱记：汲古主人、毛晋私印、宋本、甲、韩氏藏书、雅雨堂印。

《四部丛刊》卷一原阙，补以汲古阁影印内容。

相同朱记：汲古主人、毛晋私印、韩氏藏书。

《四部丛刊》卷二原阙，补以汲古阁影印内容。

相同朱记：无

《四部丛刊》卷五第五十五叶至六十六叶原阙，补以汲古阁影印内容。

周易上經泰傳第二
翰林學士朝奉大夫知制誥[illegible]集傳
☷☰ 乾下坤上 泰小往大來吉亨彖曰泰小往大來吉亨則
是天地交而萬物通也上下交而其志同也內陽而外
陰內健而外順內君子而外小人君子道長小人道消
也
小者自內而往大者自外而來陰陽之氣往來相交
故亨交以正故吉吉亨者吉以亨也以天地言之乾
坤交而成震震萬物通也天地之泰也以上下言之
上下交而二五不失中其志同也君臣之泰也不交

周易上經泰傳第二
翰林學士朝奉大夫知制誥[illegible]集傳
☷☰ 乾下坤上 泰小往大來吉亨彖曰泰小往大來吉亨則
是天地交而萬物通也上下交而其志同也內陽而外
陰內健而外順內君子而外小人君子道長小人道消
也
小者自內而往大者自外而來陰陽之氣往來相交
故亨交以正故吉吉亨者吉以亨也以天地言之乾
坤交而成震震萬物通也天地之泰也以上下言之
上下交而二五不失中其志同也君臣之泰也不交

《四部丛刊》卷二采自汲古阁影宋抄本

周易上經噬嗑傳第三
翰林學士朝奉大夫知制誥[illegible]集傳
☲☳ 震下離上 噬嗑亨利用獄彖曰頤中有物曰噬嗑噬嗑
而亨剛柔分動而明雷電合而章柔得中而上行雖不
當位利用獄也
離震合而成體為頤中有物之象九四之剛頤中之
物噬合也噬而合之剛決而上下亨矣推之人事上
下之際有間之者彊梗讒邪姦宄弗率噬而合合而
亨易傳曰君臣父子親戚朋友之間有離貳怨隙者
蓋讒邪間於其間也除去之則合矣間隔者天下之

周易上經噬嗑傳第三
翰林學士朝奉大夫知制誥[illegible]集傳
☲☳ 震下離上 噬嗑亨利用獄彖曰頤中有物曰噬嗑噬嗑
而亨剛柔分動而明雷電合而章柔得中而上行雖不
當位利用獄也
離震合而成體為頤中有物之象九四之剛頤中之
物噬合也噬而合之剛決而上下亨矣推之人事上
下之際有間之者彊梗讒邪姦宄弗率噬而合合而
亨易傳曰君臣父子親戚朋友之間有離貳怨隙者
蓋讒邪間於其間也除去之則合矣間隔者天下之

《四部丛刊》卷三与汲古阁影宋抄本不同

周易下經咸傳第四

翰林學士左朝奉大夫知制誥[illegible]臣朱震集傳

☶☱ 艮下兌上 咸亨利貞取女吉彖曰咸感也柔上而剛下二氣感應以相與止而說男下女是以亨利貞取女吉也天地感而萬物化生聖人感人心而天下和平觀其所感而天地萬物之情可見矣

咸感也不曰感者交相感也咸自否變乾天也坤地也六三之柔上上九之剛下天地之氣感應而上下相與則亨矣故辭曰咸亨彖曰咸感也柔上而剛下感應以相與此以三上交感六爻相應言咸所以亨

周易下經咸傳第四

翰林學士左朝奉大夫知制誥[illegible]臣朱震集傳

☶☱ 艮下兌上 咸亨利貞取女吉彖曰咸感也柔上而剛下二氣感應以相與止而說男下女是以亨利貞取女吉也天地感而萬物化生聖人感人心而天下和平觀其所感而天地萬物之情可見矣

咸感也不曰感者交相感也咸自否變乾天也坤地也六三之柔上上九之剛下天地之氣感應而上下相與則亨矣故辭曰咸亨彖曰咸感也柔上而剛下感應以相與此以三上交感六爻相應言咸所以亨

《四部丛刊》卷四与汲古阁影宋抄本不同

周易下經夬傳第五

翰林學士左朝奉大夫知制誥[illegible]臣朱震集傳

☰☱ 乾下兌上 夬揚于王庭孚號有厲告自邑不利即戎利有攸往彖曰夬決也剛決柔也健而說決而和揚于王庭柔乘五剛也孚號有厲其危乃光也告自邑不利即戎所尚乃窮也利有攸往剛長乃終也

五陽長於下一陰消於上五陽合力而決一陰故曰夬決也剛決柔也此以五剛言夬之時也健者乾也決而和說者兌也健而說諸理決而不失其和非亢暴忿疾以力勝之決之至善者也古之人退人以禮

周易下經夬傳第五

翰林學士左朝奉大夫知制誥[illegible]臣朱震集傳

☰☱ 乾下兌上 夬揚于王庭孚號有厲告自邑不利即戎利有攸往彖曰夬決也剛決柔也健而說決而和揚于王庭柔乘五剛也孚號有厲其危乃光也告自邑不利即戎所尚乃窮也利有攸往剛長乃終也

五陽長於下一陰消於上五陽合力而決一陰故曰夬決也剛決柔也此以五剛言夬之時也健者乾也決而和說者兌也健而說諸理決而不失其和非亢暴忿疾以力勝之決之至善者也古之人退人以禮

《四部丛刊》卷五与汲古阁影宋抄本不同

周易下經豐傳第六
翰林學士朝奉大夫知制誥兼侍讀兼資善堂翊善長林縣開國男食邑三百戶賜紫金魚袋朱震集傳
䷶ 離下震上 豐亨王假之勿憂宜日中彖曰豐大也明以
動故豐王假之尚大也勿憂宜日中宜照天下也日中
則昃月盈則食天地盈虛與時消息而況於人乎況於
鬼神乎
豐泰九二之四也乾變離明坤易震動明以動則亨
亨則大豐大也故曰豐亨彖曰豐大也明以動故豐
此合兩體言致豐之道也假至也乾在上之象王者
明以動其道亨乃能王於豐大九二上行至四王假

周易下經豐傳第六
翰林學士朝奉大夫知制誥兼侍讀兼資善堂翊善長林縣開國男食邑三百戶賜紫金魚袋朱震集傳
䷶ 離下震上 豐亨王假之勿憂宜日中彖曰豐大也明以
動故豐王假之尚大也勿憂宜日中宜照天下也日中
則昃月盈則食天地盈虛與時消息而況於人乎況於
鬼神乎
豐泰九二之四也乾變離明坤易震動明以動則亨
亨則大豐大也故曰豐亨彖曰豐大也明以動故豐
此合兩體言致豐之道也假至也乾在上之象王者
明以動其道亨乃能王於豐大九二上行至四王假

《四部丛刊》卷六与汲古阁影宋抄本相同

相同朱记:汲古主人、毛晋私印、韩氏藏书。

《四部丛刊》卷六首阙半叶,补以汲古阁影印内容。

周易繫辭上傳第七
翰林學士朝奉大夫知制誥兼侍讀兼資善堂翊善長林縣開國男食邑三百戶賜紫金魚袋朱震集傳
天尊地卑乾坤定矣卑高以陳貴賤位矣動靜有常剛
柔斷矣方以類聚物以羣分吉凶生矣在天成象在地
成形變化見矣是故剛柔相摩八卦相盪鼓之以雷霆
潤之以風雨日月運行一寒一暑乾道成男坤道成女
乾知大始坤作成物乾以易知坤以簡能易則易知簡
則易從易知則有親易從則有功有親則可久有功則
可大可久則賢人之德可大則賢人之業易簡而天下
之理得矣天下之理得而成位乎其中矣

周易繫辭上傳第七
翰林學士朝奉大夫知制誥兼侍讀兼資善堂翊善長林縣開國男食邑三百戶賜紫金魚袋朱震集傳
天尊地卑乾坤定矣卑高以陳貴賤位矣動靜有常
剛柔斷矣方以類聚物以羣分吉凶生矣在天成象在地
成形變化見矣是故剛柔相摩八卦相盪鼓之以雷霆
潤之以風雨日月運行一寒一暑乾道成男坤道成女
乾知大始坤作成物乾以易知坤以簡能易則易知簡
則易從易知則有親易從則有功有親則可久有功則
可大可久則賢人之德可大則賢人之業易簡而天下
之理得矣天下之理得而成位乎其中矣

《四部丛刊》卷七与汲古阁影宋抄本不同

相同朱记：无

周易繫辭下傳第八

八卦成列象在其中矣因而重之爻在其中矣剛柔相
推變在其中矣繫辭焉而命之動在其中矣吉凶悔
吝者生乎動者也剛柔者立本者也變通者趣時者也
吉凶者貞勝者也天地之道貞觀者也日月之道貞明
者也天下之動貞夫一者也夫乾確然示人易矣夫坤
隤然示人簡矣爻也者效此者也象也者像此者也爻
象動乎内吉凶見乎外功業見乎變聖人之情見乎辭
伏羲始畫八卦八卦成列而乾坤定位震巽一交也

《四部丛刊》卷八与汲古阁影宋抄本不同

相同朱记：无

周易說卦傳第九

昔者聖人之作易也幽贊於神明而生蓍參天兩地而
倚數觀變於陰陽而立卦發揮於剛柔而生爻和順於
道德而理於義窮理盡性以至於命
昔者聖人之作易也幽贊於神明而生蓍參天兩地
而倚數說策數也觀變於陰陽而立卦說揲蓍分卦
也發揮於剛柔而生爻說爻有變動也和順於道德而
理於義窮理盡性以至於命說所繫爻彖之辭也神
明天地也聖人贊天地以立人道於是生蓍之法以

《四部丛刊》卷九与汲古阁影宋抄本不同

相同朱记：无

周易序卦傳第十
文王作易以乾坤坎離爲上篇之用以艮兌震巽爲下篇之用上篇終於坎離下篇終於旣濟未濟頤大過小過中孚爲二篇之正乾坤者易之本坎離者乾坤之用離肖乾坎肖坤中孚肖乾小過肖坤頤肖離大過肖坎旣濟坎離之交未濟坎離之合坎離所以爲乾坤用者得天地之中也斯聖人酬酢不倚千變萬化不離乎其中歟康節曰至哉文王之作易也其得天地之用乎至夫子序卦然後明生生不窮而天地之蘊盡矣故太玄準之以玄圖

周易序卦傳第十
文王作易以乾坤坎離爲上篇之用以艮兌震巽爲下篇之用上篇終於坎離下篇終於旣濟未濟頤大過小過中孚爲二篇之正乾坤者易之本坎離者乾坤之用離肖乾坎肖坤中孚肖乾小過肖坤頤肖離大過肖坎旣濟坎離之交未濟坎離之合坎離所以爲乾坤用者得天地之中也斯聖人酬酢不倚千變萬化不離乎其中歟康節曰至哉文王之作易也其得天地之用乎至夫子序卦然後明生生不窮而天地之蘊盡矣故太玄準之以玄圖

《四部丛刊》卷十与汲古阁影宋抄本不同

相同朱记：无

周易雜卦傳第十一
雜卦傳以剛柔升降反復取義又揉雜衆卦以暢无窮之用而歸藏連山三代之易皆在其中百世之後有聖人作不外是也康節曰乾坤三變坎離不動故太玄準之以玄衝玄錯
乾剛坤柔比樂師憂臨觀之義或與或求屯見而不失其居蒙雜而著震起也艮止也損益盛衰之始也大畜時也无妄災也萃聚而升不來也謙輕而豫怠也噬嗑食也賁无色也兌見而巽伏也隨无故也蠱則飭也剝爛也復反也晉晝也明夷誅也井通而困相遇也咸速

周易雜卦傳第十一
雜卦傳以剛柔升降反復取義又揉雜衆卦以暢无窮之用而歸藏連山三代之易皆在其中百世之後有聖人作不外是也康節曰乾坤三變坎離不動故太玄準之以玄衝玄錯
乾剛坤柔比樂師憂臨觀之義或與或求屯見而不失其居蒙雜而著震起也艮止也損益盛衰之始也大畜時也无妄災也萃聚而升不來也謙輕而豫怠也噬嗑食也賁无色也兌見而巽伏也隨无故也蠱則飭也剝爛也復反也晉晝也明夷誅也井通而困相遇也咸速

《四部丛刊》卷十一与汲古阁影宋抄本不同

漢上先生履歷
除春秋博士告詞
敕迪功郎朱震孔子曰吾志在春秋又曰知我者其惟春秋乎是經之不用於世果遵何説哉朕比詔立學官用以取士命汝往處師席爾其推明三家之同異與諸生切磨以求合於聖人之意罔俾漢儒專以名家則稱朕旨可特授依前官守太學春秋博士
靖康元年五月九日
除太學春秋博士告詞
敕宣教郎朱震孔子作春秋而亂臣賊子懼豈特當時

漢上先生履歷
除春秋博士告詞
敕迪功郎朱震孔子曰吾志在春秋又曰知我者其惟春秋乎是經之不用於世果遵何説哉朕比詔立學官用以取士命汝往處師席爾其推明三家之同異與諸生切磨以求合於聖人之意罔俾漢儒專以名家則稱朕旨可特授依前官守太學春秋博士
靖康元年五月九日
除太學春秋博士告詞
敕宣教郎朱震孔子作春秋而亂臣賊子懼豈特當時

《四部丛刊》卷末与汲古阁影宋抄本相同

二 目录内容

周易集传序

原宋椠本无此序,《四部丛刊》本据汲古阁影印本补。

进周易表

此表汲古阁本与《四部丛刊》本均无,是校点者据通志堂本补入。《校点说明》曰:"《进周易表》与《汉上易传》一书关系密切,故据通志堂本增入,列于《周易集传》之后。"今出版本则依照《四库全书·汉上易传》体例,把《进周易表》列于《汉上易传》一书之前,《校点说明》亦应该改"之后"作"之前"。

周易上经乾传第一

乾 坤 屯 蒙 需 讼 师 比 小畜 履

周易上经泰传第二

泰 否 同人 大有 谦 豫 随 蛊 临 观

周易集傳序

聖人觀陰陽之變而立卦效天下之動而生爻變動之
別其傳有五曰動爻曰卦變曰互體曰五行曰納甲而
卦變之中又有變焉一三五陽也二四六陰也天地相
函坎離相交謂之位七八者陰陽之稚六九者陰陽之
究稚不變也究則變焉謂之策七八九六或得或失雜
而成文謂之爻昔周人掌三易之灋一曰連山二曰歸
藏三曰周易七八者連山歸藏也六九者周易也經實
備之策三變而成爻爻六變而成位變者以不變爲體
不變者以變者爲用四象並行八卦交錯而天地萬物

周易上经噬嗑传第三

噬嗑 贲 剥 复 无妄 大畜 颐 大过 坎 离

周易下经咸传第四

咸 恒 遁 大壮 晋 明夷 家人 睽 蹇 解 损 益

周易下经夬传第五

夬 姤 萃 升 困 井 革 鼎 震 艮 渐 归妹

周易下经丰传第六

丰 旅 巽 兑 涣 节 中孚 小过 既济 未济

周易系辞上传第七

周易系辞下传第八

周易说卦传第九

周易序卦传第十

周易杂卦传第十一

汉上先生履历

宋槧本书末原无《汉上先生履历》等内容,《四部丛刊》以汲古阁影印内容补。

跋

宋朱震撰按震表進是書謂馬鄭荀虞各自名家說雖不同去象數之源未遠獨魏王弼盡去舊說雜以莊老之言於是儒者專尚文辭不復推原大傳天人之道分裂不合又歷舉宋世諸儒宗旨謂或明其象或論其數或傳其辭或兼而明之復自稱獲觀遺書粗窺一二撰爲是書以易傳爲宗和會雍載之論上採漢魏吳晉元魏下逮有唐及今包括異同補苴罅漏云云其後諸儒評論互有褒貶或譏其謬妄或謂其不可廢四庫著錄通志堂經解亦經采刊惟均附卦圖三卷叢說一卷是爲南宋舊刊影自北平圖書館存易傳九卷佚卷一二及卷五若干葉補以毛氏汲古閣影抄本按文淵閣書目載是書一部三冊一部十冊均闕毛氏影抄亦佚卦圖叢說蓋宋本散佚已久今不

易傳跋 一

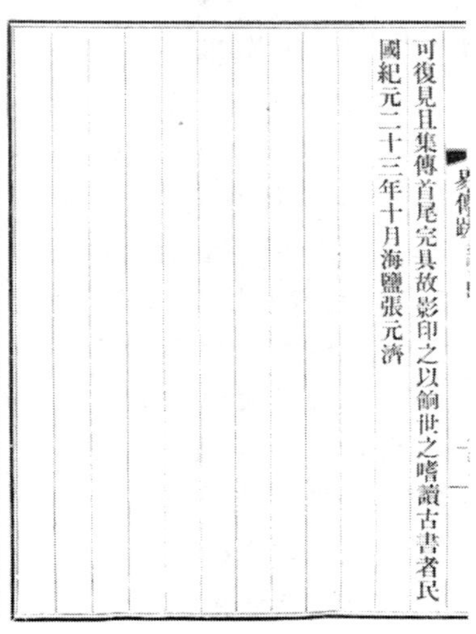

可復見且集傳首尾完具故影印之以餉世之嗜讀古書者民國紀元二十三年十月海鹽張元濟

易傳跋 二

张元济跋

朱震《周易集传》目录一本王弼、韩康伯《周易注》目录体例,只是分卷略有不同。《周易注》把《说卦》、《序卦》和《杂卦》合作一卷,而朱震则各作一卷。

三 历代对朱震易学的评价

1. 宋项安世《周易玩辞序》:

朱子发明象占,本义多约程子之言,而精之云尔。故学《易》之士,于是得其端绪而不差焉。(虞集)

2．宋项安世《周易玩辞序》：

六爻变义

革自大壮来，初九不变，在大壮为“壮于趾”、为“征凶”。故其在革亦不可以有为。六二本九二所变，在大壮则为“九二贞吉”，以不变言也。在革则为“征吉”、为“行有嘉”，以变言也。九三不变，在大壮为“贞厉”、为“触藩羸角”，故其在革亦为“贞厉”、为“征凶”。九四不变，在大壮为“悔亡”、为“尚往”，故其在革亦为“悔亡”、为“改命吉”。九五本六五所变，在大壮为“丧羊”，至革则为“虎变”。上六爻虽不变，而其体变矣。在大壮为“羝羊”，至革则为“豹变”，明二爻皆自羊变而成也。自大壮之革，上卦复兑，象当为羊，而反变为虎豹者，革之九五自大壮九二乾爻来也。乾兑属金，皆有虎象，而兑为阴金，乾为阳金，故专兑则为羊，兑杂乾则为虎。就虎类言之，阳者为虎，阴者为豹，虎大而豹小也。故九五为虎，上六为豹。观朱子发尾火虎箕水豹之说，可见其辨矣。上六本不变，因五之变而成革，故曰“小人革面，顺以从君也”。

“乾为首”至“兑为口”

此以身之八体拟八卦也。首会诸阳属乾，腹藏众阴属坤，足主下六经为震，手主上六经为艮，耳轮陷内为坎，目睛射外为离，巽下开为股，兑上开为口。朱子发曰：“足动股随，雷风相与也。耳目通窍，水火相逮也。口与鼻通，山泽通气也。”

坤

朱子发曰“麻葛苎曰布”，余谓古者泉货为布，能随百物之贵贱而赋之，坤之象也。

龙字旉字

震为龙，虞翻谓当为駹，苍色也。朱子发谓当为𧲜，东方尾星也。其说皆不可从。震为旉，李鼎祚云“本作专”，延叔坚说“为旉，大布也”。安世按：《释文》引王肃、干宝说，皆以旉为花敷，则字之为旉久矣。古文花字为华、为荂、为敷。

巽逸象为扬为鹳

巽称而隐，称即扬也。扬子曰“巽以扬之”，鹳水鸟，能知风雨者。《诗》曰“鹳鸣于垤”,朱子发曰“震为鹤,鹤阳禽也。巽为鹳,鹳阴禽也”。

兑逸象为常为辅颊

为辅颊,即口舌之类也。为常,朱子发以为当属坤脱简在此。然予按晁以道《古易》,常即古文裳字。若然,则今坤之逸象既有裳矣,兑之为“常”意者,其为“商”之误欤?“辅颊”字出咸卦,“商”字出兑卦。

3. 宋吕祖谦编《古周易》:

朱子发翰林论易变,亦知剥之上九穷而反初乃成复卦,第未深考覆卦之变耳。覆卦大抵相反,而相为往来不穷之地。剥之为复曰“七日来复,天行也。利有攸往,刚长也”,复覆为之剥则曰“君子尚消息盈虚,天行也,不利有攸往,小人长也”。“七日来复”者,由剥六爻至复之初九,凡七,易以爻主一日也。

朱子发谓以画卦言之,则初为始上为终,以成卦言之则上为首初为尾。其言最为明了。

4. 宋冯椅《厚斋易学》:

革,改变也。“己日乃孚,元亨利,贞悔亡”,占在象之前,后则以象占也。己为十干之名,今误作巳,朱子发正之。六二同卦,以更为义,取庚日至己旬日矣。故人情乃孚其革而大亨者,利在于正而,其悔乃亡,盖革易有悔也。

初六履霜坚冰至

朱子发曰,震为足,自下而进,履也。此爻下卦,震之变也。

有孚光亨

朱子发曰,孚者在己,孚之者在人。

5. 宋王宗传《童溪易传》:

朱子发曰,先儒常以乾坤论之,谓君子之道有时而消,于是有坤化阳灭者矣。然而复出为震者,余庆之不亡也。小人之道有时而消,于是有阳息阴尽者矣,然而姤极生巽者,余殃犹在也。

朱子发曰,安乎险与动乎险而不正,皆非济屯之道。震为雷,坎为雨，雷以泄阴阳之怒气，雨以播阴阳之膏泽，所谓雷雨之动也。动谓震也，满盈谓雷雨之动充足乎宇宙也。雷雨之动充足宇宙，则无一物不蒙其功，诚异乎屯膏未光之施也。

朱子发曰，学未至于圣，未足谓之成德。故夫子十有五而志于学，至于七十而从心所欲不逾矩。则蒙以养正，作圣之功也。

朱子发曰，刚险不相下，君子小人不相容，难始作矣。圣人见其讼也，戒之以中正，戒之以不可成。若济之以争，是以乱益乱，相激而为深矣。

朱子发曰，泰者，天地之交也，财成辅相，以人道交天地也。以左右民，立人道也。夫天地之道，阴阳四时是也。天地之宜，则春宜生，夏宜长，秋宜收，冬宜敛之类是也。财成其道，辅相其宜，则因天之时用地之利，耕垦播殖，疏道粪溉，各有法制以授之人，使之不失其利，以尽生养之道，此左右之也。

朱子发曰，时无常，是以正为是。君子之得其正，而天下是之。是吾随时之义也。

朱子发亦曰，人之情随同而背异，随亲昵而背踈远，故朋友责善，或牵于妾妇附耳之言，溺于私也，故戒之以“出门交有功”。夫同人之初“出门同人，又谁咎也”，则随之初“出门交有功”而无失，宜矣。

朱子发曰，不茂不足以育物，不对则妄矣。如春毋麛毋卵，夏毋伐大木之类。

朱子发曰，一阴虽弱，方来也。五阳虽盛，既往也。其可忽诸？自古祸乱或始于床笫之近，给使之贱夷裔荒服之远，易而忽之，驯致大乱。反求其故，必本于刚正不足，若柔道有牵，君子小人各当其分，祸乱何由而作？

朱子发曰，一阴一阳，在天日月之行也，昼夜之经也，寒暑之运也。在人屈信也，动静也，语默也。推而行之，故以是名之为道。然是道非可以他求也，求之在我而已矣。在我所谓本然之善者，乃所以继是道也。在我所谓同然之性者，乃所以成是道也。何者？善出于道而性无不善故也。然仁者见之是道也，则止谓之仁，一于静也。知者见之是道也，则止谓之知，一于动也。至于百姓日用是道也，则又习焉而不察，行之而不著，漠然而无所知也。

6. 朱熹《文公易说》：

《汉上易》卦变只变到三爻而止，于卦辞多有不通处。某更推尽去，方通。如无妄"刚自外来而为主于内"，只是初刚自讼二移下来；晋"柔进而上行"，只是五柔自观四挨上去。此等类，案汉上卦变则通不得。

朱子发《解易》如百衲袄，不知是说甚么？以此进读，教人主如何晓？便晓得，亦如何用？

王弼破互体，朱子发用互体。

7. 宋丁易东《易象义》：

自序

朱子发所集，古今诸儒之说焉；冯仪之所集，近世诸儒之说焉；间言象者，则有康节邵氏之说焉。

以理论易者，若胡安定、程伊川、张横渠是也。然皆莫如程子之精且详，但既详于论理，则略于论象焉。故伊川自谓"止说得七分"，正以是也。以象论易者，若李鼎祚、朱子发、郑少梅是也。然鼎祚《集解》则失于泥，子发《集传》则伤于巧，郑少梅则又别成一家而失之杂。以三家言之，子发为最胜。

朱子发止以一爻取义，故于小过中孚有所不通。若知其或自一爻变或自两爻变，各随其彖辞而消息之，则无疑矣。

朱子发取象，但言其有某卦某卦，多不述其所自，故学者乍见，多以为疑。

朱子发卦变止于三爻，朱子则用五爻，今从朱子。但朱子卦变虽用五爻，其间多用变中之变，如泰自归妹来，无妄自讼来之类。今遡其源，一以复姤等十二卦为主。

8. 元胡震《周易衍义》：

朱子发曰，凡物过则苦，味之过，正形之过，劳心之过思，皆曰苦。苦节，则违情性之正，物不能堪，岂正道也？

9. 元李简《学易记》:

朱子发曰,初刚正也,二刚中也,四五柔也。柔能畜刚,刚知其不可犯而安之,时也。夫气雄九军者,或屈于宾赞之仪;才力盖世者,或听于委裘之命。故曰"大畜时也"。

10. 明崔铣《读易余言》:

朱子发曰,杞大叶可阴,譬则贤也。瓜可欲而内溃,譬则民也。九五遇九二之贤,防民之溃,此尽人谋以求胜天,然不胜而陨坠,亦天也。九五知尽人谋不终,舍天之命也。盖天命,我右下民者。铣曰,此爻难明,子发之训可通。盖阴阳相胜,如环斯循。夬之极即姤也,则治中生乱。剥之终即复也,则乱中生治。其机运于天,其谋成于人,时哉,时哉!未有不反者。圣人兢兢业业,常早设防,姤九五中正之君,存有陨之虑,故曰"惧以终始,其要无咎"此之谓易之道也。

诸家各解《象传》,今颇采朱子发之义训。释如右:干,涯也,磐石也。陆,平也,水边。初起之鸿,臣在下位之象。木,杪也,陵,阜也,阿山也,空中高飞之鸿,臣在高位之象也。

朱子发曰,坤自夏至以一阴右行,万物从之而入,故曰"阖户"。乾自冬至以一阳左行,万物从之而出,故曰"辟户"。坤阖阳变而阴,乾辟阴变而阳,故谓之变。

朱子发曰,圣人于无形之中立有象,因象得名,因名得义,言之不尽者尽矣。情则相应,伪则相违,圣设卦断以中正,使人著情去伪,又系之词,以吉凶明告之,与象相济,书之不尽者尽矣。

朱子发曰,神农时与民并耕而食,至是君逸臣劳,乾坤无为,六子代事。

朱子发曰,六子不能独化,故必相逮也,不相悖也,通气也,然后能既成万物。

11. 明熊过《周易象旨决录》:

朱子发曰,乾、坤贵贱两者,圣人观天地而画卦。刚柔、吉凶、变化三者,圣人观万物而生爻。

朱子发引震之究为健,巽之究为躁,欲以例余卦而曰"一生二,二生三”,以三为易之贞数,非此章本旨。

朱子发曰,一变者,卦之始也,谓之一世,六变者,卦之终也,谓之游魂,七变而反者,卦体复也,谓之归魂。始者生也,终者死也。反则死而复生,故知此则知死生之说。其以初上为始终,而始终为生死是也。其指六爻之变,而谓游魂归魂者,非也。

朱子发曰,太极动而生阳,阳极动而生阴,阴极复动而生阳。始动静者,少也。极动静者,老也。其为说似矣。或疑阴阳变易,类有一物主之者。整庵罗氏以为不然,是也。既而曰易两仪四象八卦之总名,太极众理之总名,易有太极,名万殊原一本也。则复仍旧贯矣。而何以称太生乎? 两仪之生四象也,四象之生八卦也,皆太极之故也。

虞翻曰,乾刚天,坤柔地,本乎天者亲上,本乎地者亲下,故立本。朱子发曰,不有两则一不立,故爻有刚柔,所以立本。朱先生义曰,各有定位。夫三家者,孰听哉? 虞氏、朱氏,其说远矣。

朱子发辞引韩康伯自佐曰,此不累乎吉凶也。横渠张氏意曰,吉凶否亨有义命焉,圣人一以贞胜而不顾大人否亨,灭顶无咎,盖其类也。圣人盖不使人避凶趋吉乎? 朱先生专指天运,乃释之曰,吉凶相胜而不已。择言虽审,殆未尽也。

朱子发曰,神农氏与民并耕而食,饔飧而治,至是尊卑定位,君逸臣劳,乾坤无为,六子自用。云间田氏曰,衣六幅,裳十二幅,而乾坤奇耦之画备。可备一说也。

朱子发曰,形容天地之所定者,体造化也。盖刚柔有体,天神也,地明也通神明之德,亦幽显一源,即阴阳合德也。张文饶谓此明用两卦十二爻,夫张氏凿矣。

朱子发以自震至乾为彰往,自巽至坤为察来,指图明易矣。开而当名,孔疏开释卦爻之义,使当所象之名,亦不烦更字了畅也。朱先生疑为误,江夏刘绩作开物当名,云与卦之实不背,非矣。

朱子发曰,履出乾,谦、复出坤,恒出震,损出艮,益出巽,困井出坎,独不取离者,内文明而蒙大难之意。

朱子发十日之说则去之益远矣。吴氏曰,位之阴阳相间,则分布一定；画之刚柔不同，则迭为用，以居六位之中而不定也。

12．明张献翼《读易纪闻》：

闻之朱子发氏云，阳动于复，长于临，交于泰，至四而后壮。泰不言壮者，阴阳敌也，犹人之血气方刚，故曰大壮。

朱子发氏曰，“利涉大川”言木者三，益、涣、中孚也，皆巽也。

13．明潘士藻《读易述》：

朱子发曰，四刚上行之五，则初应四，二应五，三应上。六爻并用，成丰大之“庆有誉”，兑为口，誉之者也。

14．明逯中立《周易札记》：

朱子发曰，“重巽以申命”者，内巽者命之始，外巽者申前之命也。

15．明董守谕《卦变考略》：

朱子发亦曰，损，泰变也。损九三以益上六也。

16．清张次仲《周易玩辞困学记》：

朱子发曰，《易》于吉凶，有以利言者，有以情迁言者，有义命当吉当凶言者，非圣人不能定之也。定之者，断之也。

朱子发谓和顺道德，乃指彖爻之辞，是大不然。传以说卦标目，中间言卦德卦象卦位卦气，并无一语及辞。此章言倚数立卦生爻，俱揲蓍事，未尝及辞也。子发本旨，不过谓和顺二句，与倚数立卦不甚亲切，故以辞言之耳。不知夫子明言伏羲画卦而通神明之德，类万物之情，亦何假于辞也？

17．清毛奇龄《易小帖》：

朱子发《丛说》云，初奇二偶，三奇四偶，五奇六偶，卦有奇偶为象者，如乾九四曰“渊”，渊者，重坎也，自四至上有重坎象故也。王氏《易是》曰，乾二“文明”，坤三“含章”，俱合离象。此皆主卦位为说，盖卦位上坎下离，一定之数，而文王演辞亦往往取象于是。

朱子发作《图注》、聂麟作《图解》、魏华父、张文饶作《易义》、朱日华作《三易备遗》、李蒙斋作《学易记》，皆尚颠倒，如刘长民说。然则为图为书，在创授家且无成轨，后此者将安宗之？

朱汉上好论卦变，即大传古之葬者不封不树，丧期无数。后世圣人易之以棺椁。盖取诸大过，亦以卦变为解。谓大过自遁四变所成，一变讼乾，见坤隐，不封也。再变巽木，而兑金毁之，不树也。三变鼎离，为目兑泽流丧也。上九变而应三，坎兑为节，丧期无数也。木在泽下，中有乾人，棺椁也。凡言卦变者，皆称之不知取大过而历就其他变者以为象，则是他变卦非本变卦，固无理矣。至略按其说，惟巽木兑克为不树稍近理。若乾见坤隐，则卦原无坤也，至离目兑泽坎兑为节即自解，亦不明矣。若巽木兑口而纳乾人于其中谓之棺椁，则直袭虞仲翔说，与卦变何与焉。

革己日乃孚，汉儒皆作已革之日解。然彖词已革之日乃始孚信，犹云民不可与虑始，必既革而后信之，尚可通也。至爻词六二“己日乃革之”，则不通矣，岂有已革之后乃始革之为成文者？惟朱汉上震以先后庚甲推之，当是戊己之己，此是确解。

18. 清纳兰性德编《合订删补大易集义粹言》：

汉上朱氏曰，二，主妇之位，坤得位，上从乾五，乾，夫道也，地道无成，妇人从夫，无所遂事者，顺也，故曰“无攸遂”。坎水、离火而应巽木，女在中当位，烹饪而主馈事，顺也，故曰“在中馈”。“顺以巽”者，妇人之正也，正则吉，故曰“贞吉”。

朱子发之说，则以为女在内无所遂，如大夫无遂事之类。若以象辞看，当从朱子发说。盖九五一爻在外，专说男子，则此爻专为女子说。

19. 清胡煦《周易函书约注》：

朱子发曰，二老合者，无为也，六子自用也。十三卦独乾坤合为一卦。按上衣下裳，止具尊卑之义，而“天下治”三字中，含有变通，宜民在内。

朱子发曰，经脉十二，手足各六，动于足者震，阳自上而升，动于手者艮，阳自上而止，震艮相反。疾走者掉臂，束手者反行。

20. 清潘思榘《周易浅释》：

朱子发云，“噬嗑而亨”，此合两体言“噬嗑”与“亨”之义也。夫互体之变，难知也。圣人于噬嗑《彖》明言之，其所不言观象玩辞，可以类推。固者为之，将曰艮震颐也，责离而求艮，离岂艮哉？故曰“知其彖辞则思过半矣”。

朱子发云，冠弁衣，裳黼黻，文章雕镂，元黄之饰，因其有尊卑、贵贱、爱敬、哀乐之实而明之，实既不同，其文亦异，不丰不杀，惟其称也，故文待质而后兴也。

震下乾上为无妄，朱子发云，无妄，天理也，有妄，人欲也。人本无妄，因欲有妄。去其人欲，动静语默，无非天理，动非我也，其动也天，故曰无妄。

21．清惠栋《易汉学》：

朱子发震云，《易通卦験》易家传先师之言，所记气候比之《时训》，晚者二十有四，早者三。今图依《时训》，故异也。

朱子发《周易丛说》曰，困，九月，霜降气也，故曰株木，曰蒺藜。蒺藜者，秋成也。

朱子发《周易丛说》曰，大过，十月，小雪气也，故曰“枯阳生梯”、“枯杨生华”。

朱子发《卦气图》说曰，二十四气七十二候，见于周公之《时训》，吕不韦取以为《月令》焉。其上则见于《夏小正》，《夏小正》者，夏后氏之书，孔子得之于杞者。夏建寅，故其书始于正月，周建子而授民时，巡守祭享，皆用夏正，故其书始于立春。《夏小正》具十二月而无中气，虽有候应而无日数。至于《时训》乃五日为候，三候为气，六十日为节。二书详略虽异，其大要则同。岂《时训》因《小正》而加详欤？

朱子发作《易图》及《丛说》，据仲翔甲乾乙坤相得合木之注，以为甲一乙二丙三丁四戊五己六庚七辛八壬九癸十，乾纳甲壬配一九，坤合乙癸配二十。殊不知纳甲之法，甲与乙合，生成之数一与六合。两说判然，朱氏合而一之，汉学由是日晦矣。

朱子发曰，乾交坤而生震坎艮，故自子顺行，震自子至戌六位，长子代父也（乾初子午），坎自寅至子六位，中男也，艮自辰至寅六位，少男也。坤交乾而生巽离兑，故自丑逆行，巽自丑至卯六位，配长男，离自卯至巳六位，配中男也。兑自巳至未六位，配少男也。女从人者也，故其位不起于未。《易》于乾卦言“大明终始，六位时成”，则七卦可以类推。

朱子发曰，凡卦见者为飞，不见者为伏。飞方来也，伏既往也。《说卦》巽其究为躁卦，例飞伏也。太史公《律书》曰，冬至一阴下藏，一阳上舒。此论复卦初爻之伏巽也。

朱子发曰，《左传》蔡墨曰“在乾之姤曰潜龙勿用”，初九变坤，下有伏震，潜龙也。

案：颐，巽游魂也。六四丙戌主世，初九庚子为应。震为木，故云青盖。朱子发曰，庚子，震初爻也。震少阳数七，凤皇元年至天纪四年春三月，吴入晋，实七年。

宋儒朱子发作《十二律图》，六二在巳，六三在卯，六五在亥，上六在酉，是坤贞于未而左行，其误甚矣。今作图以正之，并附郑氏易说于后。

右图，朱子发云，“子寅辰午申戌，阳也，乾之六位。未巳卯丑亥酉（此亦误，当云未酉亥丑卯巳，所谓右行，阴时六也），阴也，坤之六位”。位之升降不违其时，故曰“大明终始，六位时成”。康成注《月令》云“正月宿直尾箕，八月宿直昴毕，六月宿直鬼（又云六月宿直东井），九月宿直奎，十月宿直营室”，又云“卯宿直房心（二月），申宿直参伐（七月）”，又注季冬云“此月之中，日历虚危”。《参同契》曰“青龙处房六兮，春分震东卯，白虎在昴七兮，秋分兑西酉，朱雀在张二兮，离南午”，又“云含元虚危，播精于子”，皆与图合。若以日所历言之，则右行西周二十八舍，《明堂月令》所谓“孟春之月，日在营室”是也。与此不同。

案：郑于主岁卦注云“北辰左行”，谓泰从正月至六月，此月阳爻。否从七月至十二月，此月阴爻。否泰各自相随，此说与图不合，故郑于卷末言否泰不比及月，先师不改，故亦不改也。朱子发卦图，合郑前后注而一之，学者几不能辨。余特为改正，一目了然矣。

22.《四库全书·汉上易传》提要：

《汉上易集传》十一卷、《卦图》三卷、《丛说》一卷，宋朱震撰。震字子发，荆门军人。政和中登进士第，南渡后赵鼎荐为祠部员外郎，官翰林学士，事迹具《宋史》本传。是书题曰“汉上”，盖因所居以为名。前有震《进书表》，称“起政和丙申终绍兴甲寅”凡十八年而成。其说以象数为宗，推本源流，包括异同，以救庄老虚无之失。陈善《扪虱新话》诋其妄引《说卦》，分伏羲、文王之《易》，将必有据《杂卦》反对造孔子易图者。晁公武《读书志》以为多采先儒之说，然颇舛谬。冯椅《厚斋易学》述毛伯玉之言，亦讥其卦变互体伏卦、反卦之失。然朱子曰“王弼破互体，朱子发用互体”，互体自左氏已言，亦有道理，只是今推不合处多。魏了翁曰《汉上易》太烦，却不可废。胡一桂亦曰变互伏反纳甲之属，皆不可废，岂可尽以为失而诋之？观其取象，亦甚有好处，但牵合处多，且文词繁杂，使读者茫然，看来只是不善作文尔。是得失互陈，先儒已有公论矣。

从历代易学家引用朱震易学内容来看，的确是《汉上易传》不可废。特别其重视象数言意，四者兼顾，应该是解《易》之正确途径。朱震说义理本程颐，说象数本汉儒及邵雍，比之朱熹象数学，要高明许多。

四　对校点结果的辨诂

通审梁韦弦先生校点《汉上易传》意见

考虑原校点者所附信中有曰：“估计录入后会错误百出，无论现在怎么搞，将来恐怕还是要反复校对的，故建议先附印。”既然校点者如此说，原本想退稿的打算也就此打消，只有通审者越俎代庖了。此校点稿，几乎每页都有断句、标点或引用他文加引号错误。

详细改正结果，可查看底稿。（通审时用黑色中性笔改错。）今仅举数例如下。

一　断句等错误

1. 000020 页：易天下有道吾不与易也之易。原点作：易，“天下有道吾不与也易”之易。《周易会通》曰：“若孔子，则圣人之时不专于勿用也。其易世之志未尝一日而忘，故曰天下有道吾不与易也。”不当擅自改“易也”作“也易”。

2.000030 页:于斗建为亥乾金之气为冰。原点作:于斗建为亥乾,金之气为冰。当点作:于斗建为亥,乾金之气为冰。

3.000032 页:乾为天卦外天际也。原点作:乾为天卦,外,天际也。当点作:乾为天,卦外,天际也。

4.000097 页:晋文公将纳王使卜偃筮之。原点作:晋文公将纳王使,卜偃筮之。当点作:晋文公将纳王,使卜偃筮之。

5.000158 页:三至上体颐养贤也。原点作:三至上体,颐"养贤"也。当点作:三至上体颐,"养贤"也。(大畜卦九三至上九连互颐卦。)

6.000238 页:"巽为工"、"天之工宰",出校记改"工"为"主",非。《说卦》巽为工。四库本亦作"工",何言"据四库本改"? 删除两条校记!

二 引文不查原文,或不加引号或错加结束引号

1.000025 页:易传曰精谓六者之精极也。原点作:《易传》曰:"精谓六者之精极也"。当作:《易传》曰:"精谓六者之精极"也。

2.000031 页:"易传曰"至"从容中道"。查《伊川易传》,此段文字当加引号。

3.000225 页:"易传曰天下国家"至"天下之吉也",查《伊川易传》,此段文字当加引号。

4.000234 页:崔憬曰元龟直二十大贝双龟曰朋盖古者三人占则从二人之言未有用龟至于十朋者。原点作:崔憬曰:"元龟直二十大贝,双龟曰朋。盖古者三人占,则从二人之言,未有用龟至于十朋者。"查《周易集解》原文是:崔憬曰元龟价直二十大贝……双贝曰朋也。当作:崔憬曰:"元龟直二十大贝,双龟曰朋。"盖古者三人占,则从二人之言,未有用龟至于十朋者。

5.000247 页:"张载曰牵羊者让而先之如是悔亡正故也"至"聪不明也"。原标点全作"张载曰"而加引号。查《横渠易说》,当作:张载曰"牵羊者,让而先之",如是悔亡,正故也……聪不明也。既然当作张载原文而加引号,就应当查阅其书以定结尾处。

6.000247 页:陆商陆,"商"当作"商",当出校记。补之。

总之,凡错误之处,通审时皆一一校正之。

通审意见:可交出版社发稿。

梁韦弦校点《汉上易传》三校样复审意见

序

p.2

其详具于六十四卦之《象》,所谓“辨是与非”者也。

改作:其详具于六十四卦之象,所谓“辨是与非”者也。

表

p.1

陈抟以《先天图》传种放,放传穆修,修传李之才,之才传邵雍。放以河图、洛书传李溉,溉传许坚,坚传范谔昌,谔昌传刘牧。

改作:陈抟以《先天图》传种放,放传穆修,修传李之才,之才传邵雍。放以《河图》、《洛书》传李溉,溉传许坚,坚传范谔昌,谔昌传刘牧。

注:“三大易图”各有实指,不能去掉书名号,全书一律回改。不知红色笔何以单要去掉“河图”与“洛书”的书名号?

周易上经乾传第一

p.2

夫子作上《彖》、下《彖》、上《象》、下《象》、《文言》、《上系》、《下系》、《说卦》、《序卦》、《杂卦》十篇,以赞易道。

改作:夫子作上《彖》、下《彖》、上《象》、下《象》、《文言》、上《系》、下《系》、《说卦》、《序卦》、《杂卦》十篇,以赞易道。

p.3

《象》曰:天行健,君子以自强不息。

改作:《象》曰:天行,健。君子以自强不息。注:统一六十四卦大《象》体例。

p. 8

故可舍止。音茇舍之舍。

改作:故可舍止。音:茇舍之舍。注:见《周礼·夏官·大司马》:"中夏教茇舍,如振旅之阵。"

p. 13

《象曰》:地势坤,君子以厚德载物。

改作:《象》曰:地势,坤。君子以厚德载物。注:统一六十四卦大象传体例。前描述上下卦象,后道明卦之名。中国地势,西北高,东南低,江河水流顺此向,所以谓之"地势,巛"。作"地势坤",不通。

p. 13

初六:

改作:初六,全书统改。所有爻数后之冒号一律改作逗号。

p. 17

《传》所谓坤之比也。

改作:传所谓坤之比也。注:所有"经"字与"传"字,皆不加书名号。因为并非专指某本书。

p. 23

曰出入以度,内外也。

改作:曰"出入以度",内外也。

p. 31

坎震为酒何也?曰震为禾稼,麦为麴蘖,东方谷也,故东风至而酒湧。

改作:坎、震为酒何也?曰:震为禾稼,麦为麴蘖。东方谷也,故东风至而酒涌。注:原文作"蘖",不作"糵"。

p. 33

曰:在《贲》之《彖》曰"柔来而文刚","分刚上而文柔",在《无妄》之《彖》曰"刚自外来而为主于内",此举一隅也。

改作:曰:在贲之《彖》曰"柔来而文刚"、"分刚上而文柔",在无妄之《象》曰“刚自外来而为主于内”,此举一隅也。

p.38

九二:在师中吉,无咎。《象》曰:“在师中吉”,承天宠也。

改作:九二,在师中,吉,无咎。《象》曰:“在师中,吉”,承天宠也。

p.39

六四之动,震为左日在地下。暮夜之时,师宿为“次”。

改作:六四之动,震为左,日在地下,暮夜之时,师宿为“次”。

p.40

《周颂·赉》大封于庙,言锡予善人也。

改作:《周颂》“赉大封于庙”,言锡予善人也。(见《毛诗注疏》)

p.43

《春秋传》曰:“小信未孚。”故“有孚比之,无咎”。

改作:《春秋传》曰“小信未孚”,故“有孚比之,无咎”。

周易上经泰传第二

p.53

《象》曰:天地交泰,后以财成天地之道,辅相天地之宜,以左右民。

改作:《象》曰:天地交,泰。后以财成天地之道,辅相天地之宜,以左右民。(下否卦大《象》曰:天地不交,否。)

p.68

复三变,剥四变,皆成谦。《彖》辞以剥上九言之者,在上而降下者,谦也。处下而能卑者,常也,未足以尽谦之义。上九降三,六三升乎上,此谦所以亨也。

改作:复三变、剥四变皆成谦。彖辞,以剥上九言之者在上,而降下者“谦”也。处下而能卑者常也,未足以尽谦之义。上九降三,六三升乎上,此谦所以“亨”也。注:释卦辞“谦,亨”之义。

p. 74

六三:盱豫,悔,迟有悔。《象》曰:"盱豫有悔",位不当也。

改作:六三,盱豫悔,迟有悔。《象》曰:"盱豫"有悔,位不当也。

p. 76

随,元亨利贞,无咎。《彖》曰:随,刚来而下柔,动而说,随。大"亨贞无咎",而天下随时。随时之义大矣哉!

改作:随,元亨利贞,无咎。《彖》曰:随,刚来而下柔,动而说,随。大亨贞"无咎",而天下随时。随时之义大矣哉!

p. 85

临,元亨利贞。至于八月,有凶。

改作:临,元亨利贞,至于八月有凶。

周易上经噬嗑传第三

p. 93

刚柔相交

改作:回改作"刚柔相文"。注:出校勘记而不改动原文。

p. 96

《春秋》:天王居于郑,书出,诸侯去国书奔。

改作:《春秋》"天王居于郑",书"出";诸侯去国,书"奔"。注:见《春秋左传注疏》。

p. 107

《彖》也,《大象》也,《小象》也,其象各有所宜,不可以一概论。

改作:《彖》也,大《象》也,小《象》也,其象各有所宜,不可以一概论。

p. 110

《师》六三"师或舆尸,凶"。

改作:师六三"师或舆尸,凶"。

p. 115

《彖》曰:大畜刚健、笃实、辉光,日新其德。

改作:《象》曰:大畜,刚健笃实,辉光日新其德。

p. 118

校勘记②,“一二”,诸本皆合“一”、“二”两字作“三”,今据《汉书》“臣瓒”注改。

回改作:“一,二”,诸本皆合“一”、“二”两字作“三”,今据《后汉书》“臣瓒”注改。

p. 121

六二:颠颐,拂经。于丘颐,征凶。《象》曰:“六二征凶”,行失类也。

改作:六二,颠颐,拂经于丘,颐征凶。《象》曰:六二“征凶”,行失类也。

周易下经咸传第四

p. 137

《象》曰:山上有泽,咸,君子以虚受人。

改作:《象》曰:山上有泽,咸。君子以虚受人。

p. 140

故曰:“恒,亨,利贞,久于其道也。天地之道,常久而不已也。”

改作:故曰“恒,亨”、“利贞,久于其道也。天地之道,常久而不已也”。①

补校勘记:①“常”,通志堂本、四库本作“恒”。

p. 175

《象》曰:山下有泽,损,君子以惩忿窒欲。

改作:《象》曰:山下有泽,损。君子以惩忿窒欲。

p. 180

《象》曰:风雷,益君子以见善则迁,有过则改。

改作:《象》曰:风雷,益。君子以见善则迁,有过则改。

周易下经夬传第五

周易下经丰传第六

周易系辞上传第七

p.283

校勘记:①“反”,原作“文”,据通志堂本、四库本改。

改作:①“文”,通志堂本、四库本作“反”。

p.286

圣人观天地以作易,其道甚大。

改作:圣人观天地以作《易》,其道甚大。(回改)

p.291、294

作易者其知盗乎?

改作:作《易》者,其知盗乎?(回改)

p.296

九者,河图数也。十者,洛书数也。

此河图十五,隐于一九、三七、二四、六八之意。

改作:九者,《河图》数也;十者,《洛书》数也。

此《河图》十五,隐于一九、三七、二四、六八之意。

p.306

河图九宫,洛书五行……以河图洛书而信蓍龟之象数………于是乎作易。

改作:《河图》九宫,《洛书》五行………以《河图》、《洛书》而信蓍龟之象数………于是乎作《易》。

周易系辞下传第八

p.310

《归藏初经》八卦六爻,则知因而重之者伏羲也。

改作:《归藏》初经八卦六爻,则知因而重之者伏羲也。

p.311

此彖辞爻辞所以贵夫贞也。

改作:此彖辞、爻辞所以贵夫贞也。

周易说卦传第九

p. 332

而河图洛书大衍之数实倚其中……五十者,河图数也。五十五者,洛书数也。

改作:而《河图》、《洛书》,大衍之数实倚其中……五十者,《河图》数也;五十五者,①《洛书》数也。

补校勘记:①“十”下,通志堂本、四库本有“有”字。

p. 349

噬嗑初、五相易,震离合一,故曰“雷雷合而章”。

改作:噬嗑初五相易,震离合一,故曰“雷电合而章”。①

补校勘记:①“电”,原作“雷”,据噬嗑卦《彖》辞改。

p. 368、369、370

所有卦名的书名号皆去掉。(《丰·彖》曰除外)

周易序卦传第十

周易杂卦传第十一

注:所有校勘记涉及“阮元《十三经注疏》本”字样一律删除。一是并非参校本;二是其本取“周易兼义”为底本,不可用。校点前言亦没有提及。

2009 年 5 月 21 日复审完毕

五 二字合一的千年误会

两宋间大儒朱震之《周易集传》一书(后人改称作《汉上易传》),今天能收录于《儒藏》精华编经部易类之中,足见编纂选目者具有慧眼。虽南宋朱熹尝曰:“朱子发解《易》如百衲袄,不知是说甚么。以此进读,教人主如何晓?便晓得,亦如何用?”[①]然他日又说:

---

① 见《文公易说》卷二十。

"汉上易卦变只变到三爻而止,于卦辞多有不通处,某更推尽去方通。"[①]可见朱熹只是嫌朱震"解易"过于繁琐而又偏重象数,如此进读"人主",不能"说得开一件义理",因而发此议论。后来过信朱熹之言者,遂谓朱子发易解不可读,甚者还要毁其文字。此等皆属无知而过激之言,可谓"此皆不食其胾而说味者也"[②]。

朱震《进周易表》曰:"前代号《系辞》、《说卦》为《周易大传》,尔后马、郑、荀、虞各自名家,说虽不同,要之去象数之源犹未远也。独魏王弼与钟会同学,尽去旧说,杂之以庄、老之言,于是儒者专尚文辞,不复推原《大传》天人之道,自是分裂而不合者七百余年矣……臣顷者游宦西洛,获观遗书,问疑请益,遍访师门,而后粗窥一二。造次不舍十有八年,起政和丙申终绍兴甲寅,成《周易集传》九卷、《周易图》三卷、《周易丛说》一卷。以《易传》为宗,和会雍、载之论,上采汉魏吴晋元魏下逮有唐及今,包括异同,补苴罅漏,庶几道离而复合。"由此可见,朱震"解易"用工颇多且用心良苦。不但时逾十有八载,而且上承汉儒"旧说",中辟王弼"庄老之言",下逮"有唐及今"。今观其书,既采王弼之雅言,又取程颐《伊川易传》义理之说。正可谓《周易集传》是一部象数与义理紧密结合之书,实是唐《周易正义》之后十分难得之巨制。

朱震《周易集传》,既重义理又不偏废象数。今试举谦卦之例以证之。

解谦卦"九三,劳谦。君子有终,吉"曰:

> 坎,劳卦。三与五同功,九三劳而有功。以阳下阴,安于卑下。艮见兑伏,劳而不伐,有功而不德,君子致恭以存其位之道也。内卦以三为终,故曰"劳谦,君子有终"。

此解"劳卦"有取于《说卦》,"三与五同功"有取于《系辞》。九三为下卦艮之主爻,二至四互坎为"劳",三至五互震为"君子","艮

---

① 见《朱子语类》卷六十七。

② 《宋元学案》黄宗羲语。

伏兑”为西山，为“终日”。可谓解说得十分到位。

解谦卦“六四，无不利，㧑谦”曰：

> 六四坤体，柔顺而正。上以奉六五之君，下以下九三劳谦之臣。上下皆得其宜，故曰“无不利”。㧑谦，艮为手，止也，震起也。手止而复起，有挥散之象。六四挥散其谦之道布于上下，“㧑谦”也。

此解取象，皆出自《说卦》。谦卦上坤下艮，有降己升人之道，因而名之曰谦。艮手方止，震动而起，故曰“㧑谦”。不以互体及《说卦》之象为解，则不能“寻言以观象”并及“寻象以观意”。

解谦卦“上六，鸣谦。利用行师，征邑国。象曰：鸣谦，志未得也。可用行师，征邑国也”曰：

> 六五，征不服上六。又曰“征邑国者”，征邑国非侵伐也，克己之谓也。君子自克，人欲尽而天理得则诚。诚则化，物无不应。有不应焉，诚未至也。上六极谦至柔，九三当应止于下，而不来故“鸣”。阴阳相求，天地万物之情。坤为牛，应三震有鸣之象，故曰“鸣谦”。鸣而求应，“志未得也”。然则如之何，反求诸己而已。其在胜己之私乎？克己则无我，物我诚一，则物亦以诚应之矣。坤在侯位为国，在大夫位为邑。上至二体师，上以正行之，三正也，三之上坎险平，“征邑国”也。故曰“可用行师，征邑国”也。

此解亦是既言象又深言义理。坤牛、震鸣之象取于《说卦》，二至上连互地水师卦，正解“师”义。由此可见，象数既不可废又不可泥也。

笔者撰写此文既曰“一得”，则在于用心通审而发现书中八百余年之舛误。今能剔除而正之，实为读书求真之乐趣。倘若笔者信朱熹之说而认是书为“百衲袄”，就不会有此发现。因而为文，希冀通审者鉴之。

所谓“一得”，实乃辩证一个字之得。

此书点校底本出于《四部丛刊》，参校本有《通志堂经解》本与

《四库全书》本。

四部丛刊本《汉上易传》：

> 茂陵中书武功爵十三级曰闲舆卫有取于此乎

清纳兰性德编《通志堂经解》本《合订删补大易集义粹言》：

> 茂陵中书武功爵十三级曰闲舆卫有取于此乎

四库本《汉上易传》：

> 茂陵中书武功爵十三级曰闲舆卫有取于此乎

所谓“茂陵中书”，是指汉武帝茂陵中所藏之书。按宋高似孙《纬略》言“茂陵中书”：

> (汉)武帝遗诏，以杂道书四十卷置棺中。元康二年，河东功曹李及入上党抱犊山采药，于岩室中得此书，盛以金箱，卷后题日月是武帝时也。河东太守张纯以箱及书奏上之，武帝时左右见之流涕曰：此是帝崩时殡物。宣帝怆然，以书付茂陵。

“茂陵中书武功爵十三级曰闲舆卫有取于此乎”，即可标点作“茂陵中书，武功爵十三级，‘曰闲舆卫’有取于此乎？”又可标点作“茂陵中书，武功爵十。三级曰‘闲舆卫’，有取于此乎？”。

或是“武功爵”有“十三级”；或是“武功爵”有“十”，其第“三级曰闲舆卫”。

今见《四库全书》本宋冯椅《厚斋易学》有如下文字：

> 茂陵中书，武功爵十，三级曰闲车卫。则古有此语，而以为爵号。《易》之取象，亦因古语也。

依冯椅之记，三本此段文字似乎有误。就是说，汉武帝时所设武公爵位有十个级别，其中第三级曰“**闲车卫**”，而不是设有“十三级”。

如果通审者到此为止，则可得出两种意见：其一，三本此段文字无误，不必出校勘记；其二，三本此段文字有误，当标点作“茂陵中书，武功爵十。三级曰‘闲舆卫’，有取于此乎？”从而需要出校勘记。

然而，问题是朱震此说究竟来源于何处？原文究竟是什么内容？

如此，通审者似乎应该穷尽到底也。

实则，此事于《汉书》之中有所记载。

《汉书》卷二十四《货志》第四有小字“臣瓒曰”：[①]

> 茂陵中书有武功爵，一级曰造士，二级曰闲舆卫，三级曰良士，四级曰元戎士，五级曰官首，六级曰秉铎，七级曰千夫，八级曰乐卿，九级曰执戎，十级曰政戾庶长，十一级曰军卫。此武帝所制，以宠军功。

至此，问题迎刃而解。朱震书之原文当作：

> 茂陵中书武功爵十一二级曰闲舆卫有取于此乎

底本与参校本作“三”，乃将“一”字与“二”字差合为“三”字。古文竖写，上“一”接下“二”，不审文义而误合两字为一字，似乎不足为怪也。从而可出校勘记曰：

> “一”与“二”两字，底本与参校本皆误合两字作“三”。今据《前汉书》“臣瓒曰”内容改正之。

通审者所费力巨而所得甚微，倘若通审者对如此样舛误有所疏忽，亦没有丝毫责任。余时时以清儒戴震为榜样，窃喜存活至今乃“天降大任于是人”，余何可计较过眼之物而懈怠不尽力乎！

写于 2008 年 3 月 24 日

---

① “臣瓒”，不知为何许人。

第六篇 《诚斋易传》辨诂

杨万里(1127—1206),字廷秀,自号诚斋,吉水人,官至宝谟阁学士。今北京大学《儒藏》编纂与研究中心出版的《儒藏》精华编第四册收录《诚斋先生易传》20卷。是书以《张先生校正杨宝学易传》为底本,[①]参校本为明嘉靖二十一年尹耕疗鹤亭刻本及四库全书本。

今见商务印书馆王云五主编《丛书集成初编》中收录《诚斋易传》20卷,卷首有明代尹耕于嘉靖二十一年所写之刻序。是序充分肯定杨万里《诚斋易传》,并曰:"若夫句读简策之间,释语命句之类,先生所见,间有异于晦翁《本义》者,读者莫之异可也。"

杨万里《诚斋易传》,下笔于孝宗淳熙十五年(1188)8月2日,至宁宗嘉泰四年(1204)4月8日脱稿。宁宗嘉定元年(1208)8月16日"札下吉州,就其家取本抄录,点对投进,以备经筵讲读"。依《奏札》所记:"《易传》贰部,壹部乞降付经筵所,壹部乞降付秘书省。"[②]

一 宋椠《诚斋易传》收藏本辨别

今《儒藏》精华编所用底本,版框高196毫米,宽124毫米。上下单边,左右双边,白口,双鱼尾。半叶10行,每行大字21字,小字双行,行26字。书中"殷"、"玄"、"贞"、"恒"、"桓"、"构"、"慎"、"敦"等字皆避讳缺笔。是书卷首或卷末,统计有"夷白轩"、"真实斋

---

① 所谓"张先生"乃杨万里门人张敬之,"杨宝学"乃宁宗开禧二年杨万里升"宝谟阁学士"之尊称。

② 《四库全书》提要曰:"理宗嘉熙元年,尝给札写藏祕阁。"理宗嘉熙元年为公元1237年,与是书《奏札》、《诚斋易传投进本末》所言不同。

图书记”、“汪文琛印”、“三十五峰园主人”、“宋本”、“文升”、“汪士钟印”、“民部尚书郎”、“平阳汪氏藏书印”、“汪士鋐印”、“虞山瞿绍基藏书之印”、“瞿启文印”、“瞿启科印”、“瞿氏鉴藏金石记”、“铁琴铜剑楼”、“开卷一乐”、“绶珊经眼”等朱记。

明代崇祯年间藏书家毛氏印记：

清代中叶藏书家钟氏印记：

清代咸丰年间藏书家瞿氏印记：

从收藏朱记看，“汪文琛印”钤于各卷首页之最下方，似乎是书至清代中叶始被苏州藏书家汪氏收藏。

清朱彝尊《经义考》卷二十九记：“杨氏《诚斋易传》，《宋志》二十卷，存。”并曰：“徐乾学曰《杨宝学传易》以中正立而万变通，为《易》之指归，立说多本之伊川而杂引史传为证。其书自淳熙戊申至嘉泰甲子经十有七年而成。此本为其门人张敬之校刻，元人郑希圣题识犹存，又有正德中吴郡朱叔英跋尾。流传有自，盖宋椠之精者。”

徐乾学所述，是指自己收藏的另外一本宋椠《张先生校正杨宝学易传》而言。[①]

---

① 两个不同收藏的宋椠《张先生校正杨宝学易传》，今北京图书馆出版社“中华善本再造”均有再造本。

易傳序
易者何也易之爲言變也易者聖人
通變之書也何謂變蓋陰陽太極之
變也五行陰陽之變也人與萬物五
行之變也萬事人與萬物之變也古
初以迄于今萬事之變未已也其作
也一得一失而其究也一治一亂聖
人憂焉幽觀其變湛思其通而逆紬

張先生校正楊寳學易傳上經卷第一
廬陵楊 萬里 廷秀
門人張 敬之 顯父校正
乾下乾上
乾元亨利貞

徐乾学所谓“郑希圣题识”如下：

右《诚斋易》，乃旧本鬻书客潘生所售。余者置诸三家村芭蕉林中读书处。

时至大二年己酉端阳日

徐乾学所谓“朱叔英跋尾”如下：

杨万里《诚斋易传》二十卷，自淳熙戊申至嘉定甲子凡十七年始脱稿，前后序文皆公手笔。其说本之伊川而多引史传事证，蓋象数之学蔑闻焉。嘉定元年臣僚申请得旨，给札其家抄录，宣付秘阁。此本纸札精好，真三百年物也。书后有元人郑希圣题字，在至大二年己酉，距今二百八年矣。予得之祝希哲，希哲得之朱性甫，性甫得之南园俞氏，知其为石涧先生家藏。呜呼！凡法书名画流传人间，君子付之烟云，过目无所系恋，真名言也。是果人之玩物乎，抑物之玩人乎？追慕古人，感慨系之。

正德十一年夏四月三日吴郡朱良育叔英书于西崦草堂

右識齋易乃宋本也寫於
東潘生所售余年置諸巳
儒林中讀之不啻對聖天二
年從辛巳酉端陽日鄭孝聖
謹誌

楊萬里誠齋易傳二十卷自淳熙戊申至嘉定甲子
凡十七年始脫稾前後序文節公手筆其說本之伊川
而旁引史傳事證蓋家數之學茂閑高嘉定元年臣
家甲請謄皆給劄其家鈔錄宣付秘閣此本紙札
精好其三百年物也書後有元人題字在至
大二年己酉距今二百八年矣予得之視希世[illegible]之[illegible]
甫之博之南園俞氏知其為俞石澗先生家[illegible]

法書名畫流傳人間君子從之恒須遇
言也是眾人之玩物乎抑物之玩人乎追慕古人[illegible]之
正德十一年丙子夏四月三日吳郡朱良育書英書于
西崦草堂

这一藏本的藏书朱记，有朱叔英、毛晋、徐乾学、汪士钟、杨已增“四经四史之斋”等。

徐乾学之前似乎没有收藏家言及此“宋椠本”者。今《儒藏》底本所用《张先生校正杨宝学易传》，没有“元人郑希圣题识”及“正德中吴郡朱叔英跋尾”内容，更不见俞石涧、朱性甫、祝希哲、朱良育（叔英）的收藏朱记，清咸丰年间收藏家常熟瞿氏铁琴铜剑楼藏宋元书目中也仅提及“卷首有夷白轩、真实斋图书记、汪士鋐印、文升、民部尚书郎、平阳汪氏藏书印诸朱记”。①

十八小字廿四葉心間有正德六年及十二年字則修板也故亦名正德本

程朱二先生周易傳義十卷 元刊本

張先生校正楊寶學易傳二十卷 宋刊本每半葉十行行大字廿一小字廿六恒貞恒構慎敦等字皆闕筆卷首有夷白軒真實齋圖書記汪士鋐印文升民部尚書郎平陽汪氏藏書印諸朱記

易裨傳二卷 舊鈔本此從至正十五年陳泰刊本傳錄

東谷鄭先生易翼傳二卷 元刊本何義門校通志堂刻本謂汲古毛氏所藏甚精即此本也卷末有汲古閣毛子晉印二朱記

晦庵先生朱文公易說二十三卷 宋刊本此即淳祐本卷中有宋諱闕筆字每半葉十三行行廿一字卷中有汲古閣毛氏朱記

《铁琴铜剑楼藏宋元书目》有关内容

① 见《江刻书目三种》之《常熟瞿氏铁琴铜剑楼宋元书目》第一页。

至于“夷白斋”印记，则元末陈基有《夷白斋稿》三十五卷，《外集》一卷。基寓舍曰“夷白齐”，故以名其稿。又明嘉靖年间大石山人顾元庆有《夷白斋诗话》。《苏州府志》记：“其兄弟皆纤啬治产，惟元庆以图书自娱。”看来“元庆以图书自娱”，则此书“夷白斋”朱记，很可能是明代顾元庆收藏印。①

至于“真实斋图书记”，乾隆《石渠宝笈》卷六记“明沈周仿倪瓒画一卷”，卷中幅押缝有“墨林祕玩”、“墨林”、“子京所藏”三印，前隔水有“彤云阁吴氏珍藏印”、“真实斋图书记”二印。“真实斋图书记”主人冯梦桢(1548—1595)，字开之，秀水(今浙江嘉兴)人。万历五年进士，官编修，迁国子祭酒。富于收藏，精品很多，尤多名画、书帖。

清末虞山瞿绍基的大部分藏书来源于汪士钟的“艺芸书舍”，从藏书朱记看，此《张先生校正杨宝学易传》也当然来自“艺芸书舍”。汪士钟的“艺芸书舍”大部分藏书则来源于黄丕烈“士礼居”、周锡赞“水月亭”、袁廷梼“五研楼”和顾之奎“小读书堆”，②则知汪士钟之父汪文琛此“宋刻善本”得自黄丕烈“百宋一廛”之藏。

北京图书馆出版社(现已更名为国家图书馆出版社)“中华古籍善本再造”，皆认定两个藏本为“宋刻本”：

ISBN 7-5013-2032-4/K·493 张先生校正杨宝学易传(宋)杨万里 撰(宋)张敬之 校正宋刻本 1 函 4 册

ISBN 7-5013-3301-7/K·1343 张先生校正杨宝学易传(宋)杨万里 撰(宋)张敬之 校正宋刻本 1 函 10 册

傅增湘《藏园群书经眼录》：

张先生校正杨宝学易传二十卷　宋杨万里撰　宋张敬之校正

明嘉靖二十三年甲辰鲁藩刊本，十行二十五字，注低一格，小字

---

① 见《四库全书总目提要》卷一百六十八、卷一百九十七。又《江南通志》卷一百六十八记：“顾元庆，字大有，长洲人。家近浒墅，所居曰顾家青山。藏书万卷，择其善本刻之，自经史以至丛说多所纂述。”

② 见林申清《明清著名藏书家·藏书印》第 153—162 页，2000 年版，北京：北京图书馆出版社。

侧注,刊印极精。每卷第三行题“门人张敬之显父校”。前有嘉靖甲辰秋八月既望鲁国望洋子当洏序。次淳熙戊申八月杨万里序,次下吉州录进易传指挥省札,嘉定元年八月十八日。详见《艺风堂藏书记》。(江阴缪荃孙艺风堂藏。辛酉)

缪荃孙《艺风堂藏书记》:

诚斋易传二十卷

明敏学书院刊本,嘉靖甲辰鲁国望洋子当洏序。盖明宗室也。

诚斋易传二十卷

明嘉靖壬寅尹耕刻本。板心有“疗鹤斋”三字。

此两本同刻,相去不过两年。朱刻自序云“正尹刻之误”,而瞿氏《书目》所云讹字则两本相同。[①] 惟书院本标题“张先生校正杨宝学易传”,次行“庐陵杨万里廷秀”,三行“门人张敬之显父校”。尹本标题“诚斋先生易传”,次“宋宝谟阁学士杨万里廷秀著”,已非旧式,似书院本较胜也。

从缪荃孙和傅增湘“经眼”的两个“诚斋易传”刻本来看,尹耕刻本在前,敏学书院刻本在后。两刻本的板式,亦与宋椠《张先生校正杨宝学易传》有所不同,我们似乎不能据此否定徐乾学藏本及常熟瞿氏铁琴铜剑楼藏本是“宋椠”的真实性。有人说“绶珊经眼”是缪荃孙(字筱珊)的藏书朱记,倘若如此,缪氏就一定“经眼”过常熟瞿氏铁琴铜剑楼藏本,那么《艺风堂藏书记》怎么会有如此记载呢?

二　诚斋先生易传目录

是书卷首有:

易传序(题“庐陵杨万里序”) 奏札 诚斋易传投进本末

张先生校正杨宝学易传上经卷第一

① 今见《铁琴铜剑楼藏宋元书目》没有“所云讹字”内容。

乾 坤

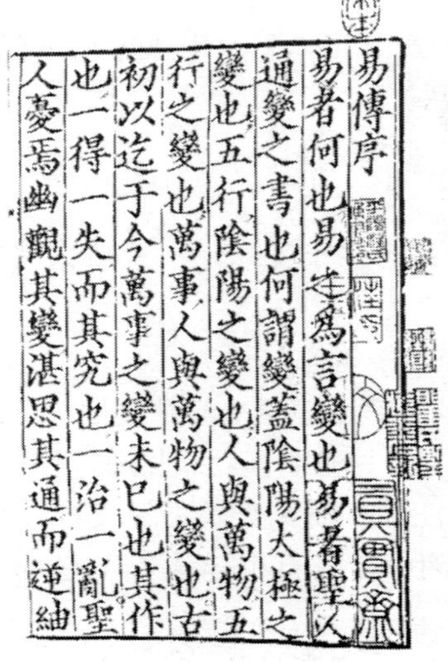

易傳序

易者何也易之爲言變也易者聖人通變之書也何謂變蓋陰陽太極之變也五行陰陽之變也人與萬物五行之變也萬事人與萬物之變也古初以迄于今萬事之變未已也其作也一得一失而其究也一治一亂聖人憂焉幽觀其變湛思其通而逆紬

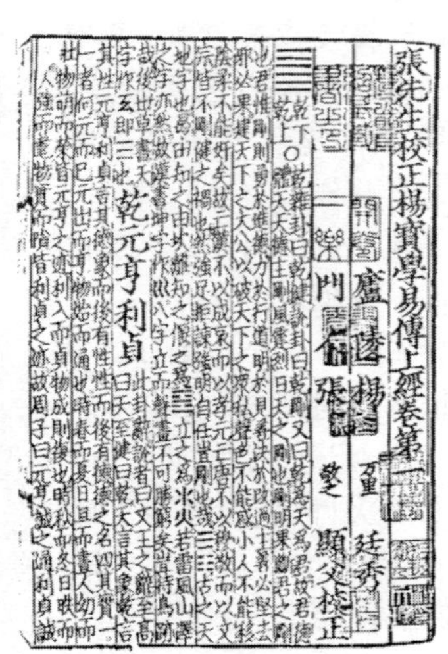

張先生校正楊寶學易傳上經卷第一

盧陵楊 萬里 廷秀

門人張 敬之 顯父校正

乾元亨利貞

张先生校正杨宝学易传卷之二

屯 蒙 需 讼

张先生校正杨宝学易传卷之三

师 比 小畜 履

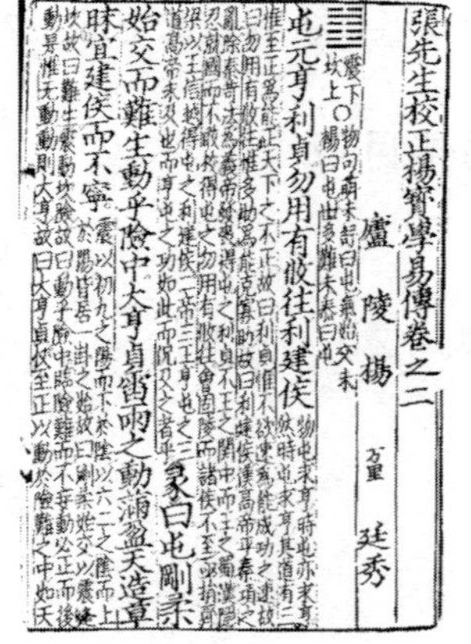

張先生校正楊寶學易傳卷之二

盧陵楊 萬里 廷秀

屯元亨利貞勿用有攸往利建侯

彖曰屯剛柔始交而難生動乎險中大亨貞雷雨之動滿盈天造草昧宜建侯而不寧

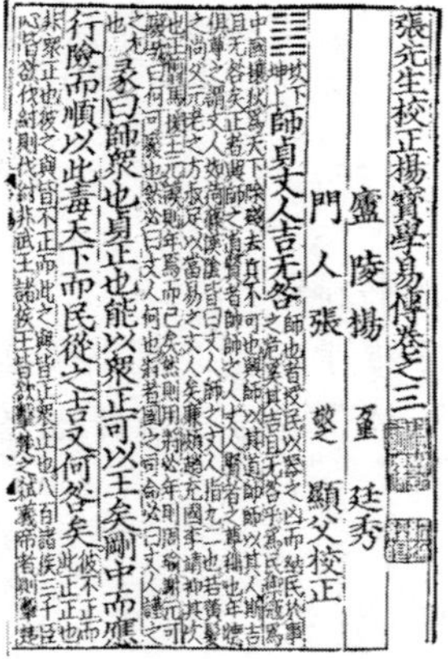

張先生校正楊寶學易傳卷之三

盧陵楊 萬里 廷秀

門人張 敬之 顯父校正

師貞丈人吉无咎

彖曰師衆也貞正也能以衆正可以王矣剛中而應行險而順以此毒天下而民從之吉又何咎矣

张先生校正杨宝学易传卷第四

泰 否 同人 大有

张先生校正杨宝学易传上经卷第五

谦 豫 随 蛊

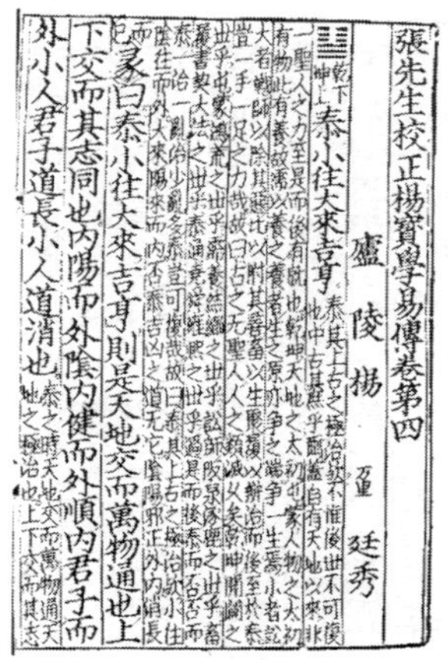

張先生校正楊寳學易傳卷第四

盧陵楊 萬里 廷秀

乾下坤上 泰小往大來吉亨

彖曰泰小往大來吉亨則是天地交而萬物通也上下交而其志同也內陽而外陰內健而外順內君子而外小人君子道長小人道消也

張先生校正楊寳學易傳上經卷第五

盧陵楊 萬里 廷秀

艮下坤上 謙亨君子有終彖曰謙亨天道下濟而光明地道卑而上行天道虧盈而益謙地道變盈而流謙鬼神害盈而福謙人道惡盈而好謙

謙尊而光卑而不可踰君子之終也

张先生校正杨宝学易传上经卷第六

临 观 噬嗑 贲

张先生校正杨宝学易传卷第七

剥 复 无妄 大畜

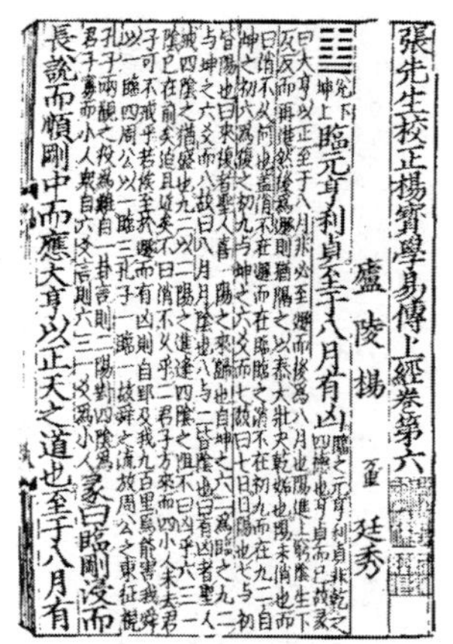

張先生校正楊寳學易傳上經卷第六

盧陵楊 萬里 廷秀

兌下坤上 臨元亨利貞至于八月有凶

彖曰臨剛浸而長說而順剛中而應大亨以正天之道也至于八月有

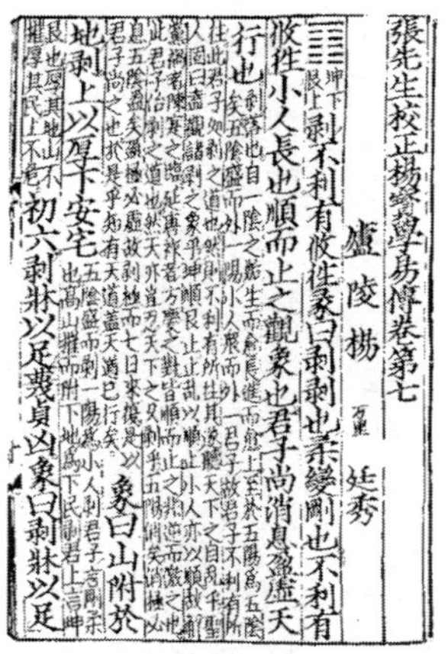

張先生校正楊寳學易傳卷第七

盧陵楊 萬里 廷秀

坤下艮上 剝不利有攸往彖曰剝剝也柔變剛也不利有攸往小人長也順而止之觀象也君子尚消息盈虛天行也

象曰山附於地剝上以厚下安宅

初六剝牀以足蔑貞凶象曰剝牀以足

张先生校正杨宝学易传上经卷第八

颐 大过 坎 离

张先生校正杨宝学易传卷之九

咸 恒 遁 大壮

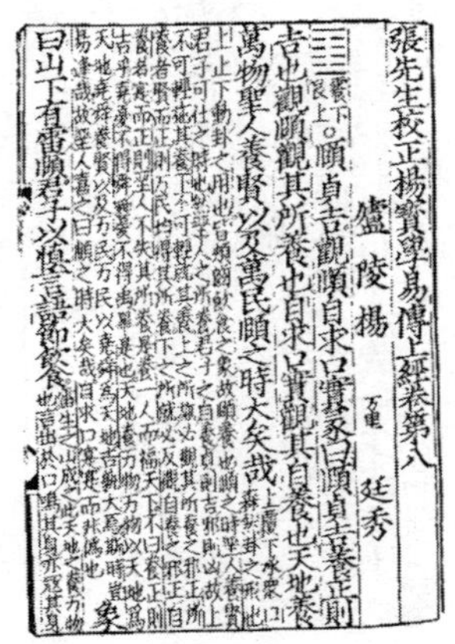
張先生校正楊寶學易傳上經卷第八

盧陵楊 萬里 廷秀

䷚ 震下艮上 頤貞吉觀頤自求口實彖曰頤貞吉養正則吉也觀頤觀其所養也自求口實觀其自養也天地養萬物聖人養賢以及萬民頤之時大矣哉

象曰山下有雷頤君子以慎言語節飲食

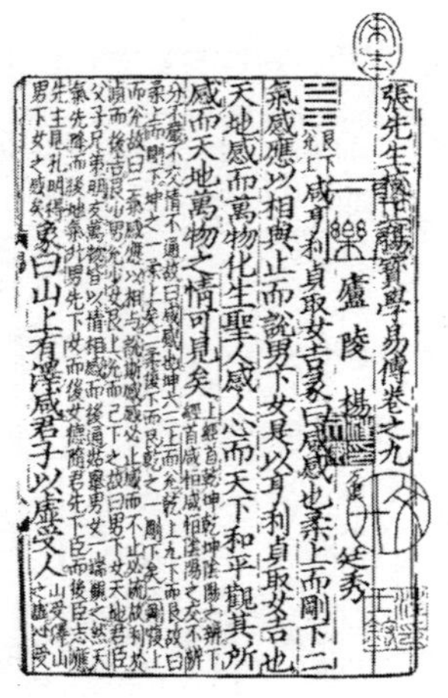
張先生校正楊寶學易傳卷之九

盧陵楊 萬里 廷秀

䷞ 艮下兌上 咸亨利貞取女吉彖曰咸感也柔上而剛下二氣感應以相與止而說男下女是以亨利貞取女吉也天地感而萬物化生聖人感人心而天下和平觀其所感而天地萬物之情可見矣

象曰山上有澤咸君子以虛受人

张先生校正杨宝学易传卷第十

晋 明夷 家人 睽

张先生校正杨宝学易传卷第十一

蹇 解 损 益

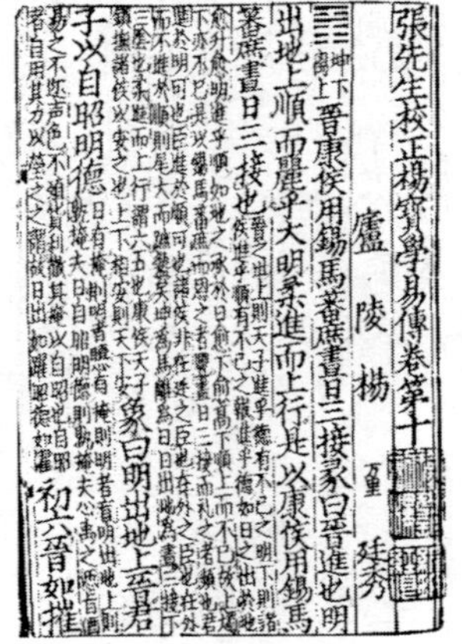
張先生校正楊寶學易傳卷第十

盧陵楊 萬里 廷秀

䷢ 坤下離上 晉康侯用錫馬蕃庶晝日三接彖曰晉進也明出地上順而麗乎大明柔進而上行是以康侯用錫馬蕃庶晝日三接也

象曰明出地上晉君子以自昭明德

初六晉如摧如

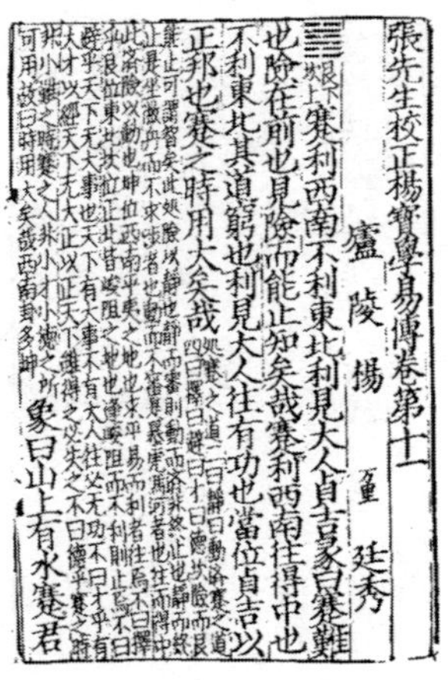
張先生校正楊寶學易傳卷第十一

盧陵楊 萬里 廷秀

䷦ 艮下坎上 蹇利西南不利東北利見大人貞吉彖曰蹇難也險在前也見險而能止知矣哉蹇利西南往得中也不利東北其道窮也利見大人往有功也當位貞吉以正邦也蹇之時用大矣哉

象曰山上有水蹇君子

张先生校正杨宝学易传卷之十二

夬 姤 萃 升

张先生校正杨宝学易传卷第十三

困 井 革 鼎

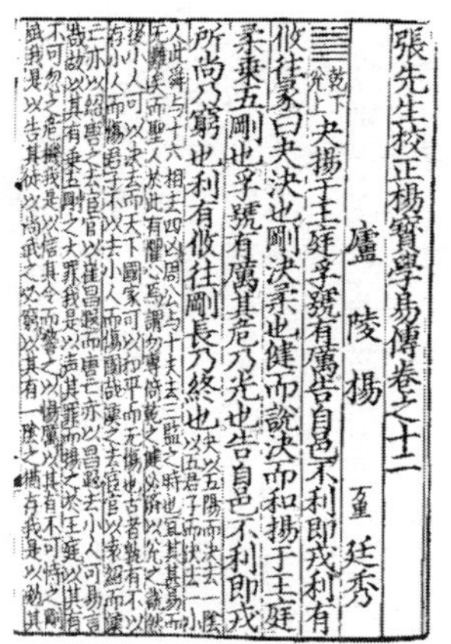
張先生校正楊寶學易傳卷之十二

廬陵楊 万里 廷秀

乾下兌上 夬揚于王庭孚號有厲告自邑不利即戎利有攸往彖曰夬決也剛決柔也健而說決而和揚于王庭柔乘五剛也孚號有厲其危乃光也告自邑不利即戎所尚乃窮也利有攸往剛長乃終也

张先生校正杨宝学易传下经卷第十四

震 艮 渐 归妹

张先生校正杨宝学易传下经卷第十五

丰 旅 巽 兑 涣

誠齋先生易傳下經卷第十四

廬陵楊 万里 廷秀

震下震上 震亨震來虩虩笑言啞啞震驚百里不喪匕鬯彖曰震亨震來虩虩恐致福也笑言啞啞後有則也震驚百里驚遠而懼邇也出可以守宗廟社稷以為祭主也

誠齋先生易傳下經卷第十五

廬陵楊 万里 廷秀

離下震上 豐亨王假之勿憂宜日中彖曰豐大也明以動故豐王假之尚大也勿憂宜日中宜照天下也日中則昃月盈則食天地盈虛與時消息而況於人乎況於鬼神乎

张先生校正杨宝学易传经卷第十六

节 中孚 小过 既济 未济

诚斋先生易传卷第十七

系辞上

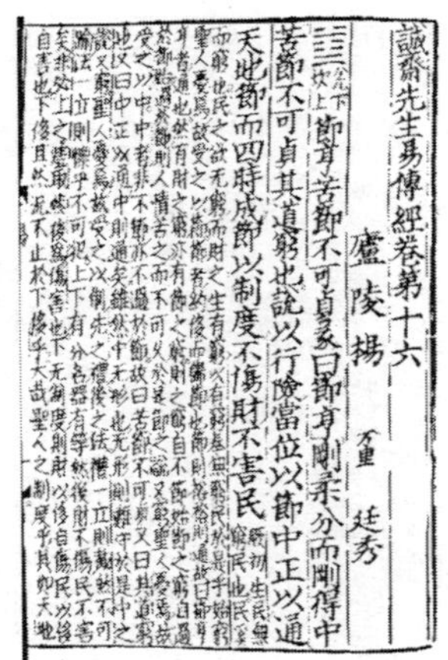

誠齋先生易傳經卷第十六

盧陵楊 萬里 廷秀

☵☱ 坎上兑下 節亨苦節不可貞彖曰節亨剛柔分而剛得中苦節不可貞其道窮也說以行險當位以節中正以通天地節而四時成節以制度不傷財不害民

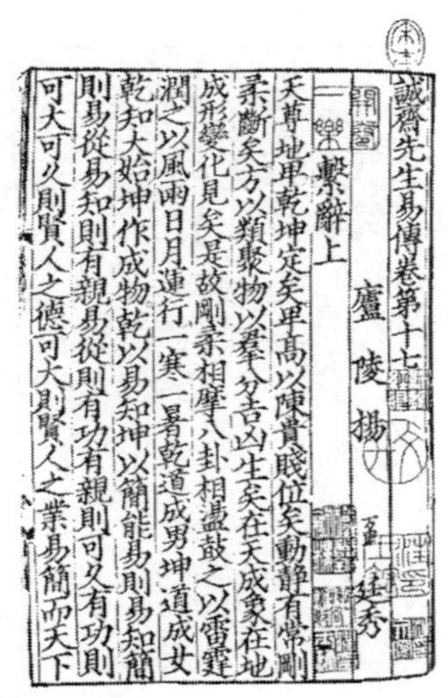

誠齋先生易傳卷第十七

盧陵楊 萬里 廷秀

繫辭上

天尊地卑乾坤定矣卑高以陳貴賤位矣動靜有常剛柔斷矣方以類聚物以羣分吉凶生矣在天成象在地成形變化見矣是故剛柔相摩八卦相盪鼓之以雷霆潤之以風雨日月運行一寒一暑乾道成男坤道成女乾知大始坤作成物乾以易知坤以簡能易則易知簡則易從易知則有親易從則有功有親則可久有功則可大可久則賢人之德可大則賢人之業易簡而天下

张先生校正杨宝学易传卷之十八

系辞下

张先生校正杨宝学易传上经卷之十九

说卦

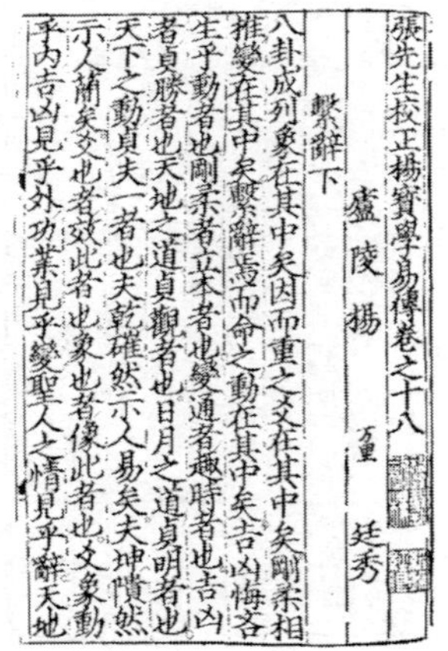

張先生校正楊寳學易傳卷之十八

盧陵楊 萬里 廷秀

繫辭下

八卦成列象在其中矣因而重之爻在其中矣剛柔相推變在其中矣繫辭焉而命之動在其中矣吉凶悔吝者生乎動者也剛柔者立本者也變通者趣時者也吉凶者貞勝者也天地之道貞觀者也日月之道貞明者也天下之動貞夫一者也夫乾確然示人易矣夫坤隤然示人簡矣爻也者效此者也象也者像此者也爻象動乎內吉凶見乎外功業見乎變聖人之情見乎辭天地

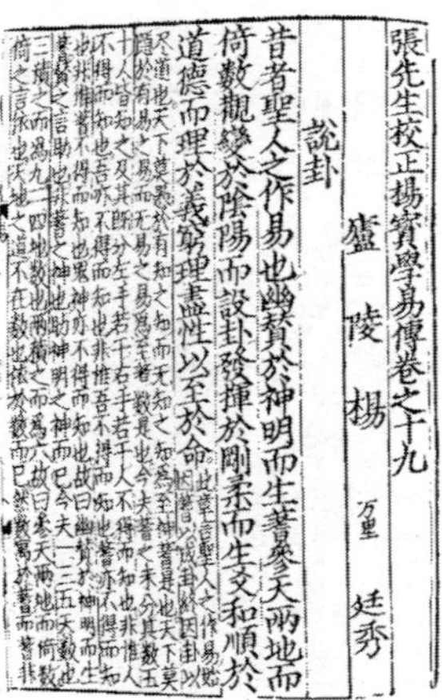

張先生校正楊寳學易傳卷之十九

盧陵楊 萬里 廷秀

說卦

昔者聖人之作易也幽贊於神明而生蓍參天兩地而倚數觀變於陰陽而立卦發揮於剛柔而生爻和順於道德而理於義窮理盡性以至於命

张先生校正杨宝学易传卷之二十

序卦上 序卦下 杂卦 易传后序

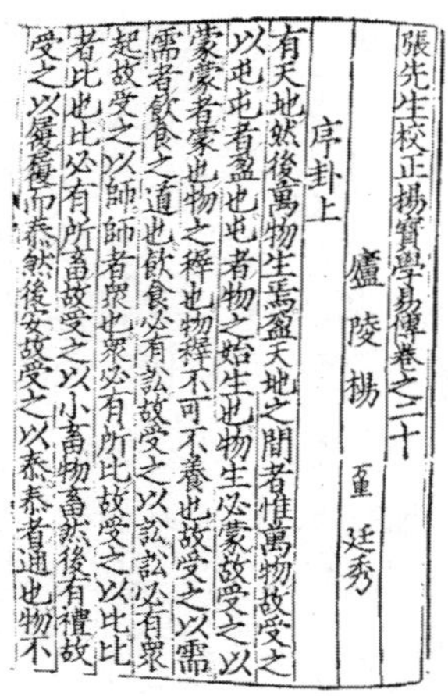

張先生校正楊寶學易傳卷之二十

廬陵 楊 𨤲 廷秀

序卦上

有天地然後萬物生焉盈天地之間者惟萬物故受之以屯屯者盈也屯者物之始生也物生必蒙故受之以蒙蒙者蒙也物之穉也物穉不可不養也故受之以需需者飲食之道也飲食必有訟故受之以訟訟必有衆起故受之以師師者衆也衆必有所比故受之以比比者比也比必有所畜故受之以小畜物畜然後有禮故受之以履履而泰然後安故受之以泰泰者通也物不

三 历代对《诚斋易传》的评价

1. 冯椅《厚斋易学》:杨诚斋《易传》二十卷,题庐陵杨万里学,淳熙戊申自序。其子长孺云自戊申至嘉泰甲子脱稿,阅十七年而后成书。嘉定元年,臣寮申请得旨,给札其家抄录,宣付祕阁。其说本之程氏,而多引史传事证。

2. 陈振孙《直斋书录解题》:《诚斋易传》二十卷,宝谟阁学士庐陵杨万里廷秀撰。其序以为"易者圣人通变之书,惟中为能中天下之不中,惟正为能正天下之不正,中正立而万变通"。又言古未有字,八卦之画即字也。

3. 吴澄跋曰:诚斋杨先生《易传》板本,行天下久矣。王若周得其草稿,有序及泰否二卦,凡先生亲笔改定之处,比初稿为审。独初名《外传》,而后去"外"字,余谓当从其初。盖易之道广大悉备,无所不包。程子被之于人事,所谓一天下之动者,由王辅嗣、胡翼之、王介甫至此极矣。朱子直谓可与三古圣人并而为四,非过许也。杨先生又因程子而发之以精微之文,间有与程不同者,亦足以补其不足。然皆推行易道之用,而经之本旨未必如是。人以《国语》为“春秋外传”,非正释经,而实相发明。今先生于《易》亦然,故名曰《外传》宜。

4. 陈栎曰:诚斋本文士,因学文而求道于经学性理,终非本色。其作《易传》用二十年之工力,亦勤矣。文极奇,说极巧,段段节节用古事引证,使人喜动心目。坊中以是书合程子《易》并行,名曰《程杨二先生易传》,实不当也。胡双湖《本义附录纂注》无半字及之,可见杨传足以耸动文士之观瞻,而不足以使穷经之士心服。

5. 杨士奇曰:吾乡杨文节公著《易传》二十卷,宋理宗尝诏给札其家录进,宣付秘阁,当时已板行,而其稿前百余年尚藏杨氏,元季之乱所存无几矣。此小畜、同人、大有三卦,公族粼所藏,皆公手笔,其中有一二处窜定而重录者,至今二百余年,楮墨如新,诚可宝也。公与晦庵先生交游,有讲论之益。先生平居论人物,于公极推重,而未尝及此书者,盖书成于先生既没之后也。此书本程子,其于说理粹然,而多引史传为证。程子以《易》为人事之书,晦庵先生尝论之矣。而公自序此书“惟中能中天下之不中,惟正能正天下之不正,中正立万变通”,至矣哉,其不易之言也。

6. 张时彻序曰:贾大夫淇以明《易》起家,进士,出宰涞水,未及期月。休嘉四鬯典衡,以为良徙令。吾鄞政理之暇,则过涵碧之堂而论易焉。

曰:程朱皆大儒也,而说理不同。孔子六经之祖也,而朱子之说间于十翼殊旨,其义何居?

张时彻曰:难言哉,难言哉!昔之说易者,盖莫如孔子矣。其言曰“开物成务,冒天下之道”,如斯而已者也。又曰“以言者尚其辞,以动者尚其变,以制器者尚其象,以卜筮者尚其占”,岂曰专于卜筮云乎?盖易,易也,随时变易以从道也。处常而常,处变而变,处顺而顺,处逆而逆,处内而内,处外而外,处小而小,处大而大,以明天道,以察地理,以辨物宜,以正人纪,盖无不备于斯矣。是故,君得之则能为君,臣得之则能为臣,父得之则能为父,子得之则能为子,夫妇长幼朋友得之,则能为夫妇长幼朋友。用之家则家齐,用之国则国治,用之天下则天下平,非是物也。陷阱施于跬步,干戈伏于房闼,而弗之知也。欲以承惠迪之庥,而臻化理之绩,庸将能乎？故曰“加我数年以学易,可以无大过矣”,圣人犹尔而,况其他乎？乃其所称,曰吉,曰凶,曰利,曰不利,凡以别臧否之途,判从违之的,修之宿昔,而征诸事为云尔,非专受命于蓍策,值某卦某爻则为吉为凶,值某卦某爻则为利为不利,听仓卒之鬼神,而昧于趋避之素者也。春秋之时,国君以之定筴,卿士以之决疑,罔不神而明之,其见于《左传》者可稽也。秦燔《诗》、《书》而《易》独以卜筮得免,俗儒习之,转相师授,异说渐坌,至以谶纬杂之,而四圣之心荒矣。是《易》幸以卜筮而存,亦不幸以卜筮而亡耳。朱子一洗前陋,力为疏解,易道庶几复明,而犹泥于卜筮。详其词旨,似专用于占者,而不及于未占者,此其于稽实待虚之义何如哉？间有不遵十翼之旨,而自为论绎,如元亨利贞,孔子以为乾之四德,而朱子以为大通宜正。颐卦之辞,孔子以为所养自养,而朱子以为养德养身。此类颇多,盖愚之所未解也。尝得杨诚斋《易传》而读之,以十翼解经,以理明繇,以事证理,盖豁然有契于衷。曰,斯所谓“开物成务,冒天下之道”者乎？斯所谓“有君子之道四焉”者乎？惜也,宋朝取而藏之秘阁,而不吁布于天下。今之学者知有程朱之《易》,而不知有杨氏之《易》。斯易道之所以未大明也。

贾大夫曰:其然乎,其然乎？淇闻之也。溯黄河者穷其源,睇泰华者陟其巅,沿流而往,历趾而升,则渔樵犹必资之,而况先儒之言,所由以明圣人之经者乎？请梓而行之,以广公之志可乎？

余曰:可哉！遂次其答问之语而弁之。

嘉靖四十二年九月

7.郝敬曰:杨诚斋说易,每爻引一古人作证,以此为初学举一隅则可,欲执此证前易,所失甚多。

8.《钦定四库全书总目》:圣人觉世牖民,大抵因事以寓教。《诗》寓于风谣,《礼》寓于节文,《尚书》、《春秋》寓于史,而《易》则寓于卜筮。故《易》之为书，推天道以明人事者也。《左传》所记诸占，盖犹太卜之遗法。汉儒言象数，去古未远也。一变而为京、焦，入于禨祥；再变而为陈、邵，务穷造化，易遂不切于民用。王弼尽黜象数，说以老、庄，一变而胡瑗、程子，始阐明儒理；再变而李光、杨万里，又参证史事，《易》遂日启其论端。此两派六宗，已互相攻驳。又易道广大，无所不包，旁及天文、地理、乐律、兵法、韵学、算术，以逮方外之炉火，皆可援《易》以为说。而好异者又援以入《易》，故《易》说愈繁。夫六十四卦大象皆有"君子以"字，其爻象则多戒占者，圣人之情见乎词矣。其余皆《易》之一端，非其本也。

9.《钦定四库全书总目》:《诚斋易传》二十卷。宋杨万里撰，万里字廷秀，自号诚斋，吉水人，官至宝谟阁学士。致仕，韩侂胄召之不起，开禧间闻北伐启衅，忧愤不食卒，后谥文节，事迹具《宋史·儒林传》。是书大旨本程氏，而多引史传以证之。初名《易外传》，后乃改定今名。宋代书肆曾与《程传》并刊以行，谓之《程杨易传》。新安陈栎极非之，以为足以耸文士之观瞻，而不足以服穷经士之心。吴澄作跋，亦有微词。然圣人作易，本以吉凶悔吝示人事之所从，箕子之贞、鬼方之伐、帝乙之归妹，周公明著其文，则三百八十四爻可以例举矣。舍人事而谈天道，正后儒说《易》之病，未可以引史证经病万里也。理宗嘉熙元年，尝给札写藏秘阁。其子长孺进状，称自草创至脱稿，阅十有七年而后成，亦可谓尽平生之精力矣。元胡一桂作《易本义附录纂疏》，博采诸家，独不录万里一字，所见盖与陈栎同。然其书究不可磨灭，至今犹在人间也。

附录:杨万里《六经论·易论》

论曰:圣人之教不离于言，而未始不离于言。不离于言者，言也。未始不离于言者，非言也。言者，道之因也，圣人且得而离于言乎?非言者，道之诣也，圣人且得而不离于言乎？夫何故？传天下以其道，而不示天下以其诣，天下何从而诣其诣哉？诣其诣，则不因其因矣。虽然诣其诣，而不因其因可也，未诣其诣，而不因其因可乎？是故不得离于言。不离于言者，不废其道之因也。不废，则恃此之情，恃彼之愚,是故不得不离于言。离于言者,不恃其道之因也。以道之因者,可忘而废言。见人之迷于途,而莫之指者也。以道之因者,不可忘而恃言,指人以途而谓之家者也。莫指其途,天下自此绝。指途为家,天下自此愚。尧之朱,舜之均,亲不亲而近不近,言可以教人而传道也。则朱均久矣其尧舜也,然同室之朱均不尧舜也。而异世之洙泗有尧舜焉,则夫子之心超然,独诣尧舜之诣也。言可恃耶,言不可恃耶?圣人忧焉,欲废言也,而天下之人,岂人人而心孔子之心,诣尧舜之诣也。欲恃言也,则天下将死乎吾言之中,而不生乎吾言之外。非吾言之死天下也,死天下之见也。天下之见,所以死吾言之中,而不生乎吾言之外者,吾言之尽,而天下亦以为圣人之言尽于此也。天下以吾言为尽,故捐其思,捐其思,故死其见,死其见故貌信乎吾言,而心无得于吾言,道非得于吾道也,不自得其得也。嗟乎!言者心之翳也。晓天下者,暗天下者也。《易》曰"书不尽言,言不尽意",嗟乎!圣人之忧天下深矣乎。而或者以为圣人之意,圣人自不能尽于言。圣人之言,圣人自不能尽于书也。嗟乎!圣人天地也。今曰天能生物而不能尽生,地能载物而不能尽载,则天下有不笑其妄者乎?圣人之言,非不能尽意也。能尽意而不尽也。圣人之书,非不能尽言也,能尽言而不尽也。曷为不尽也?不敢尽也。《中庸》曰"有余不敢尽",此《易》与《中庸》之妙也。然则曷为不敢尽也,忧其言之尽而人之愚也。渔者之于鱼也,有小其得者,有大其得者。小其得者,必涧溪者也。大其得者,必江海者也。江海之所以为江海,夫岂若是涧溪者然哉!水石凿然以明,而虫鱼历然以见也。渊乎其茫也,黝乎其幽也。是故求者加深,则得者加大也。圣人之作《易》,其初有卦而已,象焉在其后,有象矣,辞焉在最后。有辞也如未始有辞也。杳茫深微,不可得而近也。非不可得而近也,不可得而近者,所以致人之近也。人致于易,则近于易矣。人之常情,近则狎,远则疑,故易之远者,所以投天下以疑,而致天下之思也。思则见,见则悦,悦则研,研则诣,故圣人之作易也,不示天下以其道之诣,而诣天下以其道之因。既曰因矣,可得而尽哉?天下因吾之不尽,而求吾之尽,则道也者,圣人得而秘也耶?梦饮酒者,觉而言之于童子曰"奚而醒也”？彼以为真饮也，不悟其梦也。或者曰圣人言不能尽意也，其见与童子异不异也。谨论。

四　校勘记辨诂

明代尹耕于嘉靖二十一年所刻本题名《诚斋易传》（简称“尹刻本”），除纳有《张先生校正杨宝学易传》（简称“张校本”）大部分内容之外，还多《尹耕序》，但是没有杨万里后序。《四库全书·诚斋易传》（简称“四库本”）则仅有杨万里《自序》，而没有《后序》及《奏札》等。比较而言，各本所收《序》文及《奏札》等内容有所不同。

1.杨万里自序

《诚斋集·易外传序》

易者 何也 易之为言变也 易者 圣人通变之书也 何谓变 盖阴阳太极之变也 五行 阴阳之变也 人与万物 五行之变也 万事与人 万物之变也 古初以迄于今 万事之变未已也 其作也 一得一失 而其究也 一治一乱 圣人忧焉 幽观其变 湛思其通 而逆紬其图 易之所以作也 易之为言变也 故易者圣人通变之书也 其穷理尽性 其正心修身 其齐家治国 其处显傫穷 其居常 其遭变 其参天地合鬼神万事之变方来 而变通之道先立 变在彼 道在此 得其道者 蚩可哲 慝可淑 眚可福 危可安 乱可治 致身圣贤而跻世泰和 犹反手也 斯道何道也 中正而已矣 唯中为能中天下之不中 唯正为能正天下之不正 中正立而万变通 此二帝三王之治 孔子颜孟之学也 后世或以事物之变为不足以撄吾心 举而捐之于空虚者 是乱天下者也 不然 以为不足以遁吾术 挈而持之以权谲者 是愈乱天下者也 然则学者将欲通变 于何求通 曰道 于何求道 曰中 于何求中 曰正 于何求正 曰易于何求易 曰心 愚老矣 尝试与二三子讲之 二三子以为愚之言乎 非也 愚闻之先儒 先儒闻诸三圣 三圣闻诸天

淳熙戊申八月二日庐陵杨万里谨序

张校本《易传序》

易者 何也 易之为言变也 易者 圣人通变之书也 何谓变 盖阴阳

太极之变也 五行 阴阳之变也 人与万物 五行之变也 万事 人与万物之变也 古初以迄于今 万事之变未已也 其作也 一得一失 而其究也一治一乱 圣人忧焉 幽观其变 湛思其通 而逆紬其图 易之所以作也易之为言变也 故易者圣人通变之书也 其穷理尽性 其正心修身 其齐家治国 其处显 其傃穷 其居常 其遭变 其参天地合鬼神 万事之变方来 而变通之道先立 变在彼 (道)变变在此 得其道者 蚩可哲 慝可淑 眚可福 危可安 乱可治 致身圣贤而跻世泰和 犹反手也 斯道何道也 中正而已矣 唯中为能中天下之不中 唯正为能正天下之不正 中正立而万变通 此二帝三王之圣治 孔子颜孟之圣学也 后世或以事物之变为不足以撄吾心 举而捐之于空虚者 是乱天下者也 不然 以为不足以遁吾术 挈而持之以权谲者 是愈乱天下者也 然则学者将欲通变 于何求通 曰道 于何求道 曰中 于何求中 曰正 于何求正 曰易 于何求易 曰心 愚老矣 尝试与二三子讲之 二三子以为愚之言乎 非也愚闻之先儒 先儒闻诸三圣 三圣闻诸天

淳熙戊申八月二日庐陵杨万里(谨)序

尹刻本《自序》

易者 何也 易之为言变也 易者 圣人通变之书也 何谓变 盖阴阳太极之变也 五行 阴阳之变也 人与万物 五行之变也 万事 人与万物之变也 古初以迄于今 万事之变未已也 其作也 一得一失 而其究也一治一乱 圣人有忧焉 于是幽观其(变)通 (湛思其通) 而逆紬其图易之所以作也 易之为言变也 (故)易者 圣人通变之书也 其穷理尽性 其正心修身 其齐家治国 其处显 其傃穷 其居常 其遭变 其参天地合鬼神 万事之变方来 而变通之道先立 变在彼 (道)变在此 得其道者 蚩可哲 慝可淑 眚可福 危可安 乱可治 致身圣贤而跻世泰和 犹反手也 斯道何道也 中正而已矣 唯中为能中天下之不中 唯正为能正天下之不正 中正立而万变通 此二帝三王之圣治 孔子颜孟之圣学也后世或以事物之变为不足以撄吾心 举而捐之于空虚者 是乱天下者也 不然 以为不足以遁吾术 挈而持之以权谲者 是愈乱天下者也 然则学者将欲通变 于何求通 曰道 于何求道 曰中 于何求中 曰正 于何求正 曰易 于何求易 曰心 愚老矣 尝试与二三子讲之 二三子以为愚

之言乎 非也 愚闻之先儒 先儒闻诸三圣 三圣闻诸天

淳熙戊申八月二日庐陵杨万里(谨)序

四库本《诚斋易传原序》

易者 何也 易之为言变也 易者 圣人通变之书也 何谓变 盖阴阳太极之变也 五行 阴阳之变也 人与万物 五行之变也 万事 人与万物之变也 古初以迄于今 万事之变未已也 其作也 一得一失 而其究也一治一乱 圣人有忧焉 于是幽观其(变)通 (湛思其通)而逆紬其图易之所以作也 易之为言变也 易者圣人通变之书也 其穷理尽性 其正心修身 其齐家治国 其处显 其傺穷 其居常 其遭变 其参天地合鬼神万事之变方来 而变通之道先立 变在彼 (道)变在此 得其道者 蚩可哲 慝可淑 眚可福 危可安 乱可治 致身圣贤而跻世泰和 犹反手也斯道何道也 中正而已矣 唯中为能中天下之不中 唯正为能正天下之不正 中正立而万变通 此二帝三王之圣治 孔子颜孟之圣学也 后世或以事物之变为不足以撄吾心 举而捐之于空虚者 是乱天下者也 不然以为不足以遁吾术 挈而持之以权谲者 是愈乱天下者也 然则学者将欲通变 于何求通 曰道 于何求道 曰中 于何求中 曰正 于何求正曰易 于何求易 曰心 愚老矣 尝试与二三子讲之 二三子以为愚之言乎 非也 愚闻诸先儒 先儒闻诸三圣 三圣闻诸天

淳熙戊申八月二日庐陵杨万里序

2. 杨万里后序

《诚斋集·易外传后序》

六经至夫子而大备 然书非夫子作也 定之而已耳 诗非夫子作也删之而已耳 礼乐 非夫子作也 正之而已耳 惟易与春秋 所谓夫子之文章者欤 昔者伏羲氏作易矣 时则有其画 无其辞 文王重易矣 时则有卦辞无余辞 至吾夫子 特起乎两圣之后 而超出乎两圣之先 发天之藏 拓圣之疆 挹彼三才之道 而注之于三绝之简 于是作彖辞 又作小象之辞 又作文言之辞 又作二系之辞 又作说卦之辞 又作序卦之辞 又作杂卦之辞 大之为天地 纤之为毫末 显之为人物 幽之为鬼神明之为仁义礼乐 微之为性命 炳然蔚然 聚此书矣 其辞精以幽 其旨

渊以长 其道溥以重 是书也 其蕴道之玉府 陶圣之大钧也欤 韩起聘鲁 见易象而喜曰 周礼尽在鲁矣 当是时 岂易之书唯鲁有之欤 抑诸国皆有而晋未有欤 宜其见之而喜也 然起之所见者 羲文之易而已 未见夫子之易也 见羲文之易 其喜已如此 使见夫子之易 其喜又当何如哉 今乃得见韩起之所未见 呜呼 后之学者 一何幸也 子贡在三千七十之中 其科在乙 其名在六 其不在升堂入室之间乎 然尝叹夫子之言性与天道不可得而闻 夫子之易书 非性与天道之言乎 而子贡独不得闻者 岂叹之之时 此书未作欤 抑已作而未出欤 今乃得闻子贡之所不得闻 呜呼 后之学者 又何幸也 每谓闻而知 不若见而知 盖闻者疏 见者亲 闻者略 见者详也 观子贡之叹 则见而知者 反不若闻而知者欤 然则学者之羡子贡 又安知子贡之不羡学者也 呜呼 学者又何幸也

嘉泰甲子四月八日庐陵杨万里后序

张校本《易传后序》

六经至夫子而大备 然书非夫子作也 定之而已耳 诗非夫子作也 删之而已耳 礼乐 非夫子作也 正之而已耳 惟易与春秋 所谓夫子之文章者欤 昔者伏羲(氏)作易矣 时则有其画 无其辞 文王重易矣 时则有卦辞无余辞 至吾夫子 特起乎两圣之后 而超出乎两圣之先 发天之藏 拓圣之疆 挹彼三才之道 而注之于三绝之简 于是作彖辞 又作小象之辞 又作文言之辞 又作二系之辞 又作说卦之辞 又作序卦之辞 又作杂卦之辞 大之为天地 纤之为毫末 显之为人物 幽之为鬼神 明之为仁义礼乐 微之为性命 炳然蔚然 聚此书矣 其辞精以幽 其旨渊以长 其道溥以重 是书也 其蕴道之玉府 陶圣之大钧也欤 (韩起)季札聘鲁 见易象而喜曰 周礼尽在鲁矣 当是时 岂易之书唯鲁有之欤 抑诸国皆有而(晋)吴未有欤 宜其见之而喜也 然(起)札之所见者 羲文之易而已 未见夫子之易也 见羲文之易 其喜已如此 使见夫子之易 其喜又当何如哉 今乃得见(韩起)季札之所未见 呜呼 后之学者 一何幸也 子贡在三千七十之中 其科在乙 其名在六 其不在升堂入室之间乎 然尝叹夫子之言性与天道不可得而闻 夫子之易书非性与天道之言乎 而子贡独不得闻者 岂叹之之时 此书未作欤 抑

已作而未出欤 今乃得闻子贡之所不得闻 呜呼 后之学者 又何幸也 每谓闻而知 不若见而知 盖闻者疏 见者亲 闻者略 见者详也 观子贡之叹 则见而知者 反不若闻而知者欤 然则学者之羡子贡 又安知子贡之不羡学者也 呜呼 学者又何幸也

嘉泰甲子四月八日(庐陵杨万里)后序

3. 张校本《奏札》

易传进呈毕宣付史馆下吉州照会指挥省札

吉州状照应本州 昨准尚书省札子

臣寮上言 臣猥以庸虚 误蒙圣恩 擢置经筵使 以周易备员进讲 自惟固陋 无以仰赞圣学之懿 徒思罄竭 以效涓埃 臣切见故宝莫阁学士杨万里有德有言 搢绅景仰 臣尝见其所著易传 始于上经 终于系辞 备行笺释 其于天人之蕴 事物之理 微显阐幽 坦然明白 近时易学 未见有以过之者 乃深自闷藏 不以轻授 意欲竢后世之知 今遇圣明 理难终晦 臣愚欲望圣慈降付三省 札下吉州 令具笔扎 就其家取本抄录 委官点对缮写投进 以备经筵讲读 岂惟愚臣得沾一溉之益 以仰赞缉熙之明 亦使著书立言之士 得显行于圣世 实天下学士大夫之幸 取进止 八月十六日三省同奉圣旨依

札付吉州 本州移文故杨宝学家抄录申发 续据

承议郎前权通判道州军州兼管内勤农营田事杨长孺状申 准本州公文 备准前项省札照对 先父故宝莫阁学士杨万里生前所著易传盖自淳熙戊申捌月下笔 至嘉泰甲子肆月脱稿 阅拾有柒年 而后成书平生精力尽于此易 然自以发挥其所学 初非徼觊于当时 尚未敢云私淑诸人 夫岂有意彻闻于上 兹承州牒备准省札 爰因臣寮之上奏 遂辱君命之下取 惟先父著述之勤苦 乃一旦昭升而显行 蕞尔不肖之孤儿 瞿然只奉于明诏 欣奉盛世 敢匿父书 敬拜给扎之恩 谨出遗编之帙 所有先父易传壹部 贰拾卷 约拾伍万字 家藏见在 乞缮写申发

本州已收买纸札工料 差书吏并杨宝学易传发下州学去后 今据迪功郎新筠州州学教授权吉州教授陈洪范状申 准本州差到书吏前来抄写 前项易传除已差委学喻萧孝恭等伍员校正点对迄 申解赴州其抄录伍员校正点对迄 申解赴州 其抄录到易传贰部 计贰拾册 紫

绫表背 匣复盛贮 见在 伏候敕旨 贴黄称 易传贰部 壹部乞降讲筵所 壹部乞降秘书省 四月二十二日奉圣旨依易传拾册降付秘书省

右札付杨承议

嘉定二年四月二十二日

尹刻本《宋臣寮请钞易传状》

臣寮上言 臣猥以庸(虚)愚 误蒙圣恩 擢置经筵使 以周易备员进讲 自惟固陋 无以仰赞圣学之懿 徒思罄竭 以效涓埃 臣切见故宝莫阁学士杨万里 有德有言(搢)荐绅景仰 臣尝见其所著易传 始于上经 终于系辞 备行笺释 其于天人之蕴 事物之理 微显阐幽 坦然明白 近时易学 未见有以过之者 乃深自闷藏 不以轻授 意欲(竢)俟后世之知 今遇圣明 理难终晦 臣愚欲望圣慈降付三省 札下吉州 令具笔(扎)札 就其家取本(抄)钞录 委官点对缮写投进 以备经筵讲读 岂惟愚臣得沾一溉之益 以仰赞缉熙之明 亦使著书立言之士 得显行于圣世 实天下学士大夫之幸 取进止(八月十六日三省同)奉圣(旨)依

尹刻本《杨承议申送易传状》:

承议郎前权通判道州军州兼管内勤农营田事杨长孺状申(准)准本州公文 备(准)准(前项)省札照对 先父故宝莫阁学士杨万里生前所著易传 盖自淳熙戊申捌月下笔 至嘉泰甲子肆月脱(稿)稿 阅拾有柒年 而后成书 平生精力尽于此(易)书 然自以发挥其所学 初非徼觊于当时 尚未敢云私淑诸人 夫岂(有意)望彻闻于上 兹承州牒备(准)准省札 爰因臣寮之上奏 遂辱君命(之)而下取 惟先父著述之勤苦 乃一旦昭升而显行 蕞尔不肖之孤儿(瞿)矍然只奉于明诏 欣奉盛世 敢匿父书 敬拜给(扎)札之恩 谨出遗编之帙 所有先父易传壹部 贰拾卷 约拾伍万字 家藏见在 乞缮写申发

4.张校本《诚斋易传投进本末》

下吉州录进易传指挥省札

臣寮上言 臣猥以庸虚 误蒙圣恩 擢置经筵使 以周易备员进讲 自惟固陋 无以仰赞圣学之懿 徒思罄竭 以效涓埃 臣切见故宝莫阁

学士杨万里有德有言 搢绅景仰 臣尝见其所著易传 始于上经 终于系辞 备行笺释 其于天人之蕴 事物之理 微显阐幽 坦然明白 近时易学 未见有以过之者 乃深自閟藏 不以轻授 意欲竢后世之知 今遇圣明 理难终晦 臣愚欲望圣慈降付三省 札下吉州 令具笔扎 就其家取本抄录 委官点对缮写投进 以备经筵讲读 岂惟愚臣得沾一溉之益 以仰赞缉熙之明 亦使著书立言之士 得显行于圣世 实天下学士大夫之幸 取进止 八月十六日三省同奉圣旨依

右札付吉州

嘉定元年八月月十八日[1]

以上内容,《儒藏》精华编校点者仅于 p. 12 出一条校勘记:①"抄录"下,原衍"伍员校正点对迄申解赴州其抄录"十四字,今据文意删。

看来,校点时应该仔细核对,重要的地方应当出校勘记。如《自序》,底本"圣人忧焉",尹刻本作"圣人有忧焉";底本"变在彼 变变在此",尹刻本作"变在彼 变在此",而《诚斋集》则作"变在彼 道在此";底本"湛思其通"四字,尹刻本无;底本"幽观其变",尹刻本作"幽观其通",应当出校勘记。又如《奏札》,底本"猥以庸虚",尹刻本作"猥以庸愚";底本"搢绅景仰",尹刻本作"荐绅景仰";底本"遂辱君命之下取",尹刻本作"遂辱君命而下取",应当出校勘记。

附录

通审《张先生校正杨宝学易传》二十卷校点稿意见

虽该稿经三次初审方交通审,然其错误仍不为少。除句读、标点之外,不符合体例要求者亦多存在。校点此书,除仔细查看参校本,查找有关易学及历史书籍更是必不可少之步骤。

校点通病

1. 六十四卦爻,如"初九,"一律作"初九:"。已经全部改正。

---

① 此文与尹刻本《宋臣寮请钞易传状》基本相同,尹本无"八月十六日三省同"、"右札付吉州"和"嘉定元年八月月十八日"二十三字。

2. 六十四卦《大象》传，如“天行，健。”、“地势，坤。”、“山下出泉，蒙。”，作“天行健，”、“地势坤，”、“山下出泉，蒙，”。已经全部改正。

3. 杨传中，不少“彖”、“象”字，没有加书名号，已经改正。

4. 历史人名凡两字为两人者，多数没有加顿号，已经改正。

5. 引用孟子、伊川等文句，或不加引号，或多混入杨传语，已经改正。

6. 句读标点错误，每卷都有几十处，请见通审者蓝色笔改正处。

纠错举例

卷一

程子谓舜之侧微是也。改作：程子谓“舜之侧微”，是也。

程子谓舜之田渔时也。改作：程子谓“舜之田渔时也”。

见在田，时舍也。改作：见龙在田，①时舍也。补校勘记：①“龙”字，原缺。据尹本、四库本补。

传曰：有无君之心，而后动于恶。故一小不善之心，在下者不可不察之于己。

改作：传曰“有无君之心，而后动于恶”，故一小不善之心，在下者不可不察之于己。

六二固不必习也，虽然不必习而习，不亦进进矣哉！

改作：六二固不必习也，虽然不必习，而习不亦进进矣哉！

程子谓义所当为，则以时而发，若含而不为，非尽忠也。其论至矣。

改作：程子谓“义所当为，则以时而发，若含而不为，非尽忠也”，其论至矣。

程子谓阴者妇道，妇居尊位，非常之变，不可言也。其发明圣人之意尤深远矣。

改作：程子谓“阴者妇道，妇居尊位，非常之变，不可言也”，其发明圣人之意尤深远矣。

卷二

象言雷雨之动者,改作:《象》言雷雨之动者,

《象》曰:云雷,屯, 改作:《象》曰:云雷,屯。

《象》曰:山下出泉,蒙, 改作:《象》曰:山下出泉,蒙。

《象》曰:云上于天,需, 改作:《象》曰:云上于天,需。

《象》曰:天与水违行,讼, 改作:《象》曰:天与水违行,讼。

善教欲宽,不欲苛。善学欲逊,不欲速。

改作:善教,欲宽不欲苛。善学,欲逊不欲速。

女德以顺为正,三仰舍上九之应,而俯从九二之强,

改作:女德,以顺为正。三,仰舍上九之应而俯从九二之强,

元明二君 改作:元、明二君

赧献 改作:赧、献

僖照 改作:僖、照

王谢 改作:王、谢

牛李 改作:牛、李

吴越 改作:吴、越

汉武匈奴 改作:汉武、匈奴

驷良 改作:驷、良

栾陈 改作:栾、陈

所谓困而不学,民斯为下者与?改作:所谓“困而不学,民斯为下”者与?

九二:不克讼,归而逋其邑人三百户,无眚。

改作:九二,不克讼,归而逋。其邑人三百户,无眚。(孔颖达以“归而逋其邑,人三百户无眚”绝句,今不从。)

卷三

《象》曰:地中有水,师, 改作:《象》曰:地中有水,师。

《象》曰:地上有水,比, 改作:《象》曰:地上有水,比。

彼不正而此正,正也,非众正也。

改作:彼不正,而此正正也,非众正也。

《象》曰:地中有水,师, 改作:《象》曰:地中有水,师。

故孟子曰："天下莫不与也，天下莫不我与，则寇狄谁与哉？"

改作：故孟子曰"天下莫不与也"，天下莫不我与，则寇狄谁与哉？

程子谓左次者退舍之谓也，此说得之。

改作：程子谓"左次"者"退舍"之谓也，此说得之。

余耳之光 改作：余、耳之光（陈余与张耳）

程子谓伊尹、武侯必待礼而后出。

改作：程子谓"伊尹、武侯必待礼而后出"。

无取之之心，则曷为取其向而来者也？

改作：无取之之心则曷为？取其向而来者也。

乾进，而上物止之于前，二卦均也，

改作：乾进而上，物止之于前，二卦均也。

九五以纯刚而宅中，正此下以礼而正上，上以礼而自正也。

改作：九五以纯刚而宅中正，此下以礼而正上，上以礼而自正也。

彖象言礼之可行，爻辞言行而不处，其复于礼一也。

改作：《彖》、《象》言礼之可行，爻辞言行而不处，其复于礼一也。

颜子陋巷之禹、稷、仲舒下帷之伊、吕、孔明草庐之管、乐不如是不为素履。

改作：颜子陋巷之，禹、稷、仲舒下帷之，伊、吕、孔明草庐之，管乐不如，是不为素履。

彖与六三，以一卦言也。

改作：《彖》与六三，以一卦言也。

易以在下为尾。

改作：《易》以在下为尾。

卷四

一言以蔽之，曰进君子退小人而已。

改作：一言以蔽之曰，进君子退小人而已。

一言而尽，曰交而已。

改作：一言而尽曰，交而已。

君子之志在天下，不在一身，

改作:君子之志,在天下不在一身,

九二:包荒,用冯河不遐遗,朋亡,

改作:九二,包荒,用冯河,不遐遗,朋亡。

刚果之才,偏于勇,责其不全,天下有废才。幽远之士壅于简,搜之不傅,则天下有逸士。孤立之贤塞于朋,主之不力,则天下有危贤。

改作:刚果之才偏于勇,责其不全则天下有废才;幽远之士壅于简,搜之不傅则天下有逸士;孤立之贤塞于朋,主之不力则天下有危贤。①

补校勘记:①"危",尹本、四库本作"厄"。

如西汉以列侯尚主之尚,其尧舜野无遗贤之世乎?

改作:如西汉以列侯"尚主"之尚,其尧舜"野无遗贤"之世乎?

萧、传陨而恭、显荐,贡禹、王章诛而钦郯贺,①王氏九龄罢而林甫引仙客、国忠,

改作:萧、传陨而恭、显荐;①贡禹、王章诛而钦郯贺;②王氏九龄罢而林甫引仙客、国忠。补校勘记:①"传",尹本、四库本作"傅",是。

呜呼,圣人之戒,亦不缓矣,而犹有不惧者,何也?

改作:呜呼!圣人之戒亦不缓矣,而犹有不惧者何也?

泰之卦辞约,曰泰小往大来吉亨而已,喜君子进而天下治也。否之卦辞详,曰否之匪人,又曰不利,又曰君子贞,又曰大往小来,痛小人进而天下乱也。

改作:泰之卦辞约,曰"泰,小往大来,吉亨"而已,喜君子进而天下治也。否之卦辞详,曰"否之匪人",又曰"不利",又曰"君子贞",又曰"大往小来",痛小人进而天下乱也。

元亨利贞,卦之四德,泰得其一。曰亨,而又曰吉亨,亨之至也。否得其二,不曰利而必曰不利,曷为不利也?用匪其人,小人之利,天下之不利也。曰贞而必曰君子贞,曷为君子独贞也?君子之贞,天下之不贞也。泰之君子,以一身之亨亨天下,否之君子,以天下之正正一身,非不欲正天下也,时不可也,故曰君子贞,言贞固自守而已。

改作:元亨利贞,卦之四德。泰得其一,曰"亨"而又曰"吉亨",

亨之至也。否得其二,不曰"利"而必曰"不利",曷为不利也?用匪其人,小人之利天下之不利也。曰"贞"而必曰"君子贞",曷为君子独贞也?君子之贞天下之不贞也。泰之君子以一身之亨亨天下;否之君子以天下之正正一身。非不欲正天下也,时不可也。故曰"君子贞",言贞固自守而已。

同人曰"同人于野,亨,利涉大川",乾行也。

改作:《同人》曰"同人于野,亨,利涉大川",乾行也。

彖辞赞六二得中而应乎乾,

改作:《彖》辞赞六二得中而应乎乾,

桓温忌王谢之忠,

改作:桓温忌王、谢之忠,

九五:同人,先号咷而后笑,

改作:九五,同人先号咷,而后笑,

管蔡毁旦,燕盖谮霍,先悲而号也。

改作:管、蔡毁旦,燕盖谮霍,先悲而号也。(管叔、蔡叔,燕王盖)

九二,大臣。九四,迩臣。九三位虽高,而非大臣之任,

改作:九二,大臣;九四,迩臣;九三,位虽高而非大臣之任。

六爻亨一,吉二,无咎三。

改作:六爻,"亨"一"吉"二"无咎"三。

卷五

旧说谓山能下为山之谦。郭氏谓非山之谦,地之谦,皆偏也。

改作:旧说谓山能下,为山之谦。郭氏谓非山之谦、地之谦,皆偏也。

《象》曰:地中有山,谦,

改作:《象》曰:地中有山,谦。

九三:劳谦君子,有终,吉。

改作:九三,劳谦,君子有终,吉。

此皋陶予未有知之谦。勃骄主,傲也。浑排濬,忌也。

改作:此皋陶"予未有知"之谦。勃骄主,傲也;浑排濬,忌也。

卫武享国百年,而作抑诗以自警,且曰:“勿以我耄而舍我,其教戒我。”此上六之鸣者欤?

改作:卫武享国百年而作抑诗以自警,且曰“勿以我耄而舍我”。其教戒我,此上六之鸣者欤?(语出《国语》)

建侯天下祸福之始,行师天下祸福之终,天下事有大于二者乎?

改作:建侯,天下祸福之始;行师,天下祸福之终。天下事,有大于二者乎?

然动而顺天下之理,举而顺天下之心,理动而人心顺,心顺而人心说,

改作:然动而顺,天下之理;举而顺,天下之心。理动而人心顺,心顺而人心说。

观人心则见天理盖人心天理之集也,循其所当然,斯得天下之大说,故曰顺以动豫,理先心而得也。合其所同然,斯行天下之大顺,故曰豫顺以动,理后心而行也。

改作:观人心,则见天理。盖人心,天理之集也。循其所当然,斯得天下之大说,故曰顺以动豫。理,先心而得也。合其所同然,斯行天下之大顺,故曰豫顺以动。理,后心而行也。

故暴公以谗鸣,伊、戾以谀鸣,仪、秦以说鸣,髡、衍以辩鸣,晁错、主父偃以谋鸣,江充、息夫躬以讦鸣,王叔文以治道鸣,李训以大言鸣。鸣乎下,应乎上,凶在其中矣。

改作:故暴公以谗鸣;伊、戾以谀鸣;仪、秦以说鸣;髡、衍以辩鸣;晁错、主父偃以谋鸣;江充、息夫躬以讦鸣;王叔文以治道鸣;李训以大言鸣。鸣乎!下应乎上,凶在其中矣。

六三:盱豫,悔,迟有悔。

改作:六三,盱豫悔,迟有悔。

故阳虎幸于季氏,则图季氏,上官桀幸于霍氏,则图霍氏,季、霍几危,虎、桀亦败。

改作:故阳虎幸于季氏则图季氏;上官桀幸于霍氏则图霍氏。季、霍几危,虎、桀亦败。

故潘岳知负阿母,而不能离贾谧,萧至忠知善宋璟,而不能去公

主,客主同诛,交相为累。

改作:故潘岳知负阿母而不能离贾谧;萧至忠知善宋璟而不能去公主。客主同诛,交相为累。

大禹兴治水之大役、伊尹任伐夏之大事、周公决东征之大议是也。故得曰大有得,志曰大行,皆大动也。

改作:大禹兴治水之大役;伊尹任伐夏之大事;周公决东征之大议,是也。故得曰大有得、志曰大行。皆大动也。

上六:冥豫成,有渝,无咎。

改作:上六,冥豫成,有渝无咎。

兑,少女。震,长男。男行女随。

改作:兑少女,震长男,男行女随。

程子谓非圣人大贤则不能,伊、周、孔明是也。其次则郭子仪。渊哉,程子之言也!

改作:程子谓"非圣人大贤则不能",伊、周、孔明是也。"其次则郭子仪"。渊哉!程子之言也。

尧之舍已从人,舜之闻见一善,上也。高祖从谏转圜,太宗道人使谏,次也。尧、舜圣之随,高祖、太宗贤之随。

改作:尧之舍已从人;舜之闻见一善,上也。高祖从谏转圜;太宗道人使谏,次也。尧、舜,圣之随。高祖、太宗,贤之随。

亡以为喻,若有以拘而系之者喻之,不足,若又从而縶之维之者,是虽逃之有不脱,辞之有不听,而况可得间而离之乎?

改作:亡以为喻,若有以拘而系之者。喻之不足,若又从而縶之维之者。是虽逃之有不脱,辞之有不听,而况可得间而离之乎?

然则阉之弊文宗曷为不能革?曰文宗有六五之柔,无六五之辅。

改作:然则阉之弊,文宗曷为不能革?曰:文宗有六五之柔,无六五之辅。

巢、许、夷、齐、四皓、严光其人也,与荷蓧、晨门异矣。

改作:巢、许、夷、齐、四皓、严光其人也与?荷蓧、晨门,异矣。

卷六

故彖曰大亨以正。

改作:故《彖》曰大亨以正。

近臣贤且正乎,四皓从子房,近臣不贤且不正乎,两生拒叔孙。

改作:近臣贤且正乎,四皓从子房;近臣不贤且不正乎,两生拒叔孙。

故曰:言甘诱我也,忧之忘,诱之昌。

改作:故曰“言甘诱我也”,忧之忘诱之昌。① 补校勘记:①“忧之忘诱之昌”,尹本作“忘诱者昌”,四库本作“防诱者昌”。

师德荐仁杰,萧嵩荐韩、休,庶乎临之六四矣。师德容仁杰者也,嵩非容休者也,师德贤,而嵩难。

改作:师德荐仁杰;萧嵩荐韩、休,庶乎临之六四矣。师德,容仁杰者也;嵩,非容休者也。师德贤而嵩难。

曰知临何也?惟不自任其知,而兼众智,是以大其智,故曰知临,又曰大君。二帝三王之圣一也,舜曰大舜……

改作:曰知临何也?惟不自任其知而兼众智,是以大其智,故曰知临。又曰大君,二帝三王之圣一也,舜曰大舜……

有志矣,有位,可行也,无位,亦可行也,

改作:有志矣,有位可行也,无位亦可行也。

故祁奚之免叔向,在于请老之后,非有位也。吕强之庇党人,乃无宠任之柄,非有力也,君子病无志耳。

改作:故祁奚之免叔向在于请老之后,非有位也;吕强之庇党人乃无宠任之柄,非有力也。君子病无志耳。

《彖》曰:大观在上,顺而巽,中正以观天下。观盥而不荐,“有孚颙若”下观而化也。观天之神道而四时不忒,圣人以神道设教而天下服矣。

改作:《彖》曰:大观在上,顺而巽,中正以观天下,观。“盥而不荐,有孚颙若”,下观而化也。观天之神道,而四时不忒。圣人以神道设教,而天下服矣。

六三:观我生,进退。

改作:六三,观我生进退。

噬嗑,亨,利用狱。

改作:噬嗑,亨。利用狱。

《彖》曰:颐中有物,曰噬嗑,噬嗑而亨,

改作:《彖》曰:颐中有物,曰噬嗑。噬嗑而亨。

《象》曰:雷电,噬嗑,

改作:《象》曰:雷电,噬嗑。

然则治狱者,明以察情,非矜其明,威以惩恶,非尚其威,一听于六五仁厚中和之君而已。

改作:然则治狱者,明以察情,非矜其明;威以惩恶,非尚其威。一听于六五仁厚中和之君而已。

九四一卦之梗也,干胏有骨之肉,一味之梗也。

改作:九四,一卦之梗也。干胏,有骨之肉,一味之梗也。

训色变,怯也。蕃宣章,踈也。

改作:训色变,怯也;蕃宣章,踈也。

然隔于六五之居,间而忧疑怨尤,则不可也。

改作:然隔于六五之居间,④而忧疑怨尤则不可也。补校勘记:④“居”,尹本、四库本作“君”。

故圣人释其疑,解其尤,而曰位虽若隔而可疑,德则相亲而终无尤也。

改作:故圣人释其疑、解其尤,而曰位。虽若隔而可疑,德则相亲,而终无尤也。(圣人之大宝曰位)

六五:贲于丘园,束帛戋戋,吝,终吉。

改作:六五,贲于丘园,束帛戋戋。吝,终吉。

不使天下有一贤之遗,文治有一毫之缺此贲之至盛也。

改作:不使天下有一贤之遗,文治有一毫之缺,此贲之至盛也。

呜呼,六五之贲丘园,其汤之莘,高宗之巖,文王之渭乎?

改作:呜呼!六五之贲丘园,其汤之莘、高宗之巖、文王之渭乎?

吝,故荣。荣,故喜。喜,故吉。

改作:吝故荣,荣故喜,喜故吉。

不敝故无咎,无咎故得志。

改作:不敝,故无咎;无咎,故得志。

卷七

自一阴之姤，生而愈长，进而愈上，至于五阳为五阴矣。

改作：自一阴之姤，生而愈长，进而愈上，至于五阳为五阴矣。①补校勘记：①“五阳”二字，衍。

正道灭，而后凶于而国者随之。王章不诛，汉不亡，任恺不去，晋不乱。

改作：正道灭而后凶，于而国者随之。王章不诛，汉不亡；任恺不去，晋不乱。

恶来亡商，尹氏亡周，椒兰亡楚，斯、高亡秦，张禹、胡广亡汉，贾充亡晋，守澄、令孜亡唐，此小人剥庐终不可用之効也。

改作：恶来亡商；尹氏亡周；椒兰亡楚；斯、高亡秦；张禹、胡广亡汉，贾充亡晋，守澄、令孜亡唐，此小人剥庐终不可用之効也。

复见天地之心乎？

改作：复，见天地之心乎？①补校勘记：①“复”下，尹本、四库本有“其”字。

阳既入而处于下，又将出而进于上何？必欲速。疾，速也。复而临，临而泰，三阳朋来，则复不孤，何患有咎？故动而以顺行，则自然出入无疾，朋来无咎，俟之之辞也。……故天行则自然反复其道。七日来复，慰之之辞也。

改作：阳既入而处于下，又将出而进于上，何必欲速？疾，速也。复而临，临而泰，三阳朋来则复不孤，何患有咎？故动而以顺行，则自然出入无疾。朋来无咎，俟之之辞也。……故天行则自然反复其道。七日来复，慰之之辞也。

体之圣，失之愚，履之治，舍之乱，圣愚治乱，此心而已。

改作：体之圣，失之愚；履之治，舍之乱。圣愚治乱，此心而已。

易之道无不含罗也。

改作：《易》之道无不含罗也。

《象》曰：“不远”之“复”，以修身也。

改作：《象》曰：“不远”之复，以修身也。

《象》曰：“休复”之“吉”，以下仁也。

改作:《象》曰:“休复”之吉,以下仁也。

《象》曰:“频复”之“厉”,义无咎也。

改作:《象》曰:“频复”之厉,义无咎也。

此如夷子焉,因徐辟而见孟子,视陈相则优,不可以为公孙丑、万章,故未许之以吉。无咎,无悔。

改作:此如夷子焉,因徐辟而见孟子,视陈相则优,不可以为公孙丑、万章。故未许之以吉、无咎、无悔。

《象》曰:“迷复”之“凶”,反君道也。

改作:《象》曰:“迷复”之凶,反君道也。

彖曰刚反,反,言归也。寇退,曾子反,是也。

改作:《彖》曰刚反。反,言归也。寇退曾子反,是也。

无妄,刚自外来,而为主于内。动而健,刚中而应,大亨以正,天之命也。“其匪正有眚,不利有攸往”。无妄之往何之矣?天命不祐,行矣哉?

改作:无妄,刚自外来而为主于内。动而健,刚中而应。大亨以正,天之命也。“其匪正有眚,不利有攸往”,无妄之往,何之矣?天命不祐,行矣哉!

然则天命文王,而武王何自知之,民之所欲,天必从之。故也八百国、三千臣、亿兆人,以天之命诏武王,而武王乃伐商,是谓动以天。

改作:然则,天命文王而武王何自知之?民之所欲,天必从之故也。八百国、三千臣、亿兆人,以天之命诏武王,而武王乃伐商,是谓动以天。

《象》曰:“无妄”之“往”得志也。

改作:《象》曰:“无妄”之往,得志也。

未富者,实富而名未富。

改作:未富者实富,而名未富。

《彖》曰:大畜刚健、笃实、辉光,日新其德。刚上而尚贤,能止健,大正也。

改作:《彖》曰:大畜,刚健笃实,辉光日新其德。刚上而尚贤,能止健,大正也。

卷八

故圣人喜之曰颐之时大矣哉。

改作:故圣人喜之,曰:“颐之时大矣哉!”

然慎言非默,当其可,则谏死不羡括囊。节食非矫,当其不可,则采薇不羡林肉。

改作:然慎言非默,当其可则谏死,不羡括囊。节食非矫,当其不可则采薇,不羡林肉。

朵,动也,震动初应四。

改作:朵,动也。震动,初应四。

六二:颠颐,拂经于丘颐,征凶。

改作:六二,颠颐,拂经于丘。颐,征凶。

不知自养,而躁于求养,其伾文八司马之徒与?

改作:不知自养而躁于求养,其伾、文、八司马之徒与?(《旧唐书》:**伾**、叔**文**既逐,诏贬其党韩晔饶州**司马**、韩泰虔州**司马**、陈谏台州**司马**、柳宗元永州**司马**、刘禹锡朗州**司马**、凌准连州**司马**、程异郴州**司马**、韦执谊崖州**司马**。)

“颠颐”之“吉”,上施光也。

改作:“颠颐”之吉,上施光也。

六五:拂经,居贞吉,不可涉大川。《象》曰:“居贞”之“吉”,

改作:六五,拂经,居贞,吉。不可涉大川。《象》曰:“居贞”之吉,

林宗曰:大厦将颠,非一木之枝。不忤群小……

改作:林宗曰:“大厦将颠,非一木之枝。”不忤群小……

“栋桡”之“凶”,

改作:“栋桡”之凶,

将欲辅上六之栋,而适以坏之者也扶倾者倾必速,支厦者厦必覆。

改作:将欲辅上六之栋,而适以坏之者也。扶倾者倾必速,支厦者厦必覆。

“栋隆”之“吉”

改作:"栋隆"之吉

退韦贤、千秋而相丙、魏,退张说、藏用,而相姚、宋,退珣、瑜、执谊,而相黄裳,汉唐之兴也勃焉,此栋隆吉之效也。

改作:退韦贤、千秋而相丙、魏;退张说、藏用而相姚、宋;退珣、瑜、执谊而相黄裳,汉、唐之兴也勃焉。此栋隆吉之效也。

鲁昭公欲去季氏,而倚公衍、公为,邵陵厉公欲抑司马氏,而倚曹爽,唐文宗欲除官寺,而倚训、注,何可久之验也。

改作:鲁昭公欲去季氏而倚公衍、公为;邵陵厉公欲抑司马氏而倚曹爽;唐文宗欲除官寺而倚训、注,何可久之验也。①补校勘记:①"官",尹本、四库本作"宦",是。

"过涉"之"凶",

改作:"过涉"之凶,

程子谓上六以阴柔处过极,不恤危亡履险蹈祸,是也。

改作:程子谓"上六以阴柔处过极"、"不恤危亡,履险蹈祸",是也。

《象》曰:水洊至,习坎,

改作:《象》曰:水洊至,习坎。

"习坎入坎"

改作:"习坎"入"坎",

圣人则曰:斯人宜勿用,用之终无功何也?

改作:圣人则曰斯人宜勿用,用之终无功,何也?

离丽也,日月丽乎天,百谷草木丽乎土。重明以丽乎正,乃化成天下。柔丽乎中正,故亨,是以"畜牝牛吉"也。

改作:离,丽也。日月丽乎天,百谷草木丽乎土。重明以丽乎正,乃化成天下。柔丽乎中正,故亨。是以"畜牝牛"吉也。

明蔽,必察明而养之以正乃亨,故曰利贞亨。明过,必刚明而养之以柔乃吉,故曰畜牝牛吉。

改作:明蔽必察,明而养之以正乃亨。故曰利贞亨。明过必刚,明而养之以柔乃吉。故曰畜牝牛吉。

《象》曰:明两作离,

改作:《象》曰:明两作,离。

非晦其明,则众之所忌,咎之所集。敬者,畏谨以晦其明也,故无咎。

改作:非晦其明,则众之所忌、咎之所集,敬者畏谨以晦其明也。①故无咎。

补校勘记:①“以”,尹本同,四库本作“而”。

曰圣则吾不能,圣则吾岂敢,事君尽礼,为礼必敬,恂恂訚訚,似不能言。

改作:曰“圣则吾不能”,圣则吾岂敢!事君尽礼,为礼必敬,恂恂訚訚,似不能言。

曹太子闻乐而叹,君子曰:非叹所也。故子于是日哭,则不歌。

改作:曹太子闻乐而叹,君子曰非叹所也,故“子于是日哭,则不歌”。

上九:王用出征,有嘉。折首,获匪其丑,无咎。

改作:上九,王用出征,有嘉折首,获匪其丑,无咎。

卷九

《象》曰:山上有泽,咸,

改作:《象》曰:山上有泽,咸。

恒,亨,无咎。利贞,利有攸往。

改作:恒,亨,无咎,利贞。利有攸往。

终则有始,荀爽谓乾气下终,复升上居四而为始,坤气上终,复降下居初而为始。程子谓动则终而复始,所以恒而不穷。若夫夫妻反目,父子相夷,君臣罔终,朋友隙末,皆失恒之道矣。

改作:终则有始,荀爽谓“乾气下终,复升上居四而为始;坤气上终,复降下居初而为始”,程子谓“动则终而复始,所以恒而不穷”。若夫夫妻反目;父子相夷;君臣罔终;朋友隙末,皆失恒之道矣。

《象》曰:雷风恒,

改作:《象》曰:雷风,恒。

《象》曰:“浚恒”之“凶”,始求深也。

改作:《象》曰:“浚恒”之凶,始求深也。

人皆曰予知,择乎中庸,而不能期月守也。三月不违,一善不失其惟颜乎?

改作:人皆曰予知择乎中庸,而不能期月守也。三月不违,一善不失,其惟颜乎? ①补校勘记:①“乎”,尹本同,四库本作“子”。

扬雄久居莽贤之,间官不过侍郎执戟是也。金门玉堂,非其时则有道者不处也,顾雄欲之而不得者。作易者其知雄之心者耶?

改作:扬雄久居莽贤之间,官不过侍郎,执戟是也。金门玉堂,非其时则有道者不处也。顾雄欲之而不得者,作《易》者其知雄之心者耶?

吾读易至遁而叹曰:

改作:吾读《易》至遁而叹曰:

孔子答货曰:“诺,吾将仕矣。”孟子与驩朝暮见,何疾恶之有见?货亦瞰亡,见驩未尝与言行事,何不严之有?

改作:孔子答货曰“诺。吾将仕矣”;孟子与驩朝暮见,何疾恶之有?见货亦瞰亡;见驩未尝与言行事,何不严之有?

《象》曰:系遁之厉,有疾惫也。“畜臣妾吉”,不可大事也。

改作:《象》曰:“系遁”之厉,有疾惫也。“畜臣妾,吉”,不可大事也。

暱系非大人之事也,臣妾小人之事也。

改作:暱系,非大人之事也;臣妾,小人之事也。

九四:好遁,君子吉,小人否。《象》曰:君子“好遁”,“小人否”也。

改作:九四,好遁。君子吉,小人否。《象》曰:君子:“好遁”,小人否也。

微陋巷之颜,汶上之闵,舞雩之曾,其谁实当之?

改作:微陋巷之颜、汶上之闵、舞雩之曾,其谁实当之?

大壮大者壮也,刚以动故壮,“大壮利贞”,大者正也。

改作:“大壮”,大者壮也。刚以动,故壮。大壮“利贞”,大者正也。

《象》曰:“九二贞吉”,以中也。

改作:《象》曰:九二“贞吉”,以中也。

“小人用壮”,君子“罔”也。

改作:“小人用壮”,君子罔也。

九四:贞吉悔亡,藩决不羸,壮于大舆之輹。

改作:九四,贞吉,悔亡。藩决不羸。壮于大舆之輹。

不能退者居众爻之上也,不能遂者处一卦之穷也,故无攸利。

改作:不能退者,居众爻之上也;不能遂者,处一卦之穷也。故无攸利。

卷十

柔进而上行,是以康侯用锡马蕃庶昼日三接也。

改作:柔进而上行。是以“康侯用锡马蕃庶昼日三接”也。

《象》曰:明出地上,晋,

改作:《象》曰:明出地上,晋。

禹之恶旨酒,汤之不迩声色,不殖货利,彻其掩以自昭也。

改作:禹之恶旨酒;汤之不迩声色、不殖货利,彻其掩以自昭也。

大抵日中非日之盛,而莫盛于朝日,刚明非晋之盛,而莫盛于柔明。

改作:大抵,日中非日之盛,而莫盛于朝日;刚明非晋之盛,而莫盛于柔明。

《书》曰:“柔而立”,又曰:“高明柔克”,六五以之。

改作:《书》曰“柔而立”,又曰“高明柔克”,六五以之。

明极者必穷,物刚极者必触物,

改作:明极者必穷物,刚极者必触物。

易之道,有时有人,逢其时,顾其人用之者何如耳。

改作:易之道有时,有人逢其时,顾其人用之者何如耳。

文王用一卦,故内焉,离之文明,我则用之,以不失其盛;外焉,坤之柔顺,我则用之,以服事殷。

改作:文王用一卦,故内焉离之文明,我则用之以不失其盛;外焉坤之柔顺,我则用之以服事殷。

然彖辞、象辞同曰“明入地中,明夷”,易之例未有也,改作:然《彖》辞、《象》辞同曰"明入地中,明夷",《易》之例未有也。

《象》曰:"明入地中,明夷",

改作:《象》曰:明入地中,明夷。

《象》曰:六二之吉,

改作:《象》曰:六二之"吉",

《象》曰:风自火出,家人,

改作:《象》曰:风自火出,家人。

《象》曰:六二之吉,

改作:《象》曰:六二之"吉",

易之富家,即《记》之家肥也。

改作:《易》之"富家",即《记》之"家肥"也。

初九:悔亡,丧马,勿逐自复。

改作:初九,悔亡。丧马勿逐,自复。

善合睽者,与其亟也,宁舒。与其褊也,宁宏。

改作:善合睽者,与其亟也宁舒,与其褊也宁宏。

《象》曰:遇主于巷,未失道也。

改作:《象》曰:"遇主于巷",未失道也。

天,言上。劓,言伤也。

改作:天言上,劓言伤也。

九四:睽孤,遇元夫,交孚,厉无咎。《象》曰:交孚无咎,志行也。

改作:九四,睽孤,遇元夫。交孚,厉,无咎。《象》曰:"交孚"无咎,志行也。

乃下荐洛川司马张东之,荐一柬之,而五柬之合与仁杰而六,周复为唐,仁杰之志行矣。

改作:乃下荐洛川司马张东之,荐一柬之而五柬之合,与仁杰而六,周复为唐,仁杰之志行矣。

《象》曰:"遇雨"则"吉",群疑亡也。

改作:《象》曰:"遇雨"则吉,①群疑亡也。补校勘记:①"则",尹本、四库本作"之"。

卷十一

蹇,利西南,不利东北,利见大,人贞吉。

改作:蹇,利西南,不利东北。利见大人,贞吉。

《象》曰:山上有水,蹇,

改作:《象》曰:山上有水,蹇。

象之言盖叹九五之无助也与?

改作:《象》之言,盖叹九五之无助也与?

《象》曰:雷雨作,解,

改作:《象》曰:雷雨作,解。

《象》曰:九二贞吉,得中道也。

改作:《象》曰:九二"贞吉",得中道也。

一旦乘公卿大夫之路车乘马,以行于大逵乎?

改作:一旦乘公卿大夫之路车,乘马以行于大逵乎?②补校勘记:②"乘",尹本、四库本作"驾"。

赵高僭秦,以致胜、广胜,广至而高与秦偕亡。赵忠、张让擅汉以致董卓,卓至而二竖与汉俱灭。盗斯夺之,六三谁咎也?解之君臣,其免盗乎?

改作:赵高僭秦以致胜、广,胜、广至而高与秦偕亡;赵忠、张让擅汉以致董卓,卓至而二竖与汉俱灭。盗斯夺之。六三,谁咎也?解之君臣其免盗乎?

程子云:"孚,验也。用君子之验,验之于小人退而已。"

改作:程子云:孚"验也"。用君子之验,验之于小人,退而已。

然损之道,有损奢以从俭者,有损不善以从善者,有损己以益人者,有损己而取人之益者,有损之损者,有损之益者,有不损之损者,其损七,其所以损者一也。

改作:然损之道:有损奢以从俭者;有损不善以从善者;有损己以益人者;有损己而取人之益者;有损之损者;有损之益者;有不损之损者。其损七,其所以损者一也。

初九之益,六四、九二之益六五,六三之益上九,此损己以益人也。

改作：初九之益六四、九二之益六五、六三之益上九，此损已以益人也。

其忿也，或触之，其欲也，或诱之，岂其性哉？

改作：其忿也或触之，其欲也或诱之，岂其性哉！

《象》曰："九二，利贞"，中以为志也。

改作：《象》曰：九二"利贞"，中以为志也。

大禹菲食，而天下无饥民，文王卑服，而天下无冻老，汉文集书囊，罢露台，而天下有烟火万里之富寔，皆损之上九也。

改作：大禹菲食，而天下无饥民；文王卑服，而天下无冻老；汉文集书囊罢露台，而天下有烟火万里之富寔。皆损之上九也。

益之为道，以损人者施诸己，则约而丰，以益已者施诸人，则散而聚，民说无疆，不曰丰且聚乎？以卑人者施诸已，则卑而不可逾，以尊己者施诸人，则谦而尊，其道大光，不曰不可逾而尊乎？

改作：益之为道，以损人者施诸己，则约而丰；以益已者施诸人，则散而聚。民说无疆，不曰丰且聚乎？以卑人者施诸已，则卑而不可逾；以尊已者施诸人，则谦而尊。其道大光，不曰不可逾而尊乎？

是故天下无事，则下令如流水，事，焉往而不行？

改作：是故，天下无事则下令如流水，事焉往而不行？

大哉，益乎乾之四在上，

改作：大哉，益乎！乾之四在上，

夫惟六二能虚中以有受，一或人益之矣。十人之众，又朋而益之。龟筮鬼神，又弗违而益之。宜其为吾王所用，与之享上帝，而天亦益之以吉也。

改作：夫惟六二能虚中以有受，一或人益之矣。十人之众又朋而益之；龟筮鬼神又弗违而益之；宜其为吾王所用与之享上帝，而天亦益之以吉也。

《书》曰："惟尹躬暨汤，咸有一德，克享天心。"又曰："吁俊尊上帝。"皆王用享于帝吉之谓也。

改作：《书》曰"惟尹躬暨汤，咸有一德，克享天心"，又曰"吁俊尊上帝"，皆王用享于帝吉之谓也。

六三:益之,用凶事无咎,有孚,中行,告公用圭。《象》曰:“益用凶事”,固有之也。

改作:六三,益之,用凶事,无咎。有孚中行,告公用圭。《象》曰:益“用凶事”,固有之也。

故陈、窦之益汉,训、注之益唐,兹益也,不如其已。

改作:故陈、窦之益汉;训、注之益唐,兹益也不如其已。

九五:有孚惠心,勿问,元吉,有孚惠我德。

改作:九五,有孚惠心,勿问元吉。有孚,惠我德。

卷十二

《象》曰:不胜而往,咎也。

改作:《象》曰:“不胜”而往,咎也。

胜在往先者胜,往在胜先者负,况不胜在往先者乎?

改作:胜在往,先者胜;往在胜,先者负,况不胜在往先者乎!

一阴易去而去之,何难?强君易决而决之,奚牵?

改作:一阴易去,而去之何难?强君易决,而决之奚牵?

上六:无号,终有凶。《象》曰:“无号之凶”,

改作:上六:无号,终有凶。《象》曰:“无号”之凶,

此易之贵于变也。

改作:此《易》之贵于变也。

仲尼于彖辞,发明遇之时义甚大,

改作:仲尼于《彖》辞,发明遇之时义甚大。

九二君民之相遇得其时义者也,九三、九四君民之不相遇不得其时义者也,九五君臣之相遇得其时义者也,上九君臣之不相遇后其时义者也。

改作:九二,君民之相遇,得其时义者也。九三、九四,君民之不相遇,不得其时义者也。九五,君臣之相遇,得其时义者也。上九,君臣之不相遇,后其时义者也。

人之与物,相遇欲速,相遇而不欲速,则失时。相有不欲速,相有而欲速,则失义。

改作:人之与物,相遇欲速,相遇而不欲速则失时。相有不欲速,

相有而欲速则失义。

一水众渔而一鱼,众渔必争取于一鱼。初六之一鱼此九二、九三、九四之所争取者也。

改作:一水,众渔而一鱼,众渔必争取于一鱼。初六之一鱼,此九二、九三、九四之所争取者也。

《象》曰:“无鱼之凶”,远民也

改作:《象》曰:“无鱼”之凶,远民也。

《象》曰:“九五含章”,中正也。

改作:《象》曰:九五“含章”,中正也。

初六:有孚不终,乃乱乃萃,若号,一握为笑,勿恤往,无咎。

改作:初六,有孚不终,乃乱乃萃。若号,一握为笑,勿恤,往无咎。

初六与六二六三同类也,而二三阴柔之小人也。始欲从九四,则远于君子,而隔于二三,欲不从二三,则暱于小人而私于同类。

改作:初六与六二、六三同类也,而二、三阴柔之小人也。始欲从九四,则远于君子而隔于二、三,欲不从二、三,则暱于小人而私于同类。

盖卦辞有利贞之戒,象辞有聚以正之戒,

改作:盖卦辞有利贞之戒,《象》辞有聚以正之戒,

此伯益克艰之戒,周公无逸之规也。

改作:此伯益“克艰”之戒、周公《无逸》之规也。

《象》曰:地中生木,升,

改作:《象》曰:地中生木,升。

卷十三

困,亨,贞大人吉,无咎,有言不信。

改作:困,亨。贞大人吉,无咎。有言不信。

二五皆刚中。

改作:二、五,皆刚中。

《象》曰:泽无水,困,

改作:《象》曰:泽无水,困。

志乎尧舜,遂之斯尧舜矣。志乎孔颜,遂之斯孔颜矣。

改作:志乎尧、舜,遂之斯尧、舜矣;志乎孔、颜,遂之斯孔、颜矣。

《象》曰:“入于幽谷”,昏不明也。

改作:《象》曰:“入于幽谷”,昏不明也。①补校勘记:①“昏不明”,尹本、四库本作“幽不明”。

欲困君子,而自困,欲揜君子,而自幽,小人亦何利哉?

改作:欲困君子而自困;欲揜君子而自幽,小人亦何利哉!

然则君子病不困尔,困何病哉? 坎为赤,故为朱绂。朱绂方来,言自来,非往求也。

改作:然则,君子病不困尔。困,何病哉! 坎为赤,故为朱绂。朱绂方来言自来,非往求也。

《象》曰:据于蒺藜,乘刚也。入于其宫,不见其妻,不祥也。

改作:《象》曰:“据于蒺藜”,乘刚也。“入于其宫,不见其妻”,不祥也。于是外敌交至,而反为君子之所揜,亲戚皆叛,而尽失小人之所助。其管蔡陷周公,燕上官陷霍光之事耶?

改作:于是,外敌交至而反为君子之所揜;亲戚皆叛而尽失小人之所助。其管、蔡陷周公;燕、上官陷霍光之事耶?

易之相应,岂必以位哉?

改作:《易》之相应,岂必以位哉!

《象》曰:木上有水,井,

改作:《象》曰:木上有水,井。

劳赉,与也。

改作:劳,赉与也。

九三:井渫不食,为我心恻,可用汲,王明并受其福。《象》曰:“井渫不食”,行“恻”也。求“王明”,受“福”也。

改作:九三,井渫不食,为我心恻。可用汲,王明,并受其福。《象》曰:“井渫不食”,行恻也。求“王明”,受福也。

大哉,井之有功于斯人乎? 大哉,修之有功于斯井乎?

改作:大哉,井之有功于斯人乎! 大哉,修之有功于斯井乎!

九五:井洌寒泉食。《象》曰:“寒泉”之“食”,中正也。

改作:九五,井洌,寒泉食。《象》曰:"寒泉"之食,中正也。

上六:井收勿幕,有孚元吉。

改作:上六,井收。勿幕有孚,元吉。

虽然,功之未成,其患在不成,功之已成,其患在成。非功成之患也,功成而倦之患也。

改作:虽然,功之未成其患在不成,功之已成其患在成,非功成之患也,功成而倦之患也。

革,已日乃孚,元亨,利贞,悔亡,

改作:革,已日乃孚。元亨,利贞。悔亡。

《象》曰:泽中有火,革,

改作:《象》曰:泽中有火,革。

初九戒革之蚤,六二戒革之专,九三戒革之躁,九四戒革之疑,上六戒革之过。五者之戒详矣,然后九五不待占而决也。

改作:初九,戒革之蚤;六二,戒革之专;九三,戒革之躁;九四,戒革之疑;上六,戒革之过。五者之戒详矣,然后九五不待占而决也。

《象》曰:"改命"之"吉"信志也。

改作:《象》曰:"改命"之吉,信志也。

君制命,臣承命者也。臣而改命,改命而吉也,可乎?

改作:君制命,臣承命者也。臣而改命,改命而吉也可乎?

曰:九三所谓由也,兼人者也,九四所谓求也退者也。

改作:曰:九三,所谓由也兼人者也;九四,所谓求也退者也。

鼎,元吉亨。《彖》曰:鼎,象也。以木巽火,亨饪也。圣人亨以享上帝,而大亨以养圣贤。巽而耳目聪明,柔进而上行,得中而应乎刚,是以元亨。

改作:鼎,元吉,亨。《彖》曰:鼎,象也。以木巽火,亨饪也。圣人亨,以享上帝,而大亨以养圣贤。巽而耳目聪明。柔进而上行,得中而应乎刚,是以元亨。

《象》曰:木上有火,鼎,

改作:《象》曰:木上有火,鼎。

鼎者宗庙之重器,贤者圣人之鸿鼎,非重夫鼎也,重夫鼎中之实也。

改作:鼎者,宗庙之重器;贤者,圣人之鸿鼎。非重夫鼎也,重夫鼎中之实也。

大哉九二之实德乎,壮哉九二之不动乎!

改作:大哉,九二之实德乎!壮哉,九二之不动乎!

初六鼎之足,六五鼎之耳,上九鼎之铉。

改作:初六,鼎之足。六五,鼎之耳。上九,鼎之铉。

其行塞耳不从,则鼎不行也。

改作:其行塞,耳不从则鼎不行也。

《象》曰:玉铉在上,

改作:《象》曰:"玉铉"在上,

卷十四

《象》曰:洊雷震,

改作:《象》曰:洊雷,震。

象辞已言之矣,爻象二辞同,或者其一重出。

改作:《象》辞已言之矣。爻、《象》二辞同,或者其一重出。

刘向、恭、显,杂处汉朝,珣、瑜、伾文,并居唐位是已。

改作:刘向、恭、显杂处汉朝;珣、瑜、伾、文并居唐位,是已。

艮,止也。非止而不行之为止也,时止则止,止也,时行则行,亦止也。

改作:艮止也,非止而不行之为止也。时止则止,止也;时行则行,亦止也。

《象》曰:兼山艮,

改作:《象》曰:兼山,艮。

《象》曰:"艮其限",危"薰心"也。

改作:《象》曰:"艮其限",危薰心也。

《象》曰:"敦艮"之"吉",

改作:《象》曰:"敦艮"之吉,

《象》曰:山上有木,渐,

改作:《象》曰:山上有木,渐。

《象》曰:“小子”之“厉”,义,无咎也。

改作:《象》曰:“小子”之厉,义无咎也。

以九三之刚而斩于陆,

改作:以九三之刚而斩于陆,①补校勘记:①“斩”,尹本、四库本作“渐”。

以大有为于天,下此如鸿之遇顺风横四海也,

改作:以大有为于天下,此如鸿之遇顺风横四海也。

六四间君之计不行于九五,终不为惎间之所胜而底于吉也。

改作:六四间君之计不行于九五,终不为惎间之所胜而底于吉也。①补校勘记:①“惎”,尹本同,四库本作“其”。

故文皇之治,不见于正观之初,

改作:故文皇之治,不见于正观之初,①补校勘记:①“正观”,尹本同,四库本回改作“贞观”。

《象》曰:泽上有雷,归妹,

改作:《象》曰:泽上有雷,归妹。

此已挟《绿衣》上僭之心矣。

改作:此已挟“绿衣”上僭之心矣。

《象》曰:“帝乙归妹”不如“其娣之袂良”也。

改作:《象》曰:“帝乙归妹”不如其娣之袂良也。

上六而在外朝,为许靖,为王衍。

改作:上六而在外,朝为许靖,为王衍。

卷十五

高宗、文王之无逸乎?②校勘记:②“三”,原误作“三”,今据尹本改。

改作:三宗、文王之“无逸”乎?②改校勘记:②“三”,四库本同,尹本作“高”。

《象》曰:雷电皆至,丰,

改作:《象》曰:雷电皆至,丰。

九三以刚明之德居下卦之之上,

改作:九三以刚明之德居下卦之之上,①补校勘记:①“之之”,

尹本、四库本作“之”。

“遇其夷主吉”,行也。

改作:“遇其夷主”,吉行也。

上六之小人,揜五六之暗主,

改作:上六之小人,揜六五之暗主,①补校勘记:①“六五”,原误作“五六”,据尹本、四库本乙。

如夷于九县之夷,

改作:如“夷于九县”之夷,

六五:来章,有庆誉,吉。

改作:六五,来章有庆誉,吉。

《象》曰:山上有火,旅,

改作:《象》曰:山上有火,旅。

然则圣人焉用?巽其惟用之于命令乎?

改作:然则圣人焉用巽,其惟用之于命令乎?

《象》曰:随风,巽,

改作:《象》曰:随风,巽。

《象》曰:“纷若”之“吉”得中也。

改作:《象》曰:“纷若”之吉,得中也。

学易者当以圣人所言,逆其所不言。

改作:学易者,当以圣人所言逆其所不言。

《象》曰:“频巽”之“吝”,志穷也。

改作:《象》曰:“频巽”之吝,志穷也。

九五:贞吉悔亡,无不利,无初有终,先庚三日,后庚三日,吉。

改作:九五,贞吉,悔亡,无不利。无初有终。先庚三日,后庚三日,吉。

革之《象》曰:“汤武革命,顺乎天而应乎人。”今兑之象亦云。

改作:革之《象》曰“汤武革命,顺乎天而应乎人”,今兑之《象》亦云。

《象》曰:丽泽兑,

改作:《象》曰:丽泽,兑。

初九:和兑吉。《象》曰:"和兑"之"吉",行未疑也。

改作:初九,和兑,吉。《象》曰:"和兑"之吉,行未疑也。

上六:引兑。《象》曰:"上六引兑",未光也。

改作:上六,引兑。《象》曰:上六"引兑",未光也。

齐大难者存乎才,①校勘记:①"齐",尹本作"溉"。

改作:齐大难者存乎才,①改校勘记作:①"齐",尹本、四库本作"济"。

九五:涣汗其大号,涣王居,无咎。

改作:九五,涣汗其大号。涣,王居无咎。

卷十六

兑说坎险,故曰说以行。险二阳当君臣之正位,故曰当位。

改作:兑说坎险,故曰说以行险。二阳当君臣之正位,故曰当位。

《象》曰:"不节"之"嗟",又谁咎也?

改作:《象》曰:"不节"之嗟,又谁"咎"也。

九五:甘节吉,往有尚。《象》曰:"甘节"之"吉",居位中也。

改作:九五,甘节,吉。往有尚。《象》曰:"甘节"之吉,居位中也。

伯夷隘是也。

改作:"伯夷隘"是也。

则易赘矣。夫卦象之辞,

改作:则《易》赘矣。夫卦、《象》之辞,

岂惟易赘也,

改作:岂惟《易》赘也,

中孚之为卦,三与四二柔在内,则中虚,中虚则无我。二与五二刚得中,则中实,中实则有物。

改作:中孚之为卦,三与四,二柔在内则中虚,中虚则无我;二与五,二刚得中则中实,中实则有物。

《象》曰:"初九虞吉",志未变也。

改作:《象》曰:初九"虞吉",志未变也。

若生子,在初生,见于《书》,

改作:若生子在“初生”,见于《书》,

六三:得敌,或鼓,或罢,或泣,或歌。《象》曰:“或鼓,或罢”,位不当也。

改作:六三,得敌,或鼓或罢,或泣或歌。《象》曰:“或鼓或罢”,位不当也。

韩愈前不污伾文,后不污牛李,

改作:韩愈前不污伾、文,后不污牛、李,

若不足以受天人万物之归己,而不足以当天下之正位者,

改作:若不足以受天人万物之归,①已而不足以当天下之正位者,

补校勘记:①“天”,尹本、四库本作“大”。

上逆,谓五、上以阴乘阳。下顺,谓初、二以柔乘刚。

改作:上逆谓五、上,以阴乘阳。下顺谓初、二,以柔乘刚。

不飞则已,一飞则有高翔远过,一举千里之意。

改作:不飞则已,一飞则有高翔远过一举千里之意。

过其祖遇,其妣,

改作:过其祖,遇其妣,

易有辞同而旨异者,

改作:《易》有辞同而旨异者

然则小畜之与小过,同于密云不雨,中孚之与小畜,同于有孚挛如,岂可比而同之哉?

改作:然则,小畜之与小过同于“密云不雨”;中孚之与小畜“同于有孚挛如”,岂可比而同之哉!

董子曰:“《易》无达吉,《诗》无达诂,《春秋》无达例。孟子曰:‘以意逆志’是谓得之。”

改作:董子曰“《易》无达吉,①《诗》无达诂,《春秋》无达例”、孟子曰:“以意逆志”,是谓得之。补校勘记:①“吉”,尹本同,四库本作“占”。

《象》曰:水在火上,既济,

改作:《象》曰:水在火上,既济。

燕王上官之谮霍光，

改作：燕王、上官之谮霍光，

太宗当正观之隆而征高丽，

改作：太宗当正观之隆而征高丽，①补校勘记：①“正观”，尹本同，四库本回改作“贞观”。

易之卦六十有四，

改作：《易》之卦六十有四，

李靖请行伐狄于正观之盛，

改作：李靖请行伐狄于正观之盛，①补校勘记：①“正观”，尹本同，四库本回改作“贞观”。

卷十七

马之厩无孤之穴，

改作：马之厩无狐之穴，①补校勘记：①“狐”，原误作“孤”，据尹本、四库本改。

故易之坎离可见天之变化，

改作：故《易》之坎离可见天之变化，

故易之艮兑可见地之变化。

改作：故《易》之艮兑可见地之变化。

大哉，作易之圣人乎！

改作：大哉，作《易》之圣人乎！

此章言君子学易者，必先会易之象辞，

改作：此章言君子学《易》者，必先会《易》之象辞，

君子学易者，

改作：君子学《易》者，

（此后，凡“易”字，应该加书名号者，不再记录。）

此章言易有卦有爻，是故有卦辞，有彖辞，有爻辞，有象辞也。若元亨利贞者，卦辞也。若大哉乾元者，彖辞也。若天行健者，大象之辞也。若潜龙勿用者，爻辞也。若阳在下也者，小象之辞也。卦辞所以释一卦之义，彖辞所以释卦辞之义，大象之辞所以总释卦象之义，爻辞所以释一爻之义，小象之辞所以释爻辞之义。彖者言乎象何谓

也？乾之彖辞曰时乘六龙，以御天也。夫卦辞止言元亨利贞而已，未尝言龙也，今彖辞以龙而象君，故曰彖者言乎象者也。

改作：此章言《易》有卦、有爻，是故有卦辞，有《彖》辞，有爻辞，有《象》辞也。若元亨利贞者，卦辞也。若大哉乾元者，《彖》辞也。若天行健者，《大象》之辞也。若潜龙勿用者，爻辞也。若阳在下也者，《小象》之辞也。卦辞所以释一卦之义，《彖》辞所以释卦辞之义，《大象》之辞所以总释卦象之义，爻辞所以释一爻之义，《小象》之辞所以释爻辞之义。彖者言乎象，何谓也？乾之《彖》辞曰时乘六龙以御天也，夫卦辞止言元亨利贞而已，未尝言龙也，今《彖》辞以龙而象君，故曰彖者言乎象者也。

准之言，法也。如《太玄》准易之准也。

改作：准之言法也，如《太玄》准《易》之准也。

今夫卦有六爻，有一事，①

改作：校勘记：①"有"上，四库本有"爻"字，尹本无。

将有以处其事之得失，而逆断其报之吉凶，独何说也。是必得一卦会通之至要，

改作：将有以处其事之得失，而逆断其报之吉凶。独何说也？是必得一卦会通之至要，

夫理无形而有形者，吾易有象也，事无穷而有穷者，吾爻有辞也。

改作：夫理无形，而有形者吾易，有象也；事无穷，而有穷者吾爻，有辞也。

变洿而隆，

改作：变洿而隆，①补校勘记：①"洿"，尹本同，四库本作"污"。（洼地）

取南山之兰，杂之北山之兰，十黄帝不能分，

改作：取南山之兰，杂之北山之兰十，黄帝不能分，

子曰："作《易》者，其知盗乎？《易》：'曰负且乘，致寇至。'负也者，小人之事也。乘也者，君子之器也。小人而乘君子之器，盗思夺之矣。上慢下暴，盗思伐之矣。慢藏诲盗，冶容诲淫。《易》曰：'负且乘，致寇至。'盗之招也。"

改作：子曰：作《易》者，其知盗乎？《易》曰“负且乘，致寇至”，负也者小人之事也，乘也者君子之器也。小人而乘君子之器，盗思夺之矣。上慢下暴，盗思伐之矣。慢藏诲盗，冶容诲淫。《易》曰“负且乘，致寇至”，盗之招也。

司马氏安能盗魏，曹操教之也。萧衍安能盗齐，萧道成教之也。

改作：司马氏安能盗？魏曹操教之也；萧衍安能盗齐？萧道成教之也。

子曰：“易有圣人之道四焉者”，此之谓也。

改作：子曰“易有圣人之道四焉”者，此之谓也。

如曰：其孰能与于此哉，古之聪明睿知神武而不杀者夫。此二语……

改作：如曰“其孰能与于此哉”、“古之聪明睿知神武而不杀者夫”，此二语……

韩愈曰：“如古之无圣人，人之类灭久矣。”王通曰：“通于夫子，受罔极之恩矣。其与太极合德乎？”

改作：韩愈曰“如古之无圣人，人之类灭久矣”；王通曰“通于夫子，受罔极之恩”矣，其与太极合德乎？

大哉乾元者，彖辞也。

改作：大哉乾元者，《彖》辞也。

天行健者，大象辞也。阳在下也者，小象辞也。系之以卦辞不足，又系之以彖、象之辞。系之以爻辞不足，又系之以小象之辞。

改作：天行健者，《大象》辞也。阳在下也者，《小象》辞也。系之以卦辞不足，又系之以《彖》、《象》之辞。系之以爻辞不足，又系之以《小象》之辞。

卷十八

此章言圣人系易之辞

改作：此章言圣人系《易》之辞

此所谓言圣人系易之辞

改作：此所谓言圣人系《易》之辞

而其象曰木道乃行

改作:而其《彖》曰木道乃行

郭氏曰:“涣木上而水下,故其《彖》曰:利涉大川,乘木有功也。”

改作:郭氏曰:涣木上而水下,故其《彖》曰“利涉大川,乘木有功也”。

韩氏曰:“《彖》,言成卦之才德,以统卦义也。”

改作:韩氏曰:“彖言成卦之才德,以统卦义也。”(此“彖”指“卦辞”而言,不可加书名号。)

《傅》说曰:“非知之艰,行之惟艰。”此以行为贵也……此《傅》说之行其所知也。

改作:傅说曰“非知之艰,行之惟艰”,此以行为贵也……此傅说之行其所知也。

而易所谓或击之者与?

改作:而《易》所谓“或击之”者与?

乾之彖曰大哉乾元,坤之彖曰至哉坤元,

改作:乾之《彖》曰“大哉乾元”;坤之《彖》曰“至哉坤元”,

至于统论一卦之体,非彖辞何以尽之? ……曰过半,尽之之谓也。故终告之以学彖辞之法。

笔者注:杨氏不明《系辞》所谓“彖辞”即是指“卦辞”而言,故误《彖传》之词为“彖辞”。所以此处二“彖辞”字,虽其本意仍指《彖传》之辞而言,然不加书名号为宜。

俟之二字衍。

改作:“俟之”二字,衍。

卷十九

膰肉不至,孔子行,醴酒不设,穆生去,晋胜鄢陵,士燮惧,吴会黄池,子胥忧,

改作:膰肉不至,孔子行;醴酒不设,穆生去。晋胜鄢陵,士燮惧;吴会黄池,子胥忧。

卷二十

程氏曰:“天地,万物之本,夫妇,人伦之始。所以上经首乾坤,

下经首咸继以恒也。”杨氏曰:“乾坤万物父母,咸恒人之父母。”

改作:程氏曰:“天地,万物之本;夫妇,人伦之始。所以,上经首乾坤;下经首咸继以恒也。”杨氏曰“乾坤,万物父母”,咸恒,人之父母。(北宋杨时仅说“乾坤万物父母”。)

鉴于所发现错误已经改正,此稿可以交出版社排印。

通审者:郭彧

校点《张先生校正杨宝学易传》三校样复审意见

书名及署名问题

《四库全书总目提要 · 诚斋易传》曰:“是书大旨本程氏而多引史传以证之,初名《易外传》,后乃改定今名。宋代书肆曾与《程传》并刊以行,谓之《程杨易传》。”今《儒藏》精华编选定南宋《张先生校正杨宝学易传》刻本,乃是珍贵善本古籍。我们出于尊重善本原貌的原则,应该一仍其旧。所以,书名应该用“张先生校正杨宝学易传”,而封面“南宋张敬之校正”及各卷首之“门人 张敬之 显父校正”字样不能删除。

目录问题

今国家图书馆藏宋刻善本《张先生校正杨宝学易传》,原本没有目录。我们编制目录应该按各卷首行文字进行,尽管原目有些杂乱,亦应当尊重底本原貌。复审中已经代为编排。

又删除原目录“诚斋易传投进本末”前“奏札”二字。文内两篇“奏札”属于“诚斋易传投进本末”内容,不应该单出目录,更不应该放在“诚斋易传投进本末”之前作为目录。

易传序

“杨万里序”,底本作“杨万里序”。此乃古人自谦心意的表达,不能“与前后同字号”,去掉空格即可。

诚斋易传投进本末

二本《奏札》末“右札付吉州”、“嘉定元年八月十八日”两行及

"右札付杨承议"、"嘉定二年四月二十二日"两行,底本是大字号,今起码用同号字,不当用小号字。

卷一

p. 1

乾,元亨利贞。"乾"是卦名,"元亨利贞"是彖辞。卦名后应该用句号。

改作:乾。元亨利贞。

其他卦名一律改用句号,不再说明。

p. 10

六四,括囊无咎,无誉。《象》曰:"括囊无咎",慎不害也。

改作:六四,括囊,无咎,无誉。《象》曰:"括囊,无咎",慎不害也。

《象》曰:"用六","永贞",以大终也。

改作:《象》曰:用六"永贞",以大终也。

p. 11

君子"黄"中通理,正位居体,美在其中,

改作:君子黄中通理,正位居体,美在其中,

卷二

p. 14

《象》曰:"即鹿无虞"以从禽也。"君子舍"之,"往吝"穷也。

改作:《象》曰:"即鹿无虞"以从禽也。"君子"舍之,"往吝"穷也。

p. 20

《象》曰:"不克讼",归逋,窜也。

改作:《象》曰:"不克讼",归逋窜也。

六三,食旧德,贞,厉终吉。或从王事无成。

改作:六三,食旧德,贞厉,终吉。或从王事,无成。

p. 21

《象》曰:"复即命渝,安贞",不失也。

改作:《象》曰:“复即命渝”,安贞不失也。

九五,讼元吉。《象》曰:“讼元吉”,以中正也。

改作:九五,讼,元吉。《象》曰:讼“元吉”,以中正也。

卷三

p. 23

六四,师左次,无咎。《象》曰:“左次无咎”,未失常也。

改作:六四,师左次,无咎。《象》曰:“左次”无咎,未失常也。

p. 24

初六,有孚,比之无咎,有孚盈缶,终来有他,吉。

改作:初六,有孚比之,无咎。有孚盈缶,终来有他,吉。

《象》曰:“显比”之吉,位正中也。

改作:《象》曰:“显比”之“吉”,位正中也。

上六,比之无首凶。

改作:上六,比之无首,凶。

p. 30

九四,履虎尾愬愬终吉。

改作:九四,履虎尾,愬愬终吉。

上九,视履考祥,其旋元句吉。

改作:上九,视履考祥,其旋元,句吉。

卷四

p. 32

六四,翩翩,不富以其邻。不戒以孚。《象》曰:“翩翩不富”,皆失实也。不戒以孚,中心愿也。

改作:六四,翩翩,不富,以其邻。不戒以孚。《象》曰:“翩翩,不富”,皆失实也。不戒以孚,中心愿也。

p. 34

《象》曰:天地不交否。

改作:《象》曰:天地不交,否。

六二，包承，小人吉，大人否，亨。《象》曰："大人否亨"，不乱群也。

改作：六二，包承，小人吉，大人否亨。《象》曰："大人否亨"，不乱群也。

p. 36

"离下"，底本作"离下"。同意小甘意见，不予改动。

初九，同人于门，无咎。《象》曰：出门同人，又谁咎也。

改作：初九，同人于门，无咎。《象》曰：出门"同人"，又谁咎也。

卷五

p. 43

六五，贞疾，恒不死。《象》曰："六五贞疾"，乘刚也。

改作：六五，贞疾，恒不死。《象》曰：六五"贞疾"，乘刚也。

上六，冥豫成，有渝无咎。《象》曰："冥豫"在上，何可长也。

改作：上六，冥豫，成有渝，无咎。《象》曰："冥豫"在上，何可长也。

p. 46

初六，乾父之蛊，有子，考无咎，厉终吉。

改作：初六，乾父之蛊，有子考，无咎，厉终吉。

卷六

p. 50

《象》曰："初六童观"，小人道也。

改作：《象》曰：初六"童观"，小人道也。

p. 51

《象》曰："窥观"，"女贞"，亦可丑也。

改作：《象》曰："窥观"女贞，亦可丑也。

卷七

p. 60

六三，频复，厉无咎。《象》曰："频复"，之厉，义无咎也。

改作:六三,频复,厉,无咎。《象》曰:"频复"之"厉",义无咎也。

p.61

初九,无妄,往吉。《象》曰:"无妄"之往,得志也。

改作:初九,无妄往,吉。《象》曰:"无妄"之"往",得志也。

p.62

上九,无妄,行有眚,无攸利。《象》曰:"无妄"之行,穷之灾也。

改作:上九,无妄行,有眚,无攸利。《象》曰:"无妄"之"行",穷之灾也。

p.64

九三,良马逐,利艰贞。日闲舆卫,利有攸往。

改作:九三,良马逐,利艰贞。曰闲舆卫,利有攸往。(据底本及杨氏传义改。)

卷八

p.66

象曰:"观我朵颐",亦不足贵也。

改作:《象》曰:"观我朵颐",亦不足贵也。(统一处理,后不说明。)

p.68

九三,栋桡凶。《象》曰:"栋桡"之凶,不可以有辅也。

改作:九三,栋桡,凶。《象》曰:"栋桡"之"凶",不可以有辅也。

p.71

《象》曰:上六失道,凶三岁也。

改作:《象》曰:上六失道,凶"三岁"也。

p.72

《象》曰:六五之吉,离王公也。

改作:《象》曰:六五之"吉",离王公也。

卷九

p. 75

九五,咸其脢,无悔。《象》曰:"咸其脢",志未也。

改作:九五,咸其脢,无悔。《象》曰:"咸其脢",志末也。①

补校勘记:①"末",底本原作"未",据四库本改。

p. 77

《象》曰:妇人贞吉,从一而终也。夫子制义,从妇凶也。

改作:《象》曰:"妇人"贞吉,从一而终也。"夫子"制义,从妇凶也。

p. 78

九三,系遁,有疾厉,畜臣妾,吉。《象》曰:"系遁之厉",有疾惫也。"畜臣妾,吉",不可大事也。

改作:九三,系遁,有疾厉,畜臣妾吉。《象》曰:"系遁之厉",有疾惫也。"畜臣妾吉",不可大事也。

卷十

p. 81

初六,晋如,摧如,贞吉。罔孚,裕无咎。《象》曰:"晋如,摧如",独行正也。"裕无咎",未受命也。

改作:初六,晋如摧如,贞吉。罔孚,裕无咎。《象》曰:"晋如摧如",独行正也。"裕无咎",未受命也。

六二,晋如,愁如,贞吉。受兹介福,于其王母。

改作:六二,晋如愁如,贞吉。受兹介福,于其王母。

卷十一

p. 98

《象》曰:"益用凶事",固有之也。

改作:《象》曰:益"用凶事",固有之也。

p. 99

《象》曰:"有孚惠心",勿问之矣。"惠我德,大得志也。

改作:《象》曰:"有孚惠心",勿问之矣。"惠我德",大得志也。

卷十二

p. 105

《象》曰:"引吉无咎",中未变也

改作:《象》曰:"引吉"无咎,中未变也

卷十三

p. 113

六四,井甃,无咎。《象》曰:"井甃,无咎",修井也。

改作:六四,井甃,无咎。《象》曰:"井甃无咎",修井也。

卷十四

p. 121

《象》曰:"震往来厉",危行也。其事在中,大无丧也。

改作:《象》曰:"震往来厉",危行也。其事在中,大"无丧"也。

p. 125

《象》曰:山上有木渐。君子以居贤德善俗。

改作:《象》曰:山上有木,渐。君子以居贤德善俗。

p. 126

《象》曰:"夫征不复"离群丑也。"妇孕不育",失其道也。"利用御寇",顺相保也。

改作:《象》曰:"夫征不复"离群丑也。"妇孕不育",失其道也。利用"御寇",顺相保也。

p. 128

《象》曰:"归妹以娣",以恒也。"跛能履,吉",相承也。

改作:《象》曰:"归妹以娣",以恒也。"跛能履",吉相承也。

卷十五

p. 140

《象》曰:"来兑"之凶,位不当也。

改作:《象》曰:"来兑"之"凶",位不当也。

卷十六

p. 145

《象》曰:“甘节”之吉居位中也。

改作:《象》曰:“甘节”之“吉”,居位中也。

p. 146

《彖》曰:中孚,柔在内而刚得中,说而巽,孚。乃化邦也……是故中孚之所发,上行之则顺,下信之则说。故曰中孚,柔在内而刚得中,说而巽,孚。

改作:《彖》曰:中孚,柔在内而刚得中,说而巽孚,乃化邦也……是故中孚之所发,上行之则顺,下信之则说。故曰“中孚,柔在内而刚得中,说而巽孚”。

p. 148

《象》曰:“翰音登于天”何可长也。

改作:《象》曰:“翰音登于天”,何可长也。

p. 155

既济之初九曰,曳其轮,濡其尾,则乘者人,曳者马也。未济之九二……

改作:既济之初九曰“曳其轮,濡其尾”,则乘者人,曳者马也。未济之九二……

(非经文,应该用小字。)

p. 156

《象》曰:“饮酒”濡?首,亦不知节也。

改作:《象》曰:“饮酒”濡首,亦不知节也。

卷十七

题目名与前面不同问题,应该保持底本原貌。此卷为《系辞》内容,补“下经”二字是错误的。

十七卷至第二十卷

所有杨氏引用《易传》原文,皆补加引号(见红色笔迹)。

如：

曰天尊地卑，曰卑高以陈，曰动静有常，曰方以类聚，物以群分，曰在天成象，在地成形，此未画之易也。

改作：曰“天尊地卑”，曰“卑高以陈”，曰“动静有常”，曰“方以类聚，物以群分”，曰“在天成象，在地成形”，此未画之易也。

又如：

天尊地卑，乾坤定矣，何谓也？曰：……卑高以陈，贵贱位矣，何谓也？

改作：“天尊地卑，乾坤定矣”，何谓也？曰：……“卑高以陈，贵贱位矣”，何谓也？

此类情况，几乎每页都有，总共有百余处，皆为补齐。此后不再于此出文字说明。

《易传》卷内所有“彖”与“象”应该加书名号者，皆补齐。

p. 161

卞吉凶者存乎辞，即卦、彖、爻、象之辞……

改作：“辨吉凶者存乎辞”，①即卦、《彖》、爻、《象》之辞……

改校勘记作：①“辨”，底本原作“卞”，据四库本及通行本《周易》改。

p. 162

如《太玄》准《易》之准也。

改作：如“太玄准易”之准也。

p. 165

专，言一，直，言达也……翕言敛，辟，言散也。

改作：专言一，直言达也……翕言敛，辟言散也。

p. 175

两仪生四象，何谓也？曰〓两仪之阳，一生〓，③是阳之二象也。〓，两仪之阴，一生二，是阴之二象也。合而言之是谓四象。

校勘记：③“〓”，原误作“〓”，今据尹本、四库本及文意改。

改作：“两仪生四象”，何谓也？曰：〓，两仪之阳，一生二，③是阳之二象也。⚏,两仪之阴,一生二,是阴之二象也。合而言之是谓四象。

改校勘记:③"⚌",原误作"⚏",今据四库本及文意改。

卷十八

p. 180

故圣人系之爻辞则曰"潜龙勿用",象乱则曰阳在下也,命之以勿动也。

改作:故圣人系之爻辞则曰"潜龙勿用",《象》辞则曰"阳在下也",命之以勿动也。①

改校勘记作:①"辞",底本原作"乱",据四库本改。(辞、辤、辝与"乱"不同。更非"简体"。底本"辞"多作"辝",三校样稿已经全部改作"辞"字,所以此处径改。)

p. 182

不必改动校勘记符号的"字距"。

p. 183

其六五椽桶之象也。①校勘记:①"桶",四库本作"桷"。

改作:其六五椽桷之象也。①"桷",底本原作"桶",据四库本改。

p. 185-186

子曰:"小人不耻不仁,不畏不义,不见利不劝,不威不惩,小惩而大诫,此小人之福也。《易》:曰屦校灭趾,无咎。此之谓也。善不积不足以成名,恶不积不足以灭身。小人以小善为无益而弗为也,以小恶为无伤而弗去也,故恶积而不可掩,罪大而不可解。《易》曰:何校灭耳,凶。"此噬嗑初九上九之爻辞也,仲尼释之,以为惩恶在初,改过在小。

改作:子曰:小人不耻不仁,不畏不义,不见利不劝,不威不惩,小惩而大诫,此小人之福也。《易》"曰屦校灭趾,无咎",此之谓也。善不积不足以成名,恶不积不足以灭身。小人以小善为无益而弗为也,以小恶为无伤而弗去也,故恶积而不可掩,罪大而不可解。《易》曰

"何校灭耳,凶"。此噬嗑初九上九之爻辞也,仲尼释之,以为惩恶在初,改过在小。

(前后都有杨氏传小字,所以开始可以不用引号,免得用双重引号。如后文例:子曰:知几其神乎?君子上交不谄,下交不渎,其知几乎?几者,动之微,吉之先见者也。君子见几而作,不俟终日。《易》曰"介于石,不终日,贞吉",介如石焉,宁用终日,断可识矣。君子知微知彰,知柔知刚,万夫之望。此豫六二之爻辞也……)

卷二十

p. 202

原文是:杨氏曰"乾坤,万物父母",咸恒,人之父母。笔者在通审时如此加标点,是因为北宋杨时仅说"乾坤万物父母"(龟山杨氏曰:有天地,然后有万物。有万物,然后有男女。有男女,然后有夫妇。有夫妇,然后有父子。君臣上下,而礼义有所错。故上经始于乾坤,乾坤,万物父母也。下经始于咸恒,咸恒,夫妇之义也)。并没有说"咸恒人之父母"。今又改作:"杨氏曰:'乾坤万物父母,咸恒人之父母'。"如此不依通审时有关意见而回改,有何根据?应该尊重原文才是。

附通审时有关意见:程氏曰:"天地,万物之本,夫妇,人伦之始。所以上经首乾坤,下经首咸继以恒也。"杨氏曰:"乾坤万物父母,咸恒人之父母。"

改作:程氏曰:"天地,万物之本;夫妇,人伦之始。所以,上经首乾坤;下经首咸继以恒也。"杨氏曰"乾坤,万物父母",咸恒,人之父母。(北宋杨时仅说"乾坤万物父母"。)

郭彧 2009 年 6 月 20 日复审完毕

五 "再变而李光、杨万里,又参证史事"辨正

《永乐大典》收录宋李光《读易详说》十卷。李光,字泰发,上虞人,崇宁五年进士,官至参知政事,谥庄简,事迹具《宋史》本传。

《钦定四库全书总目·读易详说》提要曰:"书中于卦爻之词,皆

即君臣立言，证以史事，或不免间有牵合。然圣人作《易》以垂训，将使天下万世无不知所从违，非徒使上智数人矜谈妙悟。如佛家之传心印，道家之授丹诀，自好异者推阐性命，钩稽奇偶。其言愈精愈妙，而于圣人立教牖民之旨愈南辕而北辙，转不若光作是书，切实近理，为有益于学者矣。"可知，四库馆臣肯定了李光《读易详说》是"参证史事"，且把李光、杨万里并列为"再变"之宗，强调了以"以史证易"始于李光、杨万里。于是，在所谓"两派六宗"里面，李光与杨万里就成为"义理派"里面的"以史证易"之一宗。

就《四库全书》所收易学书籍来看，四库馆臣此言似乎有理，然而就易学发展史来看，则四库馆臣此言就不免有些武断。

我们可以看到出土的楚竹书《周易》和帛书《周易》，是我们比前人幸运的地方。

1973 年长沙马王堆出土的《帛书周易》，里面有六篇类似今通行本《易传》的内容，它们分别是《二三子问》、《系辞》、《衷》、《要》、《缪和》和《昭力》。其中《缪和》篇的内容，主要是缪和记录"子曰"说"易之要"的内容。在这一篇中，有六则以历史故事解释《易经》卦爻辞的例子。它们分别是：

1."汤之德及禽兽鱼鳖"的故事，用以解说比卦九五爻辞的含义。

2."文侯过段干木之间而式"的故事，用以解说益卦九五爻辞的含义。

3."吴王夫差攻荆"的故事，用以解说嗛(谦)卦上六爻辞的含义。

4."越王勾贱欲均荆方城之外"的故事，用以解说乖(睽)卦上九爻辞的含义。

5."荆庄王欲伐陈"的故事，用以解说明夷卦六四爻辞的含义。

6,"赵间子欲伐卫"的故事，用以解说观卦六四爻辞的含义。

《缪和》篇引用的第一则历史故事是：

汤之巡守，东北又火。曰：彼何火也？又司对曰：渔者也。

子之祝[曰：古者蛛]蝥作罔，今之人缘序，左者右者，尚者下者，率突乎土者皆来吾罔。

汤曰：不可！我教子祝之曰：古者蛛蝥作罔，今之缘序。左者使左，右者使右，尚者使尚，下者使下……

诸侯闻之曰：汤之德及禽兽鱼鳖矣。故共皮敝以进者四十有余国。

《帛书周易》的《缪和》篇列举这样的历史故事，是为了解说比卦九五爻辞的含义，所以最后说：

《易》卦其义曰：显比，王用参殴，失前禽，邑不戒，吉。此之胃也。

古时王者狩猎行三驱猎礼，《缪和》篇引用这一历史故事解说比卦九五爻辞的含义，还是比较贴切本义的。

《缪和》篇引用的第二则历史故事是：

西人举兵侵魏野……过段干木之间而式。其仆李义曰：义闻之，诸侯无财而后财，今吾君先身而后财，何也？文侯曰：段干木富乎德，我富于财……彼择取而不我与者也，我求而弗得者也。若何我过而弗式也？

西人闻之曰：我将伐无道也，今也文侯尊贤……

《帛书周易》的《缪和》篇列举这样的历史故事，是为了解说益卦九五爻辞的含义，所以最后说：

《易》卦其义曰："又覆惠心，勿问元吉，又复惠我德"也。

今通行本《周易》益卦九五的爻辞是：有孚惠心，勿问元吉，有孚惠我德。《缪和》篇引用这一历史故事解说《易经》益卦九五的爻辞，突出了"惠我德"的涵义，也比较符合本义。

《缪和》篇引用的第三则历史故事是：

> 吴王夫差攻当夏，太子辰归冰八管……注冰江中上流，与士饮其下流，江水未加清，而士人大说。斯垒为三，遂而出击荆人，大败之。袭其郢，居其君室，徙其祭器。察之，则从八管之冰始也。

《帛书周易》的《缪和》篇列举这样的故事，是为了解说谦卦上六爻辞的含义，所以最后说：

> 《易》卦其义曰：鸣嗛，利用行师，征国。
>
> 吴王不独饮用“八管之酒”，而是以注入江的上游，与士兵同饮于下游的举动，表示与士兵同甘共苦。如此鼓舞士气，于是就大获全胜。这就突出了《易经》谦卦上六爻辞“利用行师”的含义。这样的历史故事与“利用行师”爻辞的含义，还是非常吻合的。

《缪和》篇中引用的第四则历史故事是：

> 越王勾贱即已克吴，环周而欲均荆方城之外。荆王闻之，恐而欲予之。左史倚相曰：天下吴为强，以越戋吴，其锐者必尽……君曰：若何则可？
>
> 左史倚相曰：请为长毂五百乘，以往分于吴地。君曰：若。
>
> 越王曰：天下吴为强，吾既戋吴，其余不足以辱大国……请与之分于吴地。
>
> 遂为之封于南巢于北蕲，南北一百里，命之曰倚相之封。

《帛书周易》的《缪和》篇引用这样的故事，是为了解说乖（睽）卦上九爻辞的含义，所以最后说：

> 《易》卦其义曰：睽孤，见豕负涂，载鬼一车，先张之柧，后说之壶。此之胃也。
>
> 今通行本《周易》睽卦上九的爻辞是：睽孤，见豕负涂，载鬼一车，先张之弧，后说之弧，匪寇婚媾，往，遇雨则吉。
>
> 《缪和》篇里的这一引用，意思是说越王先是虚张声势的“先张之弧”拉满了弓箭，而后来却是“后脱之弧”松开了弓箭，

把原来一部分地盘乖乖地让给了楚国。这一历史故事的引用，也是比较恰当的。

《缪和》篇里面引用的第五则历史故事的大意是：

楚庄王想讨伐陈国，事先派大臣沈尹树前往陈国观察的情节。沈尹树反回后说：陈国的城郭修理整齐，国家的粮实也充实，他们的年轻人都好学上进，他们的妇人也都编织等待出售。楚庄王说：如果是这样，陈国是不可以讨伐的了。沈尹树回答说：倘若如同君主您说的那样，就是不可讨伐的了。可是，我的看法则与您的看法不同。大修城郭，就会人力疲惫……他们的年轻人好学，则又说明有往外的志向；他们的妇女编织等待出售，就说明男士的俸禄不足，所以说陈国是可以讨伐的。于是就举兵讨伐陈国，结果胜利了。

《帛书易传》的《缪和》篇列举这样的故事，是为了解说明夷卦六二的爻辞，所以最后说：

《易》卦其义曰：入于左腹，获明夷之心，于出门庭。

《缪和》里的这一引用，意思是说楚庄王先派大臣沈尹树前往陈国窥探虚实，就好比是"入于左腹，获明夷之心"。

《缪和》篇里面引用第六则历史故事的大意是：

赵简子想讨伐卫国，派史黑前往观察，许期是三十天。六十天之后史黑方回来。赵简子大怒，以为他有了外心。史黑说：君主您差一点儿就犯了大过错啊！卫国使蘧伯玉为丞相，子路为辅佐，孔子为客，史子突出，子赣出入于朝门。这五个人，都是可以治理天下的人啊。

《帛书周易》的《缪和》篇列举这样的历史故事是为了解说观卦六四爻辞的含义，所以最后说：

《易》卦其义曰：观国之光，利用宾于王。

《缪和》篇里的这一引用，意思是说史黑到卫"观国之光"，对于赵简子的决策有利。

总之，通过对比，从内容及修辞等方面看，《帛缪》所记故事都在《吕氏春秋》成书之前。如此，则《帛书周易》所抄录的几则故事，至少在战国后期就已经流传。帛书《缪和》列举这六则故事的目的，是为了解说《易经》的某些爻辞，而且基本上都有所符合。这就告诉我们，以历史故事解说《周易》，并不起源于宋代的李光、杨万里等人，而早在战国时期就这样做了。

北宋时期的一些易学家，就已经引用历史故事解说《易经》的卦爻辞。如胡瑗于《周易口义》中引用“后汉光武不任功臣以吏事，深得其道。不然，若用小人，必乱其邦。所以韩、彭、英、卢立功受地，不旋踵而就戮也”这样的历史故事解说相关爻辞；陈瓘于《了斋易说》中引用“齐桓公、卫灵公得管仲、仲叔圉、祝鮀、王孙贾之辅，犹足以安其身而收其功”等历史故事解说相关爻辞；张根于《吴园周易解》中引用“伯夷之事”说“潜龙勿用”、“仲尼之事”说“见龙在田，利见大人”、“文王之事”说“君子终日乾乾，夕惕若，厉，无咎”、“武王观兵之事”说“或跃在渊，无咎”、“禹汤之事”说“飞龙在天，利见大人”、“穆王之事”说“亢龙有悔”、“尧舜之事”说“见群龙无首，吉”；耿南仲于《周易新讲义》中以“犹舜之居摄之时”解说乾卦九四爻辞等等，何待时至南宋时期方有杨万里等人出来，如此“参证史事”？

《帛书周易》里面的《缪和》篇，更是率先引用六则历史故事解说相关的《易经》卦爻辞，则证明以历史故事解说《易经》里面的卦爻辞，其历史更为久远，甚至早在春秋战国时期就有人这样“参证史事”，而不是到了南宋时期方有学者作为。

第七篇 《杨氏易传》辨诂

北京大学《儒藏》编纂与研究中心已经出版的《儒藏》精华编第四册，收录了南宋杨简的《杨氏易传》二十卷。校点底本为《四明丛书》本，参校本为明万历乙未刻本和文澜阁《四库全书》本。

是书细黑口，双鱼尾，上下单边，左右双边，半叶九行，行二十字。

是书卷首，有民国二十年冯贞群所补《文元公遗像》；明黄润玉、李堂二赞；《四库全书》提要；民国二十一年张寿镛序；明南京吏部尚书蔡国珍《杨慈湖先生易传序》。

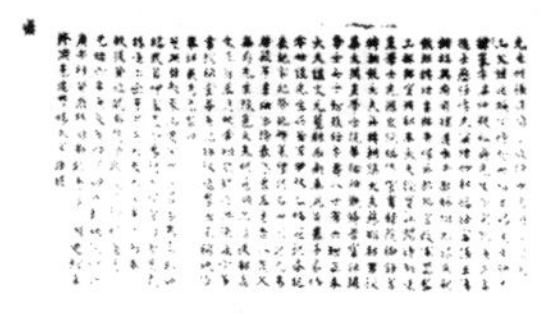

杨简遗像

一 《杨氏易传》目录

卷之一

序 乾

楊氏易傳卷一

宋慈谿楊[illegible]撰

今易經乃漢費氏所傳古文而不[illegible]劉向以
中古文易校施孟梁丘經或脫去無咎悔亡惟費氏
經與古文同漢藝文志易經十二篇謂上經下經彖
大象小象乾文言坤文言上繫下繫說卦序卦雜卦
晁氏云老儒謂費直專以彖象文言參解易爻以彖
象文言雜入卦中者自費氏始不然則其徒陳元鄭
康成之為歟孔穎達謂輔嗣之意象本釋經宜相附

楊氏易傳卷一　一　四明叢書

傳曰百姓日用而不知君子小人之所日用者亦一
也惟有知不知之分爾

䷀ 乾下乾上

乾元亨利貞初九潛龍勿用九二見龍在田利見大人
九三君子終日乾乾夕惕若厲无咎九四或躍在淵无
咎九五飛龍在天利見大人上九亢龍有悔用九見羣
龍无首吉

夫道一而已矣三才一萬物一萬事一萬理一唐虞
之三事曰正德曰利用曰厚生厚生者養生之事利

卷之二

坤

楊氏易傳卷二

宋慈谿楊　簡敬仲撰

䷁ 坤下坤上

坤元亨利牝馬之貞君子有攸往先迷後得主利西南
得朋東北喪朋安貞吉彖曰至哉坤元萬物資生乃順
承天坤厚載物德合无疆含弘光大品物咸亨牝馬地
類行地无疆柔順利貞君子攸行先迷失道後順得常
西南得朋乃與類行東北喪朋乃終有慶安貞之吉應
地无疆

卷之三

屯 蒙

楊氏易傳卷三

宋慈谿楊　簡敬仲撰

䷂ 震下坎上

屯元亨利貞勿用有攸往利建侯彖曰屯剛柔始交而
難生動乎險中大亨貞雷雨之動滿盈天造草昧宜建
侯而不寧

首乾次坤反對之序也其又次之屯者何也六十四
卦錯而置之如連山如歸藏無不可者今就周易之
序而言之則剛柔始交而尚屯此其義也又曰有天

卷之四

需 讼 师

楊氏易傳卷四

宋慈谿楊 簡敬仲撰

乾下坎上

需有孚光亨貞吉利涉大川彖曰需須也險在前也剛健而不陷其義不困窮矣需有孚光亨貞吉位乎天位以正中也利涉大川往有功也

坎險在前健剛而能需待不陷乎塗中其義不困窮矣剛健者多不能需而遽往則陷乎險剛健而能需者得乎道故也曰有孚光亨貞吉者其象著乎九五

卷之五

比 小畜 履

楊氏易傳卷五

宋慈谿楊 簡敬仲撰

坤下坎上

比吉原筮元永貞无咎不寧方來後夫凶彖曰比吉也比輔也下順從也原筮元永貞无咎以剛中也不寧方來上下應也後夫凶其道窮也

比卽吉何以知比之卽吉也比輔也人相比輔何爲乎不吉下情順從何爲乎不吉比道常謹其初原初也筮者精誠而求之其初竭誠而求元善永正之王

卷之六

泰 否 同人 大有

楊氏易傳卷六

宋慈谿楊 簡敬仲撰

乾下坤上

泰小往大來吉亨彖曰泰小往大來吉亨則是天地交而萬物通也上下交而其志同也內陽而外陰內健而外順內君子而外小人君子道長小人道消也

陽爲大爲君子陰爲小爲小人三陰往而居外三陽來而居內道之正也道之正者爲和爲同爲宜爲治爲泰爲吉亨道之不正者爲不和爲不同爲失宜爲

卷之七

谦 豫 随 蛊

楊氏易傳卷七

宋慈谿楊 簡敬仲撰

艮下坤上

謙亨君子有終彖曰謙亨天道下濟而光明地道卑而上行天道虧盈而益謙地道變盈而流謙鬼神害盈而福謙人道惡盈而好謙謙尊而光卑而不可踰君子之終也

謙損謙退人疑不亨智者觀之惟謙乃亨愚者觀近智者知終君子有終謙之效也是故彖詳言謙亨之

卷之八

临 观 噬嗑

楊氏易傳卷八

宋慈谿楊 簡敬仲撰

兌下 坤上

臨元亨利貞至于八月有凶彖曰臨剛浸而長說而順剛中而應大亨以正天之道也至于八月有凶消不久也

二剛浸而長君子之道長出而臨小人其與人未嘗不和說也未嘗不柔順也雖說而順而剛德之不可移易者自若也一無所偏一無所倚未嘗不中也應

卷之九

贲 剥 复 无妄

楊氏易傳卷九

宋慈谿楊 簡敬仲撰

離下 艮上

賁亨小利有攸往彖曰賁亨柔來而文剛故亨分剛上而文柔故小利有攸往天文也文明以止人文也觀乎天文以察時變觀乎人文以化成天下

先儒以爲此卦本下乾上坤坤之上爻來爲六二而文乾分乾之中爻上爲上九而文坤靜觀六畫誠有斯象偏剛偏柔不可獨用必資相濟相賁以成章舜

卷之十

大畜 颐 大过 坎 离

楊氏易傳卷十

宋慈谿楊 簡敬仲撰

乾下 艮上

大畜利貞不家食吉利涉大川彖曰大畜剛健篤實輝光日新其德剛上而尚賢能止健大正也不家食吉養賢也利涉大川應乎天也

大畜大者有所制畜也畜止健者非有剛健篤實輝光日新之盛德不能也有盛德矣而又剛上而尚賢而後可以行止健之事不然則健者亦未易止畜也

卷之十一

咸 恒 遁

楊氏易傳卷十一

宋慈谿楊 簡敬仲撰

艮下 兌上

咸亨利貞取女吉彖曰咸感也柔上而剛下二氣感應以相與止而說男下女是以亨利貞取女吉也天地感而萬物化生聖人感人心而天下和平觀其所感而天地萬物之情可見矣

觀卦之象上六之柔有自下而升之象九三之剛有自上而下之象是謂柔上而剛下剛柔陰陽二氣感

卷之十二

大壯 晋 明夷 家人

楊氏易傳卷十二

宋慈谿楊　簡敬仲撰

乾下震上

大壯利貞彖曰大壯大者壯也剛以動故壯大壯利貞大者正也正大而天地之情可見矣

陽爲大陰爲小君子爲大小人爲小大壯在天地則爲四陽之長陽氣甚壯在國則爲君子以類進其勢盛壯在德則爲得大道剛健變化孔子三十而立之後有不可搖奪之壯也天下之柔者不能壯惟剛故

楊氏易傳卷十二　一　四明叢書

卷之十三

睽 蹇 解 损

楊氏易傳卷十三

宋慈谿楊　簡敬仲撰

兌下離上

睽小事吉彖曰睽火動而上澤動而下二女同居其志不同行說而麗乎明柔進而上行得中而應乎剛是以小事吉天地睽而其事同也男女睽而其志通也萬物睽而其事類也睽之時用大矣哉

離火自炎上兌澤自流下睽之象曰離爲中女兌爲少女二女同居其志不同行女子有行各從其天此

楊氏易傳卷十三　一　四明叢書

卷之十四

益 夬 姤

楊氏易傳卷十四

宋慈谿楊　簡敬仲撰

震下巽上

益利有攸往利涉大川彖曰益損上益下民說无疆自上下下其道大光利有攸往中正有慶利涉大川木道乃行益動而巽日進无疆天施地生其益无方凡益之道與時偕行

觀卦之象損上之陽以益下是謂損上益下損上益下自然民說无疆矣是謂自上下下以貴而下賤以

楊氏易傳卷十四　一　四明叢書

卷之十五

萃 升 困

楊氏易傳卷十五

宋慈谿楊　簡敬仲撰

坤下兌上

萃亨王假有廟利見大人亨利貞用大牲吉利有攸往彖曰萃聚也順以說剛中而應故聚也王假有廟致孝亨也利見大人亨聚以正也用大牲吉利有攸往順天命也觀其所聚而天地萬物之情可見矣

順以說剛中而應何以能聚也順說剛中而應者道也具見於卦象坤順而無拂兌說而能和九五之剛

楊氏易傳卷十五　一　四明叢書

卷之十六

井 革 鼎 震

楊氏易傳卷十六

宋慈谿楊　簡敬仲撰

☵☴ 巽下坎上

井改邑不改井无喪无得往來井井汔至亦未繘井羸
其瓶凶彖曰巽乎水而上水井井養而不窮也改邑不
改井乃以剛中也汔至亦未繘井未有功也羸其瓶是
以凶也

上坎水下巽有巽乎水而上水井之象井贍養潤澤
之功無窮而實寂然不動邑可改何爲乎莫之改也

卷之十七

艮 渐 归妹 丰

楊氏易傳卷十七

宋慈谿楊　簡敬仲撰

☶☶ 艮下艮上

艮其背不獲其身行其庭不見其人无咎彖曰艮止也
時止則止時行則行動靜不失其時其道光明艮其止
止其所也上下敵應不相與也是以不獲其身行其庭
不見其人无咎也

善止者行善行者止知止而不行者實不知止知行
而不知止者實不知行知行止之非二而未能一

楊氏易傳卷十七　一　四明叢書

卷之十八

旅 巽 兑 涣

楊氏易傳卷十八

宋慈谿楊　簡敬仲撰

☲☶ 艮下離上

旅小亨旅貞吉彖曰旅小亨柔得中乎外而順乎剛止
而麗乎明是以小亨旅貞吉也旅之時義大矣哉

山上之火行而不止旅之象也觀卦之象是以小亨
六五柔得中乎外外卦也外有旅之象焉旅體不剛
惟順乎剛得中則不失乎道止則止而不動禹曰安
汝止艮曰艮止也人之道心未始不止也所麗者明

楊氏易傳卷十八　一　四明叢書

卷之十九

节 中孚 小过 既济 未济

楊氏易傳卷十九

宋慈谿楊　簡敬仲撰

☵☱ 兌下坎上

節亨苦節不可貞彖曰節亨剛柔分而剛得中苦節不
可貞其道窮也說以行險當位以節中正以通天地節
而四時成節以制度不傷財不害民

節止也止其過也節之止異乎艮之止止雖不同而
其道同天下無二道也內以節己外以節物凡天下
之有所謂節止也觀節卦象有亨之道焉三剛三柔

楊氏易傳卷十九　一　四明叢書

卷之二十

总论

楊氏易傳卷二十

宋慈谿楊　簡敬仲撰

今人言易者必本於乾坤順矣但見周易之書不見連山歸藏之書故必首乾次坤不知連山首艮重艮故曰連山歸藏首坤故曰乾坤之義連山夏后氏之易歸藏商人之易至矣哉合三易而觀之而後八卦之妙大易之用混然一貫之道昭昭於天下矣三才皆易也三才之變非一實一或雜焉或純焉純焉其名乾坤雜焉其名震坎艮巽離兌皆是物也一物而

楊氏易傳卷二十　一　四明叢書

书后为张寿镛写于民国二十一年之跋。

二　历代对杨简易学的评价

1. 俞琰《读易举要》:宝谟阁学士四明杨简敬仲撰《慈湖己易》一卷,嘉定丙子桐江詹阜民子南刻板置新安郡斋。其说谓:“易者己也,非有他也。以易为书,不以易为己不可也。”敬仲受学陆象山,乾道五年进士,宝庆二年卒,谥文元。

2.《文公易说》:杨简说阳爻一画者在己,阴又一画者应物。底是? 先生曰:正是倒说了。应物底却是阳。

杨敬仲有《易论》。林黄中有《易解》,《春秋解》专主左氏。或曰“林黄中文字可毁”,先生曰“却是杨敬仲文字可毁”。

3. 宋陈振孙《直斋书录解题》:慈湖之学专主乎心之精神,是谓圣一语,其诲人惟欲发明本心而有所觉。然其称学者之觉,亦颇轻于印可。盖其用功偏于上达,受人之欺而不疑。窃尝谓诚明一理焉,有诚而不明者乎？当淳熙中象山陆九渊之学盛行于江西，朱侍讲不然之。朱公于前辈不肯张无垢于同流，不肯陆象山为其本原，未纯故也。象山之后，一传而慈湖遂如此，甚矣。道之不明，贤知者过之也。

4. 元胡一桂《周易启蒙翼传》：杨简慈湖《己易》一卷。愚尝见其书，只作一大篇，自包羲氏一画阳一画阴论起，至八卦六十四卦爻辞。大要谓易者已也，以易为书，不以易为己不可也。桐江詹阜民子南刻之新安郡斋。或曰"林黄中文字可毁"，朱文公曰"却是杨敬仲文字可毁"，往往谓"己易"也。

5.《钦定四库全书总目·易变体义提要》：凡如此类，则务为穿凿，以求合乎卦变之说，而义亦不醇。又多引老庄之辞以释文、周之经，则又王弼、韩康伯之流弊，一变而为王宗传、杨简者矣。

6.《钦定四库全书总目·杨氏易传提要》：简之学出陆九渊，故其解《易》惟以人心为主，而象数事物皆在所略。甚至谓《系辞》中"近取诸身"一节为不知道者所伪作，非孔子之言。故明杨时乔作《传易考》竟斥为异端，而元董真卿论林栗《易解》，亦引朱子语录称"杨敬仲文字可毁"云云。实简之务谈高远，有以致之也。考自汉以来，以老庄说《易》始魏王弼，以心性说《易》始王宗传及简。宗传淳熙中进士，简乾道中进士，皆孝宗时人也。顾宗传人微言轻，其书仅存，不甚为学者所诵习。简则为象山弟子之冠，如朱门之有黄榦，又历官中外，政绩可观，在南宋为名臣，尤足以笼罩一世。故至于明季，其说大行。紫溪苏濬解《易》，遂以"冥冥篇"为名，而《易》全入禅矣。夫《易》之为书，广大悉备。圣人之为教，精粗本末兼该，心性之理未尝不蕴《易》中。特简等专明此义，遂流于恍惚虚无耳。昔朱子作《仪礼经传通解》，不删郑康成所引谶纬之说，谓"存之正所以废之"。盖其名既为后世所重，不存其说，人无由知其失也。今录简及宗传之《易》，亦犹是义云。

7.《钦定四库全书总目·童溪易传提要》：宗传之说，大概祧梁、孟而宗王弼。故其书惟凭心悟，力斥象数之弊。……盖弼《易》祖尚玄虚以阐发义理，汉学至是而始变。宋儒扫除古法，实从是萌芽。然胡、程祖其义理而归诸人事，故似浅近而醇实。宗传及简祖其玄虚而索诸性天，故似高深而幻窅。考沈作喆作《寓简》，第一卷多谈易理，大抵以佛氏为宗。作喆为绍兴五年进士，其作《寓简》在淳熙元年，正与宗传同时。然则以禅言《易》，起于南宋之初，特作喆无成书，宗传及简则各有成编，显阐别径耳。

8.《钦定四库全书总目 · 周易易简说提要》：攀龙之学出入朱、陆之间，故以心言《易》。然其说曰"天下有非易之心，而无非心之易，是故贵于学也。学也者，知非易则非心，非心则非易，易则吉，非易则凶悔吝"云云，则其说主于学易以检心，非如杨简、王宗传等引易以归心学，引心学以归禅学，务屏弃象数，离绝事物，遁于恍惚窅冥，以为不传之秘也。是固不得谓以心言易，为攀龙之失矣。

9.《钦定四库全书总目 · 御纂周易折中提要》：自宋以来，惟说《易》者至夥，亦惟说《易》者多岐。门户交争，务求相胜，遂至各倚于一偏，故数者易之本，主数太过，使魏伯阳、陈抟之说窜而相杂，而《易》入于道家。理者易之蕴，主理太过，使王宗传、杨简之说溢而旁出，而《易》入于释氏。明永乐中官修《易经大全》，庞杂割裂，无所取裁。由群言淆乱，无圣人以折其中也。我圣祖仁皇帝道契羲、文，心符周、孔，几余典学，深见弥纶天地之源，诏大学士李光地采摭群言，恭呈乙览，以定著是编。冠以图说，殿以《启蒙》，未尝不用数，而不以盛谈河洛致晦玩占观象之原。冠以《程传》，次以《本义》，未尝不主理而不以屏斥谶纬并废互体变爻之用。其诸家训解，或不合于伊川、紫阳而实足发明经义者，皆兼收并采，不病异同，惟一切支离幻渺之说，咸斥不录，不使溷四圣之遗文。

10.《钦定四库全书总目 · 易学四同提要》：是编以"四同"为名，盖以朱子《本义》首列九图，谓"有天地自然之易"，"有伏羲之易"；"有文王之易"，"有孔子之易"，四者不同。本极以其说为不然，故以四同标目，亦间有阐发。然其大旨乃主于发明杨简之《易》，以标心学之宗，则仍不免堕于虚渺。

11.《钦定四库全书总目 · 易臆提要》：明郑圭撰……论《系辞》"洗心"、"藏密"云："易有太极，圣有心极。"其言皆近于二氏。观其论精变神一条，引杨简"心之精神，谓之圣"，则源出慈湖，概可见矣。

胡方平之学出于董梦程，梦程之学出于黄榦。黄榦是朱子之壻。胡方平及其子一桂，皆笃守朱子之说。胡方平撰《易学启蒙通释》，为朱熹伪学案平反后发明《易学启蒙》之第一本书。所以，胡一桂贬抑杨简易学，也是情理中事。有明一代推崇本姓朱熹易学，实明成祖为之。清初，黄宗羲、黄宗炎、毛奇龄、胡渭、李塨等抨击朱熹《易学启蒙》为伪学，实在是对有明一代奉《易学启蒙》为“不刊之书”的反思。然而至康熙朝则又极力推崇朱熹易学，不但在《御纂周易折中》书中收录《易学启蒙》，还不顾袁枢“黑白之位尤不可晓”的反对意见，在《御纂性理精义》卷四《易学启蒙》中把六横图改用初版《易学启蒙》所列黑白之位《伏羲八卦次序图》和《伏羲六十四卦次序图》。所以，乾隆时期编纂《四库全书》，在宋明理学方面抑陆扬朱，又是情理中事。我们看到四库馆臣一味抨击杨简易学近于释氏，言“不存其说，人无由知其失”，也就没有什么奇怪了。

今北京大学《儒藏》编纂与研究中心，采录《杨氏易传》入《儒藏》精华编，是不囿于清代四库馆臣偏见的公平之举。把朱熹《易学启蒙》和杨简《易传》读过之后，究竟是谁的“文字可毁”，相信读者深入研究之后自有甄别能力。

三 校勘记辨正

p.449

校勘记②“--”，底本与四库本皆作“—”，今据文意改。

校勘记③“--”，底本与四库本皆作“—”，今据文意改。

原文：

然则坤何以—？清浊未分，混然而已，迨乎重浊严凝而后，清浊始分而为二，然所以为清者此也，所以为浊者亦此也。坤者两画之乾，乾者一画之坤也。

今为浑天之说者，地在天中，则合天地一体而已矣。但因重浊故言地，因卑故言妻言臣，有尊有卑，有清有浊，清阳浊阴，君臣夫妇未尝不两，故坤必--。

坤者两画之乾,非乾道之外复有坤道也。

辨正:

校勘记②不当出,原文不可“据文意改”。何以说“坤何以—”,因为原文说“清浊未分,混然而已”。

校勘记③有误,底本已经作“--”,只是四库本作“—”。何以说“故坤必--”,因为“迨乎重浊严凝而后清浊始分而为二”、“未尝不两”。

卷一

p. 466

校勘记①“他”,原作也,据明刻本、四库本改。

原文:

在他卦,重刚而不中必有凶,而此则虽危疑而无咎者,乾乃圣人之德,重刚则刚健之至德也。人之重刚,则为刚过。此之不中,乃谓所居之位不中他(当作“也”)。人之不中,为德之不中,随卦象而见也。

辨正:

此段文意,分“德之重刚”与“人之重刚”。就“德”而言,说“乾乃圣人之德,重刚则刚健之至德也”;就“人”而言,说“人之重刚,则为刚过”。又分“位之不中”与“人之不中”。就“乾德”而言,说“所居之位不中也”;就“人”而言,说“为德之不中”。所以,底本原作“也”没有错误,不当“据明刻本、四库本改”。而且底本原文之“他”字,亦是“也”字之误。

所以原文当作:

在他卦,重刚而不中必有凶,而此则虽危疑而无咎者,乾乃圣人之德,重刚则刚健之至德也。人之重刚,则为刚过。此之不中,乃谓所居之位不中也。人之不中,为德之不中,随卦象而见也。

卷二

p. 470

校勘记①“风霆”,明刻本、四库本无此二字。

原文:

孔子曰:地载神气,神气风霆,风霆流行,庶物露生,无非教也。

辨正:

又《杨氏易传》卷八:"孔子曰:二三子以我为隐乎?吾无隐乎尔,吾无行而不与二三子者,是丘也。又曰:天有四时,春秋冬夏,风雨霜露,无非教也。地载神气,神气风霆,风霆流形,庶物露生,无非教也。"

《礼记》:"天有四时,春秋冬夏,风雨霜露,无非教也。地载神气,神气风霆,风霆流形,庶物露生,无非教也。"

看来底本有"风霆"二字,是杨简引文于《礼记》,而明刻本、四库本无此二字,应该是早期刻本有遗失错误。

如果本着"底本不误而参本有误,则可以不出校勘记"的体例,此条校勘记可以不出。

卷三

p. 490

校勘记①上"为",明刻本、四库本作"所"。

原文:

六阴,四又阴,蒙暗之甚,自以为是,不应乎阳明,故为"困蒙"为"吝"。夫蒙暗者之自安于蒙,不以蒙为美也,惟以蔽焉。安于所好,溺于所嗜,自以为好嗜者为实,不知其不实也。

辨正:

"好嗜"源于"安于所好,溺于所嗜","自以为",来自"自以为是"。此似乎为冯贞群改明刻本、四库本之"所"字作"为"字的依据。

四库本《杨氏易传》底本为浙江吴玉墀家藏本,应该是明万历乙未刻本,所以冯贞群说:"乃发箧出万历乙未刻本校之,盖阁本原出于此。"但是,冯氏又说:"蔡国珍序佚去,涣卦末脱文六百五十有六。讹夺衍文,多见阁本。"今将底本与四库本对照,的确四库本"涣卦末脱文六百五十有六"(自"九二涣奔其机悔亡象曰涣奔其机得愿也涣散之时而九二稍得位出非其时也涣离其所而奔"之后尽脱)。

九二渙奔其机悔亡象曰渙奔其机得願也

渙散之時而九二亦得位出非其時也渙離其所而奔其机棄位而就下遯世而甘賤則安也則悔可亡也机居下而安人皆以進而得位爲得願明者則以退而即安爲得願

六三渙其躬无悔象曰渙其躬志在外也

躬有俯而就下之象六三近比於九二陰陽有相得之象而六三不然渙其躬不就下乃應上九志不在內而在外斯其所以無悔歟內雖有難戀戀於利祿者未必能渙其躬而退處於遠外也今何以知六三之志在外以六三與上九一陰一陽有相應之象是故知六三之志在外也九二上九不必言人九二有內象上九有外象而已諸儒率多誤認

六四渙其羣元吉渙有丘匪夷所思象曰渙其羣元吉光大也

六四居大臣之位取渙離其羣黨之義夫士之窮而在下也則有親黨有朋友之黨急難相救利害相同及其事君當大任則當行天下之大公不當用其私

黨故渙其羣元吉此非小賢之所能也丘聚也於渙散之中有聚合人心之事業而非其故匪夷所思其故匪夷皆深信其大公知不可干以私不復思念是以見其誠實篤志夫是之謂道心夫是之謂易之道夫是之謂光大

九五渙汗其大號渙王居无咎象曰王居无咎正位也

九五又發渙汗大號之義聖人作易眾義畢備不可執一論大召渙散於四方曰汗者并以著一出不可復反之義凡此皆易之道也若謂號令者號令而已疑夫易之道未必在是則不惟不知易道亦不識號令大號者易之大號渙汗者易之渙汗也渙離之時惟王者乃能居其中而無咎所謂王者非空名而已實有王者之德乃名爲王既有王者之德則何患乎民心之渙散一唯而定矣蓋王者之心即兆民之心兆民之身即王者之身雖驅之使離散不可得矣曰正位者明爲王而後可以正居其位也斯乃爲王者之正位也

上九渙其血去逖出无咎象曰渙其血遠害也

上九應六三三爲內卦坎體險難又坎爲血卦故告之以渙其血離其難去而逖出則無咎逖遠也言其不當應乎內也

楊氏易傳卷十八

四库本涣卦脱“其机弃位而就下”至“言其不当应乎内也”六百五十六字。

既然“讹夺衍文,多见阁本”,则四库本不足作为参校本当为事实,而明刻本应该为唯一参校本。此例,明刻本作“所”字,而改“所”作“为”,当然是冯氏校校勘时所改无疑。准此,严格说来,应该回改之。

卷四

p. 493

校勘记①“以”上,明刻本、四库本叠“终吉”。

原文:

初不以进动其心,亦不以小言动其心,夫如是终吉,以九二得其道故也。

明刻本原文:

初不以进动其心,亦不以小言动其心,夫如是终吉。终吉,以九二得其道故也。

辨正:

需卦九二言:“需于沙,小有言,终吉。”杨氏曰:“九二稍近于险矣,故曰‘于沙’,言九二居中有得其道之象,故亦未尝进而需焉。偶其所处稍近险,非好进而近险也。故虽小有言,而终吉。‘衍在中’者,言九二胸中宽衍平夷,初不以进动其心,亦不以小言动其心,夫如是终吉。终吉,以九二得其道故也。”看来,“夫如是终吉”是因“初不以进动其心,亦不以小言动其心”而言。“以九二得其道故也”,是进一步强调之所以“终吉”。因此,并非叠“终吉’”。

删除“终吉”二字,又是冯氏校勘时所为,今当复明刻本之旧。

p. 494

校勘记①“大失”,原作“失大”,据明刻本、四库本改。

原文:

上六,入于穴,有不速之客三人来,敬之终吉。《象》曰:不速之客来,“敬之终吉”,虽不当位,未失大也。

辨正：

《周易注》原文：

上六，入于穴，有不速之客三人来，敬之终吉。《象》曰：不速之客来，“敬之终吉”，虽不当位，未大失也。

既然是《周易》经传原文错误，则应该据《周易》改正。严格说来，与版本无关，只能证明明刻本、四库本此处没有错误而已。

杨氏疏曰：“有不速之客至，不速自至，虽不当宾客之位，未大失也。”由此可知，作“未失大”应该是《四明丛书》刻本错误，应该据《象传》予以改正。

p. 498

校勘记①“德”，四库本作“则”。

原文：

《象》详言丈人之道，曰“刚中而应”，发九二之象也。“行险而顺”，发上下二卦之象也。刚则物莫能动，中德无偏无党。“刚中”二言，皆所以明此道，非有二物也。

辨正：

宋项安世《周易玩辞》“龙德而正中”章：“二有龙德而得中位，人君之象也。以在下卦又非阳位，故不为中位而为中德。文言两称君德，明非君位也。此又称龙德之中，明非龙位之中也。龙德者，天之阳德，乾六爻所同有也。然而初潜而上亢，三与四皆择乎中庸者，五虽中又以位言，故六龙之德，惟九二为正中也。此章专言圣人之中德。”师卦《象》“详言丈人之道”，非言“圣人之中德”。以文意推之，“刚则物莫能动，中则无偏无党。‘刚中’二言，皆所以明此道，非有二物也”当然通顺。然则明刻本作“德”，冯氏校勘没有改“德”字作“则”字，此无疑是四库馆臣所改，虽于义理方面通顺，然并不知杨氏原本作“则”字。如此，不擅自更改底本原文应该为准则。

p. 499

校勘记①“为”，明刻本、四库本作“谓”。

原文：

《象》曰“在师中吉，承天宠”者，言行师不出于私，出于公。有大恶乱伦虐民，众心共怒，是为“天命殛之”，是谓“承天宠”。

辨正：

《商书·汤誓》王曰：“格尔众庶，悉听朕言。非台小子，敢行称乱，有夏多罪，天命殛之。”

“天命殛之”出于商汤之言，当作“是谓天命殛之”。既然参校本皆作“是谓天命殛之”，则《四明丛书》本作“是为天命殛之”，乃冯氏校勘时所改。严格说来，应该回改。

卷五

p. 504

校勘记①“中正”，明刻本、四库本作“正中”。

原文：

九五，显比，王用三驱，失前禽，邑人不诫，吉。《象》曰：显比之吉，位中正也。

辨正：

《周易》比九五《象》曰：“显比之吉，位正中也。”显然是底本把“正中”二字互乙。所以，此条校勘记应该改作：校勘记①“正中”，底本原作“中正”，据《周易·象传》改。

p. 505

校勘记①“闻”，四库本作“因”。

原文：

禹征有苗，闻伯益至諴感神之言而遽班师，失前禽也。卒之七旬有苗格者，中正之道，自足以感之也。

辨正：

《尚书·大禹谟》：禹乃会群后，誓于师曰：“济济有众，咸听朕命。蠢兹有苗，昏迷不恭，侮慢自贤，反道败德，君子在野，小人在位，民弃不保，天降之咎，肆予以尔众士，奉辞伐罪。尔尚一乃心力，其克有勋。”三旬,苗民逆命。益赞于禹曰:“惟德动天,无远弗届。满招损,谦受益,时乃天道。若至諴感神,矧兹有苗。”禹拜昌言曰“俞班师振旅”……帝乃诞敷文德,舞干羽于两阶。七旬有苗格。

据此,此段文字应该作如下标点:

禹征有苗,闻伯益“至諴感神”之言而遽班师,“失前禽”也。卒之“七旬有苗格”者,中正之道,自足以感之也。

底本作“闻”字,是出于明刻本。四库本讹夺,擅自改“闻”字作“因”不足取。此条校勘记当改作:校勘记①“闻”,明刻本同,四库本作“因”。

p. 508

校勘记①“有”,明刻本、四库本作“无”。

原文:

臣有畜君之道,妇有畜夫之礼。以妇畜夫,虽正亦厉。牝鸡之晨,终焉家索。终不顺,恐生别祸,故曰厉。

辨正:

底本“妇有畜夫之礼”,明刻本、四库本原文作“妇无畜夫之礼”。看下文“以妇畜夫,虽正亦厉。牝鸡之晨,终焉家索”,似乎不当作“妇有畜夫之礼”。因此,此处应该有所改动。此条校勘记当作:校勘记①“无”,原作“有”,据明刻本、四库本作改。

卷七

p. 538

校勘记①“心”,明刻本作“必”。

原文:

九四下有二阴相随之象,九四得众心之随而阳实自任,以为己之所获,如此则虽正亦凶也。夫人心之所以应者,固以我之正也。不正则人不服,而九四不可以为己有,当曰“斯谋斯猷,惟我后之德”。苟有毫发以为己能之心,则失其道矣。故虽正亦凶。夫有获之心,己私也。有私己者,虽人君不能免凶,而况于臣乎,而况于居近君之位,其可不敬惧乎？故曰“其义凶也”。其义凶矣，心不免。“有孚在道以明”，则不以为己获矣。

辨正：

此段文字当标点作：

九四下有二阴相随之象，九四得众心之随而阳实自任，以为己之所获，如此则虽正亦凶也。夫人心之所以应者，固以我之正也。不正则人不服，而九四不可以为己有，当曰“斯谋斯猷，惟我后之德”。苟有毫发以为己能之心，则失其道矣。故虽正亦凶。夫有获之心，己私也。有私己者，虽人君不能免凶，而况于臣乎，而况于居近君之位，其可不敬惧乎？故曰“其义凶也”。其义凶矣，心不免“有孚在道”，“以明”则不以为己获矣。

正因为“其义凶”，君子方应该“敬惧”而心中不能免除“有孚在道”。明道而不失道，不“以为己之所获”，则何咎之有？

明刻本改“心”字作“必”字，毫无易理可言。

卷八

p. 555

校勘记①“畏”，明刻本、四库本作“威”。

原文：

噬嗑之时，明动合而成章。章，言其有理不紊乱也。夫用畏除间之际，人情多失之偏，多有所不察。今也除间之时，刚柔明动，合而成章，不偏不乱，岂心思人力之所及哉。

辨正：

清张次仲《周易玩辞困学记》：“杨敬仲曰，夫用威除间之际，人情多失之偏，今也刚柔明动，合而成章，不偏不乱，岂心思人力之所及哉。”

《杨氏易传》卷七曰：“周公亦非一于用威，其曰维之者，宽以养之也。”古无“用畏”一词，底本乃误把“用威”作“用畏”。

此处当有所改动，校勘记当作：校勘记①“威”，底本原作“畏”，据明刻本、四库本改。

p. 557

校勘记①“四”，原作“五”，据文意改。

校勘记②“为”，明刻本无此字。“德”下，四库本有“也”。

原文：

六三，噬腊肉，遇毒，小吝无咎。《象》曰：“遇毒”，位不当也。

九四，噬干胏，得金矢，利艰贞，吉。《象》曰：“利艰贞吉”，未光也。

六五，噬干肉，得黄金，贞厉，无咎。《象》曰：“贞厉无咎”，得当也。

噬莫易于噬肤，莫难于干脯，次腊肉，次干肉。小物之干者曰“腊”。此盖以彼间之浅深，与己德大小为难易。二除间于肤浅，三渐深，故为次难，四又深，尤难。至五当益深益难，而曰“噬干肉”，止为次难者，以其有黄中金刚贞正之盛德，又以尊位行之，无毫发之失也，故曰“得当也”，故虽厉而无咎。夫彼为间，三噬而除之，当也，而反“遇毒”者，三无德焉，不当位也。无德者虽行之以正犹难济。虽然三非间者，彼为间而三除之，于义为正，虽有“小吝”，终于“无咎”。至于四则间益深益大，故曰“噬干脯”。或作“胏”，子夏作“脯”。子夏在孔门，当从其本文。五刚失直，不如黄金中刚之善矣，故利于艰贞则吉。《象》曰“未光”，言九四之犹未尽乎道也。《易》诸卦爻，唯曰“艰贞”不曰“艰中”者，贞可以勉而至，中不可勉而能。六五之黄中，非九四之所能勉而至也，故曰：“中庸之为德，其至矣乎，民鲜久矣。”

辨正：

《易》卦之五位为刚位，如果是阳爻居之，则是“刚中正”。噬嗑则六五为阴居刚位，所以杨氏说“五刚失直”，六五爻辞言“得黄金”，所以杨氏说“不如黄金中刚之善矣”。正因为九四近于六五“黄金中刚之善”，所以说“故利于艰贞则吉”。所以底本、明刻本及四库本均没有“据文意改”。此条校勘记错误，应该删除。

《论语注疏》“子曰中庸之为德也 其至矣乎 民鲜久矣”，底本夺

"也"、明刻本夺"为",四库本予以补正。所以校点时应该予以补正,校勘记亦相应修改作:校勘记②"也",原脱,据四库本补。"为",明刻本无此字。

卷九

p.561

校勘记①"情",明刻本、四库本作"心"。

原文:

上九,白贲,无咎。《象》曰:"白贲无咎",上得志也。

贲饰至如此极矣!上九超然于一卦之外,乃艮止其贲,一以白为贲焉。一用质实,疑人情之所不悦,圣人于是示之曰无咎,尤也。人情不至于不悦,忠诚相与,人必不咎。

辨正:

此《四明丛书》底本,乃约园主人据文澜阁《四库全书》钞得,经冯贞群用明万历乙未刻本校之。倘若四库本与明刻本一致而底本有所不同,则必定是冯氏刻意改之。从文意分析,"不悦"之情乃发生于心,作"人心不至于不悦"为是。冯氏见前有"人情之所不悦"之文,遂改"人心不至于不悦"作"人情不至于不悦",似无疑议。

严格来说,此处应该一仍其旧,回改作"心"字。

p.567

校勘记②"往",明刻本、四库本作"妄"。

原文:

无妄,元亨利贞。其匪正有眚,不利有攸往。

《彖》曰:无妄,刚自外来而为主于内,动而健,刚中而应。大亨以正,天之命也。"其匪正有眚,不利有攸往",无妄之往,何之矣?天命不祐,行矣哉?

复则不往矣,未复则物为主,复则我为主。道心无外内,外心即内心,惟人之昏,不省乎内,惟流乎外,是故姑设内外之辞……下之至动,足以发挥无妄之至神,徒静犹妄,至动无妄,愈动愈神,是谓无妄之贞……言其本止而不动，意动则往矣，往则为妄矣。动则离无妄而之妄矣，故曰“无妄之往，何之矣”。

辨正：

既然明刻本、四库本皆作“妄”字，则是底本改“妄”作“往”无疑。从文意分析，“往则为妄”，所以说“复则不妄”。复卦辞曰“复亨，出入无疾，朋来无咎。反复其道，七日来复，利有攸往”，即是“复则不妄”之意。

此处应该回改，一仍明刻本、四库本之旧。

p. 570

校勘记①“心”，明刻本、四库本作“思”。

原文：

禹曰“安汝止”，人心自有寂然不动之妙，惟不安而好动故昏，故夫禹之所谓止，非无喜怒无思为也，终日心为而未尝动也，虽有喜有怒而未尝动也，如此则不妄，如此则“利有攸往”。往者，以无妄而往也。

辨正：

既然明刻本、四库本皆作“思”字，则是底本改“思”作“心”无疑。从文意分析，“终日思为而未尝动”是接前“非无喜怒无思为”而言。

此处应该回改，一仍明刻本、四库本之旧。

卷十

p. 575

校勘记①“过”，《礼记》作“通”。

原文：

“如四时之错行，如日月之代明，万物并育而不相害，道并行而不相悖”，“大积焉不苑，深而过，茂而有间”。

辨正：

《礼记》原文：“辟如天地之无不持载，无不覆帱，辟如四时之错行，如日月之代明，万物并育而不相害，道并行而不相悖。小德川流，大德敦化，此天地之所以为大也。""故事大积焉而不苑，并行而不缪，细行而不失，深而通，茂而有闲，连而不相及也，动而不相害也，此顺之至也。"

"通"，明刻本、四库本亦作"过"。此条校勘记当改作：校勘记①"过"，明刻本、四库本同，《礼记》作"通"。

p. 580

校勘记①"迷逐"，明刻本、四库本作"迷迷"。

原文：

六四，颠颐，吉。虎视耽耽，其欲逐逐，无咎。《象》曰："颠颐"之吉，上施光也。

六四阴爻，不能以上养下，而反资初九之阳以为养，是谓"颠颐"，与六二同。而四独吉者，四与初正应，不拂经常也。四既资初以养，四虽上位，其体尊重，如"虎视耽耽"然，而其志欲乃迷逐于初，相亲之诚有如此者，则无咎。

辨正：

四库本作"而其志欲乃逐逐于初"，非作"迷迷"。从文意看，爻辞曰"其欲逐逐"，则杨氏疏曰"而其志欲乃逐逐于初"，是因"四与初正应"为是。"迷逐"显然是"逐逐"之误，应该予以改正。

此条校勘记当改作：校勘记①"逐逐"，原作"迷逐"，据明刻本、四库本改。

p. 584

校勘记③"矣"，四库本作"全"。

原文：

迹虽在险难而心亨，已离乎难矣。至于再遇险而亦不夫其信，其心亦亨者，非深得其道成矣其德者不能也。

辨正：

底本钞自文澜阁《四库全书》，误把"全"字抄写作"矣"，则有此可能。从文意分析,作“矣”文义不通,应该改“矣”字为“全”字。

此条校勘记当改作:校勘记③“全”,底本原作“矣”,据明刻本、四库本改。

卷十一

p. 594

校勘记①“矜”,明刻本、四库本作“务”。

原文:

九三,咸其股,执其随,往吝。《象》曰:“咸其股”,亦不处也。志在随人,所执下也。

自腓而上,其为股乎? 股虽不至如腓之先动,而亦非静止者,故曰“亦不处”也。处,止也。股专于随人而动,故曰“执其随”,执此而往,良可羞吝。夫咸感之道,虽戒躁动,矜去己私,感而斯应。然亦志于随者,“志在随人”,则全无主本,失道从人,“所执下”矣。尧舜之舍己从人,非随人也。舍己从人者,其中虚明,志在随人者,窒暗而已矣。

辨正:

“矜”字有“怜悯”、“珍惜”、“敬重”、“骄傲”、“掩饰”诸多意思,显然底本抄写时误“务”作“矜”。应该据明刻本、四库本改正。

此条校勘记亦应该改作:校勘记①“务”,底本原作“矜”,据明刻本、四库本作改。

p. 598

校勘记①“和”,四库本作“利”。

原文:

初六,浚恒,贞凶,无攸利。《象》曰:“浚恒”之凶,始求深也。

天下万物皆有其序,不由其序而遽求之深,皆不可也。其于事,则其进锐者其退速。其于人情,则相与未久相知未深而遽求之深,则彼将不堪,将莫之应。浚,深也。遽求深入,虽贞正亦凶。始求深入,多由贞正之人,执正义而为之急也。易之道不如此,惟时惟变,不主一说，天下之大用也。用小道者，虽正犹凶，犹无所和，故孔子止绝人之意、必、固、我，其为害道也。

辨正：

恒卦初六爻辞曰“浚恒，贞凶，无攸利”，而杨氏言“用小道者，虽正犹凶，犹无所利”，正是疏解爻辞之语。此又是抄写错误，应该回改之。

此条校勘记亦应该修改作：校勘记①“利”，底本原作“和”，据明刻本、四库本改。

p. 599

校勘记①“上”，原作“吉”，据四库本改。下“震”，四库本作“振”。

原文：

上六，振恒，凶。《象》曰：“振恒”在上，大无功也。

振，振动也。震卦之吉有震象，夫初六始而遽求“浚恒”，则不可。今至于其终，而犹震动其恒，未纯未一，则“大无功”也。

辨正：

震卦初九爻辞曰“震来虩虩，后笑言哑哑，吉”，此为杨氏言“震卦之吉有震象”之根据。而恒下卦虽是震，然“始而遽求浚恒”，所以爻辞曰“浚恒，贞凶，无攸利”，是因为“恒卦之凶无震象”。因此，不宜更改。

此条校勘记有所不妥，应该改作：校勘记①“吉”，四库本作“上”，下“震”，四库本作“振”。

卷十三

p. 620

校勘记①“虽”，明刻本、四库本作“难”。

原文：

坎、睽、蹇皆非善吉之卦，凡众于此，往往得于险，虽勤于忧思，汨于事情，安知为至大之道哉？

辨正：

明刻本、四库本作“难”，是正确的。此段文字的句读如下。

坎、睽、蹇皆非善吉之卦，凡众于此，往往得于险难。勤于忧思，汩于事情，安知为至大之道哉？

因此，校点时应该更改。校勘记亦应该改作：校勘记①“难”，原作“虽”，据明刻本、四库本改。

卷十四

p. 631

校勘记①“体”，明刻本、四库本作“疆”。

原文：

《象》曰：风雷，益。君子以见善则迁，有过则改。

凡善即迁，当如风雷之疾；有过则改，当如风雷之疾，如此则获益。人谁无好善之心，往往多自谓己不能为而止；人谁无改过之心，往往多自以难改而止。凡此二患，皆始于意，意本于我。道心无疆，何者为我？清明在躬，中虚无物，何者为我？虽有神用，变化云为，其实无体。知我之本无体，则声色甘芳之美、毁誉荣辱之变、死生之大变，如太虚中之云气，亦如冰鉴中之万象，如四时之变化，其本体无所加损，何善之难迁？何过之难改？

辨正：

我国古代有“体”与“用”的哲学观念，所谓“道心”，即是所谓“道为太极”、“心为太极”，均属于“形而上”的范畴，所以言“道心无疆”。“道心”不可分“体”与“用”，当然不能说“道心无体”。

此处应该据明刻本、四库本改“体”作“疆”。校勘记亦改作：校勘记①“疆”，底本原作“体”，据明刻本、四库本改。

卷十六

p. 654

校勘记①“自”，四库本作“本”。

原文：

人惟自见其过失之多，而自莫之改也，故不信自心之本善本正，本神本明，不知夫患生于妄意之兴，意兴则昏则乱，一日觉之，则吾未始或动，未始有改，未始不备众德。神用四发，如风雨之散润，如日月之代明，如四时之错行也。“不可度思，矧可射思”。

辨正：

“人之初，性本善”，只有本心方能“本善本正，本神本明”。人人有“自心”，不可谓人人自心皆“本善本正，本神本明”。所以，当从四库本改正。

校勘记亦应该改作：校勘记①“本”，底本原作“自”，据明刻本、四库本改。

卷十七

p.668

校勘记①“措”，四库本作“错”。

原文：

虽则应用交措，扰扰万绪，未始不寂然矣。

辨正：

虽“措”通“错”，然《四明丛书》底本来自文澜阁《四库全书》，改“错”作“措”，应该是冯贞群用明刻本校勘时所为。“举错”一词，来源于《周易·系辞》“举而错之天下之民谓之事业”。看来《杨氏易传》原文当为“应用交错”。

为了体现《杨氏易传》原貌，应该回改。

p.670

校勘记①“乎”，明刻本、四库本作“于”。

原文：

大舜耕于历山，则安乎历山。“及其为天子，被袗衣，鼓琴，若固有之”，则又安乎南面。

辨正：

《杨氏易传》疏解文字多作“于”，从前后文意看，作“安乎南面”为是。“乎”与“于”形近，四库本乃沿袭明刻本之误。

卷十八

p.683

校勘记①“是”,明刻本、四库本作“足”。

原文:

旅,小亨,旅贞吉。《彖》曰:“旅小亨”,柔得中乎外而顺乎刚,止而丽乎明,是以“小亨,旅贞吉”也。旅之时义大矣哉!

辨正:

《周易·彖传》原文如此,显然是明刻本、四库本错把“是”字作“足”字。

本着“底本不误,参校本误者,可以不出校记”的体例,此条校勘记可以删除。

卷十九

p.699

校勘记①“三”,四库本作“王”。

原文:

讯群吏,讯万民,如此其详矣,而又有议亲、议贤、议能、议贵、议勤、议宾之法,又王命三公参听,文王又三宥之,然后制刑,而君子于此犹恻念无已。

辨正:

汉郑玄注、唐孔颖达疏《礼记注疏》:“大司寇以狱之成告于王,王命三公参听之。”可见,四库本作“王命王公参听”错误。本着“底本不误,参校本误者,可以不出校记”的体例,此条校勘记可以删除。

p.702

校勘记①“能”,明刻本、四库本作“通”。

原文:

《象》曰:山上有雷,小过。君子以行过乎恭,丧过乎哀,用过乎俭。

此言过失之小者,又异乎卦辞与《彖》所言,所以通于他义也。

能通则无所不能矣,能通则六十四卦皆小过之卦也。

辨正:

"能"字,既然明刻本、四库本作"通"字,必然是《四明丛书》刻本改"通"作"能"。从文意方面看,"能通则无所不能",不合易理。应该回改之。

p. 708

校勘记①"之",明刻本、四库本作"至"。

原文:

九四,贞吉,悔亡。震用伐鬼方,三年有赏于大国。《象》曰:"贞吉悔亡",志行也。

九为阳为君子,为正四卦之变。乾卦之九四乃革,泰卦至四爻而否来,小人翩翩而来,则此卦可以动而济矣。

辨正:

"六位时成",后面曰"泰卦至四爻而否来",前面必定是"乾卦至九四乃革"。因此,此处文字应该有所修改。此条校勘记亦当改作:校勘记①"至",底本原作"之",据明刻本、四库本改。

卷二十

p. 711

校勘记①"以明",明刻本、四库本作"明以"。

原文:

于戏!此正以明天地无一物一事一时之非易。学者溺于思虑,必求其义,圣人于颐、大过、解、革,尽捐义用,止言其时,而叹之曰"大矣哉",使学者无所求索,不容钩深,即时而悟大哉之妙,则事理一贯,精粗一体,孔子"何思何虑",文王"不识不知",信矣。

辨正:

"此正以明天地无一物一事一时之非易"与"此正明以天地无一物一事一时之非易"比较,前者通顺。随卦九四曰"随有获,贞凶。有孚在道,以明,何咎",《杨氏易传》言"以明"多达七十四处,几乎没有以“明以”为连词者,如“文明以健”、“文明以止”“重明以丽乎正”等又皆是《周易》原文。由此可见,作“此正以明天地无一物一事一时之非易”正确。

p. 712

校勘记①“上”下,四库本有“六”。

原文:

坤六二“直方大,不习无不利”……六三“含章可贞”……六四“括囊,无咎无誉”……二言坤道之正,五言坤道之盛……初之履霜,谨微之道,上之龙战,道之穷也,皆易之道,而有昏明邪正之辨也。

辨正:

“初之履霜……上之龙战”,正是对应之辞,如果说“上六”,则说“初六”方能与之对应。坤卦六爻皆阴,故可如此省略。此条校勘记应该注明“明刻本”作何字才是。

p. 714

校勘记②“妣”,明刻本、四库本作“姚”。

原文:

及后居姚氏丧,哀恸切痛,不可云喻,既久略省察。曩正哀恸时,乃亦寂然不动,自然不自知。方悟孔子哭颜渊至于恸矣而不自知,正合无思无为之妙。

辨正:

杨简《慈湖遗书》:“及后居妣氏丧,哀恸切痛,不可云喻,既久略省察。曩正哀恸时,乃亦菽然不动,自然不自知。方悟孔子哭颜渊至于恸矣而不自知,正合无思无为之妙。”看来,明刻本、四库本作“姚”有误。

本着“底本不误,参校本误者,可以不出校记”的体例,此条校勘记可以删除。

p. 714

校勘记③“昧”,明刻本、四库本作“殊”。

原文:

始信天下何思何虑,始信孔子无隐于二三子,始信六十四卦卦卦齐一,始信三百八十四爻爻爻不昧。

四库本作“昧”,并非作“殊”。

辨正:

杨简《慈湖遗书》:“始信天下何思何虑,始信孔子果无隐于二三子,始信六十四卦卦卦齐一,始信三百八十四爻爻爻不殊。”

由此,校点时应该予以更正。校勘记应改作:校勘记③“殊”,底本原作“昧”,四库本同,据明刻本改。

p. 715

校勘记①“刚阳在上”,明刻本、四库本作“刚上在阳”。

原文:

刚阳在上,无为而佚,君之道也;柔阴在下,有为而劳,臣之道也。

辨正:

杨简《慈湖遗书》:“刚阳在上,无为而佚君之道也;柔阴在下,有为而劳臣之道也。”显然,明刻本、四库本作“刚上在阳”错误。

本着“底本不误,参校本误者,可以不出校记”的体例,此条校勘记可以删除。

四 《杨氏易传》卷二十内容来源考证

杨简《慈湖遗书》卷七为“家记一”,内容为《己易》和《泛论易》。《己易》全文如下:

易者,己也,非有他也。以易为书,不以易为己不可也。以易为天地之变化,不以易为己之变化不可也。

天地我之天地,变化我之变化,非他物也。私者裂之,私者自小也。包牺氏欲形容易是己不可得,画而为一。于戏!是可以形容吾体之似矣。又谓是虽足以形容吾体,而吾体之中又有变化之殊焉。

又无以形容之画而为一者，吾之一也。一者吾之一也，可画而不可言也。可以默识而不可加知阙一者，吾之全也。一者吾之分也，全即分也，分即全也。自生民以来，未有能识吾之全者。惟睹夫苍苍而清明而在上，始能言者，名之曰天。又睹夫隤然而博厚而在下，又名之曰地。清明者吾之清明，博厚者吾之博厚，而人不自知也。人不自知而相与指名曰彼天也彼地也。如不自知其为我之手足，而曰彼手也彼足也。如不自知其为己之耳目鼻口，而曰彼耳目也彼鼻口也。是无惑乎？自生民以来，面墙者比比而不如是昏之甚者。见谓聪明也，夫所以为我者，毋曰血气形貌而已也。吾性澄然清明而非物，吾性洞然无际而非量。天者吾性中之象，地者吾性中之形，故曰“在天成象，在地成形”，皆我之所为也。混融无内外，贯通无异殊。

观一画其旨昭昭矣，厥后又系之辞曰“乾”，乾健也，言乎千变万化不可纪极，往古来今无所终穷，而吾体之刚健未始有改也。言乎可指之象，则所谓天者是也。天即乾健者也，天即一画之所似者也。天即己也，天即易也。地者，天中之有形者也。吾之血气形骸，乃清浊阴阳之气合而成之者也，吾未见夫天与地与人之有三也。三者形也，一者性也，亦曰道也，又曰易也。名言之不同，而其实一体也。故夫乾《彖》之言，举万物之流形，变化皆在其中，而六十四卦之义，尽备于乾之一卦矣。

自清浊分，人物生，男女形，万物之在天下，未尝不两，曰天与地，曰昼与夜，曰夫与妇，曰君与臣，曰尊与卑，曰大与小，曰贵与贱，曰刚与柔，曰动与静，曰善与恶，曰进与退，曰实与虚，博观纵观，何者非两，一者所以象此者也。又系之辞曰“坤”，坤顺也，明乎地与妻与臣与柔之类也。然非有二道也，坤者两画之乾，乾者一画之坤也。故曰“天地之道，其为物不贰”，则其生物不测。又曰“明此以南面”，尧之所以为君也。明此以北面，舜之所以为臣也。又曰“吾道一以贯之”，则夫乾坤之《彖》虽有“大哉”、“至哉”之辨，以明君臣上下之分而无二元也。坤爻又曰“直方大”，又曰“以大终也”，又以明大与至之无二旨，乾与坤之无二道也。乾何以三一也？天此物也，人此物也，地此物也，无二一也，无二己也，皆我之为也。坤何以三╍也？

天有阴阳，日月明晦也。地有刚柔，高下流止也。人有君臣夫妇贵贱善恶也。

天下固有如此者也，圣人系之辞曰“震”，明乎如此者阳为主，自下而动且起也。此我之变态也。

天下固有如此者也，圣人系之辞曰“巽”，明乎如此者阴为主，阴入于下，柔随之类也。此又我之变态也。

天下又有如此者也，圣人系之辞曰“坎”，言阳陷乎两阴之中，内阳而外阴，水之类也，此我之坎也。

天下又有如此者也，圣人系之辞曰“离”，言阴柔不能以自，立丽乎两刚，又外阳而中虚，为火之类也，此我之离也。

天下又有如此者也，阳刚止截乎其上，故系之辞曰“艮”，艮止也，明乎我之止也。

天下又有如此者也，阴柔发散乎其外，故系之辞曰“兑”，兑说也，明乎我之说也。

举天地万物万化万理，皆一而已矣。举天地万物万化万，理皆乾而已矣。坤者乾之两，非乾之外复有坤也。震、巽、坎、离、艮、兑，又乾之交错散殊，非乾之外复有此六物也。皆吾之变化也。不以天地万物万化万理为己，而惟执耳目鼻口四肢为己，是剖吾之全体而裂取分寸之肤也。是梏于血气而自私也，自小也。非吾之躯止于六尺七尺而已也。坐井而观天，不知天之大也。坐血气而观己，不知己之广也。

元亨利贞吾之四德，吾本无此四者之殊，人之言之者自殊尔。人推吾之始，名之曰元。又曰仁，言吾之通，名之曰亨。又曰礼，言吾之利，名之曰利，又曰义，言吾之正，名之曰贞，又曰固，指吾之刚为九，指吾之柔为六，指吾之清浊为天地，指吾之震巽为雷风，指吾之坎离为水火，指吾之艮兑为山泽。又指吾之变而化之错而通之者，为六十四卦三百八十四爻。以吾之照临为日月，以吾之变通为四时，以吾之散殊于清浊之两间者为万物。以吾之视为目，以吾之听为耳，以吾之噬为口，以吾之握为手行为足，以吾之思虑为心，言吾之变化云为，深不可测，谓之曰“神”。言吾心之本曰“性”，言性之妙不可致诘不可以人为加焉曰“命”。得此谓之德,由此谓之道,其觉谓之仁,其宜谓之义,其履谓之礼,其明谓之智,其昏谓之愚,其不实谓之伪,其得谓之吉,其失谓之凶,其补过谓之无咎,其忻然谓之喜,其惨然谓之忧悔,其非谓之悔啬而小谓之吝,其不偏不过谓之中,其非邪谓之正,其尽焉谓之圣,其未尽焉谓之贤,言乎其变谓之易,言乎其无所不通谓之道,言乎无二谓之一。

今谓之己,谓之己者,亦非离乎六尺而复有妙己也。一也二之者,私也梏也。安得无私?与梏者而告之,姑即六尺而细究之,目能视所以能视者何物?耳能听所以能听者何物?口能噬所以能噬者何物?鼻能嗅所以能嗅者何物?手能运用屈信所以能运用屈信者何物?足能步趋所以能步趋者何物?血气能周流所以能周流者何物?心能思虑所以能思虑者何物?目可见也。其视不可见耳可见也,其听不可见口可见,噬者不可见鼻可见,嗅者不可见手足可见,其运动步趋者不可见,血气可见,其使之周流者不可见,心之为脏可见,其能思虑者不可见。其可见者有大有小,有彼有此,有纵有横,有高有下,不可得而一,其不可见者不大不小,不彼不此,不纵不横,不高不下,不可得而二。

视与听若不一其不可见,则一视听与嗜嗅若不一其不可见,则一运用步趋周流思虑若不一其不可见,则一是不可见者,在视非视,在听非听,在嗜非嗜,在嗅非嗅,在运用屈伸,非运用屈伸,在步趋非步趋,在周流非周流,在思虑非思虑,视如此,听如此,嗜如此,嗅如此,运用如此,步趋如此,周流如此,思虑如此,不思虑亦如此。昼如此,夜如此,寐如此,寤如此,生如此,死如此,天如此,地如此,日月如此,四时如此,鬼神如此,行如此,止如此,古如此,今如此,前如此,后如此,彼如此,此如此,万如此,一如此,圣人如此,众人如此,自有而不自察也,终身由之而不知其道也。

为圣者不加,为愚者不损也。自明也,自昏也。此未尝昏,此未尝明也。或者蔽之二之,自以为昏为明也。昏则二明则一,明因昏而立名,不有昏者明无自而名也。昏明皆人也,皆名也,非天也。天即道,天即乾,天即易,天即人,天与人亦名也。

大传曰“鼓万物而不与圣人同忧”，此非先圣之言也。忧即天，万物即天，孔门之徒闻圣人之言，而差之以己意参其间而有是言也，此非吾孔子之言也。“吾道一以贯之”，此孔子之言也。其曰“易与天地准此”，亦非孔子之言也。何以明之？天地即易也。幽明本无，故不必曰“仰观俯察”而后知其故也。死生本无说，不必“原始要终”而后知其说也。是皆非吾孔子之言也，其徒之己说也。神即易，道即善，其曰“继之者善也”，离而二之也。离道以善庄周，陷溺乎虚无之学也，非圣人之大道也。

孔子曰“易其至矣乎”、“夫易圣人所以崇德而广业也”，此孔子之言也。圣人即易也，德业即易也。继曰“天地设位而易行乎其中”，又非孔子之言也。何者？离易与天地而二之也。“子曰”之下，其言多善，间有微碍者，传录纪述者之差也，其大旨之善也。

不系之“子曰”者，其言多不善，非圣人之言故也。乾即易，坤即易，其曰“乾坤毁则无以见易，易不可见，则乾坤或几乎息”，又曰“形而上者谓之道，形而下者谓之器”，其非圣言断断如白黑，如一二之易辨也。凡如此类，不可胜纪。善学易者，求诸己不求诸书。古圣作易，凡以开吾心之明而已。不求诸己而求诸书，其不明古圣之所指也甚矣。是古圣指东学者求西，读书者满天下，省己者千无一万无一。孔氏之门学者不知其几，而日至者无几也，月至者又无几也。

“三月不违”者，颜氏子一人而已。他日子夏、子张、子游，以有若似圣人矣，而况于不在孔门者乎？幸有一曾子，独不然曰“不可江汉以濯之。秋阳以暴之”，皜皜乎不可尚已，此岂训诂之所能解也。知之者自知也，不可以语人也。所可得而语人者，曰“吾无行而不与二三子”者而已，终不可得而言也。曰“吾有知乎哉，无知者而已”，实无得以告人也。何为其然也？尚不可得而思也，矧可得而言也，尚不可得而有也，矧可得而知也。然则昏者亦不思，而遂已可乎？曰“正恐不能遂己诚”，遂己则不学之良能，不虑之良知，我所自有也。

仁义礼智，我所自有也。万善自备也，百非自绝也。意必固，我无自而生也。虽尧舜禹汤文武周公孔子，何以异于是？虽然思亦何害于事，箕子“曰思”、“曰睿”，孔子曰“学而不思则罔”，周公仰而思之,夜以继日思,亦何害于吾事也。“庸言之信,庸行之谨”,不可以精粗论也。儆戒无虞,罔失法度,正易道之妙也。尧舜“允执厥中”,执此也。兢兢业业,弗敢怠也,禹之克艰,不敢易也。汤改过不吝去其不善,而复于善也。文王翼翼,小心也。

信吾信,谨吾谨,儆吾儆,戒吾戒,执吾执,兢兢吾兢兢,业业吾业业,艰吾艰,改吾改,翼翼吾翼翼,无二我也,无二易也。既曰'“天下何思何虑”矣,而又曰“执”、曰“兢兢业业”、曰“艰”、曰“改过”、曰“翼翼无思无虑”者,固如此乎?但兢兢,但业业,但克艰而弗易,但改过,但翼翼,方兢兢业业,克艰而不易时,此心果可得而见乎?果不可得而见乎?果动乎?果不动乎?特未之察耳。似动而不移也,似变而未尝改也。不改不移,谓之“寂然不动”可也,谓之“无思无虑”可也,谓之“不疾而速,不行而至”可也。此“天下之至动”也,此“天下之至赜”也。

“象也者像此者也”,“爻也者效此者也”。非赜自赜动自动也,一物而殊名也,一人而姓名字行之不同也。此非沈虚陷寂者之所能识也。亦非“憧憧往来”者之所能知也。然而至易也,至简也。或者自以为难近取诸身,殊不远也。身犹远尔,近取诸心,即此心而已矣。

曾子传之曰“夫子之道,忠恕而已”,孟子学之曰“仁人心也”,又曰“恻隐之心人皆有之,羞恶之心人皆有之”,又曰“今人乍见孺子,将入于井皆有?惕恻隐之心”,非所以内交于孺子之父母也,非所以要誉于乡党朋友也。于戏!此足以指明人心之本良矣。而学者往往遂领孟子之意,而不复疑其有他者,千万而不一二也。故孟子言必称尧舜,于以知孟子之言虽谆谆,而当时之听之者多藐藐,此道甚明甚易甚简,而人自疑自惑不信。使当时闻言而遂信者,众必不至劳孟子谆谆如此也。能识恻隐之真心,于孺子将入井之时,则何思何虑之妙,人人之所自有也。纯诚洞白之质人,人之所自有也。

广大无疆之体人,人之所自有也。此心常见于日用饮食之间,造次颠沛之间,而人不自省也。孔子曰“造次必于是,颠沛必于是”,子思曰“道也者不可须臾离也,可离非道也”,当曰道也者未始须臾离也,非曰造次间为之,颠沛间为之,无须臾而不为也,是心本一也,无二也。无尝断而复续也。无向也不如是，而今如是也。无向也如是，而今不如是也。昼夜一也，古今一也。少壮不强，而衰老不弱也。可强可弱者，血气也。无强无弱者，心也。有断有续者，思虑也。无断无续者，心也。能明此心，则思虑有断续，而吾心无断续。血气有强弱，而吾心无强弱。有思无思，而吾心无二。不能明此心，则以思虑为心，虽欲无断续不可得矣。以血气为己，虽欲无强弱不可得矣。虽欲造次于是，颠沛于是，无须臾不于是，勉强从事，不须臾而罢矣，况于造次乎？况于颠沛乎？

《书》曰"作德心逸，日休作伪，心劳日拙"，如此则亦伪而已矣，非诚也。孔子曰"主忠信"，忠信者，诚实而已，无他妙也。而圣人以是为主本，或者过而索之，外而求之，故反失。忠信之心即道心，即仁义礼智之心，即不勉而中不思而得之心。通乎一万事毕，差之毫厘，缪以千里。

不远复，此心复也。频复频放而频返也，亦危矣。然已复则如常矣，无咎也。得此则吉，失此则凶，无虞他日之吉凶。但观一念虑之得失，当乾之初而不肯潜，此心放也。当五而不能飞，此心固也。当三而不惕，此心慢也。当四而不疑，此心止也。循吾本心以往，则能飞能潜能疑能惕，能用天下之九，亦能用天下之六。能尽通天下之故，仕止久速，一合其宜，周旋曲折，各当其可，非勤劳而为之也。吾心中自有，如是十百千万散殊之正义也。礼仪三百，威仪三千，非吾心外物也，故曰性之德也。合内外之道也，故时措之宜也，言乎其自宜也，非求乎宜者也。

孔子曰"道不远人"，人之为道而远人，不可以为道，人之为道似善矣，而孔子截截断断甚言其不可，孟子窥之亦曰"人之所不学而能者其良能也，所不虑而知者其良知也"。孩提之童，无不知爱其亲者，及其长也无不知敬其兄也。此岂计度而图之也，此岂拟议而成之也。

"拟议而成其变化"，此非圣人之言也，学者之亿说也。孰知夫"君子终日乾乾"而非意也？"频复"、"独复"而非反也，"利于不息之贞"而非升也，"震来虩虩"非惧也，"其亡其亡"非虑也，"何天之衢”亨非通也,“括囊无咎无誉”非闭也,“三日不食”非穷也,“扬于王庭”非得志也,“介于石”非止也,“出门同人”非往也。吾终日用之,而鬼神莫我识也,圣智莫我测也,虽我亦有所不自知,而况于他人乎哉!如秋阳之暴至,白而无瑕也。如江汉之濯至,洁而无滓也。混混乎无涯无畔无始无终也。

天地非大也,毫发非小也。昼非明,夜非晦也。往非古也,此非今也。它日非后也。鸢飞戾天,非鸢也。鱼跃于渊,非鱼也。天下被日月之明照,而不知其自我也。天下沾雨露之润,而不知其自我也。天下畏雷霆之威,而不知其自我也。日夜行乎吾己之中,而以为他物也。其曰“范围天地”,发育万物也,非过论也。

孔子曰“哀乐相生”,虽使正明目而视之,不可得而见也。倾耳而听之,不可得而闻也。哀乐必有形,哭笑必有声,而曰不可见不可闻何也?此非心思之所能及也,非言语之所能载也。我之所自有也,而不可知也,不可识也。

“书不尽言,言不尽意”,未有知近而不知远也,未有知小而不知大也,远近一物也。小大无二体也。闺门之内,若近而实远也,若小而实大也。即敬即爱,无不通矣。有伦有叙,无不同矣。放之东海之东而准也,放之西海之西而准也,放之南海之南而准也,放之北海之北而准也。不可思也,不可远也。《己易》终 见《甲稿》

《泛论易》内容如下:

汲古问:三易经卦皆八,何以所首不同?或谓“乾坤其易之门”但当以周易为正果,可如此说否?

先生曰:今之言易者,必本于乾坤,陋矣!但见《周易》之书,不见《连山》、《归藏》之书,故必首乾次坤,不知《连山》首艮,重艮故曰“连山”,《归藏》首坤,故曰“坤乾之义”。《连山》夏后氏之易,《归藏》商人之易,至矣哉。合三易而观之,而后八卦之妙、大易之用、混然一贯之道,昭昭于天下矣。三才,皆易也。三才之变,非一则一。非一则一,或杂焉,或纯焉,纯焉其名乾、坤,杂焉其名震、坎、艮、巽、离、兑,皆是物也。一物而八名也,初无大小优劣之门也。形则有大小,道无大小。德则有优劣,道无优劣。或首艮,或首乾,明乎八卦之皆易也，易道则变一而为八。其变虽八，其道实一。杜子春曰《连山》宓羲，《归藏》黄帝。

【《杨氏易传》卷二十第一段内容：

今人言易者，必本于乾坤，陋矣！但见《周易》之书，不见《连山》、《归藏》之书，故必首乾次坤，不知《连山》首艮，重艮故曰“连山”。《归藏》首坤，故曰“乾坤之义”。《连山》夏后氏之易，《归藏》商人之易，至矣哉。合三易而观之，而后八卦之妙、大易之用、混然一贯之道，昭昭于天下矣。三才，皆易也。三才之变，非一实一，或杂焉，或纯焉，纯焉其名乾、坤，杂焉其名震、坎、艮、巽、离、兑，皆是物也。一物而八名也，初无大小优劣之间也。形则有大小，道无大小。德则有优劣，道无优劣。或首艮，或首坤，明乎八卦之皆易也，易道则变而为八。其变虽八，其道实一。曰《连山》宓戏，《归藏》黄帝。】

先生问汲古曰：易卦诸《彖》言“大矣哉”，曾讲究否？

汲古对曰：《彖》言“大矣哉’皆定卦，不知当何如看？

先生乃指诲曰：易卦诸《彖》言“大矣哉”者十二卦，豫、遁、姤、旅言“时义”，随言“随时之义”，岂他卦皆无时义哉岂？他卦之时义皆不大哉？坎、睽、蹇言“时用”，岂他卦皆无时用哉？岂他卦之时用皆不大哉？颐、大过、解、革言“时”，岂他卦皆非时哉？岂他卦之时皆不大哉？六十四卦皆时也，皆有义也，皆有用也，皆大也大矣哉。盖叹其道之大，有言不能尽之旨，事无大小，无非易道之妙。圣人偶于此十二卦发其叹，非此十二卦与他卦特异也。使每卦而言，则不胜其言。愚者执其言，智者通其旨，岂特六十四卦皆可以称大矣哉？虽三百八十四爻，亦皆可称大矣哉。圣人于豫、随、遁、姤、旅，则犹有义之可言。至于颐、大过、解、革，则既不曰义，又不曰用，止曰时而已矣，何以曰大矣哉？此正以明天地无一物一事一时之非易。学者溺于思虑，不求其义，圣人于颐、大过、解、革，尽捐义用，止言其时而叹之曰“大矣哉”，使学者无所求索，不容钩深，即时而悟“大哉”之妙，则事理一贯，精粗一体。孔子“何思何虑”，文王“不识不知”，信矣。互见晦语

【《杨氏易传》卷二十第二段内容：

易卦诸《彖》言“大矣哉”者十二卦而已，豫、遁、姤、旅言“时义”，随言“随时之义”，岂他卦皆无时义哉？岂他卦之时义皆不大哉？坎、暌、蹇言“时用”，岂他卦皆无时用哉？岂他卦之时用皆不大哉？颐、大过、解、革言“时”，岂他卦皆非时哉？岂他卦之时皆不大哉？六十四卦皆时也，皆有义也，皆有用也，皆大也大矣哉。盖叹其道之大，有言不能尽之意，事无大小，无非易道之妙。圣人偶于此十二卦偶发其数非此十二卦与他卦特异也。使每卦而言，则不胜其言。愚者执其言，智者通其意，岂特六十四卦皆可称大矣哉。虽三百八十四爻亦，皆可称大矣哉。圣人于豫、随、遁、姤、旅则犹有义之可言，于坎、暌、蹇则犹有用之可言。至于颐、大过、解、革则既不曰义又不曰用止曰时而已夫，何以曰大矣哉？于戏！此正以明天地无一物一事一时之非易。学者溺于思虑，必求其义。圣人于颐、大过、解、革尽捐义用，止言其时，而叹之曰“大矣哉”，使学者无所求索，不容钩深，即时而悟“大哉”之妙，则事理一贯，精粗一体。孔子“何思何虑”，文王“不识不知”，信矣。】

六十四卦皆可以言元亨利贞，圣人既于乾言之，又于坤言之，又于屯言之。圣人于此，谓学者可以意通之矣。故自蒙而下，或言其一，或言其二，或言其三。至随又全言之，临又言之，无妄、革又言之。亦偶于此数卦而复言，非此数卦之特异也，亦恐学者执乾、坤、屯之卦异于余卦，故复于此言之，以破其疑。于坤曰“牝马之贞”者，于以明地道也，妻道也，臣道也。柔顺勤行之正也，刚阳在上无为而佚君之道也，柔阴在下有为而劳臣之道也。君臣之分不同，而道则通也。在君则刚则佚，在臣则柔则劳，一也。“天下之动，贞夫一者也”，无二贞也。子思曰“天地之道，其为物不贰”，使牝马之贞果劣于乾，则屯不言牝马。又大于坤乎虽庸人孺子知其不然也而先儒率尊乾而卑余卦非明乎易者也归藏首坤则乾又劣于坤乎学者不知连山归藏是以蔽于斯义或者又曰他卦言元亨利贞者彖释曰大亨以正与乾坤不同何耶曰此亦会通之义也元有始义有大义以始明之可也以大言之亦可也乾彖亦曰大哉无不可者文言虽列而四之而又曰乾元者始而亨者也是又合元与亨而为一也彖举乾元以统亨利贞则四德之名虽殊而实同也屯随曰大亨贞又与余彖不同亦随卦发明大易之道不可以一端拘也六十四卦皆易也六十四卦皆元也皆亨也皆利也皆贞也圣人偶有所言偶有所不言随意发明举一隅三隅可反也书不尽言言不尽意欲详其言虽伏羲文王周公孔子系易之辞至于今不已犹不得而尽也且诸卦间有赞辞曰大矣哉者所以叹其道之至大所以明易之道也非独此数卦者有易之道余卦无也虽庸人孺子知其不然也自坎遁睽蹇旅皆可以言大矣哉而况于他卦乎元亨利贞犹是也今夫人一话言何从而始乎非元乎一念虑何从而始乎非元乎日用应酬变动不穷非大亨乎咸有利焉非利乎己则利乎物又有正焉正则行邪则否正则利邪则害自一人之身一日之中元亨利贞咸具焉而况于他乎一以贯之物物皆易事事皆易念念皆易句句皆易号名纷然变化杂然无一非易。见训语

【《杨氏易传》卷二十第七段内容：

六十四卦皆可以言元亨利贞，圣人既于乾言之，又于坤言之，又于屯言之。圣人于此，谓学者可以意通之矣。故自蒙而下，或言其一，或言其二，或言其三。至随又全言之，临又言之，无妄、革又言之，亦偶于此数卦而复言，非此卦之特异也，亦恐学者执乾、坤、屯之卦异余卦，故复于此言之，以破其疑。于坤曰“牝马之贞”者，于以明地道也，妻道也，臣道也。柔顺勤行之道也，刚阳在上无为而佚君之道也，柔阴在下有为而劳臣之道也。君臣之分不同而道则同也，。在君则刚则佚，在臣则柔则劳，一也。“天下之动，贞夫一者也”，无二贞也。子思曰“天地之道，其为物不二”，使牝马之贞果劣于乾，则屯不言牝马。】

汲古问：易乾卦云“君子学以聚之，问以辩之，宽以居之，仁以行之”，先儒谓学聚问辩进德也，宽居仁行修业也，此言如何？

先生曰：学贵于博不博则偏则孤伯夷惟不博学虽至于圣而偏于清柳下惠惟不博学虽至于圣而偏于和学以聚之无所不学也大畜曰君子以多识前言往行语曰君子博学于文学必有疑疑必问欲辩明其实也辩而果得其实则何患不宽何患不仁然圣人垂训所以启后人后人问辩

未得其实而自以为实者多矣故谆复而诲之诲之以宽则凡梏于己私执于小道者庶其有警孟子曰养而无害则塞乎天地之间此犹未足以尽宽之至大传曰范围天地之化庶乎其宽矣然此犹可言而及者犹有涯畔未足以尽宽之至孔子曰言不尽意又自谓吾有知乎哉无知也此非训诂之所能解非心思之所能及然则宽即仁仁即宽而圣人复言仁者以人之学道固有造广大之境未尽其妙而止辍溺于静止而无发用之仁故卒曰仁以行之如四时之错行如雷霆风雨之震动变化而后可以言仁未至于此则犹未可以言仁也。见诲语

坤六二"直方大,不习无不利",直心而往,即易之道。意起则歧,而入于邪矣。直心而行,虽遇万变未尝转易,是之谓方。凡物圆则转,方则不转。方者特明不转之义,非于直之外又有方也。夫道一而已矣,言之不同,初无二致,是道甚大,故曰"大"。是道非学习之所能,故曰"不习无不利"。孟子曰"人之所不学而能者,其良能也。所不虑而知者,其良知也",习者勉强,本有者奚俟乎习?此虽人道,即地之道,故曰"地道光也"。光如日月之光,无思无为而无所不照。不光明者,必入于意,必歧而他,必不直方大,必昏必不利。六三"含章可贞",阴虽有美,含之以从王事,弗敢成也。地道也,臣道也,妻道也,地道无成而代有终也。或者往往于是疑其为小,故圣人特发之曰"智光大也"。道一而已,初无大小。六四"括囊,无咎无誉",亦此道也。方时闭塞,义当括囊而谨,易道之见于坤见于谨者也。二言坤道正,五言坤道之盛。他卦之五多明君象,至于坤则臣道也,故五止言臣位之极盛。黄者中之象,言乎得其中道也,故曰"通理"。言理以明中,非中自中理自理也。裳者下服,言乎正人臣之位,居人臣之体也,故曰"正位居体",明乎得道者,必能守分而不犯。此非设饰者所能,由中而发,发于文为,故曰"元吉,文在中也"。言乎文非外饰,乃自中诚而著也。伊周之事人,咸信之不疑,其为非信其诚也。王莽设饰,故卒罹大祸。初之履霜,谨微之道也。上之龙战,道之穷也。皆易之道,而有昏明邪正之辨也。坤之用六即乾之用九,九六不同而用同。乾造始,坤代终,始终不同而其大则同,故曰"以大终也"。"至哉"之坤即"大哉"之乾也,名分不同而道同也。为妻为臣而失

道，则不永则不贞，得其道者必永必贞。二三四五皆能用六，惟上六不能用六，反为六所用，为形体所使，为势位所动，故凶。初亦不能用六，故为霜为冰，为不善之积，能辨之于早，则能用之矣。

【《杨氏易传》卷二十第四段内容：

坤六二“直方大，不习无不利”，直心而往即易之道，意起则爻而入于邪矣。直心而行，虽遇万变而不转易，是之谓方。圆则转，方则不转。方者特明不转之义，非于直之外又有方也。夫道一而已矣，言之不同，初无二致，是道甚大，故曰“大”。是道非学习之所能，故曰“不习”。孟子曰“人之所不学而能者，其良能也。所不虑而知者，其良知也”，习者勉强，本有者奚俟乎习？此虽人道，即地之道，故曰“地道光也”。光如日月之光，无思无为而无所不照，不光明者也必入于意，必支而他，必不直方，必昏必不利。六三“含章可贞”，阴虽有美，含之以从王事，弗敢成也。地道也，妻道也，臣道也，地道无成而代有终也。惑者往往于是疑其为小，故圣人特发之曰“智光大也”。道一而已，初无小大。六四“括囊，无咎无誉”，亦此道也。方时闭塞，义当括囊而谨，易道之见于坤见于谨者也。二言坤道之正，五言坤道之盛。他卦之五多明君象，至于坤明臣道也，故五止言臣位之极盛。黄者中之义，言乎其得中道也，故曰“通理”。言理以明中，非中自中理自理也。裳者下服，言乎正人臣之位，居人臣之体也，故曰“正位居体”，明乎得道者必守常分而不犯。此非设饰者所能，由中而发于文为，故曰“元吉，文在中也”。言乎文非外饰，乃自中诚而著也。伊周之事人，咸信之不疑，其为非信其识也。王莽设饰，故卒罹大祸。初之履霜，谨微之道。上六之龙战，道之穷也。皆易之道，而有昏明邪正之辨也。坤之用六即乾之用九，九六不同而用同。乾造始，坤代终，始终不同而其大则同，故曰“以大终也”。“至哉”之坤即“大哉”之乾也，名分不同而道同也。为妻为臣而失道，则不永则不贞，得其道者必永必贞。二三四五皆能用六，惟上六不能用六，反为六所用，为形体所使，为势位所动，故凶。初亦不能用六，故为霜为冰，为不善之积，能辨之于早，则能用之矣。】

汲古问易蒙卦象。

曰:君子以果行育德何以谓之果先生曰果者实之谓德性人之所自有不假于求顺而行之无有不善有行实焉行亏则德昏矣德性无体本无所动本不磨灭如珠混沙而失其明如水不浊则性不失矣顺本正之性而达之是谓果行所以育德见诲语

汲古问蒙何以养正。

先生曰:蒙者,不识不知,以养正性。见诲语

需得其道,必得所需。需失其道,必无后获。需待也,彼此相孚则应矣。人所需待多动乎意,非光也。光如日月之光,无思无为而无所不照,此之谓道。如此则人咸信之,故曰孚,如此则得所需矣。亨矣得所需,亨通或放逸失正,故又曰"贞"乃吉。孚与光与正,本非三事,以三言发明道心。一动乎意则不孚不光不正,谓之人心。故舜曰"人心惟危",明其即入于邪,入于凶祸。

【《杨氏易传》卷二十第三段内容:

需"有孚,光亨,贞吉",言需得其道,必得所需。需待也,彼此相孚则应矣。所需待多动乎意,非光也。光如日月之光,无思无为而无所不照,此之谓道。如此人咸信之,故曰孚,如此则得所需矣。亨矣得所需,亨通或放逸失正,故又曰"贞"乃吉。孚与光与正,本非三事,以三言发明道心。一动乎意则不孚不光不正,谓之人心。故舜曰"人心惟危",明其即入于邪,入于凶祸。】

小畜。柔得位而上下应之,曰小畜。健而巽,刚中而志行,乃亨。以小畜大以臣畜君之道也。畜有养义,有止义。以下畜上,非势之顺者,而有道焉,非柔则不敬不顺,非得位则不可以有所行,岂有居下位而可以行畜君之事者乎?虽柔虽得位,使人心不悦,虽悦而不至于上下皆悦而应之,亦不能以畜君天下事,未有人心不悦而能行者,而况于畜君乎?故必上下之心咸应之乃可。其德健则力足以行事,而无困慑不继之患。巽则顺入乎君心,刚则物莫能变,中则不偏不倚,刚中两言,足以发明道心之本。人臣能健能巽而中,无其本亦不能致亨健矣。巽矣刚矣中矣,或所畜之君虽略相应,而谏不尽行言不尽听,

则臣亦不可谓得行其志，亦不能亨。于戏！物情事理如上所序，节节如此，曲折如此，乃易之道也。虽柔得位以明六四之象，众阳咸应有上下应之象。下乾健象，上巽巽象，刚中二五之象，四五刚柔相得有志行之象，非象自象道自道也，此正易道之见于小畜六画者然也。《象》著其象，《彖》发其义，所谓柔也，得位也，上下应也，健也，巽也，刚也，中也，志行也，非每事而致其力也，合是数者以发明易小畜之道。得易道之全者，自能当小畜之时。尽小畜之义，自与此《彖》辞无不合。有一不合，必于道有亏焉。齐景公悦晏子之对，作君臣相悦之乐，其诗曰"畜君何尤"，畜君者，好君也。此亦小畜之小亨也。何者？晏子犹未有刚中之大本故也。易者天下之大道，圣人之大道，虽甚贤者未能尽也，虽高明之士已得大本，而物情事理委曲万变往往疏略不能皆尽。孔子自谓"加我数年五十以学易，可以无大过"明知夫易者大圣人之事，变应无穷之道，晚年成德乃可学也。

【《杨氏易传》卷二十第五段内容：

小畜。柔得位而上下应之，曰小畜。健而巽，刚中而志行，乃亨。小畜，以臣畜君之道也。畜有养义，有止义。以下畜上，非势之顺者而有道焉。非柔则不敬不顺，非得位则不可以有所行。岂有居下位而可以行畜之事者乎？柔虽得位，使人心不悦，虽悦而不至于上下皆悦而应之，亦不能以畜君天下事。未有人心不悦而能行者，而况于畜君乎？故必上下之心咸应之乃可。其德健，则力足以行其事而无困慑不继之患。巽则顺，入乎君心，刚则物莫能变，中则不偏不倚，刚中两言，足以发明道心之本。人臣能健能巽而中，无其本亦不能致亨健矣。巽矣，刚矣，中矣，或所畜之君虽略相应，而谏不尽行，言不尽听，则臣亦不可谓得行其志，亦不能亨。于戏！物情事理，如上所序，节节如此，曲折如此，乃易之道也。惟柔得位以明六四之象，众阳咸应，有上下应之象。下乾健象，上巽巽象，刚中二五之象，四五刚柔相得有志行之象，非象自象道自道也。此正易道之见于小畜六画者然也。《象》著其义，《彖》发其义，柔也得位也，上下应也，健也，巽也，刚也，中也，志行也，非每事而致其力也。合是数者以发明易小畜之道，得易道全者自能当小畜之时，尽小畜之义，自与此《彖》辞无不合也。

有一不合，必于道有亏焉。齐景公悦晏子之对，作君臣相悦之乐，其诗曰“畜君何尤”，畜君者，好君也，此亦小畜之小亨也。何者？晏子犹未有刚中之大本故也。易者天下之大道，圣人之大道，虽甚贤者未能尽也，虽高明之士已得大本，而物情事理委曲万变往往疏略不能皆尽。孔子自谓“加我数年五十以学易，可以无大过”，明知夫易者大圣人之事，应变无穷之道，晚年成德乃可学也。】

汲古问：先儒谓“复其见天地之心乎”，此一句最不可以言语解，而可以身反观天地，以生物为心，人能于善心发处以身反观之，便见得天地之心，此说如何？

先生曰：三才之间，何物非天地之心，何理非天地之心，明者无俟乎言，不明而欲启之必从其易。明之所以启之，万变万殊，不可胜纪，难以明指。阳穷上剥尽矣，而忽反下而复生，其来无阶，其本无根。然则天地之心，岂不昭然可见乎？天地之心即道，即易之道，即人之心，即天地，即万物，即万事，即万理。言之不尽，究之莫穷，视听言动仁义礼智变化云为，何始何终，一思既往，再思复生，思自何而来，思归于何所，莫究其所，莫知其自，非天地之心乎，非道心乎？万物万事万理一乎，二乎？此尚不可以一名而可以二名乎？通乎此，则变化万殊皆此妙也。喜怒哀乐天地之雷霆风雨霜雪也，应酬交错四时之错行日月之代明也。孔子曰“哀乐相生”正明目而视之不可得而见也，倾耳而听之不可得而闻也。于戏！至哉，何往而非天地之心也。见诲语

汲古问：《说卦》云离“为甲胄”何也？

先生曰：刚在外以卫己，取其外实中虚也。

汲古又问：古之兵用皮为甲，秦汉以来改用铁，岂非后人多好战，故以铁为之乎？

先生曰：函人为甲，犀甲兕甲，合甲革坚者支久。惟甲之足以当矢刃者，以其柔胜刚也。后世易之以铁，岂古圣不如后人之智？尝以问诸军，将曰：“蛮人用皮甲，若大国用之则不威重尔，实不如革也。”见诲语

众人见天下无非异，圣人见天下无非同。天地之间，万物纷扰，

万事杂并，实一物也。而人以为天也，地也，万物也，不可得而一也。不可得而一者，睽也。瞪异也，故不可得而一者。众人之常情而未始不一者，圣人之独见非圣人独立此见也。天地，万物之体，自未始不一也。"天下同归而殊途，一致而百虑"，惟人执其途而不知其归，溺其虑而不知其致。夫是以见其末而不见其本，转移于事物而不得其会通。圣人惧天下遂梏于此而不得返，故发其义于睽之《象》。夫天穹然而上，地隤然而下，可谓甚相绝。圣人则曰"其事同也"。今考天地之事，阴阳施生，同于变化，同于造物，谓之同犹无足甚疑。至于男女，断然不可以为一人。圣人将以明未始不一之理，则亦有可指之机，曰"其志未始不通也"。夫以男女之不可以为一人，而今也其志则通，通则一。然则谓之一可也，又岂特男女之若可以说合者为然？举天下万物如鸢之飞至于戾天，鱼之跃乃不离于渊，孰知鸢之所以飞者即鱼之所以跃者也？林木之乔耸，砌草之纤短，判然则性之不同，而体质之殊绝也。孰知夫木之所以为乔而耸者，即草之所以纤而短者也？苟于此而犹有疑，则试原其始木之未芽草之未甲，木果有异于草，草果有异于木乎？天者吾心之高明，地者吾心之博厚，男者吾心之乾，女者吾心之坤，万物者吾心之散殊，一物也。一物而数名谓之心，亦谓之道，亦谓之易。圣人谆谆言之者，欲使纷纷者约，而归乎此也。

汲古问：益卦象曰："风雷，益。君子以见善则迁，有过则改。"或以为雷行风从，相资而相益，此说是否？

先生曰：见善则迁，有过即改，当如风雷之疾，如此则获益也。人谁无好善改过之心？或有以为难而不能迁改者，患在于动意阙则虚中无物，如镜如空，何善之难迁，何过之难改。舜闻一善言见一善行，若决江河沛然莫之能御者，以舜之道心精一，故无有阻滞也。

先生曰：圣人不贵无过，贵改过。

汲古对云：故夫子曰"已矣乎，吾未见能见其过而内自讼"。

先生曰：世之学者多溺于空寂，以自讼为非道，岂圣人以非道教人？

汲古遂蒙先生书七言以示诲，云：能见其过内自讼，谁知此是天然勇,多少禅流妄诋诃,不知此勇不曾动。又书六言云:兢业初无蹊径,缉熙本有光明。自觉自知自信,何思何虑何营。镜里人情喜怒,空中云气纡萦。孔训于仁用力,箕畴王道平平。见诲语

鼎《彖》曰:"鼎,象也。以木巽火,亨饪也。圣人亨以享上帝,而大亨以养圣贤。"诸儒多求象外之义,必求以木巽火之义,又求圣人亨以享上帝之义,又求大亨以养圣贤之义,不得其义遂穿凿其说,不知《彖》辞所言甚明甚正,不必他求鼎象也。言鼎卦俨然有鼎之象,有腹有足,有耳有铉,以木巽火,言其亨饪也,即以木巽火,即大易之道,即亨饪,即大易之道。圣人亨于鼎以享上帝,此外亦无说,此即大易之道。使有说,则不足以享上帝矣。胡不闻文王"不识不知",顺帝之则乎?养圣贤则不一而足,所亨多矣,故曰"大亨"。自大亨之外亦无说,此即大易之道也。学者于易之书,每求其说,每求其义,至于巽而"耳目聪明"以下,则有义矣。自"鼎象也"以下,无义之可言也。呜呼!天地间何物非易,何事非易,何义非易?诸儒唯知有说有义之为易,不知无说无义之为易。说犹无可言,义犹无可说,而况于无说而强凿其说,无义而彊起其义乎?深悟无说无义之为易,则庶几乎入"何思何虑"之妙,明大易一贯之旨矣。

《易》曰"艮其背,不获其身,行其庭,不见其人"云云,善止者行,善行者止,知止而不知行,实不知止知行,而不知止实不知行,知行止之非二,而未能一。一皆当其时,犹未为光明。人之精神,尽在乎面,不在乎背。尽向乎前,不向乎后。凡此皆动乎意,逐乎物,失吾本有寂然不动之情。故圣人教之曰"艮其背"。使其面之所向,耳目口鼻手足之所为,一如其背则得其道矣。虽有应用交错,扰扰万绪,未始不寂然矣。视听言动,心思曲折,如天地之变化矣。惟此为艮,惟此为止其所。苟艮其面,虽止犹动,知其动而刚,止之终不止也。惟艮其背,则面如背,前如后,动如静,寂然无我。"不获其身"虽行其庭,与人交际实不见其人。盖吾本有寂然不动之性,自是无思无为,如冰鉴,如日月光明,四达靡所不照。目虽视而不流于色,耳虽听而不留于声,照用如此,虽谓之"不获其身,不见其人"可也。冰鉴之中,万象毕见而实无也,万变毕见而实虚也。止得其所者,言不失其本止

也,非果有其所也,非本不止而强止之也。孔子曰“言不尽意”,谓此类也。使有我,则有所矣。夫天下何一物之不妙也?岂独无形者为妙而有形者不如耶?岂独无形者为道而有形者不道耶?未始不一。人自不一、庭者。堂之前,两阶之间,正人物交际之地。而曰“行其庭,不见其人”非果无人也。不动乎意,虽见而非见也。见立则意动而迁矣,非止也。天地变化,岂有所动哉!日月之靡所不照,岂有所见哉!孔子曰“哀乐相生”,正明目而视之不可得而见也,倾耳而听之不可得而闻也。洞觉者,当无疑乎此也。曰“上下敌应,不相与”者,以是卦上下皆敌,初与四皆阳,二与六皆阴,三与上亦皆阴,无相与之象也。既曰“敌”矣,何以言应?非谓截然不与物应也。虽应而不动也,犹未尝相与也。苟惟不然,则意起而私立,物我裂而怨咎交作矣,非艮止之道也。易曰“风雷,益。君子以见善则迁,有过则改”,见善即迁,当如风雷之疾,有过即改当如风雷之疾,如此则获益。人谁无好善之心,往往多自谓已不能为而止。人谁无改过之心,往往多自以难改而止。凡此二患,皆始于意。意本于我,道心无体,何者为我?清明在躬,中虚无物,何者为我?虽有神用变化云为,其实无体,知我之本无体,则声色甘芳之美,毁誉荣辱之变,死生之大变,如大虚中之云气,冰鉴中之万象,如四时之变化,其无体无所加损,何善之难迁,何过之难改?舜闻一善言见一善行,若决江河,沛然莫之能御者,以舜之胸中洞然一无所有,故无所阻滞也。

《易》上下《系》虽非孔子所作,而其间得之于孔子者多矣。其言道曰“百姓日用而不知”,虽不系之“子曰”,而吾信其为孔子之言也。其曰“何以聚人曰财,理财正辞禁民为非曰义”,此亦信其得之于孔子者也。吾深念尧舜三代所以治天下之本旨,不复见于后世,深念自孔子没似是而非似正而邪之辞充塞宇宙,斯人相与沈迷于昏昏之中,而正道不明也。舜命龙曰,朕塈谗说殄行,震惊朕师。周有训方氏,乃正辞之谓。言之失正失实,则作之于心,发于其事,卒以害道,害道祸乱之原也。正辞所以教之也,圣人治天下禁民为非而已,无他事也。礼乐刑政一本诸此。自子思孟子之言,其失实者犹多,而况于下焉者乎!

【《杨氏易传》卷二十第七段末内容(接“则屯不言牝马”):
又其失实者犹多,而况于下焉者乎!】

少读《易大传》,深爱“无思也,无为也,寂然不动,感而遂通天下之故”,窃自念学道必造此妙。及他日读《论语》,孔子哭颜渊至于恸,从者曰“子恸矣”,曰“有恸乎”?则孔子自不知其为恸。殆非所谓“无思无为,寂然不动”者至,于不自知,则又几于不清明。怀疑于中,往往一二十年。及承教于象山陆先生,闻举扇讼之是非,忽觉简心乃如此清明,虚灵妙用泛应无不可者。及后居妣氏丧,哀恸切痛,不可云喻。既久略省察,曩正哀恸时,乃亦寂然不动,自然不自知。方悟孔子哭颜渊,至于恸矣而不自知,正合无思无为之妙。益信吾心有如此妙用,哀苦至于如此,其极乃其变化,故《易大传》又曰“变化云为”,不独简有此心,举天下万古之人,皆有此心。益信人皆与尧舜禹汤文武周公孔子同此心,顾人不自知,不自信尔。

子曰“书不尽言,言不尽意”,然则圣人之意,其不可见乎?子曰“圣人立象以尽意,设卦以尽情伪,系辞焉以尽其言,变而通之以尽利,鼓之舞之以尽神”,至哉!圣言岂训诂之所能解。既曰“书不尽言”矣,又曰“系辞以尽其言”;既曰“言不尽意矣”,又曰“立象以尽意”,于乎至哉,似矛盾而非矛盾也,似异而实同也。圣人之言意,岂尽不尽之所可言?言尽亦可,言不尽亦可。云“不尽”者,圣人之实言。云“尽”者,亦圣人之实言。此唯智者,足以知其解。知其解者,始信“天下何思何虑”,始信孔子果无隐于二三子,始信六十四卦卦卦齐一,始信三百八十四爻爻爻不殊。

【《杨氏易传》卷二十第六段内容:

少读《易大传》,深爱“无思也,无为也,寂然不动,感而遂通天下之故”,窃自念学道必造此妙。及他日读《论语》,孔子哭颜渊至于恸,从者曰“子恸矣”,曰“有恸乎”?则孔子自不知其为恸,殆非所谓“无思无为,寂然不动”者,至于不自知,则又几于不清明。怀疑于中,往往一二十年。及承教于象山陆先生,闻举扇讼之是非,忽觉某心乃如此清明,虚灵妙用之应,无不可者。及后居妣氏丧,哀恸切痛,不可云喻。既久略省察,曩正哀恸时,乃亦“寂然不动”,自然不自知。方悟孔子哭颜渊至于恸矣而不自知,正合“无思无为”之妙。益信吾心有此神用妙用,其哀苦至于如此,其极乃其变化,故《易大传》又曰“变化云为”,不独其有此心,举天下万古之人皆有此心。益信人皆与尧舜禹汤文武周公孔子同此心,顾人不自知,不自信尔。

子曰“书不尽言,言不尽意”,然则圣人之意其不可见乎?子曰“圣人立象以尽意,设卦以尽情伪,系辞焉以尽其言,变而通以尽利,鼓之舞之以尽神”,至哉!圣言岂训诂之所能解。既曰“书不尽言”矣,又曰“系辞以尽言”;既曰“言不尽意”矣,又曰“立象以尽意”,于乎至哉,似矛盾而非矛盾也,似异而实同也。圣人之言意,岂尽不尽之所可言,言尽亦可,言不尽亦可。云“不尽”者,圣人之实言。云“尽”者,亦圣人之实言。此唯智者,足以知其解者。始信“天下何思何虑”,始信孔子无隐于二三子,始信六十四卦卦卦齐一,始信三百八十四爻爻爻不殊。】

汲古问:“形而上者谓之道,形而下者谓之器”,道随寓而有,如何分上下?

先生曰:此非孔子之言。盖道即器,若器非道,则道有不通处。

《易》曰:“憧憧往来,朋从尔思。”子曰:“天下何思何虑,天下同归而殊途,一致而百虑。”天下何思何虑,至哉圣言,实语也。而自孔子以来至于今,知之者寡。同归殊途取喻尔,非实有归有途也。极上下四方之间,古往今来万物变化,有无彼此,皆一体也。如人有耳目鼻口手足之不同,而皆一人也。自清浊分,人指轻清而高者曰天,于是靡然随之曰天。指重浊而下者曰地,于是又靡然从之曰地。到于今莫之改,而实一物也。清阳浊阴,二气感化,而为日为月,为风雨,人物于是生,皆一也。曰彼曰此,曰动曰静,曰有曰无,皆是物也。何以思为,何以虑为,一致尔。人自百虑,故又申言曰“天下何思何虑”。圣人多循诱,罕言及此。今欲破“憧憧往来”之惑,不得已申言之,以明圣心之实。自圣人观之,一犹赘言,何俟乎思虑。子曰“学而不思则罔”,为未觉者设也。又曰“君子有九思”,为未觉及觉而未全者设也。尧之文思,如昼夜寒暑之变化也。皋陶曰“慎厥身修思永”,以舜禹虽圣,犹未至于尧之大圣也。孔子赞尧曰“大哉”,赞舜曰“君哉”,不无小间也。然孔子垂教,奚可不循循善诱也?言“日月相推而明生,寒暑相推而岁成”者,将以形容屈信相感而利生,使人知往屈非不利,通其屈信之异见也。又言“尺蠖之屈以求信,龙蛇之蛰以存身”,屡屡言屈非不利,圣人知人好恶,偏陷深固,故谆谆然渐启之。又进之曰“精义入神乃所以致用也,利用安身即所以崇德也”,明道非无用于世,即利用安身,无非大道,而人自不觉也。大道坦夷如此而已,过此以往,无可言者,故曰“未之或知也”。惟觉虽通达而未精未一,故孔子为之不厌者,穷尽其神用也。前阙利用安身,谓大略尔。变化则不可胜穷,无一云一为之非变化。又言知化则圣,道于是乎尽。

初疑《序卦》之为义似迂,《杂卦》之为文似乱。后乃悟《序卦》之义殊不迂,《杂卦》之文殊不乱。六合之间,何物非易?何事非易?何义非易?何言非易?纵言之亦可、横言之亦可。以坤为首为《归藏》亦可,以艮为首为《连山》亦可,故五声六律十二管,旋相为宫,则皆宫也。五色六章十二衣旋相为质,则皆质也。五行四时十二月旋相为本,则皆本也。曰本,曰质,曰宫,皆易之异名。然则错综而言之,何所不可?《序卦》、《杂卦》虽无“子曰”,无害于道。

【《杨氏易传》卷二十第八段不知出处的文字:

《易大传》曰:“古者包牺氏之王天下,仰则观象于天,俯则观法于地,观鸟兽之文与地之宜,近取诸身远取诸物,于是始作八卦。”某尝谓《大传》非圣人作,于是乎益验此一章,乃不知道者推测圣人意其如此。甚矣,夫道之不明也久矣。未有一人知《大传》之非者。惟“子曰”下乃圣人之言,余则非。何以明此章之非?舜曰“道心”,明此心之即道。动乎意,则失天性而为人心。孔子曰“心之精神”。是谓圣、禹曰“安汝止”,正明人心本寂然不动。动静云为,乃此心之神用。如明鉴照物,大小远近,参错毕见,而非为也,非动也。天象、地法、鸟兽之文、地之宜与凡在身及在物,皆在乎此心光明之中,非如此一章辞气之劳也。此可与知道者语,未知道者必不信。】

考证资料:

《四库全书·杨氏易传》提要：

简字敬仲，慈溪人，乾道五年进士，官至宝谟阁学士，大中大夫，事迹具《宋史·道学传》。是书为明刘日升、陈道亨所刻。案朱彝尊《经义考》载《慈湖易解》十卷，又《己易》一卷，书名卷数皆与此本不合。所载自序一篇，与此本卷首题语相同，而无其前数行，亦为小异。明人凡刻古书，多以私意窜乱之，万历以后尤甚。此或日升等所妄改欤？其书前十九卷皆解经文，第二十卷则皆泛论易学之语，亦间有与序文相复者。今既不睹简之原本，亦莫详其何故也。

宋陈振孙《直斋书录解题》：《先圣大训》六卷、《己易》一卷、《慈湖遗书》三卷、《慈溪甲稿》二十卷、《孔子闲居讲义》一卷，杨简撰。

《宋史·艺文志》：杨简《己易》一卷。

《宋史·杨简传》：简所著有《甲稿》、《乙稿》、《冠记昏记》、《丧礼家记》、《家祭记》、《释菜礼记》、《石鱼家记》，又有《己易》、《启蔽》等书。门人钱时，其书有《周易释传》。

康熙《皇朝通志》：宋《杨简易传》二十卷。《经义考》载《慈湖易解》十卷，又《己易》一卷，与此本书名卷数皆不合，卷首自序则与此本同。盖是书为明人翻刻窜改，篇第误分为二，彝尊遂以沿讹，今校正。（或按：并非“彝尊遂以沿讹”，《己易》见于《慈湖遗书》。）

我们把《杨氏易传》卷二十内容与《慈湖遗书》内容比较，则看出《杨氏易传》卷二十内容大部分来自《慈湖遗书》卷七，且明显有摘录整理之痕迹。

为什么宋陈振孙《直斋书录解题》和《宋史》仅言杨简有《己易》一卷，而不言其有《易传》著作？为什么万历乙未年间刘日升、陈道亨刻《杨氏易传》之后，至清初方有朱彝尊在《经义考》中记“《慈湖易解》十卷”？为什么今见《杨氏易传》不是十卷而是二十卷？今见《杨氏易传》与杨简门人钱时所著《周易释传》有没有关系？这些问题，都需要进一步研究。

我们目前可以肯定的是：《杨氏易传》卷二十的内容是后人从《慈湖遗书》中摘录整理而成，原是杨简《泛论易》中的内容。

附录：

通审曾凡朝校点《杨氏易传》意见

通审全书校点，标点不当处较多。断句不当处亦不少。其优点，在于引用语所加标点大部分正确。今记录如下。

卷一

p. 12

校勘记2、3："⚋"，原作"⚊"，今据文意改。

改作："⚋"，底本与四库本皆作"⚊"，今据文意改。

p. 16

故子思之《中庸》篇，多"至诚"于"诚"之上，加"至"一言，亦复其意，不如孔子曰"主忠信"。

改作：故子思之《中庸》篇多"至诚"。于"诚"之上加"至"一言，亦复其意，不如孔子曰"主忠信"。

忠信即人主本，《大戴记》孔子之言谓忠信大道，何深何浅，何精何粗，微起思虑，即失其忠信矣，即失其本心矣。

改作：忠信即人主本，《大戴记》孔子之言谓"忠信"。大道何深何浅，何精何粗，微起思虑，即失其忠信矣，即失其本心矣。

p. 20

方其在三，知其可至而至之，名曰知"几"，知其可终而终之，名曰"存义"，一也，惟义所在，君子无适莫也。

改作：方其在三，知其可至而至之，名曰"知几"，知其可终而终之，名曰"存义，一也。惟义所在，君子无适莫也。

以崇高富贵微动其心者，君子耻之，"是故居上位而不骄，在下位而不忧"。

改作：以崇高富贵微动其心者，君子耻之，是故"居上位而不骄，在下位而不忧"。

p. 22

曰"元"曰"亨"曰"利"曰"贞"，如言金曰黄曰刚曰从革曰扣之有声也,岂有二金哉？又如言玉曰白曰莹曰润曰扣之有声也,岂有二玉哉？人能反求诸己,默省神心之无体无方,无所不通,则曰“元”曰“亨”曰“利”曰“贞”曰一曰四,皆所以发挥此心之妙用,不知其为四也。

四库本无首“曰”字,出校记:“曰元”,四库本无“曰”字。

改作:曰元曰亨曰利曰贞,如言金,曰黄曰刚曰从革,曰扣之有声也,岂有二金哉！又如言玉,曰白曰莹曰润,曰扣之有声也,岂有二玉哉！人能反求诸己,默省神心之无体无方,无所不通,则曰元曰亨曰利曰贞。曰一曰四,皆所以发挥此心之妙用,不知其为四也。

p. 23

“时乘六龙,以御天也”,龙与天若可睹乘,而御之者何形之可睹？

改作:“时乘六龙,以御天也”,龙与天若可睹,乘而御之者何形之可睹？

卷二

p. 26

六二“直方大”,“用六永贞,以大终也”,

改作:六二“直方大”, 用六“永贞”,以大终也。

p. 28“勉強”、p. 30“彊勉”,统一改“彊”作“强”。

卷三

p. 35

以此处屯则屯通,非亨乎？以此处屯则无不利,非利乎？

改作:以此处屯,则屯通非亨乎？以此处屯,则无不利非利乎？

p. 38

艮为山为止,坎为险。此卦上艮下坎,是谓上下有险。①

所出校记曰:①“上”,依文意疑当作“山”。

改作:艮为山为止,坎为险。此卦上艮下坎,是谓“上下有险”。①

①“上”,依《象》文当作“山”。

卷四

p. 45

若夫临九二未顺君命,①

所出校记曰:①“二”,原作“三”,据《临卦》文意改。

改作:①“九二”,原作“九三”,据临卦九二《象》文意改。

p. 46

九四,不克讼,复即命,渝安贞,吉。《象》曰:“复即命,渝安贞”,不失也。

改作:九四,不克讼,复即命渝,安贞,吉。《象》曰:“复即命渝,安贞”,不失也。

p. 46

师,贞丈人,吉,无咎。

改作:师,贞,丈人吉,无咎。

p. 47

卦《彖》未发此义,于大《象》发之。

改作:卦《彖》未发此义,于《大象》发之。

p. 48

齐桓伐楚而次于陉,春秋之所与也。

改作:齐桓伐楚而次于陉,《春秋》之所与也。

卷五

p. 52

其诗曰:“畜君何尤”,则知畜有包畜之义尔。

改作:其诗曰“畜君何尤”,则知畜有包畜之义尔。

p. 55

楼尚书曰:地在下矣,泽又下于地,故天下之最下者莫如泽。

依前,此段文字当小一号:楼尚书曰:地在下矣,泽又下于地,故天下之最下者莫如泽。

初九，素履往，无咎。《象》曰：素履之往，独行愿也。

改作：初九，素履，往无咎。《象》曰："素履"之往，独行愿也。

卷六

p.59

孔子曰："邦有道，贫且贱焉，耻也"，此道之正也。

改作：孔子曰"邦有道，贫且贱焉，耻也"，此道之正也。

p.61

吝者，文过乱亡之君，难于扶持。

改作："吝"者，文过。乱亡之君，难于扶持。

p.62

六二，包承，小人吉，大人否，亨。《象》曰："大人否亨"，不乱群也。

改作：六二，包承。小人吉，大人否亨。《象》曰："大人否亨"，不乱群也。

p.62

上九，倾否。先否后喜。《象》曰：否终则倾，何可长也？

小字注：**此疑有闕，《程传》、《本义》亦有余旨。**

查底本改作：此疑有阙，《程传》、《本义》亦有余旨。

p.65

故二卦皆用柔，尊位则势之所行者广。

改作：故二卦皆用柔尊位，则势之所行者广。

卷七

p.68

大禹神圣，特以不矜不伐称。

改作：大禹神圣，特以"不矜"、"不伐"称。

p.71

故曰移风移俗莫善于乐。

改作：故曰"移风移俗，莫善于乐"。①

①“移俗”,《孝经》作“易俗”。

p. 76

然则治蛊有道乎？有。斯道也,何道也？

改作:然则治蛊有道乎？有斯道也,何道也？

p. 77

初六,乾父之蛊,有子,考无咎,厉,终吉。

改作:初六,乾父之蛊,有子考,无咎,厉,终吉。

卷八

p. 84

自颜子三月不违而下则有月至,而下则有日至而已。

《论语》:子曰:回也其心三月不违仁,其余则日月至焉而已矣。

改作:自颜子“三月不违”,而下则有月至,而下则有日至而已。

p. 85

六三,观我,生进退。《象》曰:“观我,生进退”,未失道也。

改作:六三,观我生进退。《象》曰:“观我生进退”,未失道也。

p. 86

夫用畏除间之际,人情多失之偏。多有所不察今也。除间之时,刚柔明动,合而成章,不偏不乱,

改作:夫用畏除间之际,人情多失之偏,多有所不察。今也除间之时,刚柔明动,合而成章,不偏不乱,

罪疑惟轻,宁失不经,圣王之所哀矜。

改作:“罪疑惟轻,宁失不经”,圣王之所哀矜。

p. 88

圣人于是犹发挥其本始曰:本于昏而已矣。“聪不明”者,昏之谓也。

改作:圣人于是犹发挥其本始,曰本于昏而已矣。“聪不明”者,昏之谓也。

卷九

p. 91

故礼贵乎去伪，又曰防民之伪。

改作：故《礼》贵乎“去伪”，又曰“防民之伪”。

p. 94

某尝自觉，意初起，如云气初生上，未知其为何意而已，泯然复矣。

改作：某尝自觉意初起，如云气初生上，未知其为何意，而已泯然复矣。

p. 95

敦复虽自卦而有复名，而实无复之可言。盖曰复敦复，敦不动之复，异乎诸爻之所以为复矣。

改作：“敦复”虽自卦而有复名，而实无复之可言。盖曰“复敦”，复敦不动之复，异乎诸爻之所以为复矣。

亦继继不可之辞，

改作：亦继继不可之辞，①

①“继继”，四库本作“断断”。

卷十

p. 101

“大积焉不苑，深而过，茂而有间”，

改作：“大积焉不苑，深而过，茂而有间”，①

①“过”，《礼记》作“通”。

九三，良马逐，利艰贞，日闲舆卫，利有攸往。

改作：九三，良马逐，利艰贞，曰闲舆卫，利有攸往。①

①“曰”，底本、四库本皆作“日”，据《茂陵中书》改。下同。

p. 102

颐之时乎，大矣哉！六十四卦之时乎！

改作：颐之时乎“大矣哉”，六十四卦之时乎！

p. 103

天下人情事势之变无常,有如此者,

改作:天下人情事势之变,无常有如此者。

p. 104

圣人多以“光”一言明无思无为而及物,如日月之光。

改作:圣人多以“光”一言明无思无为,而及物如日月之光。

p. 106

迹虽在险难而心亨,已难乎人矣,①

校记:①“难”,四库本作“离”。

改作:迹虽在险难而“心亨”,已难乎人矣,

①“已难乎人矣”,四库本作“已离乎难矣”。

p. 108

习则熟,熟则常。习教事,在人之水洊至也。

改作:习则熟,熟则常,“习教事”在人之水洊至也/

上六,系用徽纆,寘于丛棘,三岁不得,凶。《象》曰:上六失道凶,三岁也。

改作:上六,系用徽纆,寘于丛棘,三岁不得,凶。《象》曰:上六失道,凶三岁也。

卷十一

p. 114

如四时之错行,如日月之代明,其积焉而不苑,并行而不缪,深而通,①茂而有间,是谓变化云为,

①“道”,四库本作“通”。

据《礼记》:“故事大积焉而不苑,并行而不缪,细行而不失,深而通,茂而有闲。连而不相及也,动而不相害也。此顺之至也。”改作:如四时之错行,如日月之代明,其“积焉而不苑,并行而不缪,深而通,①茂而有间”,是谓变化云为。

①“道”,四库本作“通”,是。据《礼记》改。

p. 118

初居小人之中而未遁,为遁之尾。遁诸爻以远于阴为善,故初为遁尾,为危厉。

改作:初居小人之中而未遁为遁之尾,遁诸爻以远于阴为善,故初为遁尾,为危厉。

(“遁”改作“遯”,下同。)

卷十二

p. 124

大易之道

校点者时而作“大易”,时而作“大《易》”,今统一作“大《易》”。

卷十三

p. 130

睽乖之时,致曲以事者于巷也。

改作:睽乖之时,致曲以事者“于巷”也。

p. 134

此易多吉中之旨也。

改作:此《易》多吉中之旨也。

《颐 · 象》已言之矣。

改作:颐《象》已言之矣。

卷十四

改正多处标点。

卷十五

p. 135

颜子三月不违者,冥升之贞也。其余月至者,一月之冥升也。日至者,一日之冥升也。自一日一月三月之外不能无违者,意微动故也,未精未熟故也,

改作:颜子“三月不违”者,冥升之贞也。其余,月至者,一月之冥升也;日至者,一日之冥升也。自一日一月,三月之外不能无违者,意微动

故也，未精未熟故也。

卷十六

p. 161

又何疑？而疑其复有他指也。若曰亨饪之事，粗浅不足道，疑非大易之道，则是求道于事物之外，索理于日用之外，孔子何以曰“一以贯之”？

改作：又何疑而疑其复有他指也？若曰亨饪之事粗浅不足道，疑非大《易》之道，则是求道于事物之外，索理于事物之外，孔子何以曰“一以贯之”？

p. 16

故有于邻之象，未至于上六，故有不于其躬之象。

改作：故有“于邻”之象，未至于上六，故有“不于其躬”之象。

（本爻辞“于”作“于”。）

卷十七

p. 172

近世安定胡公以陆为逵。晦庵谓是卦诸爻皆协韵。于协韵则宜，但重于改旧而不改，义亦通，未敢遽从，姑存是说。

改作：近世安定胡公以“陆”为“逵”，晦庵谓是卦诸爻皆协韵，于协韵则宜。但重于改旧而不改义亦通，未敢遽从，姑存是说。

卷十八

改正多处标点错误。

卷十九

p. 186

故圣人“以五礼防万民之伪”。①“五礼”，四库本无此二字。

改作：①“五礼”，四库本无此二字。据《周礼》，当有此二字。

学者必谓“无咎”为“谁咎”

改作：学者必谓“无咎”为“谁咎”

（凡引用卦爻辞“无”字作“无”者，皆改作本字。）

p. 191

此六五无应故也，密云不雨，

改作：此六五无应，故也“密云不雨”。

卷二十

p. 196

故曰乾坤之义，原校勘记：“乾坤”，依文意当作“坤乾”。

故曰“乾坤之义”，校勘记：“乾坤之义”，《礼记 · 礼运》曰：“坤乾之义，夏时之等。”

（我欲观夏道，是故之杞而不足征也，吾得夏时焉。我欲观殷道，是故之宋而不足征也，吾得坤乾焉。坤乾之义，夏时之等，吾以是观之。）

p. 198

“齐景公悦晏子之对，作君臣相悦之乐，其诗曰‘畜君何尤’？畜君者，好君也”，

《孟子 · 梁惠王》：景公说大戒于国，出舍于郊，于是始兴发补不足。召太师曰：“为我作君臣相说之乐。”盖征招角招是也。其诗曰“畜君何尤”，畜君者，好君也。

改作：齐景公悦晏子之对，作“君臣相悦之乐”，其诗曰“畜君何尤”，“畜君者，好君也”。

郭彧　记于 2008 年 7 月 4 日

第八篇 《易学启蒙》辨诂

北京大学出版社出版《儒藏》精华编第四册，收录了南宋朱熹著的《易学启蒙》一书。许多对《周易》感兴趣、进而初学《周易》的人，面对汗牛充栋的易学著作，多数人不了解应该先阅读哪些书，从而快速步入易学门庭。由于朱熹在历史上的名望以及其易学著作在元明清三代立于学官的显赫地位，意欲开启蒙昧和寻求本义的初学者，大都首选阅读朱熹的《易学启蒙》和《周易本义》这两本书。

清初而起的考据之学，对周敦颐、邵雍、朱熹的道学多有辨证。王夫之、黄宗羲、黄宗炎、毛奇龄、胡渭、李塨等人对朱熹的《易学启蒙》（包括各类易图）均有所辨正批评，至康熙皇帝又极力推崇《易学启蒙》，甚至纳入《御纂周易折中》书中。究竟《易学启蒙》书一本什么性质的书？我们应该予以正确辨诂。

一 《易学启蒙》的成书过程

朱熹（1130—1200），南宋婺源人，中高宗绍兴十八年状元，为王佐榜第五甲第九十名。《宋史》有传。易学著作主要有《易学启蒙》三卷、《周易本义》十二卷。

朱熹的《易学启蒙》成书于《周易本义》之后，而《易学启蒙》是朱熹病“其涉于象数者又皆牵合傅会”之作。《易学启蒙》同样是朱熹涉于象数之书，不过自以为高明非牵合附会罢了。朱熹曰：“程《易》言理甚备，象数却欠在。”又曰：“《程氏易传》已甚详细，今《启蒙》所附益者，只是向来卜筮一节耳。若推广旁通，则离不得彼书也。程先生说《易》得其理，则象数在其中，固是如此。然泝流以观，却须先见象数的当下落，方说得理不走。不然事无实证，则虚理易差也。”此皆是朱熹涉于象数之论,亦是其撰写《易学启蒙》的宗旨。朱熹的象数之学全部反映在《易学启蒙》之中。

《易图明辨》的作者胡渭曰:

> 迨宋末元初,《启蒙》之说盛行以至于今……近代诸儒奉《启蒙》为不刊之书。

此亦足见朱熹《易学启蒙》一书在历史上的重大影响。朱熹易学何以在历史上获得如此特殊地位?

时至清初,有黄宗羲、黄宗炎、毛奇龄、胡渭等学者,起而辩驳朱熹易学之非,处于漆室的易学似乎始见少许阳光。然而,时过不久康熙朝《御纂周易折中》收录《易学启蒙》全书及大学士李光地撰《易学启蒙附论》,朱熹的易学又得以恢复从前地位,易学再次深陷于漆室而不可拔。

时至民国,易学家尚秉和先生于《周易尚氏学》中说:

> 朱子晚年,深悟野文之非,诋訾《程传》先辞后象之颠倒。卒不敢改其《本义》,以违忤时尚。易学之衰落,盖莫甚于此时。

尚秉和先生又于《易说评议》中说:

> 《程传》不论象,不拘易理,自演其所谓圣功王道之学。虽以朱子之尊信,晚年尚悟其非。
>
> 自明清以来,国家功令,尊尚程朱……及其后以《本义》为宗,《程传》少读者,于是《本义》遂有浑括不明之病。
>
> 盖明代学者,皆以《程传》、《本义》为正宗,敷衍义理。凡事宋易者,皆不识《易》为何物矣。

不论象,不拘易理,自演其所谓圣功王道之学,是出于封建帝王的需要,时至民国尚有尚秉和先生如此评论宋《易》,而时至今日更不必以宋《易》中之朱熹易学为正宗,这是一件自然而然的事,是当代易学研究的必然趋势。判定是否应该崇拜朱熹,要来自对他学问的亲身体会。朱熹的四书之学,有《章句》和《或问》,其平生于此用工最多,亦成绩最优。至于其易学,其初本尊二程属义理派,晚年始悟不谈象数之非，于是起而与蔡元定合著《易学启蒙》。因此，评价朱熹象数易学的水平不能盲从，当深入研究《易学启蒙》之后方有发言权。

（一）朱熹视《易学启蒙》为己作

南宋淳熙丙午(1186)，朱熹序《易学启蒙》曰：

> 圣人观象以画卦，揲蓍以命爻，使天下后世之人，皆有以决嫌疑定犹豫，而不迷于吉凶悔吝之途，其功可谓盛矣。然其为卦也，自本而干，自干而支，其势若有所迫而自不能已。其为蓍也，分合进退，从横逆顺，亦无往而不相值焉，是岂圣人心思智虑之所得为也哉！特气数之自然，形于法象，见于图画者，有以启于其心而假手焉耳。近世学者，类喜谈《易》，而不察乎此。其专于文义者，既支离散漫而无所根著，其涉于象数者又皆牵合傅会，而或以为出于圣人心思智虑之所为也。若是乎，予窃病焉。因与同志颇辑旧闻，为书四篇，以示初学，使毋疑于其说云。
>
> 淳熙丙午暮春既望云台真逸手记

《易学启蒙》一书内容，有《本图书第一》、《原卦画第二》、《明蓍策第三》和《考占变第四》四篇。可见，《易学启蒙》是专门阐明易学"象数"之书。朱熹撰写此书目的是使"近世学者"能察乎"其涉于象数者又皆牵合傅会"之病，而毋疑"为书四篇"之说。

《周易本义》中注曰"《启蒙》备言之"、"详见《序例》、《启蒙》"、"《河图》《洛书》详见《启蒙》"、"此后所用蓍策之数，其说并见《启蒙》"、"卦变别有图说，见《启蒙》"等，由此可知《易学启蒙》成书在《周易本义》之前。

《宋史·蔡元定传》："熹疏释《四书》及为《易》、《诗》传、《通鉴纲目》，皆与元定往复参订。《启蒙》一书，则属元定起稿。"此与朱熹"因与同志颇辑旧闻，为书四篇"之说有合。然而，从朱熹答友人书及平日讲学语录中可知，其一直宣称《易学启蒙》为自己的著作：

朱熹《周易本义》"已略具备"的时间是淳熙十五年(1188)。至庆元四年(1198)还"不甚满于《易本义》"。朱熹既然于《周易本义》书中让读者参看《易学启蒙》所列之《河图》、《洛书》、《伏羲八卦次序》和《卦变图》,则证明原本《周易本义》还没有这些图。这就是说,吴革刻本《周易本义》卷首九图,不当为是书所应有。

朱熹言"伏羲画卦自然次第",说是"从两仪、四象加倍生来底"。《伏羲八卦次序》与《伏羲六十四卦次序》二图,是以黑白长方形条块象一阴一阳替代原卦爻符号作图,而"两仪"至"六十四卦"的六横图,则是以原卦画符号作图。

读《文公易说·答袁枢》可知,朱熹曾将初版《易学启蒙》送给好友袁枢征求意见。袁枢读后,提出的主要问题是:

○《河图》《洛书》是后人伪作

○不当以大衍之数参乎《河图》《洛书》之数

○七八九六不可为四象

○四爻五爻者无所主名

○黑白之位尤不可晓

○专为邵氏解释

袁枢所谓"四爻五爻者无所主名"与"黑白之位尤不可晓",即是指以黑白条形块所作《伏羲八卦次序》与《伏羲六十四卦次序》二图而言。

(二)九图为《易学启蒙》初版旧图

《易学启蒙》书中的易图有前后两种版本。

今见《四库全书》本《周易本义》,是依南宋咸淳乙丑九江吴革刊本誊录,其卷首列有九图。

一　《河图》图

二　《洛书》图

三　《伏羲八卦次序》图

四　《伏羲八卦方位》图

五　《伏羲六十四卦次序》图

六 《伏羲六十四卦方位》图

七 《文王八卦次序》图

八 《文王八卦方位》图

九 《卦变图》

此九图乃初版《易学启蒙》之旧图。

朱熹《周易本义》乃诠释经传之作。由于是书自元代以后立于学官的地位，其影响程度远非其他易学著作可比。正因为如此，清乾嘉学派的先驱人物如黄宗羲、黄宗炎、毛奇龄、胡渭等学者，皆以《周易本义》卷首九图为靶的，著书辨其伪。

（三）九图乃朱熹编纂之图

《易学启蒙》虽是蔡元定起稿，然朱熹给友人信中皆将是书作自己著作看待。如此，凡《易学启蒙》旧图与新图，皆当视作由朱熹牵头编纂。《周易本义》虽不当有此九图，然图说之义却体现于诠释的文字之中。

《周易本义》释《系辞》"天一地二，天三地四，天五地六，天七地八，天九地十"曰：

> 此言天地之数，阴阳奇偶，即所谓《河图》者也。

《周易本义》释"大衍之数五十"曰：

> 大衍之数五十，盖以《河图》中宫乘地十而得之。

《周易本义》释"易有太极"一节之义曰：

> 太极者，其理也；两仪者，始为一画以分阴阳；四象者，次为二画以分太少；八卦者，次为三画而三才之象始备。

此则语涉《河图》、《洛书》、《伏羲八卦次序》三图的文字，又加之让读者就《易学启蒙》看此三图之注，则知此三图并非门人依附而作。

《周易本义》释《说卦》"天地定位"一章曰：

邵子曰此伏羲八卦之位。乾南，坤北，离东，坎西，兑居东南，震居东北，巽居西南，艮居西北。

这与卷首之《伏羲八卦方位》图说同义。

《周易本义》释"帝出乎震"一章曰：

邵子曰此卦位乃文王所定，所谓后天之学也。

这又是指卷首之《文王八卦方位》图而言。此二图亦见于《易学启蒙》，则亦非门人依附而作。

《周易本义》释"数往者顺，知来者逆，是故易逆数也"曰：

起震而历离兑以至于乾，数已生之卦也；自巽而历坎艮以至于坤，推未生之卦也。易之生卦，则以乾、兑、离、震、巽、坎、艮、坤为次，故皆逆数也。

此则是以"一贞八悔"之贞卦就卷首《伏羲六十四卦方位》和《伏羲六十四卦次序》二图释顺逆之义。非见此二图，则难明其诠释之义。又《易学启蒙》旧图之中有此二图，以此则知此二图亦非门人依附而作。并且是朱熹将朱震所列《伏羲八卦图》（即是王湜《易学》、杨甲《六经图》书中所列之《先天图》），改称作《伏羲六十四卦方位》图。

至于《文王八卦次序》和《卦变图》二图，亦是出于朱熹。朱熹《答郑仲礼》曰：

熹盖尝以康节之言求之，而得其画卦之次第。方知圣人只是见得阴阳自然生生之象而摹写之，初未尝有意安排也。

这里是朱熹自白创作"黑白之位"二伏羲次序横图之意。

又《答袁枢》曰：

至于文王八卦，熹尝以卦画求之，纵横反复竟不能得其所以安排之意。是以畏惧，不敢妄为之说。

这里朱熹自白以卦画求"文王八卦次序"而不可得之事。于是曰：

八卦次序，是伏羲底，此时未有文王次序。三索而为六子，这自是文王底，各自有个道理。

《朱子语类》卷七十七

《文王八卦次序》图正是准《说卦》乾坤三索而为六子之义而作。朱熹既有此说，则必有此图。

《汉上易》卦变，只变到三爻为止，于卦辞多有不通处，某更推尽去方通。

《朱子语类》卷六十七

此《讼》卦变自《遁》而来，为刚来居二。此是卦变中二爻变者。盖四阳二阴自《遁》来者十四卦，《讼》即初变之卦。

《朱子语类》卷七十

如《卦变图》刚来柔进之类，亦是就卦已成后用意推说，以此自彼卦而来耳，非真先有彼卦而后方有此卦也。

《文公易说》卷二

此则是朱熹就《卦变图》说话。

三爻变者有二十卦，前十卦为贞，后十卦为悔，是变尽了又反来，有图见《启蒙》。

《文公易说》卷二十二

卦变独于《彖传》之词有用，然旧图亦未备。顷尝修定，今写去，可就空处填画卦爻。而以《彖传》考之，则卦所从来皆可见矣。然其间亦有一卦从数卦而来者，须细考之，可以见《易》中象数无所不通，不当如今人之拘滞也。

《文公易说》卷二十二《答王遇》

此则是朱熹就《易学启蒙》卦变旧图与新图说话。

我们以《易学启蒙》参证朱熹《答袁枢》、《答王遇》、《答郑仲礼》、《答程迥》、《答林栗》、《答虞大中》、《答叶永卿》等书信，可知九图全为朱熹编纂之图，考其原当为《易学启蒙》初版旧图。后来，是朱熹门人将《易学启蒙》初版旧图辑入了《周易本义》卷首。至于门人转贴,则可能始于吴革刊本。

二 《易学启蒙》沉浮录

(一)宋末至清初时期

朱熹的《易学启蒙》,最后成书于南宋淳熙丙午年(1186)。当初版问世之时,既有袁枢等人提出许多异议,如"《河图》《洛书》为不足信"、"不当以大衍之数参乎《河图》《洛书》之数"、"卦画之论发生次第有所未明"、"阴阳二物不可分老少而为四象"、"七八九六不可为四象"、"疑《河图》、《洛书》是后人伪作"、"疑先天后天之说"、"重卦之由八卦相错"等。又有程迥、程大昌等学者亦对是书提出了一些疑问。可见,当时《易学启蒙》一书并不为大多数学者看重。庆元二年(1196),朱熹、蔡元定罹伪学案,至庆元六年(1200)朱熹离世。此间,《易学启蒙》不为世人所重,是为历史事实。

朱熹伪学案平反后多年,始有奉《易学启蒙》为易学正宗者。

南宋淳祐戊申年(1248),税与权撰《易学启蒙小传》,以补《启蒙》之未备。

南宋咸淳丙寅(1266),董楷撰《周易传义附录》,卷首"朱子易图说"列《周易本义》卷首九图,多引《易学启蒙》之说。

南宋婺源人胡方平著《易学启蒙通释》,"发明朱子《易学启蒙》之旨"。

元胡一桂(胡方平之子)撰《周易启蒙翼传》四卷,原序曰:"朱子于易有《本义》、有《启蒙》。其书则古经,其训解则主卜筮,所以发明四圣人作经之初旨。至于专论卦画、蓍策,则《本图书》以首之,《考变占》以终之,所以开启蒙昧,而为读《本义》之阶梯。大抵皆《易经》之传也。先君子惧愚不敏,既为《启蒙通释》以诲之,愚不量浅陋,复为《本义附录纂疏》,以承先志。今重加增纂之余,又成《翼传》四篇者,诚以去朱子才百余年,而承学浸失,其真如图书已厘正矣,复仍刘牧之谬者有之;《本义》已复古矣,复循王弼之乱者有之;卜筮之教,炳如丹青矣，复祖尚玄旨者又有之。若是者，讵容于得已也哉！”

元吴澄撰《易纂言外翼》八卷，书中发明《易学启蒙》四篇内容，首出“旋毛《河图》”与“龟坼《洛书》”，亦论一卦变六十四卦和筮仪等。

元王申子撰《大易缉说》十卷，取十数为《河图》，分纬之以画先天，九数为《洛书》，错综之以位后天，要之皆本《易学启蒙》而发挥。

元天历(1328—1330)初年董真卿(胡一桂弟子)撰《周易会通》十四卷，卷首亦列《周易本义》卷首九图，且多引《易学启蒙》之说。

元钱义方撰《周易图说》二卷，上卷为图者七，下卷为图者二十。谓《河图》为作《易》之本。《大传》云“河出图，洛出书，圣人则之”，乃圣人即理推数，二者可以相通，故并言之，非谓作易兼取《洛书》。又引朱子之说，谓圆图有造作，且欲挈出方图在圆图之外。又谓朱子《易本义》于先天后天卦位必归其说于邵子，似歉然有所未足，是以不揆其陋而有所述云云。要之亦是本朱熹易学著作而发挥演变之。

元陈应润撰《周易爻变易缊》四卷，书中列朱熹《河图》与《洛书》，又列《伏羲八卦图》和《卦变图》等。曰“易之有图尚矣，《河图》《洛书》有象而无文，不图不可也”、“八卦自伏羲画出已有定位，因邵康节以丹经之学撰先天之图以易其位，故其图不容于不正也。爻变之法古无此图，因说易者不知爻变之义，故此图不容于不作。兼以卦变附其右逆顺之图，古亦无有。因先天之图以已生未生之卦为逆顺，使数往知来之理不明，故此图亦不容于不作也”等等，亦是本朱熹《易学启蒙》而发挥演变之。

明永乐十三年(1415)胡广等奉勅撰《周易大全》二十四卷，《易》取董楷之《周易传义附录》、董真卿之《周易会通》、胡一桂之《周易本义附录纂疏》、胡炳文之《周易本义通释》四家。卷首亦列“周易朱子图说”，取《周易本义》卷首九图，多引《易学启蒙》之说。

明弘治十六年(1503)韩邦奇撰《启蒙意见》四卷，“是编因朱子《易学启蒙》而阐明其说”，卷一《本图书第一》、《原卦画第二》，卷二《明蓍策第三》，卷三《考占变第四》，卷四“七占”、以六十四卦之变列为三十二图。

明万历间聊城人逯中立撰《周易札记》,卷首"《易学启蒙》集略":《本图书第一》、《原卦画第二》、《明筮策第三》、《考变占第四》。

明钱一本撰《像抄》十八卷,首列朱熹《河图》与《洛书》,添画"龙马"与"神龟"于图上,更名《马图》、《龟书》。引吴澄说:"《河图》自一至十五十五点之在马背者,其旋毛之圈有如星象,故谓之图,非五十五数之外别有所谓图。《洛书》自一至九四十五画之在龟背者,其背文之坼有如字画,故谓之书,非四十五数之外别有所谓书。"又列《河洛卦位合图》、《乾坤易之门》等图,曰:"朱子《易学启蒙》列为三十二图,其实只是一图也。"

自朱熹1200年离世至1248年,四十多年后方有税与权、董楷等学者弘扬发挥《易学启蒙》之义,至宋末元初又有熊禾、胡方平、胡一桂、董真卿等学者传承之。迨至朱姓明代,更有成祖皇帝御纂之《周易大全》,全文收入《易学启蒙》一书,以《易学启蒙》为易学正宗而立于学官,奉之为"不刊之书"。后来有汪敬撰《易学象数举隅》、金贲亨撰《学易记》、方以智撰《周易时论合编·图像几表》、杨时乔撰《周易古今文全书》等,诸书或是收录《易学启蒙》全文,或是本朱熹《周易本义》和《易学启蒙》卷首易图及图说而演绎,或是本《易学启蒙》四篇体例而成书。即使间有异议者,亦不敢置喙辩证其伪。此种状况,一直延续到明末。至清初顺治间,仍有桐城人钱澄之撰《田间易学》,发挥《易学启蒙》之义。

(二)清初至康熙前期

清初考据实学兴起,有不少学者起而反对朱熹的象数之学,特别是针对其《易学启蒙》发表了许多批评意见。这方面的代表人物主要有黄宗羲、黄宗炎、毛奇龄、胡渭等大儒。

黄宗羲(1610—1695)著《易学象数论》,卷一针对《易学启蒙》之《本图书第一》,论有"图书一"、"图书二"、"图书三"、"图书四"、"图书五"、"图书六"、"龙图"。卷二针对《易学启蒙》之《原卦画第二》、《明蓍策第三》和《考变占第四》,论有"先天图一"、"先天图二"、"天根月窟"、"八卦方位"、"卦变一"、"卦变二"、"卦变三"、

“蓍法一”、“蓍法二”、“蓍法三”、“占法”。黄宗羲辩证《易学启蒙》之伪，是其撰写《易学象数论》一书的主要目的。

黄宗炎（1616—1686）著《图学辩惑》，据《易学启蒙》辩证朱熹易学之伪，其辨以爻画累加迭成大小横图时曰“俱信手堆砌，然后相度揣摹，赠以名号”，尤为切中要害。“一奇一耦层累迭加”即是朱熹所谓之“加一倍法”，违反邵雍所说“独阳不生，寡阴不成”之易道。

毛奇龄（1623—1716）著《河洛原舛篇》，全文辩证《易学启蒙》之《本图书第一》的内容，阐明朱熹《河图》是本“康成所注大衍之数”而演变，朱熹《洛书》是本《乾凿度》“太乙下行九宫法”而演变。书后附有《大衍图》、《大衍配八卦图》、《改正黑白点数图》、《太乙下九宫图》、《九宫配卦数图》、《阴阳合十五数图》和《明堂九室图》诸图。

胡渭（1633—1714）著《易图明辨》，卷一《河图》、《洛书》，卷二《五行九宫》，卷三《周易参同契》、《先天》、《太极》，卷四《龙图》、《易数钩隐图》，卷五《启蒙图书》，卷六《先天古易上》，卷七《先天古易下》，卷八《后天之学》，卷九《卦变》，卷十《象数流弊》。要之，其辨基本上是围绕《易学启蒙》一书，辩证《本图书第一》、《原卦画第二》、《明筮策第三》、《考变占第四》这四篇内容之非。

（三）康熙中期至清末

自进入康熙中期，抨击《易学启蒙》一书的声音，则因“御制”的肯定而几乎销声匿迹。

康熙十二年（1673）撰《御制性理大全》，卷十四至卷十七全文收录朱熹的《易学启蒙》四篇之书。

清康熙二十二年（1683）撰《御制日讲易经解义》十八卷，卷首《朱子图说》列《周易本义》卷首九图，亦多引《易学启蒙》之说。

康熙五十四年（1715）撰《御制周易折中》，卷十九、二十收录《易学启蒙》全文。卷二十一的内容，为学本朱熹的大学士李光地所著之《启蒙附论》。

康熙五十六年（1717）又撰《御制性理精义》，卷四节略录入《易学启蒙》,曰:“朱子《易学启蒙》已全载入《周易折中》内,因其讨论易理与太极图经世观物有相发明者,故就全文四篇内各摘其要语若干条,俾学者知读易之门户。”特别需要指出的是,在《御制性理精义》卷四所录《易学启蒙》“原卦画第二”篇里面,一律采用了《易学启蒙》初版旧图,一为黑白块“伏羲八卦次序图”,二为黑白块“伏羲六十四卦次序图”,三为“伏羲八卦方位图”,四为“伏羲六十四卦方位图”,五为“文王八卦方位图”。

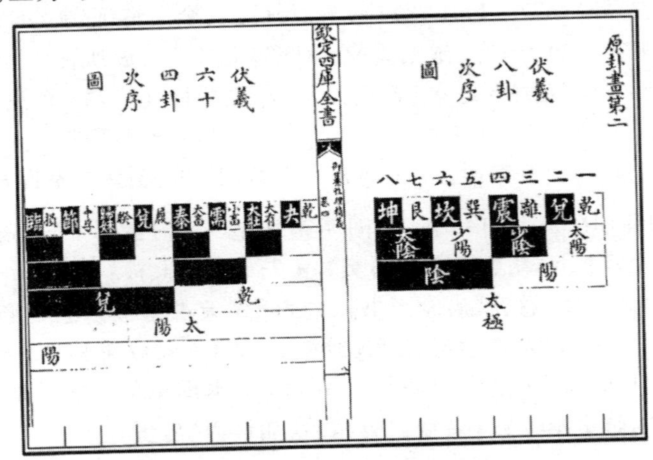

康熙御制性理精义所列黑白之位二横图

李光地序《御制周易折中　易学启蒙》曰:

朱子之作《启蒙》,盖因以象数言《易》者,多穿穴而不根,支离而无据,然《易》之为书,实以象数而作,又不可略焉而不讲也。且在当日言图书卦画蓍数者,皆创为异论,以毁成法,师其独智而訾先贤,故朱子述此篇以授学者,以为欲知《易》之所以作者,于此可得其门户矣。今摭图书卦画蓍数之所包蕴,其错综变化之妙,足以发朱子未尽之意者凡数端,各为图表而系之以说。盖所以见图书为天地之文章,立卦生蓍为圣神之制作。万理于是乎根本,万法于是乎权舆,断非人力私智之所能参,而世之纷纷撰拟屑屑疑辨，皆可以熄矣。

《御纂周易折中》宣言“图书为天地之文章，立卦生蓍为圣神之制作，万理于是乎根本，万法于是乎权舆，断非人力私智之所能参，而世之纷纷撰拟屑屑疑辨，皆可以熄矣”，这无疑是站在官方立场对朱熹《易学启蒙》一书加以充分肯定，同时亦表明了将是书立于学官的强硬态度。于是天下读书人对待《易学启蒙》一书又有了两种态度：明知其伪者又陷入困境之中，则“卷舌而不敢议”；奉为“不刊之书”者，则又起而发挥演绎之。于是，《易学启蒙》一书经过短短数十年的低沉态势之后，又扶摇直上而占领了显赫地位。

康熙间，高安人朱轼撰《周易传义合订》十二卷、宝应人乔莱撰《易俟》十八卷、婺源人汪绂撰《易经如话》、闽县人陈梦雷撰《周易浅述》、光山人胡煦撰《周易函书约存》、颍州人连斗山撰《周易辨画》等。雍正间，武进人杨方达撰《易学图说会通》、荆溪人任启运撰《周易洗心》等。乾隆间，介休人梁锡玙撰《易学启蒙补》、婺源人江永撰《河洛精蕴》、兴化人任陈晋撰《易象大意存解》等。道光间，万县人何志高撰《易经本意》、双流人刘沅撰《周易恒解》等。

以上诸书皆本朱熹《周易本义》与《易学启蒙》之图及说而发挥演绎之。

（四）民国时期至今

民国以来，虽有些学者不看好《易学启蒙》一书，然几乎没有如同黄宗羲、黄宗炎、胡渭等儒者以专著全面抨击辩证《易学启蒙》一书者。

其间只有尚秉和先生于《易说评议》中曰：

宋人如《程传》、《本义》，所详者义理，非易理也……朱子晚年始悟其非，谓：“程子云吾所治者辞，辞明而象自得。岂知辞由象生，先识象然后能明辞，吾枉费多年功夫。”是《本义》虽不重象，然能识象为《易》本。

按，《朱子语类》云“开门便是象，某枉费多年功夫”。

> 至《程传》则专以演其圣功王道之学，不惟舍易理不谈，并易理不顾。此风一开，宋人除朱震等数人外，无不以义理言《易》，至明清八比盛兴，又杂以高头讲章之滥语。凡事宋易者，皆不识《易》为何物矣。

时至上个世纪80年代之后，方有著名学者李申教授发表论文或著《周易之河说解》、《易图考》、《周易与易图》、《易图明辨补》等书，继续抨击《易学启蒙》一书之伪。

本图书第一要点辨诂

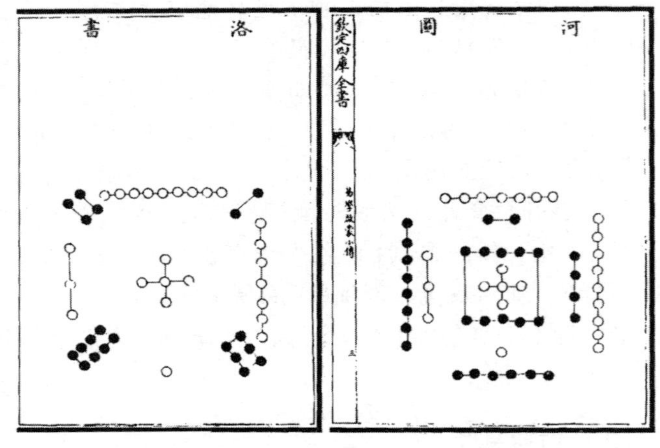

再版易学启蒙所列河图与洛书

> (朱熹曰)孔安国云："《河图》者，伏羲氏王天下，龙马出河，遂则其文以画八卦。《洛书》者，禹治水时，神龟负文而列于背，有数至九，禹遂因而第之以成九类。"

上段引文，出于题"汉孔安国传"之《尚书注疏》。

康熙己未(1679)博学鸿词阎若璩撰《古文尚书疏证》八卷。其辨《易学启蒙·本图书第一》所引"孔安国云"一段文字曰：

> 自伪《孔传》有《河图》八卦"伏羲王天下，龙马出河，遂则其文以画八卦"谓之《河图》，及天与禹洛出书"神龟负文而出列于

背，有数至于九，禹遂因而第之以成九类”之说，后说《易》者皆以《河图》，说《洪范》者皆以《洛书》，纷纭胶葛，莫可爬剔。甚哉，其为经之蠹久矣！及读《汉·五行志》，刘歆曰“虑羲氏继天而王，受《河图》，则而画之，八卦是也。禹治洪水，赐《洛书》，法而陈之，《洪范》是也”，乃知孔出于歆。向尝谓魏晋间书多从《汉书》来者，岂无征哉！

朱熹本人也曾说过：

《尚书》孔安国传此恐是魏晋间人所作，托安国为名，与毛公《诗传》大段不同。今观序文，亦不类汉文章。

某尝疑孔安国《书》是假书。

安国《序》亦决非西汉文章。

《书》大序亦疑不是孔安国文字，大抵西汉文章浑厚近古，虽董仲舒、刘向之徒言语自别。读《书》大序便觉软慢无气，未必不是后人所作也。

——《御纂朱子全书》

由此可知，《易学启蒙》此篇引用《伪孔传》之说为黑白点十数《河图》与九数《洛书》之证，是以伪证伪，朱熹晚年已经有所反省。

（朱熹曰）刘歆云：“伏羲氏继天而王，受《河图》而画之，八卦是也。禹治洪水，赐《洛书》法而陈之，九畴是也。《河图》《洛书》相为经纬，八卦九章相为表里。”

彧按，上段引文出于东汉兰台令史班固撰《汉书·五行志》第七：

《易》曰：“天垂象见吉凶，圣人象之”、“河出图，洛出书，圣人则之”。刘歆以为虑羲氏继天而王，受河图，则而画之，八卦是也。禹治洪水，赐洛书，法而陈之，《洪范》是也……凡此六十五字皆洛书本文，所谓天乃锡禹大法九章，常事所次者也。以为河图洛书相为经纬，八卦九章相为表里。

“凡此六十五字皆洛书本文”，是指《尚书·洪范》中“**初一曰五**

行 次二曰羞用五事 次三曰农用八政 次四曰协用五纪 次五曰建用皇极 次六曰乂用三德 次七曰明用稽疑 次八曰念用庶征 次九曰向用五福畏用六极”六十五字。可见，汉儒所谓之“洛书”是由文字构成。《易学启蒙》此篇引之为九数黑白点《洛书》之证据，是以文字等同于黑白点。

（朱熹曰）关子明云：“《河图》之文，七前六后，八左九右。《洛书》之文，九前一后，三左七右，四前左二前右，八后左六后右。”

北宋陈师道《后山谈丛》曰：

> 世传《王氏元经》、《薛氏传》、《关子明易传》、《李公对问录》，皆阮逸所著。逸以草示苏明允，而子瞻言之。

朱熹也曾对学生说过：

> 《关子明易》、《麻衣易》，皆是伪书。
>
> 浩问：李寿翁最好《麻衣易》与《关子明易》，如何？
>
> 先生笑曰：偶然两书皆是伪书。《关子明易》是阮逸作，《陈无已集》中说得分明。
>
> ——《朱子语类·易三·纲领下》

由此可知，《易学启蒙》此篇引用伪《关子明易》之说为黑白点十数《河图》与九数《洛书》之证，是以伪证伪，朱熹晚年已经有所反省。

《文公易说·书河图洛书后》曰：

> 世传一至九数者为《河图》，一至十数者为《洛书》，考之于古，是反而置之。予于《启蒙》辨之详矣。读《大戴礼》书又得一证甚明，当篇有二九四、七五三、六一八之语，而郑氏注云“法龟文”也。然则汉人固以此九数者为《洛书》矣。
>
> 庆元丁巳上元节日遁翁书

今见《四库全书》本《大戴礼记》“二九四七五三六一八”正文之下注曰：

> 记用九室，谓法龟文，故取此数以明其制也。

《四库全书·大戴礼记提要》曰：

> 朱子引《明堂篇》郑氏注云“法龟文”，殆以注归之康成。考注内征引有康成、谯周、孙炎、宋均、王肃、范宁、郭象诸人，下逮魏晋之儒。王应麟《困学纪闻》指为卢辩注。据《周书》，辩字景宣，官尚书右仆射，以《大戴礼》未有解诂，乃注之。

《易学启蒙》于此篇书中引北周卢辩之注语为九数《洛书》之论据，并曰“汉人固以此九数者为《洛书》”，是卢冠郑戴，不足引为论据。

朱熹之前既有张行成谓九数之图圆而为《河图》、十数之图方而为《洛书》，其说与两宋间人朱震同，时至南宋与朱熹同时之唐仲友仍然以九数之图为《河图》、十数之图为《洛书》。可见，朱熹、蔡元定引邵雍之说以证十数之图圆而为《河图》、九数之图方而为《洛书》，乃一家之言。

原卦画第二要点辨诂

朱熹以自造之黑白块《伏羲八卦次序》小横图说“乾至坤皆得未生之卦，若逆推四时之比”，此则没有道理可言。用《先天图》象天之六十四卦圆图，方能说得二至二分，方能说“若逆知四时之谓也”，用《先天图》象天之六十四卦圆图右行起震以至于坤，方能说得“皆得未生之卦”。用此黑白块八卦小横图如何能说得“皆得未生之卦，若逆推四时之比”？

以上是初版《易学启蒙》之《伏羲八卦方位》图。今见于《周易本义》卷首。图说：

邵子曰：乾南，坤北，离东，坎西，震东北，兑东南，巽西南，艮西北。自震至乾为顺，自巽至坤为逆。后六十四卦方位放此。

遍查通篇《观物外篇》原文，邵雍根本没有“乾南，坤北，离东，坎西，震东北，兑东南，巽西南，艮西北”之说。即便邵雍说“天地定位一节，明伏羲八卦也”，也没有说天在南而地在北。乾天也，坤地也，天本在上，地本在下，如何能说得“乾南坤北”？邵雍所谓“伏羲八卦”，言其方位亦只是说“乾坤纵而六子横”。既言“乾坤纵”，则乾天在上而坤地在下甚明。

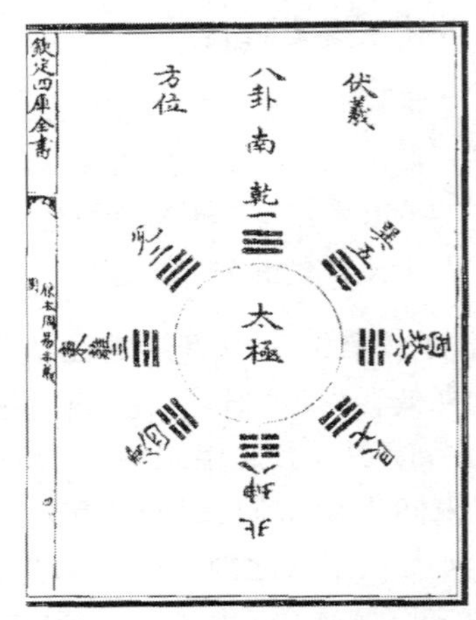

初版易学启蒙所列伏羲八卦图

朱熹言“自震至乾为顺,自巽至坤为逆,后六十四卦方位放此”,则以八卦小圆图(《伏羲八卦方位》图)与六十四卦大圆图(《伏羲六十四卦方位》图)说“顺”与“逆”。看八卦小圆图,是“自震至乾为顺,自巽至坤为逆”,显然这一圆周八卦就有四卦为顺、四卦为逆,此“半顺半逆”之说是一“∽”型模式,如此模式怎能“逆知四时”?

朱熹晚年曾说:

> 易逆数也,似康节说方可通。但方图则一向皆逆,若以圆图看又只一半逆,不知如何?
>
> ——《文公易说》

此则又是以己之昏昏欲使人昭昭之病,同样在误导初学者。

以上是初版《易学启蒙》之《伏羲六十四卦次序》图。今见于《周易本义》卷首。

邵雍主张六十四卦是由八卦相错得来,所以屡言“重卦”。除了八卦和六十四卦之外,从来没有说过还有什么“十六”卦或“三十二”卦之象。即便是说“八分为十六、十六分为三十二、三十二分为六十四”,也是在说过“八卦相错,然后万物生焉”之后,用以阐述六十四卦数之间的关系。

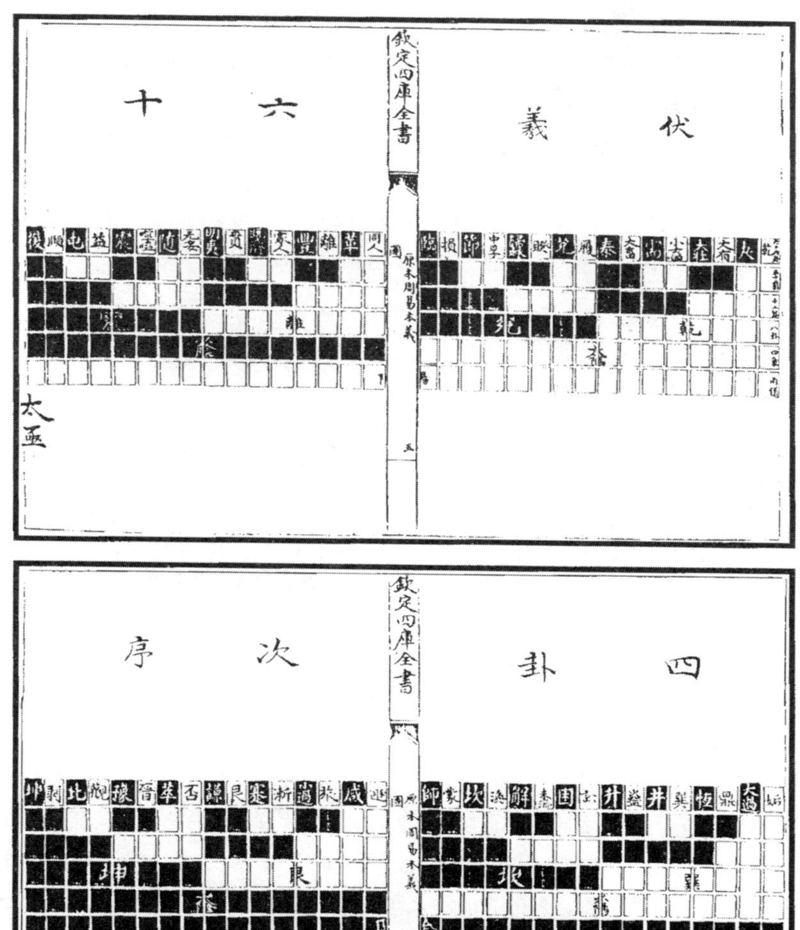

初版易学启蒙所列伏羲六十四卦次序图

朱熹之前，没有任何学者将一阳爻当作“阳仪”、一阴爻当作“阴仪”，更没有学者“逐爻渐生”，以阴阳爻两画的排列为“四象”、三画排列为“八卦”、四画排列为十六“卦”、五画排列为三十二“卦”。朱熹的好友袁枢批评说：“四画五画者，无所主名。”（见《文公易说·答袁枢》）则“四画五画者”成何法象，岂能说“尤见法象自然之妙也”！

《系辞》曰：“是故易有大极，是生两仪，两仪生四象，四象生八卦，八卦定吉凶，吉凶生大业。”朱熹《周易本义》注：

> 一每生二，自然之理也。易者，阴阳之变。大极者，其理也。两仪者，始为一画，以分阴阳。四象者，次为二画，以分太少。八卦者，次为三画而三才之象始备。

朱熹此注，没有阐明“八卦定吉凶”之义，亦没有遵循“八卦而小成”之义阐明八卦用于占筮的机制。

胡渭《易图明辨》引曰：

> 蠡吾李刚主塨与毛太史奇龄讯《易》书曰：“易有太极”一节先儒旧说，反复思之不解……今忽从先生解“夫易何为”句，谓阐大衍五十之数生一，妄解谓“太极”者，大衍之舍一不用者也。唐崔憬有此说。“两仪”者，“分而为二以象两”也。“四象”者，“揲之以四以象四时”也。先儒以四象为老阳、老阴、少阳、少阴，然亦揲之以四中事也。“八卦”，统六十四卦而言，四揲“十有八变”而成之者也。言《易》大衍之数递生以成八卦，而吉凶以定。趋吉避凶，而大业以生。仍阐明揲蓍之故也。不言“挂一”、“归奇”者，即在两、四之内也。观前文有“兴神物以前民用”，后文有“定吉凶莫大乎蓍龟”及“易有四象所以示也，系辞焉所以告也，定之以吉凶所以断也”，似仍阐“大衍之数”者。

朱熹之前，没有任何人以阴阳爻为“两仪”、阴阳爻两画的组合为“四象”，更没有“四画”、“五画”组合成卦之说。朱熹所谓的爻画“加一倍法”与邵雍“乾为一”、“夬为二”、“泰为四”、“大壮为八”、“临为十六”、“复为三十二”、“坤为六十四”的易卦加一倍法，二者之间毫无关系可言。朱熹主张“太极为一理”、“理一分殊”，以爻画

"加一倍法"解说《系辞》"易有太极"一节,是出于其构建理学系统的需要。

朱熹不但曲说邵雍《伏羲八卦图》的由来,而且还对此图进行了改造。

《朱子语类》卷六十五曰:

> 若论他太极,中间虚者便是。他亦自说图从中起。今不合被横图在中间塞却,待取出放外。
>
> 先天图如何移出方图在下?曰:是某挑出。

朱熹之所以要改造邵雍的《伏羲八卦图》,并把方图"取出放外",是因为其理学有以图中间虚空处为"太极"的主张。

明蓍策第三要点辨诂

《说卦》曰:"参天两地而依数,观变于阴阳而立卦。"阳爻数 3,阴爻数 2。乾为老阳,三阳爻其数 9,坤为老阴,三阴爻其数 6。震坎艮为少阳,皆二阴一阳其数 7,巽离兑为少阴,皆二阳一阴其数 8。此正合于古筮法三变成一爻之数。

用 49 根蓍草揲蓍,三变余数之和有八种结果:

余 5 + 4 + 4,其和为 13,49 - 13 = 36,36/4 = 9,9 为老阳之数;

余 9 + 8 + 8,其和为 25,49 - 25 = 24,24/4 = 6,6 为老阴之数;

余 9 + 8 + 4、9 + 4 + 8、5 + 8 + 8,其和皆为 21,49 - 21 = 28,28/4 = 7,7 为少阳之数;

余 5 + 8 + 4、5 + 4 + 8、9 + 4 + 4,其和皆为 17,49 - 17 = 32,32/4 = 8,8 为少阴之数。

除一变挂一之策,三变之余各除以四,得一者为奇,得二者为偶。于是:

4、4、4 者为"三奇"得乾,

8、8、8 者为"三偶"得坤,

4、8、8 者为"一奇二偶"得震,

8、4、8 者为"二偶夹一奇"得坎,

8、8、4 者为“而偶上一奇”得艮，

8、4、4 者为“一偶上二奇”得巽，

4、8、4 者为“二奇夹一偶”得离，

4、4、8 者为“二奇上一偶”得兑。

此正合唐一行之说，而且第二、三变不再“挂一”。自唐至宋程颐，皆二、三变不再“挂一”。

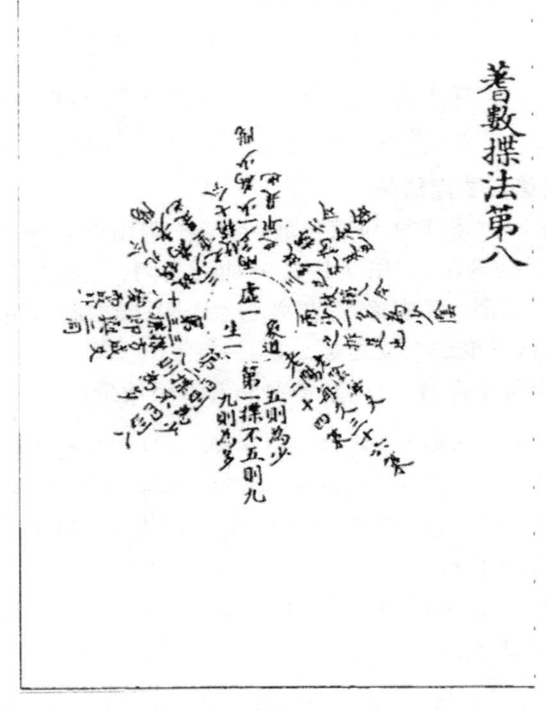

蓍数揲法图

上图是《易数钩隐图遗论九事》所列之《蓍数揲法》图。所表达的是北宋“一变独挂”之法：第一揲不五则九，第二揲不四则八，第三揲与第二揲同。

揲蓍之法圖

第一揲 二揲 三揲

第一卦於小指間不五則九第二卦於中指間第三卦於食指間皆不四則八

五 四 四

此係三少計十三策四十九策中除十三餘三十六即四九之數也是為老陽

九 八 八

此係三多計二十五策四十九中除二十五餘二十四即四六之數是為老陰

五 八 八 少陽

九 四 八 少陽

並係兩多一少各計二十一策四十九中除二十一餘二十八即四七之數也是為少陽

九 八 四

欽定四庫全書 六經圖 卷一

九 四 四 少陰

五 八 四 少陰

並係兩少一多各計十七策四十九中除十七餘三十二即四八之數也是為少陰

五 四 八 少陰

揲蓍数之法图

上图是杨甲《六经图》所列《揲蓍之法图》。说明至两宋间人杨甲时,人们仍然主张“一变独挂”之法。

到了南宋时,朱熹则批评旧的“一变独挂”筮法,而提出了“三变皆挂”的新筮法。历史上诸儒所争者,多是其法是否与《系辞》说符合,特别是与“挂一”、“四营”之符合程度如何。其关键则在于“三变皆挂”与“一变独卦”之争。其实,诚然如同黄宗羲所言:“若变者与不变者相均,将扰扰何所适从乎?彼轻改古法以均老少者,其亦未达乎此也。”(见《易学象数论》)

两相比较,“一变独挂”法,无论四十八策、四十四策、四十策、三十六策或三十二策,其得余数四或八之机率都一样。合三变余策(加挂一之策)必为五与四四(和十三),或五与八四(和十七),或五与四八(和十七),或九与四四(和十七),或五与八八(和二十一),或九与四八(和二十一),或九与八四(和二十一),或九与八八(和二十五)。此八种结果,老阳策数三十六、少阳策数二十八、少阴策数三十二、老阴策数二十四,符合八卦乾为老阳、震坎艮为少阳、巽离兑为少阴、坤为老阴之说。

邵雍于《观物外篇》曰：

> 归奇合挂之数有六，谓五与四四也，九与八八也，五与四八也，九与四八也，五与八八也，九与四四也，以应圆数之变六也。

这是将“五与八四”入“五与四八”，“九与八四”入“九与四八”，再看“三变皆挂”法，其二变与三变无“左得三则右必一”，而是“左得三则右必四”，此则和“挂一”策必为八数。“一变独挂”法，三变左右余策之和数皆为三次四策、一次八策。而此“三变皆挂”法，独一变左右余策之和数为三次四策、一次八策，而二变与三变其左右余策之和数皆为二次三数、二次七数，合“挂一”数为二次四数、二次八数。若得八与四数，必是以四揲四十八策、四十四策、四十策、三十六策、三十二策，此则是一变时之所以要“卦一”理由。

先儒有言，阐明《系辞》“易有太极”节的内容是在说“古筮法”。

如，《子夏易传》曰：

> 是故易有太极，太极以生两仪，两仪为阴阳，阴阳相推而生四象，时兴终始，迭变而成八卦。动说离陷，情性之有归也。故相摩而吉凶生焉。治其吉凶而大业成也。

又如，《东坡易传》曰：

> 易有太极，是生两仪，分而为二以象两，则其一不用，太极之象也。“极”者，有物之先也。夫有物必有上下，有上下必有四方，有四方必有四方之间，四方之间立而八卦成矣。于吉凶之域，然后大业可得而见。

又如，《易学象数论》曰：

> 易有太极，是生两仪，所谓一阴一阳者是也。两仪生四象，所谓老阳、老阴、少阳、少阴是也。乾为老阳，坤为老阴，震坎艮为少阳，巽离兑为少阴。三奇者老阳之象，三偶者老阴之象，一奇二偶者少阳之象，一偶二奇者少阴之象，是三画八卦即四象也，故曰八卦成列，象在其中矣。

至清惠栋著《周易述》,则详细阐明之。曰:

是故易有大极 是生两仪

注:大极,大一也。分为天地,故生两仪。仪,匹也。阴阳气交,人生其中,三才具焉。

两仪生四象

注:四象谓分二、挂一、揲四、归奇也。两仪为四象之一,而云生四象者,四象由分二而生也。言四象,故不言挂一、归奇也。

四象生八卦

注:四营而成易,十有八变而成卦,是生八卦而小成也。

八卦定吉凶

注:引信三才,通为六十四卦,触类而长之,阳生则吉,阴杀则凶,定之以吉凶,所以断也。

吉凶生大业

注:一消一息,万物丰殖,富有之谓大业。

"大衍之数五十,其用四十有九",四十九根蓍草取一以象"太极"为"易有太极""，分而为二以象两"为"是生两仪","揲之以四"为"两仪生四象",三变"八卦而小成"为"四象生八卦"。

《易学启蒙》与《周易本义》把《系辞》"易有太极"节内容,解释作孔子阐述伏羲画卦的所谓"加一倍法",并且其中还有所谓的四画、五画"卦",严重违背"因而重之"、"八卦相错"之说,这实实在在是朱熹"太极一理"说的产物。

朱熹为着构建自己理学系统的需要,不惜把《系辞》"易有太极"节所阐述的筮法本义抛弃,反而于《系辞》"大衍之数"一章大做文章。从出土的《帛书周易》内容来看,只有"易有太极"一节,并没有"大衍之数"一章。这就说明在汉文帝的时候,人们所看到的"系辞"还没什么"大衍筮法"。后来朱熹大讲特讲的"三变皆挂"法,其文字根源不会早于汉初,更不能说出于"孔子"了!

考变占第四要点辨诂

初版《易学启蒙》卦变图

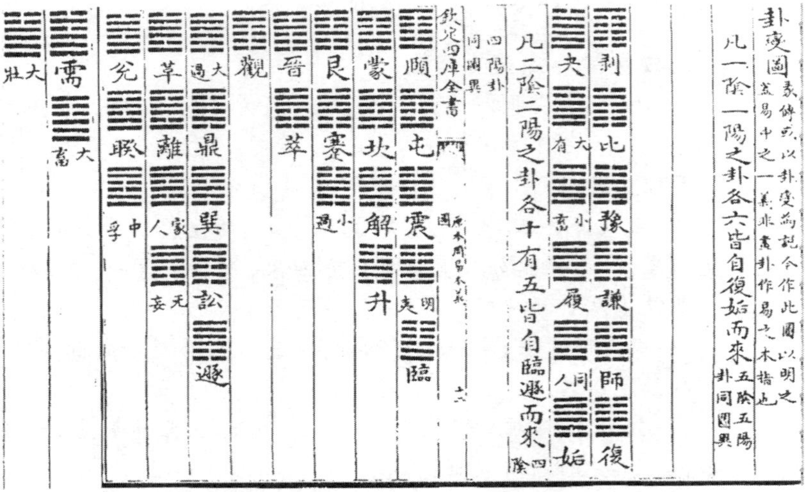

卦變圖彖傳或以卦變為說今作此圖以明之蓋易中之一義非畫卦作易之本指也

凡一陰一陽之卦各六皆自復姤而來 五陰五陽卦同圖異

剥 比 豫 謙 師 復

夬 大有 小畜 履 同人 姤

凡二陰二陽之卦各十有五皆自臨遯而來 四陰四陽卦同圖異

頤 屯 震 明夷 臨

蒙 坎 解 升

艮 蹇 小過

晉 萃

觀

大過 鼎 巽 訟 遯

革 離 家人 无妄

兑 睽 中孚

需 大畜

大壯

朱熹初版易学启蒙卦变图之一

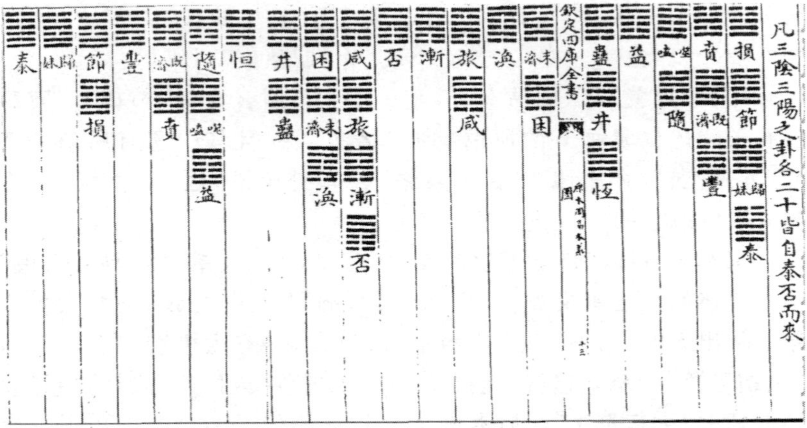

凡三陰三陽之卦各二十皆自泰否而來

損 節 歸妹 泰

賁 既濟 豐

噬嗑 隨

益

蠱 井 恒

未濟 困

渙

旅 咸

漸

否

咸 旅 漸 否

困 未濟 渙

井 蠱

恒

隨 噬嗑 益

既濟 賁

豐

節 損

歸妹

泰

朱熹初版易学启蒙卦变图之二

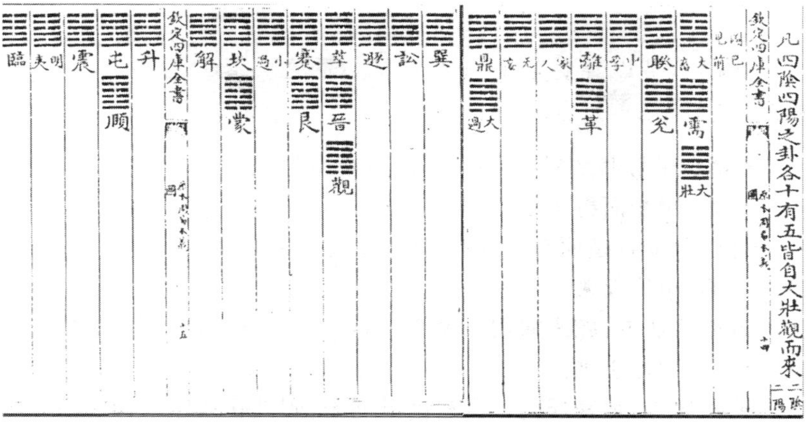

凡四陰四陽之卦各十有五皆自大壯觀而來 二陰二陽圖已見前

欽定四庫全書 原本周易本義 十四

大畜 需 大壯

睽 兌

中孚

離 革

家人

无妄

鼎 大過

巽

訟

遯

萃 晉 觀

蹇 艮

小過

坎 蒙

解

欽定四庫全書 原本周易本義 十五

升

屯 頤

震

明夷

臨

朱熹初版易学启蒙卦变图之三

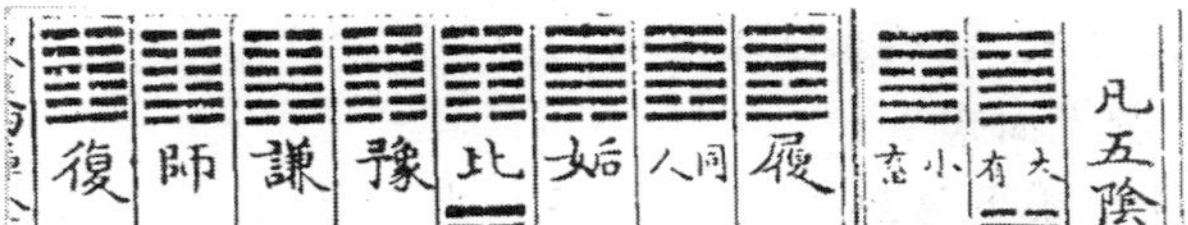

凡五陰五陽之卦各六皆自夬剥而來 一陰一陽圖已見前

大有 夬

小畜

履

同人

姤

比 剥

豫

謙

師

復

欽定四庫全書 原本周易本義 十六

朱熹初版易学启蒙卦变图之四

旧图图说：

《彖传》或以卦变为说，今作此图以明之。盖《易》中之一义，非画卦作《易》之本指也。

《原本周易本义》解"《彖传》或以卦变为说"有如下内容：

1. 讼：刚来而得中也。

且以卦变自遁而来，为刚来居二而当下卦之中。

2. 泰：小往大来。

言坤往居外，乾来居内。又自归妹来，则六往居四，九来居三也。

3. 否：大往小来。

乾往居外，坤来居内。又自渐卦而来，则九往居四，六来居三也。

4. 随 刚来而下柔。

以卦变言之，本自困卦，九来居初，又自噬嗑，九来居五，而自未济来者兼此二变，皆刚来随柔之义。

5. 蛊：刚上而柔下。

或曰刚上柔下为卦变，自贲来者初上二下，自井来者五上上下，自既济来者兼之，亦刚上而柔下。

6. 噬嗑：柔得中而上行。

本自益卦六四之柔，上行以至于五而得其中。

7. 贲：柔来而文刚，故亨。分刚上而文柔，故小利有攸往。

卦自损来者，柔自三来而文二，刚自二上而文三，自既济而来者，柔自上来而文五，刚自五上而文上。

8. 无妄：刚自外来而为主于内。

卦自讼而变，九自二来而居于初，又为震主动，而不妄者也。

9. 大畜：刚上而尚贤。

其卦自需而来，九五而上。以卦体言，六五尊而尚之。

10 咸：柔上而刚下。

或以卦变言柔上刚下之义曰，咸自旅来，柔上居六，刚下居五也，亦通。

11 恒：刚上而柔下。

或以卦变言刚上柔下之义曰，恒自丰来，刚上居二，柔下居初也，亦通。

12. 晋：柔进而上行。

其变自观而来，为六四之柔进而上行以至于五。

13. 睽：柔进而上行。

以卦变言之，则自离来者柔进居三，自中孚来者柔进居五，自家人来者兼之。

14. 蹇：利西南，往得中也。不利东北，其道穷也。

卦自小过而来，阳进则往居五而得中，退则入于艮而不进。

15. 解：利西南，往得众也。其来复吉，乃得中也。有攸往夙吉，往有功也。

其卦自升来，三往居四入于坤体，二居其所而又得中，故利于西南平易之地。若无所往，则宜来复，其所而安静，若尚有所往，则宜早往早，复不可久烦扰也。

16. 升：柔以时升。

卦自解来，柔上居四。

17. 鼎：柔进而上行。

卦自巽来，阴进居五。

18. 渐：进得位，往有功也。进以正，可以正邦也。其位刚得中也。

以卦变释利贞之意，盖此卦之变自涣而来，九进居三，自旅而来，九进居五，皆为得位之正。

19. 涣：亨，刚来而不穷，柔得乎外而上同。

其变则本自渐卦，九来居二而得中，六往居三得九之位，而上同于四。

由此可见，朱熹解说《彖传》十九卦之文义，说讼自遁来、贲自损来、大畜自需来、升自解来、涣自渐来等等，皆本于其所作《卦变图》，而不是以反对卦取义。因而，后来之学者如黄宗羲、江永等皆著书辨其非。黄宗羲对朱熹旧《卦变图》之辨正，可谓明辨无遗。

即便依照朱熹卦变之体例，亦是“朱子之所举者亦有未尽”，又举所未及者，犹见“其说之不能归一”。

江永《河洛精蕴·卦变考》曰：

> 《易》言卦变，《本义》十九卦，今推之得二十二卦。

江永所推者，一本黄宗羲“皆以反对为义者”为说。由此可见，即便宗从朱子《河图》、《洛书》说之江永，亦不能容忍朱子卦变说之舛误。

今把江永以反对说卦变并用以解说《彖传》的有关内容整理归纳如下。

1. 讼“刚来而得中”：讼之反为需，讼之九二即需之九五，自需外卦而来，于内卦得中。讼自遁来，易其二三两爻无意义。

2. 泰“小往大来”：否反为泰。

3. 否“大往小来”：泰反为否。

4. 随“刚来而下柔”：蛊反为随，蛊之上九来为初九，在二阴之下，是刚来随柔也。

5. 蛊“刚上而柔下”：随反为蛊，随之初九自下而上为上九，随之上六自上而下为初六也。随之义在于刚来随柔，故不曰柔上而刚下，蛊则须兼言之。

6. 噬嗑“柔得中而上行”：贲反为噬嗑，贲之六二上行为六五也。

7. 贲“柔来而文刚，故亨。分刚上而文柔，故小利有攸往”：噬嗑反为贲，噬嗑之六五来为六二，以文初三之刚，又分噬嗑之初四、上为上与三，以文四五之柔也。

8. 复“反复其道，七日来复”：剥反为复，复之初九即剥之上九，今来复也，若剥，则不利有攸往矣。

9. 无妄“刚自外来而为主于内”：大畜反为无妄，大畜之上九自外卦来为初九，以为内卦之主也。

10. 大畜“刚上而上贤”：无妄反为大畜，无妄之初九自下而上为上九也。

11. 咸“柔上而刚下”：恒反为咸，恒之初六上为咸之上六，恒之九四下为咸之九三也。

12. 恒"刚上而柔下":咸反为恒,咸之九三上为恒之九四,咸之上六下为恒之初六也。

13. 晋"柔进而上行":明夷反为晋,明夷之六二上行为晋之六五也。

14. 睽"柔进而上行":此惟论五爻之柔,故下云"得中而应乎刚',若三"之柔不论也。家人之反为睽,家人之六二上行为睽之六五也。

15. 蹇"利西南,往得中也。不利东北,其道穷也":解反为蹇,解之九二为蹇之九五而得中也。若解之震今变为艮,则入于东北险阻之地而道穷矣。

16. 解"利西南,往得众也。其来复吉,乃得中也。有攸往夙吉,往有功也":蹇反为解,蹇之九三往为解之九四,得五上二阴爻,是为得众。因蹇卦言利西南,不利东北,以东北艮方为险阻,西南坤方为安平。此解难时避险就平,故以坤方言之。坤固为众,一阳得二阴亦为众也。蹇之九五来为解之九二,是来复乃得中。

17. 损"损上益下,其道上行":益反为损,益之初九上行为损之上九,是损下以益上也。上行,犹言柔进而上行。

18. 益"损上益下,民悦无疆。自下上上,其道大光":损反为益,损之上九自上下下而为益之初九,是损上以益下也。

19. 升"柔以时升":萃反为升,升之坤升而居上也。三爻皆柔,不能独指六四。

20. 鼎"柔进而上行":革反为鼎,革之六二上行为鼎之六五也。

21. 渐"进得位,往有功也。进以正,可以正邦也。其位刚得中也":归妹反为渐,归妹之九二进而为渐之九五,得位又得中也。恐人疑进得位兼六四言之,故又言其位刚得中也,所以别于六四也。

22. 涣"亨,刚来而不穷,柔得位乎外而上同":节反为涣,节之九五来为涣之九二,节之六三为涣之六四,得乎外而上同于九五也。

朱熹《卦变图》"三阴三阳"之卦各二十,皆自"否泰而来"例,《泰》至《否》二十卦之下体之序正是**乾、兑、离、震、巽、坎、艮、坤**之序，《否》至《泰》下体之序则反之，此正是朱熹所谓“先天八卦”之序。而其他例下体之序亦是本“先天八卦”之序安排，只是因卦数限制，或缺首尾或缺中间之卦。

事实上李挺之卦变之法并非“先天卦变”。其六辟卦生卦之法本脱胎于虞翻以十辟卦生卦之法。而邵雍《先天图》所寓“卦之生变”却是自得之学。朱熹不明白《先天图》是由逆爻序卦变之法而得，以李挺之《六十四卦相生图》为蓝本，广为推衍而得《卦变图》。其图仍是以辟卦生卦，虽下体本“先天八卦”之序，然其与邵雍“先天卦变”相去甚远。

《易学启蒙》再版时以三十二幅一卦变六十四卦之图取代此《卦变图》。此举似乎说明朱熹对这样一幅“明《易》中之一义”图并不满意。此《卦变图》，一不可用以释《彖传》刚柔内外往来之说，二有沿袭李挺之之嫌，三多有重出之卦，四不得邵雍“先天卦变”之旨，弃而不用，可谓明智之举。

其实，早在钱一本之前的俞琰就已经看到了这一点。在他的《易外别传》中列有下图：

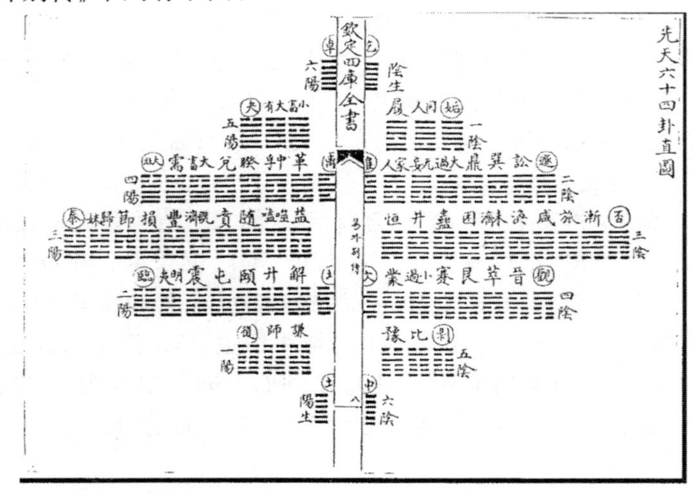

俞琰《易外别传》所列《先天六十四卦直图》

有此一图,则朱熹之《卦变图》及三十二幅变占图皆成赘疣矣。

总之,朱熹《易学启蒙》多有违反易理的地方。特别是初学者一旦入于其中,就很难出于其外。所以初学者最好不要先读此书,最好先读郑玄、王弼、孔颖达、胡瑗、邵雍、黄宗羲、胡渭、尚秉和等人的易学著作,之后方可以读朱熹的《易学启蒙》和《周易本义》。

附录:复审王铁校点易学启蒙三校样意见

一 校点说明

因三校样卷四的三十二幅卦变图已经取反复对称形式,所以最后一句有所改动。

卷一

前面是朱熹的序,接下来方是"易学启蒙一",因而有所改动。序结尾"手记"当另起一行低数格,小一号字并不加标点。

p. 3

六八为足,**正**龟背负之象也,**惟**刘牧意见……

《易学启蒙通释》作:六八为足,龟背负之象也,**案**刘牧意见……

无不若合符契也

《周易折中》作:无不合若符契也

p. 4

不过一阴一阳、**一奇一偶**,以两其五行而已

《周易折中》作:不过一阴一阳,以两其五行而已

p. 6

其生数之在内者,则阳居下左而阴居上右也,**其成数之在外者,则阴居下左而阳居上右也**。洛书之次,其阳数则首北……

《易学启蒙通释》作:其生数之在内者,则阳居下左而阴居上右也。洛书之次,其阳数则首北……

p. 6-7

以一二三四为六七八九者,四象也

《易学启蒙通释》作:以一二三四为**天**,六七八九者,四象也

卷二

p. 8

以类万物之情。**易有太极，是生两仪，两仪生四象，四象生八卦。**大传又言包羲画卦……

《易学启蒙通释》作：以类万物之情。大传又言包牺画卦……

p. 9

太极者，象数未形而其理已具之称，形**器**已具而其理无朕之目

《易学启蒙通释》作：太极者，象数未形而其理已具之称，形**气**已具而其理无朕之目

p. 9

邵子所谓一分而为二者**皆谓此**也

《易学启蒙通释》作：邵子所谓一分而为二者**此之谓**也

p. 9-11

"易有太极"、"是生两仪"等是图的名称，所以不能加句号。

p. 19

《伏羲八卦图》乾补数字"一"，坤补数字"八"。

p. 19-20

三处"《易》"非专指《周易》书言，因此去掉书名号。

卷三

p. 21

即四象太阳居一**含**九之数也

《易学启蒙通释》作：即四象太阳居一**舍**九之数也

p. 28-29

余四八者，四八皆**二，亦围四用半之义也。三变之后，老者阳饶而阴**乏，少者阳少而阴多，亦皆有自然之法象焉。

《易学启蒙通释》作：余四八者，四八皆乏少者，阳少而阴多亦皆有自然之法象焉。

p. 29

老阳老阴之数本皆八，合之得十六，**阴**阳以老为动，阴性本静，以四归于老阳，老阴之数所以四，阳之数所以十二也。

《易学启蒙通释》作：老阳老阴之数本皆八，之得十六，阳以老为动，阴性本静，以四归于老阳，老阴之数所以四，阳之数所以十二也。（无“阴”字是）

p. 29

少阳少阴之数本皆二十四，合之四十八，**阴阳以**少为静，而阳性本动，故以四归于少阴，此少阳之数所以二十，而少阴之数所以二十八也。

《易学启蒙通释》作：少阳少阴之数本皆二十四，合之四十八，少为静，而阳性本动，故以四归于少阴，此少阳之数所以二十，而少阴之数所以二十八也。

p. 29

易用老而不用少，故六十四变所用者十六变，**十六变**又以四约之，阳用其三阴用其一。

《周易折中》作：**阳**用老而不用少，故六十四变所用者十六变，又以四约之，阳用其三，阴用其一。

p. 31

《上、下经》，去掉书名号。

卷四

p. 33

《乾》卦用九、《坤》卦用六，既然申明是“卦”，就不必加书名号。改之。

p. 33

《易》道，去掉书名号。

p. 33-34

“一爻变”至“六爻变”，应该分段。

p. 34

蔡墨**遇**乾之同人

《易学启蒙通释》作：蔡墨**曰**乾之同人

（读《左传》，“曰”字是）

p. 36

同人与师卦变图,“颐”至“明夷”,移下一格是对的。

总之,经王铁先生3月24日复校之后,此排印稿已经很少错误。以上与参校本《易学启蒙通释》对比的数条,需要补作校勘记。

郭彧 2009年4月11日

第九篇 《周易述》辨诂

惠栋(1679—1758),字定宇,号松崖,江苏吴县人。惠栋学问多有家学渊源,自曾祖惠有声、祖父惠周惕、父亲惠士奇至惠栋,四世治经,极力表彰汉易。《周易述》即是一本汇集汉注、发明汉代易学之巨著。今入选北京大学《儒藏》精华编,实在体现了"精华编"之本义。

一 《周易述》的版本及目录

《周易述》的版本,主要有卢见曾雅雨堂刻本、四库全书本、广东学海棠刻本、中华书局四部备要本。

《周易述补》有学海堂刻本和南箐书院本。

是书目录,雅雨堂列有四十卷。《四库全书》列二十三卷,提要曰:

其书主发挥汉儒之学,以荀爽、虞翻为主,而参以郑玄、宋咸、干宝诸家之说,融会其义,自为注而自疏之。其目录凡四十卷,自一卷至二十一卷皆训释经文,二十二卷二十三卷为易微言,皆杂钞经典论易之语,二十四卷至四十卷凡载易大义、易例、易法、易正讹、明堂大道录、禘说六名,皆有录无书。其注疏尚阙下经第四卷及序卦、杂卦两传,盖未完之书。其易微言二卷,亦皆杂录旧说以备参考。他时蒇事,则此为当弃之糟粕,非欲别勒一编,附诸注疏之末,故其文皆未诠次。栋殁之后,其门人过尊师说,并未定残稿而刻之,实非栋本意也。自王弼易行,汉学遂绝,宋元儒者类以意见揣测,去古浸远。中间言象数者又岐为图书之说,其书愈衍愈繁,而未必皆四圣之本旨。故说经之家莫多于《易》与《春秋》,而《易》尤丛杂。栋独一一原本汉儒推阐考证,虽掇拾散佚,未能备睹专门授受之全,要其引据古义具有根柢,视空谈说经者则相去远矣。

虞氏易
周易述
雅雨堂藏板

欽定四庫全書
周易述卷一　元和惠棟撰
周易上經
䷀八純卦象天 消息四月
乾元亨利貞注元始亨通利和貞正也乾初爲道本故
曰元息至二升坤五乾坤交故亨乾六爻二四上匪
正坤六爻初三五匪正乾道變化各正性命保合大
和乃利貞傳曰利貞剛柔正而位當也疏繫上曰大衍之數五
欽定四庫全書　周易述　卷一　一

皇清經解卷三百三十　學海堂
周易述　元和惠徵君棟著
周易上經
䷀八純卦象天 消息四月
乾元亨利貞注元始亨通利和貞正也乾初爲道本故曰元息
至二升坤五乾坤交故亨乾六爻二四上匪正坤六爻初三
五匪正乾道變化各正性命保合大和乃利貞傳曰利貞剛
柔正而位當也疏繫上曰大衍之數五十其用四十有九分而爲二以象兩掛一以象三揲之以四以
象四時歸奇于扐以象閏又繫下曰易有大極是生兩儀兩
儀生四象四象生八卦虞翻注云兩儀乾坤也庖羲幽贊于
神明而生蓍演三才五行而爲大衍之數五十其一大極故
用四十有九蓍之數也大極生兩儀故分而爲二以象兩
又分天象爲三才故掛一以象三揲五行于四時故揲之以
四以象四時乾坤之策當期之日以閏月定四時成歲故歸
奇于扐以象閏所謂兩儀生四象也歸奇而成易十有八變

皇清經解卷三百三十　學海堂
周易述　元和惠徵君棟[illegible]
周易上經
䷀八純卦象天 消息四月
乾元亨利貞注元始亨通利和貞正也乾初爲道本故曰元息
至二升坤五乾坤交故亨乾六爻二四上匪正坤六爻初三
五匪正乾道變化各正性命保合大和乃利貞傳曰利貞剛
柔正而位當也疏繫上曰大衍之數五十其用四十有九分而爲二以象兩掛一以象三揲之以四以
象四時歸奇于扐以象閏又繫下曰易有大極是生兩儀兩
儀生四象四象生八卦虞翻注云兩儀乾坤也庖羲幽贊于
神明而生蓍演三才五行而爲大衍之數五十其一大極故
用四十有九蓍之數也大極生兩儀故分而爲二以象兩
又分天象爲三才故掛一以象三揲五行于四時故揲之以
四以象四時乾坤之策當期之日以閏月定四時成歲故歸
皇清經解卷三百三十　惠徵君周易述　一　庚申補刊

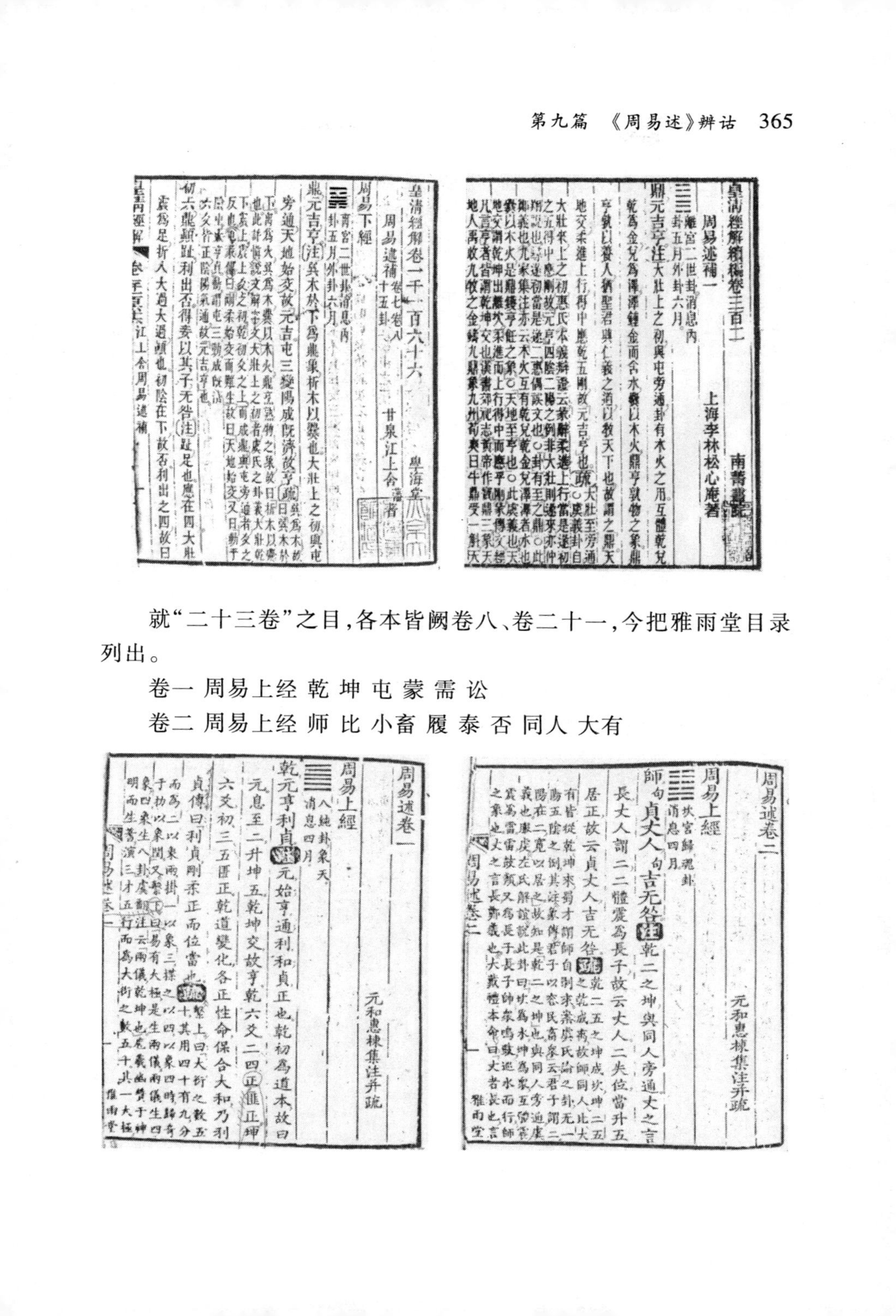

就"二十三卷"之目,各本皆阙卷八、卷二十一,今把雅雨堂目录列出。

卷一 周易上经 乾 坤 屯 蒙 需 讼

卷二 周易上经 师 比 小畜 履 泰 否 同人 大有

卷三 周易上经 谦 豫 随 蛊 临 观 噬嗑 贲
卷四 周易上经 剥 复 无妄 大畜 颐 大过 习坎 离

周易述卷三
元和惠棟集注并疏
周易上經
兌宮五世卦消息十二月
嗛亨【注】乾上九來之坤嗛謙也上九亢龍盈不可久虧之坤三故爲嗛天道下濟故亨虞氏曰彭城蔡景君説剝上來之三君子有終【注】君子謂三艮終萬物故君子有終【疏】乾上至之三○乾上九來之坤虞義也用九之義乾上九當之坤三嗛謙也子夏義也卦名嗛者正以上九一爻亢極失位天道盈而不溢虧之坤三故替以存其位故以嗛名卦盈者嗛之反上之三盈爲嗛在人爲嗛故曰嗛謙也天道下濟故亨虞義也乾爲天道來之坤故下濟以乾通坤故亨蔡景君傳易先師景君
周易述卷三 一 雅雨堂

周易述卷四
元和惠棟集注并疏
周易上經
乾宮五世卦消息九月
剝不利有攸往【注】陰消乾也與夬旁通以柔變剛小人道長上往成坤迷復故不利有攸往【疏】剝本乾也陰消至五成剝故云陰消乾也夬陽決陰剝陰剝陽故與夬旁通柔變剛彖傳文小人道長彖傳文此傳亦云小人長也陰消之卦大往小來不利有攸往謂上也剝上反初爲復剛長故利有攸往坤爲迷上往成坤爲迷復小人道長故不利有攸往也此皆虞義
初六剝牀以足蔑貞凶【注】動成巽巽木爲牀初爲足坤消
周易述卷四 一 雅雨堂

卷五 周易下经 咸 恒 遯 大壮 晋 明夷 家人 睽
卷六 周易下经 蹇 解 损 益 夬 遘 萃 升

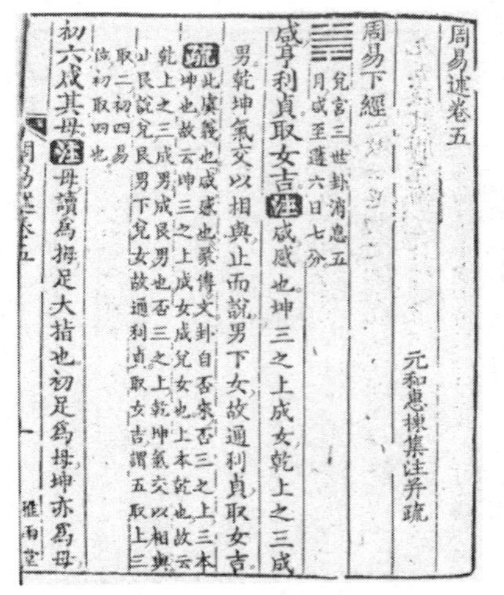
周易述卷五
元和惠棟集注并疏
周易下經
兌宮三世卦消息五月咸至遘六日七分
咸亨利貞取女吉【注】咸感也坤三之上成女乾上之三成男乾坤氣交以相與止而説男下女故通利貞取女吉【疏】此虞義也咸感也彖傳文卦自否來否三之上三本坤也故云坤三之上成女成兌女也上本乾也故云乾上之三成男成艮男也否三之上乾坤氣交以相與止艮説兌艮男下兌女故通利貞取女吉謂五取上三取二初四易位初取四也
初六咸其拇【注】母讀爲拇足大指也初足爲母坤亦爲母
周易述卷五 一 雅雨堂

周易述卷六
元和惠棟集注并疏
周易下經
兌宮四世卦消息十一月
蹇利西南不利東北【注】升二之五或説觀上反三與睽旁通西南謂坤東北艮也二往居坤故利西南卦有兩坎坎爲險下坎在前直艮東北之地故不利東北虞氏謂五在坤中坎爲月月生西南故利西南往得中謂西南得朋也東北謂三也月消于艮喪乙滅癸故不利東北其道窮也則東北喪朋矣利見大人貞吉【注】大人謂五
周易述卷六 一 雅雨堂

卷七 周易下经 困 井 革

周易述卷七

元和惠棟集注并疏

周易下經三

䷮ 坎宮四世卦 消息九月

困亨 注 否上之二剛爲陰弇故困上之二乾坤交故亨傳曰困窮而通也貞大人吉无咎 注 大人謂五在困无應宜靜則无咎故貞大人吉无咎有言不信 注 乾爲信震爲言折入兌故有言不信尚口乃窮也荀氏謂陰從二升上成兌爲有言失中爲不信 疏 否上至通也○卦自否來上九之二二五之剛爲陰所弇故困否天地不變不能通氣上之二乾坤交故亨傳曰困窮而通者繫下文謂陽窮否上變之

雅雨堂

卷九 彖上传

周易述卷九

元和惠棟集注并疏

彖上傳

大哉乾元萬物資始乃統天 注 陽稱大資取統始也大衍之數五十其用四十有九其一元也故六十四卦萬一千五百二十筴皆取始于乾元乾爲天天地之始故乃統天一說統本也筴受始于乾猶萬物之生本乎天雲行雨施品物流形 注 乾二五之坤成坎上坎爲雲下坎爲雨故雲行雨施乾以雲雨流坤之形萬物化成故品物流形大明終始 注 乾爲大明坤二五之乾成離離爲

雅雨堂

卷十 彖下传

周易述卷十

元和惠棟集注并疏

彖下傳

咸感也 注 陰始感陽柔上而剛下二氣感應以相與 注 三之上故柔上上之三故剛下二氣謂乾坤乾坤交而成咸故感應以相與與猶親也止而說男下女是以亨利貞取女吉也 注 止艮說兌艮男兌女男先於女故男下女天地感而萬物化生 注 有天地然後有萬物故天地感而萬物化生聖人感人心而天下和平 注 乾爲聖人初四易位成既濟坎爲心爲平故聖人感人心而天下

雅雨堂

卷十一 象上传

周易述卷十一

元和惠棟集注并疏

象上傳

天行健君子以自強不息 注 消息之卦故曰天行乾健也故曰天行健君子謂三乾健故強天一日一夜過周一度君子非敬日強故自強不息子路問強子曰南方之強與北方之強與抑而強與而強即自強也易備三才至誠無息所以參天地與 疏 剝彖傳曰君子尚消息盈虛天行也乾坤消息之卦故曰天行乾健說卦文以天之運行爲言故不曰乾而曰云健也乾鑿度有一聖二庸三君子之目一聖初九也得正故聖人二庸九二也失正故庸人三君子九三也得正故君子也虞注說卦云精剛自勝動行不休故

雅雨堂

卷十二 象上传

卷十三 象下传

周易述卷十二　元和惠棟集注并疏

象上傳

地中有山嗛君子以捊多益寡稱物平施【注】君子謂三捊取也艮爲多坤爲寡乾爲物爲施坎爲平乾盈益嗛故以捊多益寡稱物平施【疏】此虞義也彖辭君子指三故知君子爲三說文曰捊引取也鄭荀董遇蜀才皆訓爲取故云捊取也俗作裒釋詁曰裒多也裒訓多不得云裒多俗本譌耳上九艮爻艮爲多滿故云多坤陰小故爲寡乾純粹精故爲物陽主施故爲施坎爲水水性平故爲平以乾之上九益嗛故云乾盈益嗛捊艮之多以益坤寡故以捊多益寡稱物平施也

嗛嗛君子卑以自牧也【注】牧養也養成嗛德鳴嗛貞吉中

雅雨堂

周易述卷十三　元和惠棟集注并疏

象下傳

山上有澤咸君子以虛受人【注】君子謂否乾乾爲人坤爲虛艮爲手謂坤虛三受上故以虛受人艮山在地上爲嗛在澤下爲虛【疏】此虞義也乾三爲君子乾上之三故君子謂否乾乾爲人坤爲虛亦謂否乾反坤也受以手故艮爲手三本坤也坤爲虛上之三是虛三受上故以虛受人也嗛咸二卦皆乾上之三嗛指乾上蠲益之義虛指坤三虛受之義故艮山在地下爲嗛在澤下爲虛也

咸其拇志在外也【注】外謂四四失位遠應之四得正故志在外

雖凶居吉順不害也【注】坤爲順爲害二本坤也故順

雅雨堂

卷十四 象下传

卷十五 系辞上传

周易述卷十四　元和惠棟集注并疏

象下傳二

澤无水困【注】水在澤下故无水君子以致命遂志【注】君子謂三伏陽也否坤爲致巽爲命坎爲志三入陰中故致命遂志也【疏】水在至无水○此王弼義也○君子至志也○此虞義也三陽爲君子故君子謂三伏陽三陽入陰中故致命遂志六三既辱且危此君子小人之別也故曰困德之辨也

入于幽谷幽不明也【注】爲陰所弇故不明困于酒食中有慶也【注】陽稱慶中謂五二變應五故中有慶據于蒺藜乘剛也【注】經言蒺傳言乘正名之義入于其宮不見其

雅雨堂

周易述卷十五　元和惠棟集註并疏

繫辭上傳

天尊地卑乾坤定矣卑高以陳貴賤位矣動靜有常剛柔斷矣方以類聚物以羣分吉凶生矣在天成象在地成形變化見矣【注】天地既分乾升坤降故乾坤定矣卑坤高乾也乾二升五坤五降二列貴賤者存乎位故貴賤位矣斷分也乾剛常動坤柔常靜分陰分陽故剛柔斷矣坤爲方西南坤類故以類聚乾爲物物三稱羣乾三爻別于坤故以羣分乾生故吉坤殺故凶則吉凶生矣

雅雨堂

卷十六 系辞上传

卷十七 系辞下传

周易述卷十六
元和惠棟集注并疏
繫辭上傳
大衍之數五十其用四十有九注衍演也合天地之數演
而用之故曰大衍書曰占用二衍貣衍數所以立卦天
地之數五十有五五行也而五爲虛故大衍之數五十
三才也太極元氣函三爲一故一不用其用四十有九
三才五行備焉分而爲二以象兩注太極生兩儀故分
而爲二以象兩掛一以象三注易有三才故掛一以象
三揲之以四以象四時注易說文王推爻四乃術數故
周易述卷十六 一 雅雨堂

周易述卷十七
元和惠棟集注并疏
繫辭下傳
八卦成列象在其中矣注象謂三才成八卦之象乾坤列
東艮兌列南震巽列西坎離在中故八卦成列則象在
其中矣天垂象見吉凶聖人象之是也因而重之爻在
其中矣注謂參重三才爲六爻發揮剛柔則爻在其中
六畫稱爻六爻之動三極之道也剛柔相推變在其中
矣注謂十二消息九六相變剛柔相推而生變化故變
在其中矣繫辭焉而明之動在其中矣注謂繫彖象九
周易述卷十七 一 雅雨堂

卷十八 系辞下传

卷十九 文言传

周易述卷十八
元和惠棟集注并疏
繫辭下傳
子曰乾坤其易之門邪注陰陽相易出入乾坤故曰門乾
陽物也坤陰物也注陽物天陰物地陰陽合德而剛柔
有體注合德謂天地雜保太和日月戰乾剛以體天坤
柔以體地以體天地之撰以通神明之德注撰數也天
地之數五十有五演之爲五十用之爲四十九蓍者幽
贊于神明而生故以體天地之撰以通神明之德其稱
名也雜而不越注名謂卦名陰陽雖錯而卦象各有次
周易述卷十八 一 雅雨堂

周易述卷十九
元和惠棟集註并疏
文言傳注文言乾坤卦爻辭也文王所制故謂之文言孔
子爲之傳疏文言一篇皆夫子所釋乾坤二卦卦爻辭之義故云卦文辭也梁武帝云文言是文
王所制案元者善之長也一節穆姜引之在孔子前
故以爲文王所制然則初九以下著答問而稱子曰
亦文王所制即是知文言者指卦爻辭也以卦爻辭爲
文王制故謂之文言孔子爲之傳故謂之文言傳乃十
翼之一也
元者善之長也注乾爲善始息于子故曰善之長外傳曰
震雷長也故曰元亨者嘉之會也注以陽通陰義同昏
冓故曰嘉之會利者義之和也注陰陽相和各得其宜
周易述卷十九 一 雅雨堂

卷二十 说卦传

卷二十二 易微言上

周易述卷二十　　元和惠棟集註并疏

說卦傳

昔者聖人之作易也【注】聖人謂庖犧幽贊於神明而生蓍【注】幽陰贊助也乾爲神明爲蓍謂乾伏坤初聖人作易探嘖索隱鉤深致遠无有遠近幽深遂知來物是幽贊於神明而生蓍也參天兩地而倚數【注】參三倚立也謂分天象爲三才以地兩之立六畫之數故倚數也觀變於陰陽而立卦【注】謂立天之道曰陰與陽乾坤剛柔立本者卦謂六爻陽變成震坎艮陰變成巽离兌故立卦

周易述卷二十　一　雅雨堂

周易述卷二十二　　元和惠

易微言上

元

易上經曰乾元亨利貞述曰元始也乾初爲道本故曰元六爻發揮旁通于坤故亨利貞者六爻皆正成既濟定也彖傳曰大哉乾元萬物資始乃統天述云資取統本也大衍之數五十其用四十有九其一元也故六十四卦萬一千五百二十筴皆取始于乾元筴取始于乾猶萬物之生本乎天

周易述卷二十二　一　雅雨堂

卷二十三 易微言下

周易述卷二十三　　元和惠棟

易微言下

道

繫上曰一陰一陽之謂道

越紐錄范子曰道者天地先生不知老曲成萬物不名巧故謂之道道生氣氣生陰陰生陽陽生天地天地立然後寒暑燥濕日月星辰四時而萬物備術者天意也

淮南天文曰道曰規始于一一而不生故分而爲陰陽陰陽合和而萬物生

周易述卷二十三　一　雅雨堂

就内容而言,虽雅雨堂刻本最早,然其讹误不少。如卷一乾卦:

乾

乾六爻二四正匪正。当作:乾六爻二四上匪正。

系下曰易有太极。当作:系上曰易有太极。

虽《四库全书》有多人校正,然其脱文最多。如卷二十三"易微言下",最后内容为:

纯

文言曰大哉乾乎刚健中正纯粹精也

中庸曰诗曰维天之命于穆不已盖曰天之所以为天

也于乎不显文王之德之纯盖曰文王之所以为文也

纯亦不已朱子曰纯纯一不杂也

雅雨堂刻本则于"朱子曰纯纯一不杂也"后面,还有"郑语史伯曰"至"庄子刻意曰纯也者谓其不亏其神也"二百七十九字。除此之外,雅雨堂刻本还有"辨字精义"、"易简"、"易"、"性命"、"性反之辨"、"三才"、"才"、"情"、"积"、"天地尚积"、"圣学尚积"、"王者尚积"、"孟子言积善"、"三五"、"乾元用九天下治义"、"大"、"理"、"人心道心附"、"生安之学附"、"精一之辨附"等论述专题。

二 《周易述》校点稿通审札记

是书校点稿先后有过三次初审,之所以多次初审,是由于起先采用四库本为底本,而后北京大学《儒藏》编纂与研究中心因为四库本内容不全,要求改用雅雨堂刻本作校点底本,同时要求附录江藩、李林松《周易述补》。自 2008 年 2 月 20 日开始初审,至 2010 年 12 月 15 日方进行通审工作。

周易述校点稿通审札记(序与《易经》部分)

序

按通例,序文末署名句不加标点。如"乾隆戊寅八月下浣德州卢见曾书。",应该去掉句号。余"谨识。"、"又识。",皆当去掉末尾之句号。

以下仅记各卷改正之主要内容。

卷一

周易上经

乾

p. 8

(红色数码)

1. 二处"《传》曰",通例单一"经"与"传"字,皆不加书名号,全书一律改作"传曰"。

2. "四营而成《易》",揲筮成卦,非成《易》书,改作"四营而成易"。

p. 10

1. "其称《易》孟,氏,古文也",改作:"其称《易》,孟氏古文也"。

2. "四本阴位,故非。上跃居五者",改作"四本阴位,故非上跃居五者"。

p. 11

1. 而称利见大人者、皆云利见大人,改作:而称"利见大人"者、皆云"利见大人"。

2. "故系于九五冠。《礼记》曰",改作"故系于九五。《冠礼》记曰"。

3. "此九家义也",改作"此《九家》义也"。《九家》乃《九家易》之简称。全书应该一律改"九家"作"《九家》"。

4. 《系下》曰:"易穷则变,穷不知变,犹言知进而不知退也,故有悔。"

改作:《系下》曰"易穷则变",穷不知变,犹言"知进而不知退"也,故"有悔"。

5. "坤阴消之,卦起遘终乾,万物成熟",改作"坤,阴消之卦,起遘终乾,万物成熟"。

6. 故发挥于刚柔而生爻,立地之道曰柔与刚,刚柔地道,改作:故“发挥于刚柔而生爻”,“立地之道曰柔与刚”,刚柔地道。

7. 故曰群龙,改作:故曰“群龙”。云:“见者居其位”,改作:云:“见者,居其位。”

8. 即用九见群龙之义也,改作:即用九“见群龙”之义也。

9. 张竦曰:“德无首者褒不检。”义与此同。改作:张竦曰“德无首者,褒不检”,义与此同。

10. 乐出于《易》,《易》之乾坤十二爻即乐之十二律也。《周语》伶州鸠论六律六吕之义曰:“为之六间,以扬沈伏,而黜散越也。元间,大吕,助宣物也。”韦昭注云:“六间,六吕在阳律之间。吕,阴律,所以侣间阳律,成其功。十二月,大吕,坤六四也。元,一也。阴系于阳,以黄钟为主,故曰元间,以阳为首。不名其初,臣归功于上之义也。”是言阴无首以阳为首,与用九之义同也。

改作:

《乐》出于《易》,《易》之乾坤十二爻,即《乐》之十二律也。《周语》伶州鸠论六律六吕之义曰:“为之六间,以扬沈伏,而黜散越也。元间大吕,助宣物也。”韦昭注云:“六间,六吕在阳律之间。吕阴律,所以侣间阳律成其功。十二月大吕,坤六四也。元一也。阴系于阳,以黄钟为主,故曰元。间以阳为首。不名其初,臣归功于上议也。”

坤

p. 12

1. 虞氏说此经以纳甲,云此易道阴阳消息大要也。谓阳月三日变而成震出庚,至月八日成兑见丁,庚西丁南,故西南得朋。谓二阳为朋,故兑君子以朋友讲习。象曰“乃与类行。”

改作:

虞氏说此经,以纳甲云:“此易道阴阳消息大要也。谓阳月三日,变而成震出庚,至月八日成兑见丁。庚西丁南,故‘西南得朋’。谓二阳为朋,故兑‘君子以朋友讲习’,象曰‘乃与类行’。”(《周易集解》虞翻曰:“此指说易道阴阳消息之大要也。谓阳月三日,变而成震,出庚。至月八日成兑,见丁。庚西丁南,故‘西南得朋’。谓二阳为朋,故兑‘君子以朋友讲习’,《文言》曰‘敬义立而德不孤’,《象》曰‘乃与类行’。”)

2. 九家《说卦》文。改作:《九家·说卦》文。(全书统改)

3. 传曰:“柔顺利贞”,故利牝马之贞也。

改作:传曰:“柔顺利贞,故‘利牝马之贞’也。”

p. 13

1. 校勘记①“故”,库本亦作“故”,据注文应为“丧”。

改“故”作“丧”。改校勘记:①“丧”,原作“故”,四库本同,据注文改。

2. 是消剥为迷复,先迷之象也。改作:是消剥为“迷复”、“先迷”之象也。

3. 故后得主,乃利也。改作:故“后得主”乃“利”也。

4 剥穷上反下为复,故反剥。改作:剥穷,上反下为复,故反剥。

5. 郑氏说《易》专用爻辰十二律,取法于此焉。改作:郑氏说《易》专用爻辰,十二律取法于此焉。

p. 14

1. 故文言曰:“盖言顺也,君子疾其末则正其本”。改作:故文言曰“盖言顺也”,君子疾其末则正其本。

2.《春秋传》者,哀十年传文。改作:“春秋传”者,“哀十年”传文。(疏前注文“《春秋传》曰”。)

3. 习吉犹重吉也。《士丧礼》曰:“筮者三人。”《公羊传》曰:“求吉之道三。”故经有初筮、原筮之文。

改作:

习吉,犹重吉也。《士丧礼》曰:“筮者三人。”《公羊传》曰:“求吉之道

三。”故经有“初筮”、“原筮”之文。

p. 15

1.《说卦》曰:“乾为君。”又曰:“乾以君之,故乾为王,坤致役,故为事。”

改作：

《说卦》曰“乾为君”，又曰“乾以君之”，故乾为王。坤“致役”，故为事。

2.《坤·文言》曰：“天地闭，贤人隐。”虞彼注云：“谓四。”泰反成否，故贤人隐否。艮为手，巽为绳，直故为绳，以手持绳括絜囊口，故曰括囊。四近五，故多咎。五休否，系于包桑，四居阴得位，上承九五，存不忘亡，故无咎也。《系下》云：“二与四同功，二多誉，四多惧。”今在四，故无誉也。

改作：

《坤·文言》曰：“天地闭，贤人隐。”虞彼注云谓四，泰反成否，故“贤人隐”。否，艮为手，巽为绳直，故为绳，以手持绳，括絜囊口，故曰“括囊”。四近五，故多咎。五“休否”、“系于包桑”，四居阴得位，上承九五，存不忘亡，故“无咎”也。《系下》云“二与四同功”、“二多誉，四多惧”，今在四，故“无誉”也。（《周易集解》虞翻曰：“括，结也。谓泰反成否。坤为囊，艮为手，巽为绳，故括囊在外多咎也。得位承五，系于包桑，故无咎。阴在二多誉，而远在四，故无誉。”）

3. 九家《说卦》曰：“乾为衣，坤为裳。”黄，中之色；裳，下之饰。昭十二年《春秋传》文。九家《说卦》曰：“坤为黄。”《文言》曰：“天玄而地黄。”案：坤为土，《月令》曰：“中央土。”《郊特牲》曰：“黄者，中也。”故云黄中之色。经凡言黄者，皆谓阴爻居中也。毛苌《诗传》曰：“上曰衣，下曰裳。”故云“裳下之饰”。五居下中，故取象于黄裳也。降二承乾，阴阳位正，故元吉，谓承阳之吉也。

改作：

《九家·说卦》曰“乾为衣，坤为裳”，“黄中之色，裳下之饰”，昭十二年《春秋传》文。《九家·说卦》曰：“坤为黄。”《文言》曰：“天玄而地黄。”案：坤为土，《月令》曰“中央土”。《郊特牲》曰“黄者，中也”，故云“黄中之色”。经凡言黄者，皆谓阴爻居中也。毛苌《诗传》曰“上曰衣，下曰裳”，故云“裳下之饰”。五居下中，故取象于“黄裳”也。降二承乾，阴阳位正，故“元吉”谓承阳之吉也。

4.《说卦》战乎乾，谓阴阳相薄也。改作：《说卦》“战乎乾”，谓“阴阳相薄”也。

5.《文言》曰：“犹未离其类也”，故称血焉。改作：《文言》曰：“犹未离其类也，故称血焉。”

6.《乾凿度》曰：“乾坤气合戌亥。”故曰合居。改作：《乾凿度》曰“乾坤气合戌亥”，故曰合居。

7.《礼》“易生人”，曰：“偶以承奇。”《易》家用九用六，即律家合辰合声之法也。

改作：

《礼》“易生人”曰：“偶以承奇。”《易》家用九、用六，即律家合辰、合声之法也。（汉戴德《大戴礼记·易本命》：“天一，地二，人三，三三而九，九九八十一，一主日，日数十，故人十月而生，八九七十二，偶以承奇。”）

屯

p.16

1.“古诸侯不世贤则建之，二之初，故云建”。改作：“古诸侯不世，贤则建之。二之初，故云建”。

2.“颐、小过，晋四之初，上之三也”，晋卦上九与六三互换成小过卦。四库本“上之三”误作“上之二”。底本不误，参校本误者不出校勘记。回改“二”作“三”，并删除原校勘记：“②‘二’，原误作‘三’，今据四库本改。”

3.师二升五，成比。噬嗑上之三，折狱成丰。贲初之四，进退无恒，而成旅。皆据传为说，故亦从两象易之例。

改作：

师二升五成比；噬嗑上之三，“折狱”成丰；贲初之四，“进退无恒”而成旅，皆据传为说，故亦从两象易之例。

p.17

1.《逸礼·王度记》曰：“诸侯封不过百里，象雷震百里。”故震为侯。初正应四，建侯则贵，得正得民，故往吉，无不利矣，谓初往也。

改作：

《逸礼·王度记》曰“诸侯封不过百里，象雷震百里”，故震为侯。初正应四，建侯则贵得正得民，故“往吉，无不利矣”，谓初往也。

2.《礼运》孔子曰：“大道之行也，天下为公，选贤与能。”天下为公，如二升五之类也。选贤与能，如利建侯之类也。是说古侯不世贤则建之之义也。

改作：

《礼运》孔子曰：“大道之行也，天下为公，选贤与能。”“天下为公”，如二升五之类也。“选贤与能”，如利建侯之类也。是说古“侯不世，贤则建之”之义也。（前注云：“古诸侯不世，贤则建之。”）

p. 18

1. 阴阳相求，有昏冓之道。二、四、上阴爻，故皆言乘马。虞氏亦谓二乘初，故曰乘马也。郑《箴膏肓》曰：“天子以至大夫皆有留车反马之礼。”又云：“《士昏礼》云：‘主人爵弁，纁裳，缁衣。乘车，从车二乘，妇车亦如之。’此妇车出于夫家，则士妻始嫁乘夫家之车也。”

改作：

阴阳相求，有昏冓之道。二、四、上阴爻，故皆言“乘马”。虞氏亦谓“二乘初，故曰乘马也”。郑《箴膏肓》曰：天子以至大夫“皆有留车反马之礼。”又云：“《士昏礼》云‘主人爵弁，纁裳缁衣。乘车，从车二乘。妇车亦如之’，此妇车出于夫家，则士妻始嫁，乘夫家之车也。”

（郑玄《箴膏肓》曰：“《礼》虽散亡，以《诗》之义论之，大夫以上，其嫁皆有留车反马之礼。留车，妻之道也。”又曰：“《士昏礼》云‘主人爵弁，纁裳缁袘。从者毕玄，端乘墨车，从车二乘，执烛前马。妇车亦如之有裧’，此妇车出于夫家，则士妻始嫁，乘夫家之车也。”）

2. 但二与初非昏因之正，故云“屯如亶，如乘马驙如”。改作：但二与初非昏因之正，故云“屯如亶如，乘马驙如”。

3.《说卦》云：“坎为盗，故为寇。”改作：《说卦》云“坎为盗”，故为寇。

4. 虞氏曰：“三动反正，故十年乃字，谓成既济定。”是也。

改作：

虞氏曰“三动反正，故十年乃字，谓成既济定”，是也。

(《周易集解》虞翻曰：匪，非也。寇谓五。坎为寇盗，应在坎，故“匪寇”。阴阳德正，故“婚媾”。字，妊娠也。三失位，变复体离。离为女子，为大腹，故称“字”。今失位为坤，离象不见，故“女子贞不字”。坤数十，三动反正，离女大腹，故十年反常乃字。谓成既济定也。”)

5.《仪礼·乡饮酒礼》曰：“众宾序升即席。”《王制》“必即天伦”郑氏皆训为“就”。故云“即，就也。”

改作：

《仪礼·乡饮酒礼》曰“众宾序升即席”，《王制》“必即天伦”，郑氏皆训为“就”。故云“即，就也”。

6.《周礼·地官》有山虞，掌山林之政令，及弊田，植虞旗于中，致禽而珥焉。

改作：

《周礼·地官》有“山虞掌山林之政令”、“及弊田植虞旗于中，致禽而珥焉”。

(王安石《周官新义》：“山虞掌山林之政令”、“若大田猎，则莱山田之野，及弊田植虞旗于中，致禽而珥焉”。)

p.19

1.机一作几，郑本作机，云：“弩也。”故曰“机，虞机”。荀氏曰：“震为动，故为机”。《缁衣》引《逸书·太甲》曰：“若虞机张往，省括于厥度则释。”郑彼注云：“虞人之射禽，弩已张，从机间视括与所射，参相得乃后释。”

改作：

机，一作几。郑本作机，云“弩也”，故曰“机，虞机”。荀氏曰：“震为动，故为机。”《缁衣》引《逸书·太甲》曰：“若虞机张，往省括于厥度，则释。”郑彼注云：“虞人之射禽，弩已张，从机间视括与所射，参相得乃后释。”

2. 昏礼，男先于女，初以贵下贱，故云求，初求四也。

改作：

《昏礼》“男先于女”，初“以贵下贱”，故云“求”，初求四也。

3. 许慎《五经异义》曰：“《春秋公羊》说云，自天子至庶人，娶皆亲迎，所以重昏礼也。”《礼》戴记天子亲迎。初求四，行亲迎之礼，故往吉，无不利也。

改作：

许慎《五经异义》曰：“《春秋》公羊说云‘自天子至庶人，娶皆亲迎’，所以重昏礼也。”《礼》戴说：“天子亲迎。”初求四，行亲迎之礼，故“往吉，无不利”也。

回改“记”字作原“说”字。删除校勘记：(1)“记”，原误作“说”，今据四库本改。

（郑玄《驳五经异义》：《异义》“《春秋》公羊说‘自天子至庶人，娶皆当亲迎’，所以重婚礼也。《礼》戴说‘天子亲迎’”。）

4.《曲礼》曰：“毋固获。”郑注云：“欲专之曰固。”是也。卦之所以名屯者以二五，二贞不字，五屯其膏，皆有规固之义，故云屯者固也。坎雨称膏，虞义也。又虞引《诗》曰：“阴雨膏之。”膏者膏润，雨以润之，故称膏也。

改作：

《曲礼》曰：“毋固获。”郑注云“欲专之曰固”，是也。卦之所以名“屯”者，以二五，二“贞不字”，五“屯其膏”，皆有规固之义，故云“屯者固也”。坎雨称“膏”，虞义也。又虞引《诗》曰：“阴雨膏之。”膏者，膏润。“雨以润之”，故称“膏”也。

5.《说卦》“震坎皆有马象。”故皆云乘马也。上不应三，而乘五马，故云非昏因之正。桓宽《盐铁论》曰：“小人先合而后忤，初虽乘马，后必泣血。”是其义也。《说文》曰：“連泣下也。”“离为目”以下，九家义也。虞氏曰：“三变时离为目，坎为血，震为出。”血流出目，故泣血連。如义略同也。

改作：

《说卦》震坎皆有马象，故皆云“乘马”也。上不应三，而乘五马，故云“非昏因之正”。桓宽《盐铁论》曰“小人先合而后忤,初虽乘马,后必泣血”,是其义也。《说文》曰:“湛,泣下也。”“离为目”以下,《九家》义也。虞氏曰“三变时,离为目,坎为血,震为出。血流出目,故泣血湛如”,义略同也。

(《周易集解》虞翻曰:谓三变时,离为目。坎为血,震为出。血流出目,故“泣血涟如”。柔乘于刚,故不可长也。)

蒙

p. 20

1.《周书·谥法》曰:“经纬天地曰文。”是也。改作:《周书·谥法》曰“经纬天地曰文”,是也。

2.《周礼·小司徒》云:“五旅为师。”与《易·师卦》同义。改作:《周礼·小司徒》云“五旅为师”,与《易》师卦同义。

p. 21

1.故曰初发。成兑,二阳为兑也。改作:故曰“初发成兑”,二阳为兑也。

2.故五童蒙。吉,包蒙之象也。改作:故五“童蒙吉”,包蒙之象也。

3.故纳妇吉。子克家,妇谓二,子谓五也。改作:故“纳妇吉,子克家”,“妇”谓二,“子”谓五也。

4.《杂卦》曰:“兑见。”虞注云:“兑阳息二,故兑为见。阳称金者,兑之阳爻称金也。”

改作:

《杂卦》曰“兑见”,虞注云“兑阳息二,故兑为见”。“阳称金者”,兑之阳爻称金也。(《周易集解·杂卦》:“兑阳息二,故见。”)

需

p. 22

1.卦气需,当惊蛰。《太玄》:“准为耎。”改作:卦气,需当惊蛰,《太玄》准为“耎。”

2.《说卦》曰:“坎为沟渎。”《考工记·匠人》为沟洫专达于川,故坎为大川。

改作：

《说卦》曰坎“为沟渎”，《考工记》“匠人为沟洫”、“专达于川”，故坎为“大川。”（《考工记》有“匠人为沟洫”、“专达于川”之文。）

p. 23

1. 上六不速之客，三人谓乾三爻也。改作：上六“不速之客三人”，谓乾三爻也。

2. 虞注九二曰：四之五，震象半见。故初变体恒，需时当升，初居四，得位承五，故无咎。

改作：

虞注九二曰“四之五，震象半见”，故初变体恒，需时当升，初居四，得位承五，故“无咎”。

（《周易集解》虞翻曰：四之五，震象半见，故“小有言”。）

p. 24

1. 坎为水泥，水旁之地。改作：坎为水，泥，水旁之地。

2.《说卦》曰：“坎为血卦，故为血。”改作：《说卦》曰坎“为血卦”，故为血。

3. 需者饮食之道，《序卦》文。改作：“需者饮食之道”，《序卦》文。

4. 以需有饮食之道，故知坎在需家为酒食也。需，须也，酒食者享食之礼也。礼，速客之辞曰：主人须矣。故知需于酒食为五需二也。

改作：

以需有“饮食之道”，故知“坎在需家为酒食”也。需，须也。酒食者，享食之礼也。“礼速客之辞曰主人须矣”，故知需于酒食为五需二也。

（宋项安世《周易玩辞》：“需者饮食之会也，在礼速客之辞曰主人须矣。”）

讼

p. 26

1. 坎为隐伏,《说卦》文。改作:坎“为隐伏”,《说卦》文。

2. 卦惟九五,一爻中正,是听讼得其中正者,故元吉。

改作:卦惟九五一爻中正,是听讼得其中正者,故“元吉”。

p. 27

1. “二四”至“爻耳”○此荀义也。二与四争,争三公之服,故云二四争三。三与二比,故取之有缘,以三公之服而锡二之大夫,故云于义疑矣。在讼家,故云争竞之世,以大夫而受三公之服,非其分,故云分理未明,或以锡之,或之者,疑之也。《尚书大传》曰:“岁之朝,月之朝,日之朝,则后王受之。”郑彼注云:“自正月尽四月为岁之朝,上旬为月之朝,平旦至食时为日之朝,故终朝为君道明。”《春秋元命包》曰:“阳成于三。”故云三者阳功成也。拕,夺,郑义也。四为诸侯,诸侯入为三公,宜服三公之服,故君明道盛刚夺二与四,阳道方长故三拕之也。鞶带,大带,服以祭者,故曰宗庙之服。五拕二,服不发于二、五爻者,以上兴三应,三体巽,巽为要带,上为宗庙,故发义于宗庙。

改作:

“二四”至“爻耳”○此荀义也。二与四争,争三公之服,故云“二四争三”。三与二比,故“取之有缘”。以三公之服而锡二之大夫,故云“于义疑矣”。在讼家,故云“争竞之世”。以大夫而受三公之服,非其分,故云“分理未明”。“或以锡之”,或之者,疑之也。《尚书大传》曰:“岁之朝,月之朝,日之朝,则后王受之。”郑彼注云“自正月尽四月为岁之朝,上旬为月之朝,平旦至食时为日之朝”,故终朝为“君道明”。《春秋元命包》曰“阳成于三”,故云“三者阳功成也”。拕,夺,郑义也。四为诸侯,诸侯入为三公,宜服三公之服,故“君明道盛刚夺二与四”。阳道方长,故“三拕之”也。鞶带,大带,服以祭者,故曰“宗庙之服”。五拕二,服不发于二、五爻者,以上兴三应,三体巽,巽为要带,“上为宗庙”,故“发义于”宗庙。(此皆疏前注文,应该标点明白。)

卷二

师

p. 28

1. 注坤为尸，坎为车，多眚。同人、离为戈兵、为折首，失位乘刚无应，尸在车上，故车尸，凶。一说：尸，主也。坤、坎皆有舆象，师以舆为主也。

改作：

注坤为尸，坎为车多眚。《同人》离为戈兵、为折首。失位、乘刚、无应。尸在车上，故车尸凶。一说尸，主也。坤、坎皆有舆象，师以舆为主也。（《同人》内卦为离）

p. 29

1. 二为大夫，五降，二承五，故曰承家。改作：二为大夫，五降二，承五，故曰"承家"。

2. 小人谓三与初者，但二之三，锡以四二，四为国而二为家也。五之执言，以三，初、三无功而初失律也。改作：小人谓三与初者，但二之三锡以四二，四为国而二为家也。五之"执言"以三初，三无功而初失律也。

比

p. 30

1.《周官·大司马》："建太常比军众，诛后至者。"盖三代之法欤。改作：《周官》大司马"建太常比军众，诛后至者"，盖三代之法欤？

p. 31

1. 三驱谓驱下，三阴不及于初，故失前禽。改作："三驱"谓驱下三阴，不及于初，故"失前禽"。

p. 32

1. 坤六三不云匪人者，坤用六三之上终乾事，故不与比否同也。改作：坤六三不云"匪人"者，坤用六，三之上，终乾事，故不与比、否同也。

2.《说文》“㬎”字下云:“案,微杪也。从日中视丝,古文以为显字。”卦自下升,微而之显,显从日,离为日,日中视丝。案见微杪,故九五称显比。《系上》曰:“显诸仁,亦谓重离也。”

改作:

《说文》“㬎”字下云:“案,微杪也。从日中视丝,古文以为显字。”卦自下升,微而之显。显从日,离为日。日中视丝,案见“微杪”,故九五称“显比”。《系上》曰“显诸仁”,亦谓重离也。

p. 32

小畜

1. 阴称小畜,敛聚也。改作:阴称小,畜,敛聚也。

p. 33

1. 需坎为云,改作:《需》坎为云,(《需》外卦为坎)

2. 京房《易传》曰:“小畜之义,在于六四,阴不能固,三连同进。传曰‘密云不雨,尚往也’。”陆绩谓“一阴劣,不能固阳,是以往也”。

改作:

《京房易传》曰“小畜之义,在于六四,阴不能固,三连同往”,传曰“密云不雨,尚往也”,陆绩谓“一阴劣,不能固阳,是以往也”。

陆绩注解“往”字意,因此据《京氏易传》改“进”作“往”。添加校勘记:

① “往”,原作“进”,四库本同,据《京氏易传》改。

(四库本《京氏易传》:“小畜之义,在于六四。三阳连进,于一危也……阴不能固,退复本位,三连同往,而不可见,成于畜义,外象明矣。”陆绩注:“一阴劣,不能固阳,是以往也。”)

3. 四顺,故称妇得位,故言贞。改作:四顺故称妇,得位故言贞。

p. 34

1. 两象易者,本诸《系辞》下传。大壮、大过、夬三,盖取与无妄、中孚、履。两象易,此汉法也。

改作:

两象易者,本诸《系辞下》传。大壮、大过、夬三“盖取”,与无妄、中孚、履两象易。此汉法也。

(《系辞下》:上古穴居而野处,后世圣人易之以宫室,上栋下宇,以待风雨,**盖取**诸大壮;古之葬者,厚衣之以薪,葬之中野,不封不树,丧期无数,后世圣人易之以棺椁,**盖取**诸大过;上古结绳而治,后世圣人易之以书契,百官以治,万民以察,**盖取**诸夬。)

2.《晋语》曰:"震一夫之行,故为夫。震为反生,故为反。巽妇为妻,四体离为目,豫震为夫,小畜巽为妻,故同在四。豫变为小畜,故离火动上,又在四,故目象不正。巽多白眼,《说卦》文。虞氏谓巽为白,离目上向,故多白眼。经曰反目,反目为眅,《说文》曰:"多白眼也。"

改作:

《晋语》曰"震一夫之行",故为夫。震为反生,故为反。巽妇为妻,四体离为目,《豫》震为夫,小畜巽为妻,故同在四。豫变为小畜,故"离火动上",又在四,故"目象不正"。巽"多白眼",《说卦》文。虞氏谓:"巽为白,离目上向,故多白眼。"经曰"反目",反目为眅,《说文》曰"多白眼也"。

3.彼注云:"财爻与人同,制之爻故以聚人,"《火珠林》:"巽属木,六四辛未土,巽之财也。"故云以四阴作财,与下三阳共之为富,以其邻也。

改作:

彼注云"财爻与人同制之爻,故以聚人",《火珠林》"巽属木,六四辛未土,巽之财也",故云"以四阴作财,与下三阳共之",为"富以其邻"也。

4.以巽畜乾,至上而成,故云畜道已成。昔之不雨者,既雨矣;昔之尚往者,既处矣;昔之说輹者,得载矣。上言妇,三言妻,皆指四。《白虎通》曰:"妻者,齐也,与夫齐体。妇者,服也。"服有顺义。《昏义》曰:"明妇顺。"故四顺称妇也。四得位,故言贞。上变体坎,坎成巽坏,故妇贞厉。盖一阴畜众阳,虽正亦危也。

改作:

以巽畜乾,至上而成,故云"畜道已成"。昔之"不雨"者"既雨"

矣,昔之"尚往"者"既处"矣,昔之"说輹"者"得载"矣。上言"妇",三言"妻",皆指四。《白虎通》曰:"妻者,齐也,与夫齐体。妇者,服也。"服有顺义,《昏义》曰"明妇顺",故"四顺称妇"也。四得位,"故言贞"。上变体坎,"坎成巽坏,故妇贞厉"。盖一阴畜众阳,虽正亦危也。

履

p.35

1.虞氏据旁通,谓嗛坤为虎,今不用也。改作:虞氏据旁通,谓《嗛》坤为虎,今不用也。(《嗛》外卦为坤)

2.《序卦》曰:"履者,礼也。"《荀子·大略》曰:"礼者,人之所履也。失所履,则颠蹷陷溺。所失微而其为乱大者,礼。"是以取义于虎尾也。

改作:《序卦》曰"履者,礼也",《荀子·大略》曰:"礼者,人之所履也。失所履,则颠蹷陷溺。所失微而其为乱大者,礼",是以取义于"虎尾"也。

(《荀子·大略》原文:"礼者,人之所履也。失所履,则颠蹷陷溺。所失微而其为乱大者,礼也。礼之于正国家也,如权衡之于轻重也,如绳墨之于曲直也。")

3.咥,龁,马义也。人象乾德而生,故乾为人。兑为和说而应乾刚,三为虎口,与乾异体,故与上绝。三不当位,故咥人,凶,兑说而应,故不咥人,亨。九五贞厉,是履危也,以刚中正,故不疚。《彖传》刚中正以下,正以释利贞之义。

改作:

"咥,龁",马义也。人象乾德而生,故"乾为人"。兑为和说而应乾刚,三为"虎口",与乾异体,故"与上绝"。三不当位,故"咥人,凶","兑说而应",故"不咥人,亨"。九五贞厉,是"履危"也,以刚中正,故"不疚"。《彖传》"刚中正"以下,正以释"利贞"之义。

(疏解前注"咥,龁也。乾为人,兑说而应,虎口与上绝,故不咥人亨。五刚中正,履危不疚,故利贞"之文,所以应该对注文加双引号。全书统一更改,不再记录。)

p. 36

1. 讼坎为曳，改作：《讼》坎为曳，(《讼》内卦为坎)

2. 虞氏据旁通，以嗛震为足，改作：虞氏据旁通，以《嗛》震为足，(《嗛》卦三至五互体震)。

3. 眇而视，非礼之视也。跛而履，非礼之履也。改作："眇而视"非礼之视也，"跛而履"非礼之履也。

p. 37

1.《中庸》曰："国家将兴，必有祯祥，是吉祥也。"《丰》上六《象传》曰："天际祥也。"昭十八年《春秋传》曰："将有大祥。"《尚书大传》曰："时则有青眚、青祥，是凶祥也。"则祥兼吉凶，故云以三之视履稽其祸福之祥。

改作：

《中庸》曰"国家将兴，必有祯祥"，是吉祥也。《丰》上六《象传》曰"天际祥也"，昭十八年《春秋传》曰"将有大祥"。《尚书大传》曰"时则有青眚、青祥"，是凶祥也。则"祥"兼吉凶，故云"以三之视履，稽其祸福之祥"。

2. 二、四已正，三上易位，成既济，故传曰："大有庆也。"改作：二、四已正，三上易位成既济，故传曰"大有庆也"。

泰

p. 38

1. 从三至上体复象，故无平不陂，无往不复。改作：从三至上体《复》象，故"无平不陂，无往不复"。(《泰》三至五互震，四至上为坤，体《复》象)

p. 39

1. "否巽为茅"以下，虞义也。泰反否，故云否巽。巽为草木，刚爻为木，柔爻为草，故巽为茅。爻例，取象植物，则初为本，上为末。根本同义，故云茹茅根，根谓初也。

改作：

"否巽为茅"以下，虞义也。泰反否，故云"否巽"。巽为草木，刚爻为木,柔爻为草,故“巽为茅”。爻例取象植物,则初为本,上为末,根本同义,故云“茹茅根”。根,谓初也。

2. 九二拔茅而连初,故云拔茅茹初。与三皆其类也,故云以其胃。改作:九二拔茅而连初,故云“拔茅茹”。初与三皆其类也,故云“以其胃”。

3. 翟氏从郑所读字,故训为虚。改作:翟氏从郑所读,字故训为“虚”。

p. 40

1.《坎·彖传》曰:“习坎重险也,故为险。”《说卦》曰:“坎为加忧,故为恤。”改作:《坎·彖传》曰“习坎,重险也”,故为“险”。《说卦》曰“坎为加忧”,故为“恤”。

2. 虞云与《比》“邑人不戒”同义,亦谓师二升五也。改作:虞云“与《比》‘邑人不戒’同义”,亦谓师二升五也。(《周易集解》:不戒以孚。虞翻曰:谓坤。邑人不戒,故使二升五,信来孚邑,故“不戒以孚”。二上体坎,中正,与比邑人不诫同义也。)

3. 帝乙,虞氏据《左传》以为纣父,秦汉先儒皆以为汤,故《乾凿度》曰:“泰,正月之卦也,阳气始通,阴道执顺,故因此见汤之嫁妹,能顺天地之道,敬戒之义。”自成汤至帝乙,帝乙,汤之玄孙之孙也,此帝乙即汤也。殷录质,以生日为名,顺天性也。玄孙之孙,外恩绝矣,疏可同名。汤以乙生,嫁妹,本天地,正夫妇,夫妇正则王教兴矣。故曰《易》之帝乙为成汤。《书》之帝乙六世王,同名不害以明功,疏犹所也。

改作:

帝乙,虞氏据《左传》以为纣父,秦汉先儒皆以为汤,故《乾凿度》曰:“泰,正月之卦也,阳气始通,阴道执顺,故因此见汤之嫁妹,能顺天地之道,敬戒之义。自成汤至帝乙,帝乙,汤之玄孙之孙也,此帝乙即汤也。殷录质以生日为名,顺天性也。玄孙之孙,外恩绝矣,疏可同名。汤以乙生,嫁妹,本天地,正夫妇,夫妇正则王教兴矣。故曰《易》之帝乙为成汤。《书》之帝乙六世王,同名不害以明功。”“疏”,犹所也。

(惠栋《九经古义》:六五“帝乙归妹”,虞翻以帝乙为纣父,荀爽以帝乙为汤。见本传。《易乾凿度》孔子曰:“自成汤至帝乙,帝乙,汤之玄孙之孙也。”此帝乙即汤也。殷录质以生日为名,顺天性也。玄孙之孙,外绝恩矣。同以乙日生,疏可同名。汤以乙生,嫁妹本天地正夫妇,夫妇正则王教兴矣。故《易》之帝乙为成汤。《书》之帝乙六世王,同名不害以明功。)

(《周易乾凿度》卷上:孔子曰:“泰者,正月之卦也。阳气始通,阴道执顺,故因此以见汤之嫁妹,能顺天地之道,立教戒之义也。”孔子曰:“自成汤至帝乙,帝乙,汤之元孙之孙也。此帝乙即汤也。殷录质以生日为名,顺天性也。玄孙之孙,外绝恩矣。同以乙日生,疏可同名。汤以乙生,嫁妹本天地正夫妇,夫妇正王道兴矣。故曰《易》之帝乙为成汤,《书》之帝乙六世王,同名不害以明功。玄孙之孙,五世之末,外绝恩矣。同以乙日生,天锡之命,疏可同名。”)

[《周易乾凿度》(汉郑康成注)卷下:孔子曰:“自成汤至帝乙,帝乙,汤玄孙之孙也。帝乙则汤殷录质,王者之政,一质一文,以变易从初,殷录相次质也。以生日为名,顺天性也。玄孙五世之末,外绝恩矣。同日以乙,天之锡命,疏可同名。仁恩已绝,则不能避,故小殷以是日同,故曰天之锡命矣。汤以乙生,嫁妹本天地之义,顺阴阳之道,以正夫妇。夫妇正,则王教兴。正夫妇者,乃所以兴王教于天下,非苟也。《易》之帝乙为汤,《书》之帝乙六世王,名同不害以明功。《易》与《尚书》俱载帝乙,虽同名不相害,各以明其美功也。]

彧按:编纂《儒藏》事大,必须专家审专业之书,而校点者亦必须认真核对引用之原文,此并非轻易可做之事也。

否

p. 41

1. 子谓遂艮也。改作:《遂》艮也。(《否》二至四互体艮,为二至上互《遂》之下卦)

p. 42

1. 荀氏谓苞者,乾坤相苞也,桑者,上玄下黄,乾坤相苞以正,故不可亡。

改作：

荀氏谓“苞者，乾坤相苞也。桑者，上玄下黄”，乾坤相苞以正，故不可亡。

（《周易集解》荀爽曰：“包者，乾坤相包也。桑者，上玄下黄，以象乾坤也。乾职在上，坤体在下，虽欲消乾，系其本体，不能亡也。”）

p. 43

1.《说卦》曰：“离，者丽也。”故云“离，丽”。九家谓“离，附也”。丽为附著，其义同也。

改作：

《说卦》曰“离（者），丽也”，故云“离丽”。《九家》谓“离附”也。丽为附著，其义同也。

2. 九家谓无命而据则有咎也。改作：《九家》谓“无命而据，则有咎也”。

3.《考工记》画绘之事有五色：天曰玄，地曰黄，言桑之色象乾坤也。

改作：

《考工记》画绘之事有五色，天曰玄，地曰黄。言“桑”之色象乾坤也。

（《考工记》：“画缋之事，杂五色，东方谓之青，南方谓之赤，西方谓之白，北方谓之黑，天谓之玄，地谓之黄。”）

同人

p. 44

1. 坤五之乾，得位得中而应乎乾，故云同人于野，同性则同德，同德则同心，同心则同志，《晋语》文。改作：坤五之乾，得位得中而应乎乾，故云“同人于野”。“同性则同德，同德则同心，同心则同志”，《晋语》文。

p. 45

1.《系下》曰：“乾坤其易之门邪。”《参同契》曰：“乾坤者，易之门户，众卦之父母，故云乾为门。四体乾，初应四，故同于四。四、初敌刚，困而反则，故变应初，无咎也。”

改作：

《系下》曰“乾坤其易之门邪”，《参同契》曰“乾坤者，易之门户，众卦之父母”，故云“乾为门”。四体乾，初应四，故“同于四”。四、初敌刚，困而反则，故“变应初”无咎也。

2. 此卦《象传》云：“君子以类族辨物。”族，族姓，物姓之同异辨别也。改作：此卦《象传》云：“君子以类族辨物。”族，族姓，物姓之同异。辨，别也。

3. 师震在下，改作：《师》震在下，（《师》二至四互体震）

4. 四与初皆阳，故敌应初，得位，四无攻初之义，变而承五应初，故弗克攻吉也。改作：四与初皆阳，故“敌应”。初得位，四无攻初之义，变而承五应初，故“弗克攻，吉”也。

5. 虞氏谓与乾上九同义，当有悔也。改作：虞氏谓“与乾上九同义，当有悔”也。（《周易集解》虞翻曰：“乾为郊，失位无应。与乾上九同义，当有悔。”）

大有

p. 47

1. 虞注《鼎》九四云：“四变震为足，二折入兑，故鼎折足，覆公悚，是小人不克当天子之亨也也。”

改作：

虞注《鼎》九四云：“四变震为足，二折入兑，故鼎折足。”覆公悚，是小人不克当天子之亨也也。

（《周易集解》虞翻曰：谓四变时震为足，足折入兑，故“鼎折足”。）

卷三

嗛

p. 48-49

1. 蔡景君，传《易》先师，景君言，剥上来之三，剥之上九即乾也，以消息言之,故云剥上来之三。

改作:

“蔡景君”,传《易》先师。景君言“剥上来之三”,剥之上九即乾也。以消息言之,故云“剥上来之三”。

2. 荀云初最在下为嗛,上之三嗛也,初之正而在下又嗛焉,故曰嗛嗛。改作:荀云“初最在下为嗛”,上之三,嗛也;初之正而在下,又嗛焉,故曰“嗛嗛”。

豫

p. 50

1. 此卦复四之初,乃从《系辞》两象《易》之例。改作:此卦复四之初,乃从《系辞》两象易之例。

2. 震为诸侯,初至五体比象,比建万国,亲诸侯。二欲四复初,初为建,故利建。侯卦体本坤四之初,坤象半见,故体师象,利行师也。虞注晋上九曰:“动体师象,例与此同。”半象之说,《易例》详矣。

改作:

震为诸侯,初至五体《比》象,《比》“建万国,亲诸侯”。二欲四复初,初为建,故“利建侯”。卦体本坤四之初,坤象半见,故体《师》象,利“行师”也。虞注《晋》上九曰:“动体《师》象,例与此同。”半象之说,易例详矣。

p. 51

1. 九家《说卦》曰:“坎为蘩棘”,故为蘩。坤为合,故曰戠。蘩,合也。戠犹埴也。郑氏《禹贡》曰:“厥土赤戠坟。今本作埴。”《考工记》用土为瓦谓之搏埴之工。《弓人》云:“凡昵之类不能方先。”郑云故书昵作樴,杜子春云樴读为不义不昵之昵,或为䵒,䵒,黏也。郑氏谓樴,脂膏败腫之腫,腫亦黏也。《说文》引《春秋传》曰:“不义不䵒。”䵒犹昵也,故先郑读樴为昵。若然,樴读为戠,腫读为埴,《易》作“戠”,《书》作“埴”,《考工》作“樴”,训为腫,字异而音义皆同。《易》为王弼所乱,都无“戠”字,《说文》戠字下缺郑氏,古文《尚书》又亡,《考工》故书偏傍有异,故“戠”字之义,学者莫能详焉。

改作：

《九家·说卦》曰坎“为蘗棘”，故为“蘗”。坤为合，故曰“戠蘗合也”。①“戠”犹埴也，郑氏《禹贡》曰“厥土赤戠坟”，今本作埴，《考工记》用土为瓦谓之“搏埴之工”。《弓人》云“凡昵之类不能方”，先郑云“故书昵作樴”，杜子春云“樴读为‘不义不昵’之昵”。或为“䵒”，䵒，黏也。郑氏谓“樴，脂膏败脏之脏”，脏亦黏也。《说文》引《春秋传》曰：“不义不䵒。”“䵒”犹昵也，故先郑读“樴”为“昵”。若然，樴读为戠，脏读为埴。《易》作“戠”，《书》作“埴”，《考工》作“樴”，训为脏，字异而音义皆同。《易》为王弼所乱，都无“戠”字，《说文》“戠”字下缺，郑氏古文《尚书》又亡，《考工》故书偏傍有异，故“戠”字之义，学者莫能详焉。

补校勘记：①“戠蘗合也”，疑衍“戠”字。

（《考工记》：“抟埴之工二”、“抟埴之工陶旊”。《周礼注疏》：“凡昵之类不能方。注：郑司农云，谓胶善戾，故书昵或作樴。杜子春云，樴读为不义不昵之昵。或作䵒，䵒，黏也。玄谓“樴，脂膏脏败之脏”，脏亦黏也。”）

随

p. 52

1. 上六：“拘系之，乃从维之。”《乾凿度》谓上六欲待九五拘系之，维持之，是上系五也。改作：上六“拘系之，乃从维之”，《乾凿度》谓“上六欲待九五拘系之，维持之”，是“上系五”也。

2. 虞氏谓随家阴随阳，故名随。改作：虞氏谓“随家阴随阳”，故名“随”。

（《周易集解》虞翻曰：“随家阴随阳，三之上无应。”）

p. 53

1. 九四，随有获，贞凶。有孚在道，以明何咎。改作：九四，随有获，贞凶有。孚在道以明，何咎。

p. 54

1. 初爻交坤，故为交震。方伯之卦，当春分，改作：初爻交坤，故为“交”。震,方伯之卦,当春分。

2. 易说者,《乾凿度》文也。随于消息为二月卦,故云二月之时。云随德施行,藩决难解者,案:郑彼注云:“大壮九三爻主正月,阴气犹在,故羝羊触藩而羸其角也。至于九四,主二月,故藩决不羸也。言二月之时,阳气已壮,施生万物,而阴气渐微不能为,难以障闭阳气,故曰藩决难解也。”

改作:

“易说”者,《乾凿度》文也。随于消息为二月卦,故云“二月之时”。云“随德施行,藩决难解”者,案郑彼注云“大壮九三爻主正月,阴气犹在,故羝羊触藩而羸其角也。至于九四,主二月,故藩决不羸也。言二月之时,阳气已壮,施生万物,而阴气渐微不能为,难以障闭阳气,故曰藩决难解也”。

[《周易乾凿度》(郑康成注):孔子曰:“随上六‘拘系之,乃从维之,王用享于西山’,随者二月之卦,随德施行,藩决难解。”大壮九三爻主正月,阴气犹在,故“羝羊触藩而羸其角”也。至于九四主二月,故“藩决不胜羸”也。言二月之时,阳气已壮,施生万物,而阴炁渐微不能为,难以障闭阳炁,故曰“藩决难解”也。]

3.《彖传》所云“大亨贞,无咎”,而天下随之,是也。改作:《彖传》所云“大亨贞,无咎,而天下随之”,是也。

彧按:今本《随·彖》作“大亨贞,无咎,而天下随时”,王肃作“天下随之”。陆德明《周易音义》曰:“王肃本作随之。”惠氏从王肃,故如此引用之。

p. 55

1.《乾凿度》曰:“崇至德,显中和之美。当此之时,仁恩所加,靡不随从,咸说其德,得用道之王,故言王用亨于西山也。”

改作:

《乾凿度》曰“崇至德,显中和之美。当此之时,仁恩所加,靡不随从,咸说其德,得用道之王,故言‘王用亨于西山’”也。

(《周易乾凿度》:“譬犹文王之崇至德,显中和之美,拘民以礼,系民以义。当此之时,仁恩所加,靡不随从,咸悦其德,得用道之王,故言‘王用享于西山’。”）

2. 封禅，非常之典，其说自古，莫能详其言。太山者，唯见《管子》、《庄子》诸书，经传无文，非义据也。改作：封禅非常之典，其说自古莫能详。其言“太山”者，唯见《管子》、《庄子》诸书，经传无文，非义据也。

蛊

p. 56

1. 初变体乾，乾纳甲，变至三体离，离为日，成山火。贲，内卦为先，乾三爻在前，故先甲三日，贲时也。变三至四，有离象，至五，体乾，成天雷。无妄外卦为后，故后甲三日，无妄时也。

改作：

初变体乾，乾纳甲，变至三体离，离为日，成山火《贲》，内卦为先，乾三爻在前，故“先甲三日，贲时也”。变三至四有离象，至五体乾，成天雷《无妄》，外卦为后，故“后甲三日，无妄时也”。

p. 57

1. 泰乾为王，坤为事。应在三，三体震，震为侯，故有王侯之象。此上皆虞义。虞氏谓坤象不见。故不事王侯也。郑氏云：“上九艮爻，辰在戌，得乾气，父老之象。”虞谓泰坤为父，与郑异也。

改作：

泰乾为王，坤为事。应在三，三体震，震为侯，故有王侯之象。此上皆虞义，虞氏谓“坤象不见，故不事王侯”也。郑氏云“上九艮爻，辰在戌，得乾气，父老之象”，虞谓“泰坤为父”，①与郑异也。（《周易集解》虞翻曰：“乾，正。蛊，事也。泰乾为父，坤为事。”）补校勘记：①“泰坤为父”，四库本同，《周易集解》作“泰乾为父”。

临

p. 58

1. 《诗·豳风》一之日，周正月也；二之日，殷正月也；三之日，夏正月也；四之日，周四月也，皆称日阴始于巳，故自夏四月建巳，以下则称月，与《易》同也。

改作：

《诗·豳风》“一之日”周正月也，“二之日”殷正月也，“三之日”夏正月也，“四之日”周四月也，皆称日。阴始于巳，故自夏四月建巳以下则称月，与《易》同也。

p. 58

1. 惟初与四，二与五，二气感应，故谓之咸初应四，故咸临得位，故贞吉也。改作：惟初与四，二与五，二气感应，故谓之“咸”。初应四，故“咸临”。得位，故“贞吉”也。

p. 59

1.《乾凿度》曰：“临者大也，阳气在内。中和之盛，应于盛位，浸大之化，行于万民。故言宜处王位，施大化，为大君矣。臣民欲被化之辞也。”又曰：“大君者与上行异也。”郑彼注云：“临之九二有中和美异之行，应于五位，故曰百姓欲其与上为大君，皆言二升五之义，故云大君谓二也。”

改作：

《乾凿度》曰：“临者，大也。阳气在内，中和之盛，应于盛位，浸大之化，行于万民。故言‘宜’。处王位，施大化，为‘大君’矣。臣民欲被化之辞也。”又曰：“大君者与上行异也。”郑彼注云：“临之九二有中和美异之行，应于五位，故曰百姓欲其与上为大君。”皆言二升五之义，故云“大君谓二”也。

（《周易乾凿度》：“临者，大也。阳气在内，中和之盛，应于盛位，浸大之化，行于万民，故言‘宜’。处王位施大化为大君矣。臣民欲被化之词也。”又曰：“大君者与上行异也。”郑康成注：“临之九二有中和美异之行，应子五位，故曰百姓欲其与上为大君也。”）

观

p. 59

1. 注孚信谓五颙颙君德有威容貌若顺也

标点作：注孚，信，谓五。颙颙，君德有威容貌，若顺也。

p. 60

1. 郑氏谓艮为鬼门,又为宫阙地上有木而为鬼门宫阙者,天子宗庙之象。此取观象而言。《释宫》曰:“观谓之阙。”虞义或当然也。改作:郑氏谓“艮为鬼门,又为宫阙。地上有木,而为鬼门宫阙者,天子宗庙之象”,此取《观》象而言。《释宫》曰“观谓之阙”,虞义或当然也。

2.《周礼郁人》掌祼器,凡祼事沃盥,故云盥沃盥。改作:《周礼》“郁人掌祼器”、“凡祼事沃盥”,故云“盥,沃盥”。

3.《郁人》祼事沃盥,故盥与灌通。改作:郁人“祼事沃盥”,故盥与灌通。

4. 则祼一事有三节:“肆者,实而陈之;祼者,将而行之;献者,奉而进之。”实以彝,祼之陈,将以瓒,祼之行。献以爵,祼之成。故曰肆祼献。改作:则祼一事有三节,肆者实而陈之,祼者将而行之,献者奉而进之。实以彝祼之陈,将以瓒祼之行,献以爵祼之成,故曰“肆祼献”。

5. 明堂之配天,帝异馔,亦异其礼。改作:明堂之配,天帝异馔,亦异其礼。

6.《穀梁传》曰:“常视曰视,非常曰观。灌礼非常,荐为常礼,故曰观盥而不观荐。吾不欲观,非不欲观也,所以明灌礼之特盛。”与此经观盥而不观荐同义。改作:《穀梁传》曰“常视曰视,非常曰观”,①灌礼非常,荐为常礼,故曰“观盥而不观荐”。“吾不欲观”,非不欲观也,所以明灌礼之特盛。与此经“观盥而不观荐”同义。

补校勘记:①“常视曰视”,四库本同,《穀梁传》作“常事曰视”。

7. 马氏云:“孚,信也。颙,敬也。”以下观上,见其至盛之礼,万民信敬,故有孚颙若。马以孚信颙敬为万民信敬即下观而化之事。虞以孚与颙颙属君,若属民,与马异也。

改作:

马氏云“孚,信”也,“颙,敬也”,“以下观上,见其至盛之礼,万民信敬,故‘有孚颙若’”。马以“孚信”、“颙敬”为万民信敬,即“下观而化”之事。虞以“孚”与“颙颙”属君,若属民,与马异也。(《周易集解》马融曰:“以下观上,见其至盛之礼,万民信敬,故云‘有孚颙若’。孚,信。颙,敬也。”)

p. 61-62

1. 马氏以为童,独也,义亦通耳。改作:马氏以为“童,独也”,义亦通耳。(《周易集解补释》:“马融曰‘童,犹独也’。”)

2.《曲礼》曰:“母淫视。”邪视曰淫视。利女贞,谓不淫视也。

改作:

《曲礼》曰“毋淫视”,①邪视曰淫视。“利女贞”谓“不淫视”也。

补校勘记:①“毋”,原作“母”,四库本同,据《皇清经解》本改。

或按,《曲礼》曰:“侍坐于君子,若有告者曰,少间愿有复也,则左右屏而待。毋侧听,毋噭应,毋淫视,毋怠荒游,毋倨立,毋跛坐,毋箕寝,毋伏歛发,毋髢冠,毋免劳,毋袒暑,毋褰裳。”可知,“毋”不当误作“母”。

3.《聘礼》记归大礼之日,有请观之礼。吴季札聘鲁,请观于周乐。晋韩起聘鲁,观书于太史氏,皆其事。郑氏谓聘于是国,欲见宗庙之好,百官之富,故曰观国之光。谓之观光者,礼乐诗书光于千古,威仪辞气光在一身,盖以大观在上,故急欲观其盛焉,

改作:

《聘礼》记“归大礼之日”有请观之礼;吴季札聘鲁“请观于周乐”;晋韩起聘鲁“观书于太史氏”,皆其事。郑氏谓“聘于是国,欲见宗庙之好,百官之富”,故曰“观国之光”。谓之“观光”者,《礼》、《乐》、《诗》、《书》光于千古,威仪辞气光在一身,盖以大观在上,故急欲观其盛焉,

(《仪礼注疏》:“归大礼之日,既受饔饩请观。”郑玄注:“聘于是国,欲见其宗庙之好,百官之富,若尤尊大之焉。”)

4. 四阳为否四也,阴在下,故四阳称宾。姤初六:“不利宾。”是也。阴消乾体坤,上承九,五故云消乾承五。改作:“四阳”,为否四也。阴在下,故“四阳称宾”,姤初六“不利宾”是也。阴消乾体坤,上承九五,故云“消乾承五”。

噬嗑

p.62

1.上当之三,蔽四,成《丰》:“折狱致刑。”故利用狱。改作:上当之三,蔽四成丰,“折狱致刑”,故“利用狱”。

2.九家《说卦》曰:“坎为律,为丛棘。丛棘,狱也,故坎为狱。折狱从手,故艮为手。”改作:《九家·说卦》曰:“坎为律,为丛棘。”丛棘,狱也,故“坎为狱”。折狱从手,故“艮为手”。

3.虞注《丰象》曰:“丰三从噬嗑上来之三,折四于坎狱中而成丰,故君子以折狱致刑。”改作:虞注《丰》彖曰:“丰三从噬嗑上来,之三折四于坎狱中而成丰,故君子以折狱致刑。”

彧按:《周易集解》于丰卦辞“丰,亨”下引虞翻此注,又“君子以折狱致刑”是《象》辞,并非《彖》辞,所以不能标点作“《丰彖》”。惠氏称“卦辞”为“彖”,是本《系辞》“观其彖则思过半”之说。所以,标点过程中见“彖”字,应该分清是“卦辞(彖)”还是《彖》辞,方可决定是否加书名号。

p.63-64

1.《少牢馈食礼》曰:“雍人伦肤九实于一鼎,又云肤九而俎,亦横载革顺。”是也。

改作:《少牢馈食礼》曰“雍人伦肤九实于一鼎”,又云“肤九而俎,亦横载革顺”,是也。

(《仪礼·少牢馈食礼》:“雍人伦肤九,实于一鼎”、“肤九而俎,亦横载革顺”。)

2.《乾凿度》曰:“阴阳失位,皆为不正,其应实而有之。”皆失义。郑注云:“阴有阳应,阳有阴应,实者也既非其应,设使得而有之。”皆为非义而得也。三阴上阳,此失义之应。

改作:

《乾凿度》曰:“阴阳失位,皆为不正,其应实而有之,皆失义。”郑注云:“阴有阳应,阳有阴应,实者也。既非其应,设使得而有之,皆为非义而得也。”三阴上阳,此失义之应。

[《周易乾凿度》(郑康成注):“阴阳不正,皆为失位,初六阴不

正，九二阳不正。"○案钱本作"阴阳失位，皆为不正"。其应实而有之，皆失义。阴有阳应，阳有阴应，实者也。既非其应，设使得而有之，皆为非义而得也。虽得之，君子所不贵也。]

3.《周礼·大司寇》禁民讼入束矢，禁民狱入钧金。矢取其直，不直者入束矢。金能见情，无情者入钧金。四离火恶人而体坎，故在坎狱中，而不服罪，若噬有骨之干胏。

改作：

《周礼》大司寇"禁民讼入束矢"，"禁民狱入钧金"。矢取其直，不直者入束矢。金能见情，无情者入钧金。四离火，恶人而体坎，故"在坎狱中"而不服罪，若噬有骨之"干胏"。

(《周礼》："大司寇之职，掌建邦之三典，以佐王刑邦国诘四方……以两造禁民讼入束矢，于朝然后听之。以两剂禁民狱入钧金，三日，乃致于朝然后听之。")

贲

p. 64

1. 其后孔子经论，六经以垂后代万世观人文之化成，其贲之微乎。改作：其后孔子经论六经，以垂后代万世观人文之化成，其贲之征乎？

p. 65

1. 须谓五，五变应二，二、上贲之，故贲其须。改作：须谓五，五变应二，二上贲之，故"贲其须"。

2. 五失位，故变应二，二、上贲五，是贲其须也。改作：五失位，故变应二，二上贲五，是"贲其须"也。

3. 郑氏谓四欲饰以适初，进退未定，故皤如，义亦同也。改作：郑氏谓四"欲饰以适初，进退未定，故皤如"，义亦同也。（宋王应麟编《周易郑康成注》："六四巽爻也，有应于初九，欲自饰以适初，既进退未定，故燔如也。"）

4. 郑彼注云："翰，白色马也。巽为白，故白马翰如。"改作：郑彼注云："翰，白色马也。"巽为白，故"白马翰如"。

5. 吴薛综解此经云:“古招士必以束帛加璧于上。戋戋,委积貌。”薛、虞谓礼之多也。艮为多节,故为多。

改作:

吴薛综解此经云“古招士必以束帛加璧于上”,“戋戋,委积貌”,薛虞谓“礼之多也”。艮为多节,故“为多”。

彧按:《文选注》卷三,薛综注《东京赋》“聘丘园之耿絜,旅束帛之戋戋”句曰:“耿清也,旅陈也,谓有清洁者也。言丘园中有隐士贞洁清白之人,聘而用之。束帛,谓古招士必以束帛加璧于上。《周易》曰‘六五贲于丘园,束帛戋戋’。王肃云‘失位无应,隐处丘园,盖蒙暗之人,道德弥明,必有束帛之聘也。戋戋,委积之貌也。”

又按:“盖蒙暗之人”,《周易集解补释》作“盖象衡门之人”。《周易音义》“戋戋”下注:“马云委积貌,薛虞云礼之多也。”

6. 五变体巽,故巽为白。卦成于上,故云上者贲之成。《考工记》曰:“画绘之事后素功。”《论语》曰:“绘事后素。”郑彼注云:“素,白采也。后布之为其易渍污,是功成于素之事也。”失位不正,变而得位,故无咎也。

改作:

五变体巽,故“巽为白”。卦成于上,故云“上者贲之成”。《考工记》曰“画绘之事后素功”,《论语》曰“绘事后素”,郑彼注云“素,白采也。后布之,为其易渍污”。是“功成于素”之事也。失位不正,变而得位,故“无咎”也。

卷四

剥

p. 68

1.《说文》曰:“象兽指爪分别也,读若辨,古文作釆。”改作:《说文》曰:“象兽指爪分别也。”读若“辨”,古文作“釆”。

2. 阴消至五,故无应在剥,五阳为正,消五,故蔑贞凶也。改作:阴消至五,故“无应”。在剥五阳为正,消五,故“蔑贞凶”也。

3. 周语曰:“人三为众,自三以上皆曰众也。”改作:周语曰“人三为众”,自三以上皆曰“众”也。

p. 69

1.《文言》释坤上六曰:"为其兼于阳,此阳道不绝之义也。》卦本乾也,虞氏谓三已复位有颐象,颐中无物,故不食,此解食义也。

改作:

《文言》释坤上六曰"为其兼于阳",此阳道不绝之义也。卦本乾也。虞氏谓"三已复位,有颐象。颐中无物,故不食。此解食义也。

2.《乾凿度》曰:"剥当九月之时,阳气衰消而阴终不能尽阳,小人不能决君子,此硕果所以不食也。"

改作:

《乾凿度》曰"剥当九月之时,阳气衰消而阴终不能尽阳,小人不能决君子",此硕果所以不食也。(《周易乾凿度》曰:"剥也当九月之时,阳炁衰消而阴终不能尽阳,小人不能决君子也。")

复

p. 69

1. 虞氏作朋来,云兑为朋,在内称来,五阴从初,初阳正,息而成兑,故朋来无咎。改作:虞氏作"朋来",云"兑为朋,在内称来,五阴从初,初阳正,息而成兑,故朋来无咎"。

p. 70

1. 郑氏谓建亥之月,纯阴用事,至建子之月,阳气始生,隔此纯阴一卦,卦主六日七分,举其成数言之,而云七日也。改作:郑氏谓"建亥之月纯阴用事,至建子之月阳气始生,隔此纯阴一卦,卦主六日七分,举其成数言之而云七日"也。

彧按:注释"七日来复",惠栋《新本郑氏周易》辑《周易正义序》曰:"建戌之月以阳气既尽,建亥之月纯阴用事,至建子之月阳气始生,隔此纯阴一卦,卦主六日七分,举其成数言之而云七日来复。"

2. 至午入巽,至亥成坤。出震,震也,息至二体兑,至三成乾。入巽,巽也,消至二体艮,至三成坤。改作:至午入巽,至亥成坤出震。震也息,至二体兑,至三成乾入巽。巽也消,至二体艮,至三成坤。

3. 京《剥传》曰:"小人剥庐,厥妖山崩。"《复》传曰:"崩来无咎。"自上下者为崩,厥应大山之石,颠而下。

改作:

京《剥》传曰:"小人剥庐,厥妖山崩。"《复》传曰:"崩来无咎。自上下者为崩,厥应大山之石颠而下。"

(《汉书·五行志》:"《京房易传》曰'小人剥庐'厥妖山崩。"《京房易传》曰:"《复》'崩来无咎',自上下者为崩,厥应泰山之石颠而下。")

4. 虞于《彖传》注云:"阳不从上来反初,故不言刚自外来知非爻自上反初也。"

改作:

虞于《彖传》注云"阳不从上来反初,故不言刚自外来",知非爻自上反初也。

5.《穀梁传》曰:"沙鹿崩。"无崩道而崩,故志之复卦。乾息坤,乾为道,故云反复其道,有崩道也。

改作:

《穀梁传》曰"沙鹿崩":"无崩道而崩,故志之。"复卦,乾息坤,乾为道,故云"反复其道,有崩道也"。

(《春秋》僖公十四年"秋八月辛卯,沙鹿崩",《穀梁传》曰:"无崩道而崩,故志之也。")

6. 疏:"故云初阳息,正而成兑,朋来无咎也。"彧按:前注云"五阴从初,初阳正,息而成兑,故朋来无咎",此疏上句亦曰"初为卦主,故五阴从初,初得正,阳息在二成兑"。知此疏当作"故云初阳正,息而成兑,朋来无咎也",《复》六二变九二,内卦成兑。所以补校勘记:②"息正",前注云"正息",是。

p. 71

1. 消乾自午,至亥为六月,故云消乾。六爻为六日,改作:消乾自午至亥为六月,故云"消乾六爻为六日"。

p. 72

1. 震无咎者存乎悔,《上系》文。虞彼注云:"震,动也,初动得正,故无只悔。正应在四,中行独复,故元吉。”改作:“震无咎者存乎悔”,《上系》文。虞彼注云“震,动也”,初动得正,故“无只悔”。正应在四,中行独复,故“元吉”。(《周易集解》“震无咎者存乎悔”,虞翻曰“震,动也”。)

2.《象》曰:“休复之吉,以下仁也。得中下仁,故吉也。”改作:《象》曰:“休复之吉,以下仁也。”得中下仁,故“吉”也。

3.《广雅》曰:“频,比也。”三与初、二相比而复失位,故厉,之正,故无咎,义亦得通。故曰频比也。改作:《广雅》曰:“频,比也。”三与初二相比而复,失位故厉,之正故无咎,义亦得通。故曰“频,比也”。

4.郑氏谓爻处五阴之中,度中而行,四独应初,故云四位在五阳之中而独应复,复当作初也。

彧按:《汉上易传》引郑玄说,曰:“爻处五阴之中,度中而行,四独应初。”《周易集解》虞翻曰:“中谓初,震为行。初一阳爻,故称独。四得正应初,故曰中行独复以从道也。俗说以四位在五阴之中而独应复,非也。四在外体,又非内象,不在二五,何得称中行耳?”是虞氏驳斥郑玄之说,并且误“独应初”作“独应复”。所以,惠氏强调“复”当作“初”。

因此改作:

郑氏谓“爻处五阴之中,度中而行,四独应初”,故云“四位在五阳之中而独应复”。“复”当作“初”也。

p.73

1.寻郑氏注释五经,为东汉诸儒之冠,而于《易》独疏者,案:郑自序曰:“党锢事解,注古文《尚书》、《毛诗》、《论语》,为袁谭所逼,来至元城,乃注《周易》。”在军旅之中,匆匆结撰,故其注《易》独疏于诸经,时使之也。

改作:寻郑氏注释五经,为东汉诸儒之冠,而于《易》独疏者,案郑自序曰“党锢事解,注古文《尚书》、《毛诗》、《论语》。为袁谭所逼,来至元城,乃注《周易》”,在军旅之中,匆匆结撰,故其注《易》独疏于诸经,时使之也。

(宋王钦若《册府元龟》:“郑君自注云,遭党锢之事,逃难,注

《礼》。党锢事解,注古文《尚书》、《毛诗》、《论语》。为袁谭所逼,未至元城,乃注《周易》。")

2.《春秋》五十凡曰,凡师能左右之曰以。臣擅君命,是以其国君凶也。

彧按:《春秋左氏传》:"公以楚师伐齐取谷,凡师能左右之曰以。"惠栋之父惠士奇《春秋说》:"《左传》二十六年……冬,公以楚师伐齐取谷,凡师能左右之曰以。"是无"春秋五十凡"文字。宋王应麟《困学纪闻》:"《释例》终篇云,称'凡'者五十,其别四十有九,盖以母弟二'凡',其义不异故也。《隋·志》有《春秋五十凡义疏》二卷。"清沈彤《春秋左氏传小疏》:"《鲁春秋》谓,据旧典《礼经》所记之史,'五十凡'谓之《礼经》。盖易者,占人簭人所以辨吉凶象者,六官所县于象魏。此皆周之礼也。《鲁春秋》遵'五十凡'为之,亦周礼所在。"至此明白,《左传》称"凡"者有五十处:

1. 凡诸侯同盟 于是称名 故薨则赴以名

2. 凡雨自三日以往为霖

3. 凡诸侯有命告则书 不然则否

4. 凡平原出水为大水

5. 凡公行告于宗庙 反行饮至舍爵策勋焉 礼也

6. 凡公女嫁于敌国 姊妹则上卿送之 以礼于先君

7. 凡祀启蛰 而郊龙见 而雩始杀 而尝闭蛰 而烝过则书

8. 凡诸侯之女行 唯王后书

9. 凡师一宿为舍 再宿为信 过信为次

10. 凡师敌未陈 曰败某师

11. 凡天灾有币无牲 非日月之眚不鼓

12. 凡诸侯之女归宁曰来 出曰来归 夫人归宁曰如某出曰归于某

13. 凡邑有宗庙先君之主曰都 无曰邑 邑曰筑 都曰城

14. 凡马日中而出日中而入

15. 凡师有钟鼓曰伐 无曰侵 轻曰袭

16. 凡物不为灾 不书

17. 凡土功龙见 而毕务戒事也
18. 凡诸侯有四夷之功则献于王 王以警于夷
19. 凡诸侯救患分灾讨罪 礼也
20. 凡诸侯薨于朝会加一等 死王事加二等 于是有以衮敛
21. 凡分至启闭 必书云物 为备故也
22. 凡夫人不薨于寝 不殡于庙 不赴于同 不祔于姑 则弗致也
23. 凡在丧 王曰小童 公侯曰子
24. 凡启塞从时
25. 凡诸侯同盟死则赴以名 礼也
26. 凡今之人莫如兄弟
27. 凡师能左右之曰以
28. 凡君薨葬哭而祔 祔而作主 特祀于主 烝尝禘于庙
29. 凡君即位 卿出并聘 践修旧好 要结外援 好事邻国 以卫社稷
30. 凡君即位 好舅甥 修昏姻 娶元妃以奉粢盛 孝也 孝礼之始也
31. 凡民逃其上曰溃 在上曰逃
32. 凡会诸侯不书所会 后也 后至不书其国 辟不敏也
33. 凡崩薨不赴则不书 祸福不告亦不书 惩不敬也
34. 凡胜国曰灭之 获大城焉曰入之
35. 凡诸侯会公 不与不书 讳君恶也 与而不书
36. 凡弑君 称君君无道也 称臣臣之罪也
37. 凡师出与谋曰及 不与谋曰会
38. 凡诸侯之大夫违 告于诸侯 曰某氏之守臣某 失守宗庙敢告所有玉帛之使者 则告 不然则否
39. 凡火人火曰火 天火曰灾
40. 凡大子之母弟 公在曰公子 不在曰弟
41. 凡称弟皆母弟也
42. 凡自虐其君曰弑 自外曰戕
43. 凡诸侯嫁女 同姓媵之 异姓则否
44. 凡君不道于其民 诸侯讨而执之 则曰某人执某侯
45. 凡去其国 国逆而立之曰入 复其位曰复归 诸侯纳之曰归 以

恶曰复入

46. 凡诸侯即位 小国朝之 大国聘焉 以继好结信 谋事补阙 礼之大者也

47. 凡诸侯之丧 异姓临于外 同姓于宗庙 同宗于祖庙 同族于祢庙

48. 凡书 取言易也 用大师焉曰灭 弗地曰入

49. 凡克邑不用师徒 曰取

50. 凡获器用 曰得

据此,“五十凡”三字,应该有所标点。或标点作“《春秋》”“五十凡”,会令人误会《春秋》内有“五十凡”,实则出于《春秋左氏传》(左丘明,鲁之太史)。读书不能不求甚解,当今知晓“春秋五十凡”之义者鲜。因此改作:

《春秋五十凡》曰:“凡师能左右之曰以。”臣擅君命,是“以其国君凶”也。

无妄

p. 73

1. 其谓三,三以阴居阳,失位不正,故匪正。

彧按:彖辞曰“其匪正有眚”,所谓之“其”是匪正之三,应该标点强调与一般“其”字不同。因此改作:

“其”谓三,三以阴居阳,失位不正,故“匪正”。

p. 74

1.《说文》曰:“屯,难也,象草木之生,屯然而难。”《易》曰:“屯,刚柔始交而难生。”屯卦辞,屯指初,此指上也。

改作:

《说文》曰“屯,难也。象草木之生,屯然而难”,《易》曰“屯,刚柔始交而难生”,故曰“体屯难”。“不利有攸往”屯卦辞,屯指初,此指上也。

2. 三曰邑人之灾,上曰行,有眚。《象传》云:“天命不右,行矣哉。”故云灾及邑人,天命不右。

或按:前注有“灾及邑人,天命不右”文。因此改作:

三曰“邑人之灾”,上曰“行有眚”,《象传》云“天命不右,行矣哉”,故云“灾及邑人,天命不右”。

3.《汉书·律历志》云:“《易》九厄曰:初入元,百六,阳九。”孟康注云:“《易传》也。所谓阳九之厄,百六之会。”寻九厄当作无妄,即《易·无妄》,故孟康以为《易传》。篆无妄与九厄相似,故误从之。《易·无妄传》疑七十子之门人所撰,如魏文侯之《孝经传》也。《律历志》又云:“经岁四千五百六十,灾岁五十七。”故一元之中,四千六百一十七岁,所谓《易·无妄》之应也。

或按:梁萧统编《文选》卷五录左太冲《吴都赋》,刘渊林注文有“《易·无妄》曰,灾气有九,阳厄五,阴厄四,合为九。一元之中四千六百一十七岁,各以数至阳厄,故云百六之会”句。《汉书·律历志》:“《易九厄》曰,初入元百六阳九,次三百七十四阴九,次四百八十阳九,次七百二十阴七,次七百二十阳七,次六百阴五,次六百阳五,次四百八十阴三,次四百八十阳三,凡四千六百一十七岁。与一元终经岁四千五百六十,灾岁五十七。”阳厄五合计 2386,阴厄四合计 2174,阴阳厄合计 4560,再加 57,共计 4617。《汉书·律历志》于“易九厄”前曰:“此中朔相求之术也。朔不得中,是为闰月,言阴阳虽交,不得中不生。故日法乘闰法是为统岁,三统是为元岁,元岁之闰,阴阳灾三统闰法。”

由此可知,《汉书·律历志》所谓“易九厄”,应该是刘歆推《三统历》的依据。孟康注曰“易传也所谓阳九之厄百六之会者也”,可能有商量。谁人单为《无妄》一卦作传而谈历法?刘歆如何能据《易·无妄》制定《三统历》?朱彝尊《经义考》:“王应麟曰‘《三统历》引《易九厄》’。按:阳九百六之义,本于《九厄谶》。其文云‘三统是为元岁,元岁之闰阴阳灾,初入元百六阳九,次三百七十四阴九,次四百八十阳九,次七百二十阴七,次七百二十阳七,次六百阴五,次六百阳五,次四百八十阴三,次四百八十阳三,凡四千六百一十七岁,与一元终经岁四千五百六十,灾岁五十七’。”是汉时有《易九厄》之书,因此改作:

《汉书·律历志》云:“《易九厄》曰,初入元,百六阳九。”孟康注云:“《易传》也。所谓阳九之厄,百六之会。”寻“九厄”当作“无妄”,即《易无妄》,故孟康以为《易传》。篆“无妄”与“九厄”相似,故误从之。《易·无妄》传,疑七十子之门人所撰,如魏文侯之《孝经传》也。《律历志》又云“经岁四千五百六十,灾岁五十七”,故一元之中,四千六百一十七岁,所谓《易无妄》之应也。

p. 75

1.《汉书·武帝纪》曰:“君者,心也。民犹支体,支体伤则心憯怛,故云君以民为体,邑人灾则支体伤,故云君之疾也。”

彧按,《汉书·武帝纪》:“诏曰:朕闻咎繇对禹曰在知人,知人则哲,惟帝难之。盖君者心也,民犹支体,支体伤则心憯怛。”因此改作:

《汉书·武帝纪》曰“君者心也,民犹支体,支体伤则心憯怛”,故云“君以民为体”,邑人灾则支体伤,故云“君之疾”也。

2. 巽为木,艮为石,故称药,虞义也。《说卦》曰:“巽为木,艮为小石,草木所以治病。”

改作:

“巽为木,艮为石,故称药”,虞义也。《说卦》曰“巽为木”、“艮为小石”,草木所以治病。

大畜

p. 76

1. “故日闲舆卫”,四库本同。校点者改作“故曰闲舆卫”,并且不出校勘记。

彧按:惠栋注九三“曰闲舆卫”,特意指出:“曰读为日。离为日,坎为闲习,坎为车舆,乾人在上,震为惊卫,讲武闲兵,故日闲舆卫也。”惠氏注《易》本汉学,查《周易集解》及惠栋编《新本郑氏周易》,皆作“日闲舆卫”,而虞翻曰:“离为日,二至五体师象。坎为闲习,坤为车舆,乾人在上,震为惊卫,讲武闲兵,故曰‘日闲舆卫’也。”所以惠氏此注主要是引虞翻说,不能擅自改“日”字作“曰”。回改之。

p. 77

1. 故三进良马,逐之象也。改作:故三进,“良马逐”之象也。

2. 坎称习,坎故为闲习。改作:坎称“习坎”,故为“闲习”。

颐

p. 79

1. 管子曰:“伏暗能存能亡者,蓍龟与龙是也。龟生于水,发之于火,于是为万物先,为祸福正,故谓之灵龟也。”

改作:

管子曰“伏暗能存能亡者,蓍龟与龙”是也。龟生于水,发之于火,于是为万物先,为祸福正,故谓之“灵龟”也。

2.《考工记》外骨龟属故取象于龟。损二至上,益初至五,皆有颐象,故损之六五,益之六二,皆言龟义或然也。然汉学无有及此者。

改作:

《考工记》“外骨龟属”,故取象于龟。损二至上、益初至五皆有颐象,故损之六五、益之六二皆言“龟”,义或然也,然汉学无有及此者。

p. 80

1. 虎养于外者,眈眈,眠之专,言求养之专,溦溦求而遂,言得所欲也。改作:虎,养于外者。“眈眈”眠之专,言求养之专。“溦溦”求而遂,言得所欲也。

大过

p. 81

1. 注梯谓初发孚也。改作:注“梯”谓初,发孚也。

p. 82

1.《方言》曰:“乾老也。”义出《易》。郭璞音乾,失之。

彧按:今见四库本《方言》曰“乾都耇,革老也”,郭璞注“乾音干。皆老者皮色枯瘁之形也”。因此改作:

《方言》曰“乾”老也,义出《易》。郭璞音“干”,失之。

2. 虞氏谓阳在二,临十二月,时周之二月。兑为雨泽,枯杨得泽复生梯也。二体乾,故老夫谓二。巽为长女而生梯,故为女妻。二与初比而得初,故云老夫得其女妻,谓得初也。大过之家,过以相与,女妻有子,继世承祀,故无不利。

彧按:《周易集解》虞翻曰:"阳在二也。十二月时周之二月。兑为雨泽,枯杨得泽复生稊。二体乾老,故称'老夫'。女妻谓上兑,兑为少女,故曰'女妻'。大过之家,过以相与,老夫得其女妻,故'无不利'。"因此改作:

虞氏谓"阳在二,临十二月,时周之二月。兑为雨泽,枯杨得泽复生梯"也。"二体乾",故"老夫"谓二。巽为长女而生梯,故为"女妻"。二与初比而得初,故云"老夫得其女妻",谓得初也。大过之家,过以相与,女妻有子,继世承祀,故"无不利"。

习坎

p. 84

1. 三、上承五,隔于六、四,故险且枕。此上虞义也。

彧按:《周易集解》虞翻曰:"三失位,乘二则险,承五隔四,故'险且枕'。"因此改作:

三上承五,隔于六四,故"险且枕"。此上虞义也。

2.《乾凿度》:"坤三不正为小人。"小人勿用,应在上,故诫上勿用也。

彧按:《乾凿度》"孔子曰,极至德之世不过此。乾三十二世消,坤三十六世消"。郑玄注:"三十二君之率,阳得正为圣人,失正为庸人,阴失正为小人,得正为君子。"因此改作:

《乾凿度》坤三不正为"小人","小人勿用",应在上,故"诫上"勿用也。①补校勘记:①"诫",原误作"诫",据四库本改。

离

p. 87

1.《说文》曰:"云,不顺忽出也。从倒子,或从巟,即古文《易》突字。"突,犹冲也。《太玄》曰:"冲冲儿遇,不肖子也。"四震爻,郑氏谓震为长子,爻失正,譬之倒子,故云巟。

彧按:《说文》注"𠫓"字曰:"不顺忽出也,从到子。《易》曰'𠫓如其来如',不孝子𠫓出,不容于内也。凡𠫓之属皆从𠫓。"注"㐬"字曰:"或从到古文子,即《易》𠫓字。"由此可知,"云"字即"𠫓"或"㐬"之误。四库本亦作"云"字。《清经解》本作"𠫓"。惠栋《新本郑氏周易》:"震为长子,爻失正,又互体兑,兑为附决,子居明法之家而无正,何以自断,其君父不忍也。㐬如震之失正,不知其所如。"因此改作:

《说文》曰:"𠫓,不顺忽出也,从倒子。"①或从"㐬",即古文《易》突字。突,犹冲也。《太玄》曰:"冲冲儿遇,不肖子也。"四震爻,郑氏谓"震为长子,爻失正",譬之倒子,故云"㐬"。

补校勘记:①"𠫓",原作"云",四库本同,据清经解本改。

2. 郑氏云:"自目曰涕,坎水为涕,坎从离出,故坎涕出目。㐬古文若。若,词也。"改作:郑氏云"自目曰涕",坎水为涕,坎从离出,故"坎涕出目"。㐬古文若。若,词也。

卷五

周易下经

咸

p. 90

1. 虞云:"耳目之间称辅颊。"又《说文》曰:"辅,颊也。"寻辅近口在颊前,故《淮南子》曰:"靥辅在颊前则好。"是也。耳目之间为权,权在辅上,故曹植《洛神赋》云:"靥辅承权。"《夬》九三壮于頄,頄即权也。颊所以含物,辅所以持口,辅、颊、舌三者并言,明各为一物,是辅近颊而非颊,虞以权为辅,《说文》以辅为颊,皆非也。上为首,故辅颊舌谓上也。兑为辅颊,九家《说卦》文。五与上比,上不之三,故咸其辅颊舌,徒以言语相感而已。传曰:"媵口说也。"言徒送口说。

彧按:《淮南子》:"靥酺在颊则好,在颡则丑。"刘向解:"靥酺者,颊上窐也。窐者在颡,以槷故丑。"曹植《洛神赋》:"明眸善睐,靥辅承权。"

改作:

虞云:"耳目之间称辅颊",又《说文》曰:"辅,颊也"。寻辅近口在颊前，故《淮南子》曰“靥辅在颊前则好”是也。耳目之间为权，权在辅上，故曹植《洛神赋》云“靥辅承权”。《夬》九三“壮于頄”，頄即权也。颊所以含物，辅所以持口，辅颊舌三者并言，明各为一物，是辅近颊而非颊。虞以权为辅，《说文》以辅为颊，皆非也。上为首，故“辅颊舌”谓上也。兑为辅颊，《九家·说卦》文。五与上比，上不之三，故“咸其辅颊舌”。徒以言语相感而已。传曰“滕口说也”，言徒送口说。

恒

p. 90

1. 初利往之四，二利往之五，四、五皆在外卦，故云之外曰往。《彖传》曰：“恒，久也。”寻恒体震、巽，八卦诸爻唯震、巽变，故虞注六五及《彖传》曰“终变成益”，是也。改作：初利往之四，二利往之五，四五皆在外卦，故云“之外曰往”。《彖传》曰：“恒，久也。”寻《恒》体震巽，八卦诸爻唯震巽变，故虞注六五及《彖传》曰“终变成益”是也。

p. 91

1. 六五，恒其德贞，妇人吉，夫子凶。注动正成乾，故恒其德。妇人谓巽初，终变成益，震四复初，妇得归阳，从一而终，故贞，妇人吉也。

改作：

六五，恒其德，贞妇人吉，夫子凶。注动正成乾，故“恒其德”。“妇人”谓巽初，终变成益，震四复初，妇得归阳，从一而终，故“贞妇人吉”也。

2.《穀梁传》曰：“妇人以贞为行者，故贞妇人吉也。”改作：《穀梁传》曰“妇人以贞为行者”，故“贞妇人吉”也。

p. 92

1. 消至三，则天地否隔，不能通矣，故二利居正，与五相应，此荀义也。

彧按：《周易集解》荀爽曰：“阴称小，浸而长，则将消阳，故利正。居二，与五相应也。”因此改作：消至三，则天地否隔，不能通矣。故二利居正"与五相应",此荀义也。

p. 92-93

1. 注应在三,四变,三体离为飞。上失位,变之正,故飞遯。《九师道训》曰:"遯而能飞,吉孰大焉。"故无不利,乾为利也。

彧按:宋王应麟《汉艺文志考证》:"《九师道训》者,淮南王安所造。张平子《思玄赋》'文君为我端蓍兮,利飞遁以保名',注云'遁上九曰,飞遁,无不利'。淮南《九师道训》曰'遁而能飞,吉孰大焉',曹子建《七启》'飞遁离俗'注亦引之。盖以肥为飞。"改作:

注应在三,四变三体离"为飞"。上失位,变之正,故"飞遯"。《九师道训》曰"遯而能飞,吉孰大焉",故"无不利"。乾为利也。

大壮

p. 93-94

1.《方言》曰:"凡草木刺人,北燕朝鲜之间谓之茦,或谓之壮。"郭璞注云:"今淮南亦呼壮为伤,是也。"

《方言》(郭璞注):"凡草木刺人,北燕朝鲜之间谓之茦,《尔雅》曰'茦,刺也'。或谓之壮。今淮南人亦呼壮。壮,伤也。《山海经》谓'刺为伤'也。"

改作:

《方言》曰:"凡草木刺人,北燕朝鲜之间谓之茦,或谓之壮。"郭璞注云"今淮南亦呼壮",为伤是也。

p. 95

1. 应三隔四,故不能退进,穷于上,故不能遂,羸其角之象也。改作:应三隔四,故"不能退",进穷于上,故"不能遂","羸其角"之象也。

晉

p. 96

1.《周礼·大行人》曰:"上公之礼,庙中将币,三享。出入,三问三劳,诸侯三享,再问再劳,诸子三享,壹问壹劳。"是天子三接诸侯之礼也。此兼虞、郑义。一说三接,王接诸侯之礼,觐礼延升,一也。

觐毕致享，升，致命，二也。享毕，王劳之，升，成拜，三也。

或按：《周礼》："大行人掌大宾之礼及大客之仪以亲诸侯"、"上公之礼，执桓圭九寸，缫借九寸，冕服九章，建常九斿，樊缨九就，贰车九乘，介九人，礼九牢，其朝位宾主之闲九十步，立当车轵，摈者五人。庙中将币，三享王礼，再祼而酢，飨礼九献，食礼九举，出入五积，三问三劳。诸侯之礼，执信圭七寸，缫借七寸，冕服七章，建常七斿，樊缨七就，贰车七乘，介七人，礼七牢，朝位宾主之间七十步，立当前疾，摈者四人。庙中将币，三享王礼，壹祼而酢，飨礼七献，食礼七举，出入四积，再问再劳。诸伯执躬圭，其他皆如诸侯之礼。诸子执谷璧五寸，缫借五寸，冕服五章，建常五斿，樊缨五就，贰车五乘，介五人，礼五牢，朝位宾主之闲五十步，立当车衡，摈者三人。庙中将币，三享王礼，壹祼不酢，飨礼五献，食礼五举，出入三积，壹问壹劳。诸男执蒲璧，其他皆如诸子之礼。"比较之后可知，惠氏是节选引用。

宋项安世《周易玩辞》："'昼日三接'，王接侯之礼也。觐礼延升，一也；觐毕致亨，升致命，二也；亨毕王劳之，升成拜，三也。"此说出自宋代姚氏小彭。

《仪礼注疏》（汉郑玄注 唐贾公彦疏）："觐礼第十。注：觐，见也。诸侯秋见天子之礼。""奉束帛，匹马卓上，九马随之，中庭西上奠币，再拜稽首。"郑玄注："侯氏坐取圭，升致命，王受之玉。侯氏降阶东北面，再拜稽首，摈者延之曰升。升成拜乃出。"由此可知，姚小彭之说摘自《觐礼》郑玄注，并非出自《觐礼》原文。

因此改作：

《周礼》"大行人"曰，上公之礼，庙中将币三享，出入三问三劳；诸侯三享，再问再劳；诸子三享，壹问壹劳。是天子三接诸侯之礼也。此兼虞、郑义。一说：三接，王接诸侯之礼。觐礼延升，一也；觐毕致享，升致命，二也；享毕王劳之，升成拜，三也。

p. 97

1. 虞注《说卦》曰："鼠似狗而小，在坎穴中，晋九四是也。"四失位不正而危，故贞厉也。

或按：《周易集解》虞翻曰："似狗而小，在坎穴中，故'为鼠'，晋九四是也。"改作：

虞注《说卦》曰"鼠似狗而小，在坎穴中"，晋九四是也。四失位，不正而危，故"贞厉"也。

2. 动入冥豫，苟义也。豫上六曰："冥豫。"故云动入冥豫。两阴无应，故贞吝也。改作："动入冥豫"，苟义也。豫上六曰"冥豫"，故云"动入冥豫"。两阴无应，故"贞吝"也。

明夷

p. 97

1. 临二至故伤① 补校勘记：①"伤"，原误作"阳"，据四库本、学海堂本改。

p. 98

1.《彖传》谓文王、箕子以正人蒙难，故利艰贞。谓三，三阳得正，为君子而在坎狱中。坎为艰，文王蒙难而得身全，箕子内难而正其志，利艰贞之义也。

改作：《彖传》谓文王、箕子以正人蒙难，故利艰贞"谓三"。三阳得正，为君子而在坎狱中，坎为艰，文王蒙难而得身全，箕子内难而正其志，"利艰贞"之义也。

p. 99

1. 郭璞《洞林》曰："离为朱雀，故为飞鸟。明入地中，为坤所抑，故垂其翼。"改作：郭璞《洞林》曰"离为朱雀"，故"为飞鸟"。明入地中，为坤所抑，故"垂其翼"。

2. 昭五年《春秋传》曰："日之谦当鸟，飞不翔，垂不峻，翼不广。"改作：昭五年《春秋传》曰："日之谦，当鸟飞不翔，垂不峻，翼不广。"

3.《管子·宙合》曰："君立于左，臣立于右，此君臣之分。"①

校勘记：①"此"原误作"故"，今据库本改。

彧按：唐房玄龄注《管子·宙合》"左操五音，右执五味，此言君臣之分也"曰："左阳君道，右阴臣道，故曰君臣之分也。"因此改作：

《管子·宙合》曰君立于左，臣立于右，故"君臣之分"。①

改校勘记：①"故"，四库本与学海堂本均作"此"。

4. 荀氏谓四得位比三,处于顺首,欲上三居五,五体坤为腹,故入于左腹。三南守获五,体坎,坎为心,故获明夷之心。《说卦》曰:"帝出乎震,故震为出。"

彧按:《周易集解》荀爽曰:"阳称左,谓九三也。腹者,谓五居坤,坤为腹也。四得位比三,处于顺首。欲上三居五,以阳为腹心也。故曰'入于左腹,获明夷之心'。"改作:

荀氏谓"四得位比三,处于顺首,欲上三居五",五体坤为腹,故"入于左腹"。三"南守"获五,体坎,坎为心,故"获明夷之心"。《说卦》曰"帝出乎震",故"震为出"。

家人

p. 101

1. 马氏云:"家人以女为奥主,长女、中女各得其正。"故特曰"利女贞"矣。

《周易集解》马融曰:"家人以女为奥主,长女中女,各得其正,故特曰'利女贞'矣。"

改作:马氏云:"家人以女为奥主,长女中女,各得其正,故特曰'利女贞'矣。"

2. "大夫无遂事",读从桓八年《公羊传》文。彼文云:"遂者何?生事也。"何休注云:"生犹造也,专事之辞。夫子制义,妇道无成,故无攸遂。"

《春秋公羊传注疏》(汉公羊寿传 何休解诂 唐徐彦疏):"遂者何?生事也。注:生犹造也,专事之辞。大夫无遂事,此其言遂何?注:据待君命,然后卒大夫也。"因此改作:

"大夫无遂事",读从桓八年《公羊传》文。彼文云"遂者何?生事也",何休注云"生犹造也,专事之辞"。夫子制义,妇道无成,故"无攸遂"。

3.《周礼·笾人》有馈食,《仪礼》有特牲、少牢馈食之礼,皆谓荐孰,故云"馈,馈祭也"。

彧按:《周礼》"笾人掌四笾之实","朝事之笾"、"馈食之笾"、"加笾"、"羞笾"谓之"四笾"。其曰:"馈食之笾,其实枣、栗、桃、干稼、榛实。"郑玄注："馈食，荐孰也。今吉礼存者特牲、少牢，诸侯之大夫士祭礼也。不裸不荐血腥，而自荐孰始，是以皆云馈食之礼。"《仪礼注疏》原目，"特牲馈食礼第十五"，"少牢馈食礼第十六"。"馈食之笾"是干鲜果品素实，而"特牲、少牢馈食"是"不荐血腥"，所谓"皆云馈食之礼"是自"荐熟"而始。因此改作：

《周礼》"笾人"有"馈食"，《仪礼》有"特牲"、"少牢"馈食之礼，皆谓"荐孰"，故云"馈，馈祭也"。

p. 101

1. 虞氏谓三已变，与上易位成坎，坎信为孚，故有孚。乾为君，君德威严，故威如。自上之坤，三上易，位而皆得正，故终吉也。

《周易集解》虞翻曰："谓三已变，与上易位成坎。坎为孚，故'有孚'。乾为威如，自上之坤，故'威如'。易则得位，故'终吉'也。"

改作：虞氏谓："三已变，与上易位成坎，坎信为孚，故'有孚'。"乾为君，君德威严，故"威如"。自上之坤，三上易，位而皆得正，故"终吉"也。

睽

p. 102

1. 睽小事吉注大壮上之三，在系盖取无妄二之五也。小谓五，阴称小。得中应刚，故小事吉。疏此虞义也。卦自大壮来，上六之三，此从四阳二阴之例也。云在系盖取者，系，系词也。盖取，谓十三盖取也。《系下》曰："弦木为弧，剡木为矢。弧矢之利，以威天下，盖取诸睽。"虞彼注云："无妄五之二也。"《彖传》谓柔进上行，故据《系辞》盖取以明之。六五阴爻，故小谓五，阳大阴小，故阴称小。五得中而应乾，五之伏阳，得中应刚，故小事吉。

改作：

睽小事吉注大壮上之三，在《系》"盖取"，无妄二之五也。小谓五，阴称小。得中应刚，故"小事吉"。疏此虞义也。卦自大壮来，上六之三，此从四阳二阴之例也。云"在系盖取"者，系，《系词》也。"盖取"，谓十三盖取也。《系下》曰"弦木为弧，剡木为矢。弧矢之利,以威天下,盖取诸睽",虞彼注云"无妄五之二也"。《彖传》谓"柔进上行",故据《系辞》"盖取"以明之。六五阴爻,故"小谓五"。阳大阴小,故"阴称小"。五得中而应乾,五之伏阳,得中应刚,故"小事吉"。

p. 104

1.《周礼·朝士》职曰:"凡获得货贿、人民、六畜者,委于朝,告于士。"郑彼注云:"委于朝,待来识之。"

彧按,《周礼注疏》:"朝士掌建邦外朝之灋……凡得获货贿人民六畜者,委于朝,告于士,旬而举之,大者公之,小者庶民私之。"郑玄注:"俘而取之曰获,委于朝十日,待来识之者,人民谓刑人奴隶逃亡者。"比较"委于朝十日,待来识之者"与"委于朝,待来识之",虽惠氏阙三字,然亦为直接引用。因此改作:

《周礼》"朝士"职曰"凡获得货贿、人民、六畜者,委于朝,告于士",郑彼注云"委于朝,待来识之"。

2.《尚书·柴誓》曰:"马牛其风,臣妾逋逃,勿敢越逐,只复之。"是其事也。

彧按:今《尚书》无"柴誓"。查《周书·费誓》曰"马牛其风,臣妾逋逃,勿敢越逐,只复之,我商赉汝。乃越逐不复,汝则有常刑"。宋毛居正《六经正误》曰:"《书》柴誓,今《书》作费。"宋王观国《学林》:"许慎《说文》曰,北棐音祕,鲁东郊地名也。《广韵》曰,鄪亦作费,邑名,在鲁。又列柴字曰,鲁东郊地名也。盖柴者古文也,鄪费皆隶文也。"

改作:《尚书·柴誓》曰"马牛其风,臣妾逋逃,勿敢越逐,只复之",是其事也。

3.大夫称主君,故昭廿九年《春秋传》曰:"齐侯使高张来唁公,称主君。子家子曰:'齐卑君矣,君只辱焉'。"知五非主也。

彧按:《春秋左传》:"二十九年春,公至自乾侯,处于郓。齐侯使高张来唁公,称主君。子家子曰,齐卑君矣,君只辱焉。公如乾侯。"《音义》"只音支","只"有适、恰好意,与"只"字"地神"意思不同。因此补校勘记:

大夫称主君，故昭廿九年《春秋传》曰："齐侯使高张来唁公，称主君。子家子曰：'齐卑君矣，君只辱焉'。"①知五非主也。

① "只"，四库本、学海堂本同，《春秋左传》作"只"。

4. 郑氏注《周礼·司刑》曰："劓，截其鼻也，故曰割鼻为劓。夏之黥，即周之墨。"乾五为天，二阴之五，故以阴墨其天。

彧按：《周礼》："司刑掌五刑之灋，以丽万民之罪。墨罪五百，劓罪五百，宫罪五百，刖罪五百，杀罪五百。"郑玄注："墨，黥也。先刻其面，以墨窒之。劓，截其鼻也。今东西夷或以墨、劓为俗。"因此改作：

郑氏注《周礼》"司刑"曰"劓，截其鼻也"，故曰"割鼻为劓"。夏之黥，即周之墨。乾五为天，二阴之五，故"以阴墨其天"。

5. 于礼为魂车，《既夕》荐车，郑彼注云："今之魂车，载而往，迎而归，如慕如疑。"乖违之家有是象也。

彧按：《仪礼·既夕》"荐车直东荣北辀"，郑玄注"荐，进也。进车者，象生时将行陈驾也。今时谓之魂车。辀，辕也。车当东荣东陈，西上于中庭"。因此改作：

于《礼》为"魂车"。《既夕》"荐车"，郑彼注云"今之魂车"。载而往，迎而归，如慕如疑。乖违之家，有是象也。

6. 昏礼设尊，是为壶尊。扬子《太玄》曰："家无壶，妇承之姑。测曰：'家无壶，无以相承也。'"若然，说壶者，妇承姑之礼与。壶器大腹有口，盛坎酒于中，故后说之壶也。

彧按：《周礼》"以昏冠之礼亲成男女"，王昭禹曰"昏冠之礼，谓昏礼、冠礼"。惠栋之父惠士奇《礼说》："古《易》皆作壶。壶，尊也。昏礼设尊于室为内尊，又尊于房户东为外尊。此之谓设壶。"扬雄《太玄》："次二家无壶，妇承之姑，或洗之涂。测曰，家无壶，无以相承也。"因此改作：

昏礼"设尊"，是为"壶尊"。扬子《太玄》曰："家无壶，妇承之姑。测曰：家无壶，无以相承也。"若然，说壶者，妇承姑之礼与？壶器大腹有口，盛坎酒于中，故"后说之壶"也。

卷六

蹇

p. 108

1. 注连、辇、蹇、难也。改作:注连,辇;蹇,难也。

2. 故云连、辇、蹇、难也。改作:故云"连,辇;蹇,难"也。

3. 终得初应,故象曰:"当位实也。"改作:终得初应,故象曰"当位实也"。

解

p. 109

1. 二变时,艮为背,谓三以四艮倍五也。五来寇三时,坤为车。改作:二变时艮为背,谓三以四艮倍五也。五来寇三,时坤为车。

p. 110

1.《汉书》载《禹贡》倍尾山,《史记》作负尾,俗作倍,字随读变,《礼记·明堂位》:"负斧依。"负又作倍,故云负倍也。

彧按:班固《汉书·地理志》:"使禹治之,水土既平,更制九州,列五服,任土作贡,曰禹敷土……熊耳外方,桐柏至于倍尾。"《史记》:"熊耳外方,桐柏至于负尾。"《礼记·明堂位》:"天子负斧依,南乡而立。"郑玄注:"天子,周公也。负之言偝也。"因此改作:

《汉书》载《禹贡》"倍尾"山,《史记》作"负尾"。俗作倍,字随读变。《礼记·明堂位》"负斧依"。负又作倍,故云"负,倍也"。

2. 案:《系上》子曰:"为易者其知盗乎。"

彧按:《系辞上》:"子曰作《易》者其知盗乎。"改作:案:《系上》"子曰为《易》者其知盗乎"。

3. 虞彼注云:"否上之二成困,三暴嫚,以阴乘阳,二变入宫为萃,五之二而夺三成解。"故云五来寇三,时坤为车,谓萃坤也。

彧按:《周易集解》虞翻曰:"否上之二成困,三暴慢,以阴乘阳,二变入宫为萃,五之二夺之成解。"惠氏引用只有"五之二夺之成解"句略有不同。

改作:虞彼注云"否上之二成困,三暴嫚,以阴乘阳,二变入宫为萃,五之二而夺三成解”,故云“五来寇三”。“时坤为车”,谓《萃》坤也。

4.母,古文拇,而女也。初上应四,四之母也,故云初为四母。

改作:母,古文拇。而女也初上应四,四之母也,故云“初为四母”。

5.《释鸟》曰:“鹰隼丑其飞也翚。”离为飞鸟,故为隼。五之二成坎,弓离矢三,动成乾,贯离隼,体大过,故入大过死。

改作:

《释鸟》曰:“鹰,隼丑,其飞也翚。”离为飞鸟,故“为隼”。五之二,成坎弓离矢,三动成乾,贯离隼体大过,故“入大过死”。

损

p.111

1.《序卦》曰:“缓必有所失,损者失也,故名损。”彧按:此处非校点者水平问题,乃是做事不认真。为什么不核对原文?改作:《序卦》曰“缓必有所失”,损者失也,故名“损”。

2.上爻辞:“利有攸往”,正指三也。改作:上爻辞“利有攸往”,正指三也。

3.木器而圆,簋象,郑义也。《三礼图》曰:“簋受斗二升,足高一寸,中圆外圆,挫其四角,漆赤中,其饰如簠盖。”簋以木为之,内外皆圆,故知木器而圆,簋象也。

彧按:宋聂崇义《三礼图集注》:“旧图云,内方外圆曰簋。足高二寸,漆赤中。臣崇义案:郑注《地官》舍人、《秋官》掌客及《礼器》云,圆曰簋,盛黍稷之器。有盖,象龟形。外圆函方,以中规矩。天子饰以玉,诸侯饰以象。又案:《考工记》旊人为簋,受一斗二升,高一尺,……又案:贾疏解‘舍人注’云,方曰簠,圆曰簋。皆据外而言也。”因此改作:

“木器而圆,簋象”,郑义也。《三礼图》曰簋受斗二升,足高一寸,中圆,外圆挫其四角,漆赤中,其饰如簠。盖簋以木为之,内外皆圆,故知“木器而圆,簋象”也。

4.二升五成益,益者神农,盖取以兴耒槈之利,而成既济者也。

故云耒耨之利既成,用二簋盛稻与粱,以享于上。

彧按:《系辞下》曰“包牺氏没,神农氏作,斲木为耜,揉木为耒。耒耨之利,以教天下,盖取诸益”。因此改作:

二升五成益,益者神农“盖取”以兴“耒耨之利”,而成既济者也。故云“耒耨之利既成,用二簋盛稻与粱,以享于上”。

p. 112

1. 注二、五已变成益,故或益之。坤为十,兑为朋,三、上失位,三动离为龟。改作:注二五已变成益,故“或益之”。坤为十,兑为朋,三上失位,三动离为龟。

2. 遄,速,《释诂》文。酌与勺同,《说文》曰:“挹取也。”《坊记》曰:“上酌民言。”郑注云:“酌犹取也。”《春秋》僖八年,郑伯乞盟。《公羊传》曰:“盖酌之也。”训与《说文》郑氏同,故云“酌,取也”。

彧按:《春秋公羊传》:“八年春王正月……郑伯乞盟。乞盟者何? 盖酌之也。”改作:

“遄,速”,《释诂》文。酌与勺同,《说文》曰“挹取也”。《坊记》曰“上酌民言”,郑注云“酌犹取也”。《春秋》僖八年“郑伯乞盟”,《公羊传》曰“盖酌之也”。训与《说文》、郑氏同,故云“酌,取也”。

3. 二居五,取上益三,故二与上皆云弗损。益之,谓益三也。酌损上以益三,故曰酌损之也。改作:

二居五,取上益三,故二与上皆云“弗损益之”,谓益三也。酌损上以益三,故曰“酌损之”也。

p. 113

1. 二失正体兑,兑为毁折,故云失正毁折。二当之五,故云不征之五则凶。不征言征,犹不如言如,郭璞所谓诂训义有反覆旁通者也。

彧按:顾炎武《日知录》:“《公羊传》隐公七年母弟称弟,母兄称兄。注:母弟,同母弟。母兄,同母兄。不言同母言母弟者,若谓不如言如矣。齐人语也。”《尔雅》“徂在存也”,郭璞注“以徂为存,犹以乱为治,以曩为曏,以故为今。此皆诂训义有反覆旁通,美恶不嫌同名”。因此改作：

二失正体兑，兑为毁折，故云“失正毁折”。二当之五，故云“不征，之五则凶”。不征言征，犹“不如言如”，郭璞所谓“诂训义有反覆旁通”者也。

2.《汉书·食货志》曰：“元龟岠冉长尺二寸，直二千一百六十，为大贝十朋。”《易》十朋者，元龟之直，义亦通也。

彧按：班固《汉书·食货志》：“元龟岠冉长尺二寸，直二千一百六十，为大贝十朋。”改作：

《汉书·食货志》曰：“元龟岠冉，长尺二寸，直二千一百六十，为大贝十朋。”《易》“十朋”者，元龟之直。义亦通也。

3.上动应三，六爻皆正，故成既济，家人体坏，故曰无家。谷永释此经云：“言王者臣天下，无私家也。”王肃谓得臣则万方一轨，故无家也。

彧按：班固《汉书·五行志》：“成帝鸿嘉永始之间，好为微行出游，选从期门郎有材力者及私奴客，多至十余，少五六人，皆白衣袒帻，带持刀剑，或乘小车，御者在茵上或皆骑，出入市里郊壄，远至旁县。时大臣车骑将军王音及刘向等数以切谏。谷永曰：《易》称‘得臣无家’，言王者臣天下，无私家也。今陛下弃万乘之至贵，乐家人之贱事。厌高美之尊称，好匹夫之卑字……”

改作：

上动应三，六爻皆正，故“成既济”。“家人体坏”，故曰“无家”。谷永释此经云“言王者臣天下，无私家也”，王肃谓“得臣则万方一轨，故‘无家’也”。

益

p. 114

1.礼，含者执璧将命，赗者执圭将命，皆西面坐，委之宰，举璧与圭，此凶事用圭之礼。

彧按：清蔡德晋《礼经本义》：

含者执璧将命，曰寡君使某含相者入告，出曰孤某须矣。含者入，升堂致命，子拜稽颡，含者坐委于殡东南。有苇席，既葬，蒲席降反位。宰朝服,即丧屦升,自西阶西面坐,取璧降自西阶以东。

上介赗执圭将命,曰寡君使某赗相者入告,反命曰孤某须矣。陈乘黄大路于中庭北辀。执圭将命,客使自下由路西,子拜稽颡,坐委于殡东南隅,宰举以东。赗者出,反位于门外。

因此改作:

《礼》"含者执璧将命"、"赗者执圭将命",皆西面坐委之,宰举璧与圭。此凶事用圭之礼。

p. 115

1.《春秋传》曰:"我周之东迁,晋郑是依。"

补校勘记:①"是",学海堂本同,四库本作"焉",是。

2.《九家易》曰:"阴者起遘终坤,万物成孰,成孰则给用,故坤为用。震作足,故为作。乾为利,故利用为大作。"

或按,《九家易》曰:"阴言消者,起姤终坤,万物成孰,成孰则给用,给用则分散,故阴用特言消也。"因此改作:

《九家易》曰"阴者起遘终坤,万物成孰,成孰则给用",故"坤为用"。震作足,故"为作"。乾为利,故"利用为大作"。

3.《乾凿度》曰:"坤变初六复曰正,阳在下为圣人。"故体复,初得正。

或按,《周易乾凿度》曰:"孔子曰推即位之术,乾坤三,上中下。坤变初六复,曰正阳在下为圣人。"因此改作:

《乾凿度》曰"坤变初六《复》,曰正阳在下为圣人", 故"体复,初得正"。

p. 116

1. 孟喜《卦图》:"益正月之卦。"《易乾凿度》曰:"孔子曰,益者,正月之卦也。"天气下施,万物皆盛,言王者法天地施政教,而天下被阳德蒙王化。如美宝莫能违害,永贞其道,咸受吉化。德施四海,能继天道也。王用亨于帝者,言祭天也。三王之郊,一用夏正。天气三微而成一著,三著而成一体,方此之时,天地交,万物通,故泰益之卦皆夏之正也。此四时之正,不易之道也。若然,王用亨于帝,乃郊天之祭，故蔡邕《明堂月令论》曰："《易》正月之卦曰泰，其经曰：'王用亨于帝，吉。'孟春令曰：'乃择元日，祈谷于上帝。'"是郊天享帝之事也。

彧按，《周易乾凿度》曰："孔子曰，益之六二'或益之十朋之龟，弗克违，永贞吉。王用享于帝，吉'。益者，正月之卦也。天气下施，万物皆益，言王者之法天地施政教，而天下被阳德蒙王化。如美宝莫能违害，永贞其道，咸受吉化，德施四海，能继天道也。王用享于帝者，言祭天也。三王之郊，一用夏正，天气三微而成一著，三著而成一体。方知此之时，天地交万物通，故泰、益之卦，皆夏之正也。此四时之正，不易之道也。"汉蔡邕《蔡中郎集》："《易》正月之卦曰泰，其经曰'主用享于帝吉'。《孟春令》曰'乃择元日，祈穀于上帝'。"因此改作：

孟喜《卦图》：益，正月之卦。《易乾凿度》曰："孔子曰，益者，正月之卦也。天气下施，万物皆盛。言王者法天地施政教，而天下被阳德蒙王化。如美宝莫能违害，永贞其道，咸受吉化。德施四海，能继天道也。'王用亨于帝'者，言祭天也。三王之郊，一用夏正。天气三微而成一著，三著而成一体。方此之时，天地交，万物通。故泰、益之卦，皆夏之正也。此四时之正，不易之道也。"若然，"王用亨于帝"，乃郊天之祭。故蔡邕《明堂月令论》曰"《易》正月之卦曰泰，其经曰'王用亨于帝，吉'，《孟春令》曰'乃择元日，祈谷于上帝'"，是郊天享帝之事也。

2. 礼，含者执璧将命，赗者执圭将命，皆西面坐，委之宰，举璧与圭者，皆《杂记》文。此诸侯相含且赗，经云凶事，此凶事用圭之礼，故引以为证也。

改作：

"《礼》'含者执璧将命'、'赗者执圭将命'，皆西面坐委之，宰举璧与圭"者，皆《杂记》文。此诸侯相含且赗，经云"凶事"。此凶事用圭之礼，故引以为证也。

3. 三上失位，四利三之正。复四《象》曰："中行独复，以从道也。"故云已得从四。三为公，故告公从也。

彧按：惠氏前注曰“三为公，震为从，三上失位，四利三之正，已得从初，故告公从”，其注疏有“已得从初”与“已得从四”之不同。因此改作：

三上失位，四利三之正，《复》四《象》曰“中行独复，以从道也”，故云“已得从四”。①三为公，故“告公从”也。

补校勘记：①“已得从四”，四库本、学海堂本同。惠氏前注曰“已得从初”。

p. 117

1.《春秋传》曰：“我周之东迁，晋郑焉依者。”隐六年《传》文。《外传》曰：“晋郑是依。”引之以证依迁邦之义也。

彧按：前注《春秋传》曰：“我周之东迁，晋郑是依。”《春秋左传》曰：“郑伯如周，始朝桓王也，王不礼焉。周桓公言于王曰，我周之东迁，晋郑焉依。善郑以劝来者，犹惧不蔇，况不礼焉，郑不来矣。”晋杜预《春秋释例》：“我周东迁，晋郑是依。”明王樵《春秋辑传》：“我周之东迁，晋郑为依。”因此改作：

《春秋传》曰“我周之东迁，晋郑焉依”者，隐六年《传》文。《外传》曰“晋郑是依”。引之以证“依迁邦”之义也。

2. ○“谓三”至“之矣”○此虞义也。五为卦主，爻象动内，吉凶见外，三、上易位，成既济之功，故九五爻辞谓三上也。问言而以言，震为言，故为问。《周书·谥法》曰：“爱民好与曰惠。”损上益下，故曰惠。三、上易位，体坎，成既济，坎为孚，在益之家，故有孚惠心。卜不习吉，故勿问元吉。《象》曰：“勿问之矣。”所以著元吉之义也。○“坤为”至“志也”○此虞义也。坤为身，《释诂》曰：“身我也。”故为我。乾阳为德，民说无疆，故有孚惠我德。《象》曰：“大德志也。”此著既济之功成也。○“莫无”至“益之”○此虞义也。爻义不言上益三，而云益初者，据《系辞》专论益自否来也。《诗·殷其雷》云：“莫敢或皇。”郑笺云：“无敢或闲暇时。”故知“莫，无也”。损益盛衰之始，益自否来，否终则倾，故上必益初，所谓安其身而后，动易其心而后语，定其交而后求，自上下下，民说无疆，君子修此三者故全也。倾否之道，自非上，无益初者，故莫益之。否之上九，先否后喜，所以基益之盛。益之上九，立心勿恒，所以极否之衰，损益盈虚，与时偕行之义也。○“上不”至“击之”○此虞义也。上不益初，则消四及五成剥，故以剥灭乾。剥艮为手，故或击之。○旁通至故凶○益初至四体复，复其见天地之心，故体复心。恒体震、巽，震、巽特变，终变成益，九三立不易方，变而失位，或承之羞，故立心勿恒。勿，网也。上不益初，民莫之与。伤之者至，故凶也。

改作：

○“谓三”至“之矣”○此虞义也。五为卦主，爻象动内，吉凶见外，三上易位，成既济之功，故九五爻辞“谓三上也”。“问”言而以言，震为言，故“为问”。《周书·谥法》曰：“爱民好与曰惠。”损上益下，故曰“惠”。三上易位体坎，成既济，坎为孚，在益之家，故“有孚惠心”。卜不习吉，故“勿问元吉”。《象》曰“勿问之矣”，所以著“元吉”之义也。○“坤为”至“志也”○此虞义也。坤为身，《释诂》曰“身我也”，故“为我”。乾阳为德，“民说无疆”，故“有孚惠我德”。《象》曰“大德志也”，此著既济之功成也。○“莫无”至“益之”○此虞义也。爻义不言上益三，而云益初者，据《系辞》。专论益自否来也。《诗·殷其雷》云“莫敢或皇”，郑笺云“无敢或闲暇时”，故知“莫，无也”。损益，盛衰之始，益自否来，否终则倾，故“上必益初”。所谓“安其身而后动，易其心而后语，定其交而后求”，“自上下下，民说无疆”，“君子修此三者故全”也。倾否之道，自非上无益初者，故“莫益之”。否之上九“先否后喜”，所以基益之盛。益之上九“立心勿恒”，所以极否之衰。“损益盈虚，与时偕行”之义也。○“上不”至“击之”○此虞义也。上不益初，则消四及五成剥，故“以剥灭乾”。剥艮为手，故“或击之”。○旁通至故凶○益初至四体复，复“其见天地之心”，故“体复心”。恒体震巽，震巽特变，终变成益，九三“立不易方”，变而失位，“或承之羞”，故“立心勿恒”。勿，网也。上不益初，“民莫之与，伤之者至”，故“凶”也。

夬

p.118

1.《象》曰：“其危乃光也。”①

原校勘记：①“象”，据《周易正义》应为“彖”。

通行本《周易》，“其危乃光也”为夬卦《彖》文。因此改“象”字作“彖”，校勘记改作：

① “彖”，原误作“象”四库本、学海堂本同。据《周易注》改。

p. 119

1. 爻例，初为足。足，止也，故初为止。夬变大壮，位在前，故壮于前止者，虞义也。

或按，《周易集解》虞翻曰：“夬变大壮，大壮震为趾，位在前，故‘壮于前’。”因此改作：

爻例，初为足。足，止也。故“初为止”。“夬变大壮，位在前，故壮于前”止者，虞义也。

p. 120

1. 陆读为睦，古文通，汉唐扶、颂严举碑皆以陆为睦。

或按，惠栋《九经古义》：“古睦字亦作陆，见《唐扶颂》及《严举碑》。”

吴玉搢《别雅》：“和陆和睦也。《唐扶碑》‘内和陆兮外奔赴’，《严举碑》‘九族和陆’，《郭仲奇碑》‘崇和陆’，皆以陆为睦。按：《易》夬卦‘苋陆夬夬’，《释文》云‘陆，蜀才作睦’。二字古或可通。”因此改作：

陆读为“睦”，古文通。汉《唐扶颂》、《严举碑》皆以“陆”为“睦”。

遘

p. 120

1. 妇人以婉娩为其德也。

《周易集解》郑玄曰：“遘，遇也。一阴承五阳，一女当五男，苟相遇耳，非礼之正，故谓之‘遘’。女壮如是，壮健以淫，故不可娶。妇人以婉娩为其德也。”因此改作：“妇人以婉娩为其德也”。

2. 桓八年《穀梁传》曰：“不期而会曰遇。”《传》曰：“遘，遇也。”故苟相遇耳。

或按,《春秋穀梁注疏》卷二(起隐公四年尽十一年):“八年春,宋公卫侯遇于垂。传:不期而会曰遇。遇者,志相得也。”《周易·杂卦传》:“姤,遇也。”因此改作:

桓八年《穀梁传》曰“不期而会曰遇”,①《传》曰“遘,遇也”,故“苟相遇耳”。补校勘记:①“桓”,四库本、学海堂本同。据《春秋穀梁注疏》当作“隐(公)”。

p. 121

1. 又郑注《周礼·九嫔》四德妇容云:“妇容谓婉娩。”故妇人以婉娩为其德也。

或按,《周礼》:“九嫔掌妇学之灋,以教九御,妇德、妇言、妇容、妇功,各帅其属,而以时御敘于王所。”郑玄注:“妇德谓贞顺,妇言谓辞令,妇容谓婉娩,妇功谓丝枲。”因此改作:

又郑注《周礼》“九嫔”四德“妇容”云“妇容谓婉娩”,故“妇人以婉娩为其德也”。

2. 注鱼谓初,四欲应,初为二所苞,故无鱼。复震为起,四失位,故起凶。改作:“鱼”谓初,四欲应初,为二所苞,故“无鱼”。《复》震为起,四失位,故“起凶”。

p. 122

1. 此虞、九家义也。铱,《说文》作檷,古文通,络丝趺也,趺与跗同。

或按,《说文》:“檷,络丝檷。从木尔,声读若柅。”《释文》:柅“《说文》作檷,云‘络丝趺’也。”

改作:此虞、《九家》义也。铱,《说文》作檷,古文通,“络丝趺”也。趺与跗同。

2. 乐本于《易》五月之律名蕤宾。高氏注《月令》云:“仲夏阴气萎蕤在下象主人,阳气在上象宾客。”故《参同契》曰:“遘始纪序,履霜最先,井底寒泉,午为蕤宾,宾服于阴。”阴为主人,是其义也。

或按,《吕氏春秋·仲夏五月纪》:“一曰仲夏之月”,高诱注“仲夏,夏之五月”。“其音微,律中蕤宾”,高诱注“蕤宾,阳律也。是月阴气萎蕤在下象主人,阳气在上象宾客”。《参同契》曰:“媾始纪敘,履霜最先。井底寒泉,午为蕤宾。宾伏于阴,阴为主人。”因此改作:

《乐》本于《易》,五月之律名蕤宾。高氏注《月令》云仲夏“阴气萎蕤在下象主人,阳气在上象宾客”,故《参同契》曰“遘始纪序,履霜最先。井底寒泉,午为蕤宾。宾服于阴,阴为主人”是其义也。

萃

p. 124

1. 六三,萃如差如,无攸利,往无咎小吝。注坤为聚,故萃。巽为号无应,故差如。失正,故无攸利。动得位,故往无咎小吝,谓往之四。改作:

六三,萃如,差如,无攸利,往无咎,小吝。注坤为聚,故“萃”。巽为号,无应,故“差如”。失正,故“无攸利”。动得位,故“往无咎”。“小吝”谓往之四。

2. 匪孚谓初也。四、五易位,初变之正,则六体皆正。初为元,坤永贞,故元永贞悔亡。与比彖同义。

彧按:比卦辞曰“元永贞,悔亡”,此萃卦九五爻辞曰“元永贞,悔亡”,因而惠氏谓“与比彖同义”。此处之“彖”指卦辞言,与《彖》传没有关系。校点者有别于凡见“彖”字皆加书名号者,值得称赞。改作:

“匪孚”谓初也。四五易位,初变之正,则六体皆正。初为“元”,坤“永贞”,故“元永贞,悔亡”。与《比》彖同义。

3. 握当读为夫三为屋之屋,此郑读也。案:《周礼·小司徒》曰:“考夫屋。”郑彼注云:“夫三为屋屋,三为井。”又郑注《考工·匠人》云:“三夫为屋,屋具一井之地,三屋九夫,三三相具,以出赋税。”《战国策》曰:“尧无三夫之分,三夫为一屋也。”一屋谓坤三爻。

彧按:《周礼》“小司徒之职……及大比六乡四郊之吏,平教治,正政事,考夫屋及其众寡六畜兵器,以待政令”,郑玄注“四郊之吏,吏在四郊之内,主民事者。夫三为屋,屋三为井。出地贡者,三三相任”。又《周礼》“匠人为沟洫……九夫为井”,郑玄注“九夫为井,井者方一里,九夫所治之田也。采地制井田,异于乡,遂及公邑。三夫为屋,屋具也。一井之中,三屋九夫,三三相具,以出赋税,共治沟也”。《战国策》:“臣闻尧无三夫之分,舜无咫尺之地。”一般标点皆以“小司徒”、“匠人”为书名,非也。因此改作:

“握当读为‘夫三为屋’之屋”,此郑读也。案:《周礼》“小司徒”曰“考夫屋”,郑彼注云“夫三为屋屋,三为井”;又郑注《考工》“匠人”云“三夫为屋,屋具一井之地,三屋九夫,三三相具,以出赋税”;《战国策》曰“尧无三夫之分”,三夫为“一屋”也。一屋谓“坤三爻”。

p. 125

1. ○“坤为”至“之四”○此虞义也。三体坤,坤为众,故萃如,巽为号。两阴无应,故嗟如。以阴居阳,故无攸利。动得位应上,故往无咎。悔吝者言乎其小疵也。三不正而之正,故小吝谓往之四。阴称小也。

或按,《周易集解》虞翻曰:“坤为萃,故‘萃如’。巽为号,故‘嗟如’。失正,故‘无攸利’。动得位,故‘往无咎’。‘小吝’谓往之四。”因此改作:

○“坤为”至“之四”○此虞义也。三体坤,坤为众,故“萃如”。巽为号。两阴无应,故“嗟如”。以阴居阳,故“无攸利”。动得位应上,故“往无咎”。“悔吝者,言乎其小疵也”,三不正而之正,故“小吝谓往之四”。阴称小也。

(因此,前注“坤为聚,故萃”,改作:坤为聚,故“萃”。①补校勘记:①“萃”,按疏文当作“萃如”,似脱“如”字。)

升

p. 126

1. 坤虚无君,故二当之五为大人。二之五体离坎,故离为见,坎为恤。二之五得正,坤为用,故用见大人。勿恤有庆,阳称庆也。改作:

坤虚无君,故“二当之五为大人”。二之五体离坎,故“离为见,坎为恤”。二之五得正,坤为用,故“用见大人,勿恤”。“有庆”,阳称庆也。

2. 荀氏之义，以为此本升卦，巽当升坤上，故六四与众阴退避当升者。荀于需、泰二卦，言乾体上升，坎、坤下降，寻升、需泰三卦，唯需有乾升坎上之象，余所不用也。改作：

荀氏之义以为，此本《升》卦巽当升坤上，故六四与众阴退避。当升者，荀于需、泰二卦言“乾体上升坎，坤下降”。寻升、需、泰三卦，唯需有乾升坎上之象，余所不用也。

p. 127

1. 孟喜《易章句》曰：“易本乎气而后以人事明之，文王爻辞皆据夏商之制。”故云此王谓夏后氏也。

或按：欧阳修《新唐书·历志》：“开元九年麟德历，署日蚀比不效，诏僧一行作新历，推大衍数，立术以应之……其六《卦议》曰‘十二月卦出于《孟氏章句》，其说《易》本于气，而后以人事明之’。”可知，“其说《易》本于气，而后以人事明之”为一行语。因此改作：

孟喜《易章句》，曰《易》本乎气，而后以人事明之。文王爻辞皆据夏商之制，故云“此王谓夏后氏也”。

2. 案：《中庸》言至诚无息而先言积，如天之昭昭，地之撮土，山之卷石，水之一勺，所谓积也。继之云：“维天之命，于穆不已。”又云：“于乎不显，文王之德之纯，纯亦不已。”不已即不息，二升五，积小以成高大，有不息之义。升五得正，故云不息之贞。上比于五，五阳不息，阴之所利，故利于不息之贞也。

或按：《中庸》：“故至诚无息……今夫天斯昭昭之多，及其无穷也，日月星辰系焉，万物覆焉。今夫地一撮土之多，及其广厚，载华岳而不重，振河海而不泄，万物载焉。今夫山一卷石之多，及其广大，草木生之，禽兽居之，宝藏兴焉。今夫水一勺之多，及其不测，鼋鼍蛟龙鱼鳖生焉，货财殖焉。《诗》云‘维天之命，于穆不已’，盖曰天之所以为天也；‘于乎不显，文王之德之纯’，盖曰文王之所以为文也。”因此改作：

案：《中庸》言“至诚无息”而先言“积”，如天之“昭昭”，地之“撮土”，山之“卷石”，水之“一勺”，所谓积也。继之云“维天之命，于穆不已”；又云“于乎不显，文王之德之纯”。纯亦不已，不已即不息。

二升五“积小以成高大”，有不息之义。升五得正，故云“不息之贞”。上比于五，五阳不息，阴之所利，故“利于不息之贞”也。

卷七

困

p.128

1.荀氏谓阴从二升，上成兑，为有言，失中，为不信。

彧按：《周易集解》荀氏曰：“阴从二升上六，成兑为‘有言’，失中‘为不信’。”改作：

荀氏谓：“阴从二升上，成兑为‘有言’，失中为‘不信’。”

p.129

1.京房《易积算》曰：“静为悔，发为贞。”故凡卦爻辞言贞者，皆谓变之正。

彧按，惠栋《易例》：“《京房易传》曰静为悔，发为贞。”《四库全书·京房易传》卷下：“静为悔，发为贞。贞为本，悔为末。”因此改作：

京房《易积算》曰“静为悔，发为贞”，①故凡卦爻辞言“贞”者，皆谓变之正。

补校勘记：①“京房易积算”，惠氏《易例》作“京房易传”，是。

p.130

1.陆氏谓二言享祀，此言祭祀，经互言耳。

彧按《周易集解》陆绩曰：“二言朱绂，此言赤绂；二言享祀，此言祭祀。传互言耳，无他义也。”《困》九二爻辞言“朱绂”、“享祀”，九五爻辞言“赤绂”、“祭祀”，因而惠氏改“传”字作“经”。改作：

陆氏谓“二言享祀，此言祭祀，经互言耳”。

p.130-131

1.《需》九五：“需于酒食。”谓坎也。故坎为酒食。二为大夫，爻例也。坤田为采地，二之上，坤变为坎，故为酒食。古者分田制禄，采地，禄所入，故《乾凿度》曰：“困于酒食者，困于禄也。”郑彼注云：“因其禄薄，故无以为酒食。”云初变坎体坏，故困于酒食，以喻采地薄，不足己用也者,此兼用郑义。郑说本《乾凿度》,唯释酒食以初辰在未,未上值天厨,酒食象,此据爻辰二十八宿所值而言,今不用也。改作:

《需》九五“需于酒食”谓坎也,故“坎为酒食”。“二为大夫”,爻例也。坤田“为采地”,“二之上”坤变为坎,①故“为酒食”。古者分田制禄,采地禄所入,故《乾凿度》曰“困于酒食者,困于禄也”。郑彼注云“因其禄薄,故无以为酒食”。云“初变坎体坏,故困于酒食,以喻采地薄,不足己用也”者,此兼用郑义,郑说本《乾凿度》。唯释“酒食”以“初辰在未,未上值天厨酒食象”,此据爻辰二十八宿所值而言,今不用也。

补校勘记:①“二之上”,前注曰“上之二”。《周易集解》虞翻曰“否二之上”。

井

p. 132

1. 虞氏谓累,钩罗也。艮为手,巽为繘,离为瓶,手繘折其中,故累其瓶。体兑毁缺,故凶矣。

彧按,《周易集解》虞翻曰:羸,钩罗也。艮为手,巽为繘,离为瓶,手繘折其中,故“羸其瓶”。体兑毁缺,瓶缺漏,故“凶”矣。因此改作:

虞氏谓“累,钩罗也。艮为手,巽为繘,离为瓶,手繘折其中,故累其瓶。体兑毁缺,故凶矣”。

2. 桔槔者,《庄子》所谓凿木为机,后重前轻,挈水若抽,数如泆汤,其名为槔,是也。

彧按,《庄子·天地》曰:“凿木为机,后重前轻,挈水若抽,数如泆汤,其名为槔。”因此改作:

桔槔者,《庄子》所谓“凿木为机,后重前轻,挈水若抽,数如泆汤,其名为槔”是也。

3. 互体离、兑,离外坚中,虚瓶也。改作:互体离、兑,离外坚中虚,瓶也。

4. 坤为丧,故云初之五。坤象毁坏,故无丧。五以阴居初,与四敌应,故失位无应,无应故无得也。改作:坤为丧,故云“初之五,坤象毁坏,故无丧”。五以阴居初,与四敌应,故“失位无应”,无应“故无得”也。

p. 134

1. 郑氏之义,以鲋为小鲜,云九三艮爻也,艮为山,山下有井,必因谷水,水所生无大鱼,但多鲋鱼耳。夫感动天地,此鱼之至大,射鲋井谷,此鱼之至小,故以相况。郑据六日七分,谓中孚十一月卦,卦辞:“豚鱼吉。”巽为鱼,巽以风动天,故云感动天地,此鱼之至大。井五月卦,九二失位,不与五应,故射鲋井谷,言微阴尚未应,卦不能动天地,故云此鱼之至小也。

彧按,《文选注》:“《易》井卦曰‘九二井谷射鲋’,郑玄云‘九二,坎爻也。坎为水,上直巽,生一艮爻也。艮为山,山下有井,必因谷水,所生鱼无大鱼,但多鲋鱼耳,言微小也。夫感动天地,此鱼之至大。射鲋井谷,此鱼之至小。故以相况’。”因此改作:

郑氏之义,以鲋为小鲜,云九三“艮爻也,艮为山,山下有井,必因谷水,水所生无大鱼,但多鲋鱼耳。夫感动天地,此鱼之至大;射鲋井谷,此鱼之至小。故以相况”。郑据六日七分,谓中孚十一月卦,卦辞“豚鱼吉”,巽为鱼,巽以风动天,故云“感动天地,此鱼之至大”。井五月卦,九二失位,不与五应,故“射鲋井谷”,言微阴尚未应卦,不能动天地,故云“此鱼之至小”也。

2. 恻,伤悼也,张璠谓恻然伤道未行也。

彧按,《史记·屈原列传》:“《易》曰井渫不食为我心恻。”集解:张璠曰“可为恻然,伤道未行也”。因此改作:

恻,伤悼也。张璠谓“恻然,伤道未行也”。

3. 马融云:“甃为瓦,裹下达上,是以瓦甓垒井也。”

彧按,《周易集解补释》:“甃,为瓦裹下达上也。”因此改作:

马融云“甃,为瓦裹下达上”,是以“瓦甓垒井”也。

4. 虞唯以初、二变体,噬嗑食,故冽寒泉。此取震半象,不取旁通,今不用也。

彧按,《周易集解》虞翻曰:泉自下出称井。周七月,夏之五月,

阴气在下,二已变坎,十一月为寒泉。初二已变,体噬嗑食,故“冽寒泉食”矣。因此改作:

虞唯以“初二变,体噬嗑食,故‘冽寒泉’”,此取震半象,不取旁通,今不用也。

革

p.135

1.**革**注 遯上之初,与蒙旁通。革,改也。水火相息,而更用事,故谓之革。**巳日乃孚,元亨利贞,悔亡**。注二体离,离象就巳,为巳日。孚谓五,三以言就五。乃者难也,故巳日乃孚。悔亡谓四也,四失正,动得位,故悔亡。已成既济,乾道变化,各正性命,保合大和,乃利贞。故元亨利贞,悔亡矣。与乾《彖》同义。改作:

革注 遯上之初,与蒙旁通。革,改也。水火相息,而更用事,故谓之“革”。**己日乃孚,元亨利贞,悔亡**。注二体离,离象就己,为“己日”。“孚”谓五,三以言就五。乃者难也,故“己日乃孚”。“悔亡”,谓四也。四失正,动得位,故“悔亡”。已成既济,“乾道变化,各正性命,保合大和乃利贞”,故“元亨利贞,悔亡”矣。与乾《彖》同义。

2.疏 “遯上”至“之革”○此虞、郑义也。卦自遯来,遯九来之初,旁通蒙也。九四有孚,改命吉。此卦以四变改命为吉,故云“革,改也”。“息,长也”。谓水火相长而更用事也。此卦之取义有四焉:水火相息,四时更代。《彖辞》“天地革而四时成”,《象辞》“治历明时”,一也。王者受命,改正朔,易服色,亦谓之革。《彖辞》汤武革命,二也。《鸿范》曰:“从革作辛。”马融彼注云:“金之性,从火而更可销铄也。”兑金离火,兑从离而革,三也。鸟兽之毛,四时更易,故《说文》解革字义云:“兽皮治去其毛。”初巩用黄牛之革,五上虎变豹变,四也。卦象兼此四义,故云革也。○二体至同义○此虞义也。二体离为日,晦夕朔旦,坎象就戊,日中则离,离象就巳,故为巳日。阳在二、五称孚,故孚谓五。三革言三就,有孚,故以言就五。二正应五,三孚于五,故巳日乃孚。六爻唯四当革,初巩用黄牛之革,《象》曰:“不可以有为也。”二巳日乃革之,乃者难也,宣八年《公羊传》文。难者重难,言尚未可以革也。三以言就五,人事应而天命未改,必至四而后改命吉,成既济定也。乾道变化,乾坤,元也,变化,亨也,各正性命,贞也,保合大和,利也。四革之正,故元亨利贞,悔亡矣。《乾·文言》曰乾道乃革,谓四体革。乾元用九,故云同义也。

改作:

疏 “遯上”至“之革”○此虞、郑义也。卦自遯来,遯九来之初,旁通蒙也。九四“有孚,改命吉”,此卦以四变改命为吉,故云“革,改也”。息,长也。谓水火相长“而更用事”也。此卦之取义有四焉:水火相息,四时更代。《彖辞》“天地革而四时成”,《象辞》“治历明时”,一也。王者受命,改正朔,易服色,亦谓之革。《彖辞》“汤武革命”,二也。《鸿范》曰“从革作辛”,马融彼注云“金之性从火,而更可销铄也”。兑金离火,兑从离而革,三也。鸟兽之毛,四时更易,故《说文》解革字义云“兽皮治去其毛”。初“巩用黄牛之革”,五、上“虎变”、“豹变”,四也。卦象兼此四义,故云“革”也。○“二体”至“同义”○此虞义也。二体离为日,晦夕朔旦,坎象就戊,日中则离,离象就己,故为“己日”。阳在二五称“孚”,故“孚谓五”。三“革言三就,有孚”,故“以言就五”。二正应五,三孚于五,故“己日乃孚”。六爻唯四当革,初“巩用黄牛之革”,《象》曰“不可以有为也”,二“己日乃革之”。“乃者难也”,宣八年《公羊传》文。难者重难,言尚未可以革也。“三以言就五”,人事应而天命未改,必至四而后“改命吉”,成既济定也。“乾道变化”,乾坤元也;变化亨也;“各正性命”贞也;“保合大和”利也。四革之正,故“元亨利贞,悔亡”矣。《乾·文言》曰“乾道乃革”,谓四体革。“乾元用九”,故云“同义”也。

彧按:惠氏疏“坎象就戊,日中则离,离象就己”,可知作“己日乃革”。“己”字,底本与四库本、学海堂本皆作“巳”或“已”,校点者应该予以纠正。惠疏解惠注,所以应该一如“故云‘革,改也’”,把所有注文加上引号。又《周易》原文,亦当加上引号。此为该书校点者疏忽之处,应该退改之。

p. 136

1. 陆氏谓兑之阳爻称虎阴爻称豹。改作:陆氏谓:“兑之阳爻称虎,阴爻称豹。”

p. 137

1. 蒙体艮革，五乾，故从乾而更，豹变之象。改作：蒙体艮，革互乾，①故从乾而更“豹变”之象。补校勘记：①“互”，原误作“五”，据四库本、学海堂本改。

彧按：惠氏《易经》注疏至革卦乃终，其余鼎、震、艮、渐、归妹、丰、旅、巽、兑、涣、节、中孚、小过、既济、未济十五卦，由惠氏门人江藩及李林松补足。鉴于篇幅，于此不录。

三 惠氏文字训诂之得失

惠氏研究易学，没有今人得见出土资料之幸运。虽其勇于训诂之精神值得肯定，然今日看来不免得失参半。今整理如下。

1. 乾 九三，君子终日乾乾。夕惕若夤。厉无咎。惠氏注：俗本脱夤，今从古。

彧按：今通行本和帛书《周易》均无“夤”字。惠氏失之。

2. 屯 六二，屯如亶如，乘马驙如。匪寇昏冓。

彧按：通行本作“媾”，帛书《周易》作“屯如坛如乘马烦如匪寇闽厚”。惠氏失之。

3. 屯 上六，乘马班如。泣血瀍如。

彧按：通行本作“乘马班如泣血涟如”，帛书《周易》作“上六乘马烦如泣血连如”。惠氏失之。

4. 蒙 初筮告，再三渎，渎则不告。

彧按：今通行本作“初筮告再三渎渎则不告”，帛书《周易》作“初筮吉再参椟椟即不吉”。惠氏失之。

5. 讼 上九，或锡之槃带。

彧按：今通行本作“或锡之鞶带”，帛书《周易》作“或赐之服带”。惠氏失之。

6. 师 上六，大君有命，开国承家。

彧按：今通行本作“开国承家”，楚竹书《周易》作“开邦承家”（汉避刘邦讳）。惠氏失之。

7. 比　九五，显比。王用三敺。

或按：今通行本作“王用三驱”，帛书《周易》作“三驱”，楚竹书《周易》作“晶驱”。惠氏失之。

8. 小畜　上九，月近望。惠氏注：近读为既。

或按：通行本作“月既望”，楚竹书《周易》与帛书《周易》均作“月几望”。惠氏失之。

9. 履　履虎尾　初九，素履。九二，履道坦坦。九五，夬履。上九，眂履考详。

或按：今通行本作“履虎尾”、“履道坦坦”、“夬履”、“视履考详”，帛书《周易》作“礼虎尾”、“错礼”、“礼道亶亶”、“夬礼”、“视礼考□”。惠氏失之。

10. 泰　初九拔茅茹以其夤

或按：今通行本作“拔茅茹以其彙”，帛书《周易》作“发茅茹以亓胃”。惠氏得之。

11. 否　初六，拔茅茹，以其。

或按：今通行本作“拔茅茹以其彙”，帛书《周易》作“发茅茹以亓胃”。惠氏得之。

12. 九四，匪其尪，无咎。惠氏注：尪，体行不正。尪或作彭，旁声，字之误。

或按：今通行本作“匪其彭”，帛书《周易》作“[匪亓]彭”。惠氏从虞翻，作“匪其尪”。

13. 嗛

或按：今通行本作“谦”，帛书《周易》作“嗛”。惠氏得之。

14. 嗛　上六，征邑国。

或按：今通行本作“征邑国”，楚竹书《周易》作“征邦”。惠氏失之。

15. 豫

或按：今通行本作“豫”，帛书《周易》作“余”。惠氏失之。

16. 豫　初六，鸣豫。帛书《周易》作“初六鸣余”。惠氏得之。

17. 豫　六二，介于石。

或按:今通行本作“介于石”,帛书《周易》作“疥于石”。惠氏失之。

18. 豫 九四,由豫,朋盍戠。

或按:今通行本作“由豫朋盍簪”,帛书《周易》作“允余崩甲谗”。惠氏得之。

19. 观 盥而不观荐。

或按:通行本作“观 盥而不荐”,帛书《周易》作“观盥而不尊”。惠氏失之。

20. 噬嗑 初九,屦校灭止。

或按:今通行本作“屦校灭趾”,帛书《周易》作“句[校灭]止”。惠氏得之。

21. 噬嗑 六三,噬昝肉。

或按:今通行本作“筮腊肉”,帛书《周易》作“筮腊月”。惠氏失之。

22. 复 崩来无咎。惠氏疏:自上下者为崩,京房义也。厥应大山之石颠而下。阳极于艮,艮为石为山,剥之上九消艮入坤,山崩之象。

或按:今通行本作“朋来无咎”,帛书《周易》作“堋来无咎”。惠氏失之。

23. 无妄 六二,不耕获,不菑畬,凶。惠氏疏:旧脱“凶”字,故卦义不明。

或按:今通行本作“不耕获,不菑畬”,楚竹书《周易》与帛书《周易》均无“亡”字。惠氏失之。

24. 大畜 九二,轝说腹。

或按:“轝”,今通行本作“舆”,楚竹书《周易》作“车”,帛书《周易》同。“腹”,楚竹书《周易》作“复”,帛书《周易》作“緮”。惠氏失之。

25. 大畜 六四,童牛之告。惠氏疏:告俗作牿,今从古。

或按:今通行本作“童牛之牿”,楚竹书《周易》作“僮牛之□”,帛书《周易》作“童牛之鞫”。惠氏失之。

26. 颐 六四,颠颐,吉。虎眡眈眈,其欲浟浟。

或按:今通行本作“其欲逐逐”,楚竹书《周易》作“虎见□□亓猷攸攸”,帛书《周易》作“虎视沈沈其容笛笛”。惠氏或得之。

27. 习坎 九五,坎不盈,禔既平。惠氏疏:京房许慎皆云“禔”安也。既安且平,水之德也。

或按:今通行本作“只既平”,帛书《周易》作“塭既平”。惠氏失之。

28. 离 初九,履错然。

或按:今通行本作“履错然”,帛书《周易》作“礼昔然”。惠氏失之。

29. 离 九三,日昃之离。不击缶而歌,则大耋之差。惠氏疏:俗本“差”下有“凶”字者,衍文也。

或按:今通行本与帛书《周易》均有“凶”字。惠氏失之。

30. 咸 初六,咸其母。惠氏疏:母,古文拇,子夏作踇,与拇同。

或按:今通行本作“咸其拇”,楚竹书《周易》帛书作“钦亓拇”,帛书《周易》作“钦亓栂”。惠氏失之。

31. 恒 上六,震恒,凶。惠氏疏:震亦作振,古文震振只三字同物同音。

或按:“震”,今通行本作“震”,楚竹书《周易》作“睿”,帛书《周易》作“敻”。

32. 遯 上九,飞遁,无不利。

或按:今通行本作“肥遁”,“飞”,楚竹书《周易》与帛书《周易》均作“肥”。

宋王应麟《汉艺文志考证》:《淮南》“道训”二篇。《七略》曰:《九师道训》者,淮南王安所造。张平子《思玄赋》:文君为我端蓍兮,利飞遁以保名。注云:遁上九曰飞遁无不利。淮南《九师道训》曰:遁而能飞,吉孰大焉。曹子建《七启》:飞遁离俗。注亦引之。盖以肥为飞。刘向《别录》所校雠中易传,淮南《九师道训》,除复重定著十二篇,淮南王聘善为《易》者九人从之采获,故《中书》著曰“淮南《九师》书”,文中子谓“九师兴而易道微”。

《仲氏易》按张平子《思玄赋》“欲飞遁以保名”,曹植《七启》“飞遁离俗”，凡李善、吕向诸注，皆引《易》上九飞遁无不利，则在唐以前原有《易》本作“飞遁”者，而晁以道辈作伪古易，反不及之，何也。又诸注引《淮南九・师道训》云：遁而能飞，吉执大焉。明焦竑又引金陵摄山碑“缅怀飞遁”以证飞字。大抵不系即肥亦不系即飞，别无二义。杨用修谓古肥作萉，故因萉误蜚，因蜚误飞，则古文萉字反不可考。恐是臆见，知者详之。

清吴玉搢《别雅》：飞遁，肥遁也。《文选》曹植《七启》“飞遁离俗”；《后汉书》张衡《思玄赋》“欲飞遁以保名”；金陵摄山碑“缅怀飞遁”，皆用易遁卦“肥遁”语，而皆以飞代肥，或所见有此异本尔。《淮南・九师道训》曰“遁而能飞，吉孰大焉”。焦弱侯云肥古作萉与蜚相似，后世讹为肥。此说尚未可据。

臣良裘臣：上九肥遁○肥本或作飞。按《淮南子・师道训》云“遁而能飞，吉孰大焉”，张平子《思玄赋》“欲飞遁以保名”，曹植《七启》“飞遁离俗”，凡李善、吕向皆引《易》文为注。前检讨毛奇龄《仲氏易》云：明焦竑又以金陵摄山碑缅怀飞遁为证，是唐前《易》本本有作飞字者。明杨慎则谓古肥作萉，因萉误蜚，因蜚成飞。

33. 大壮，初九，壮于止。

彧按：今通行本作“壮于趾”，帛书《周易》作“壮于止”。惠氏得之。

34. 大壮 九四，壮于大轝之腹。

彧按：今通行本作“大舆之輹”，帛书《周易》作“泰车之緮”。惠氏失之。

35. 簮 初六，簮如。

彧按：今通行本作“晋如”，帛书《周易》作“溍如”。

36. 明夷 六二，明夷，睇于左股，用拼马壮吉。

彧按：今通行本作“明夷，夷于左股，用拯马壮吉”，帛书《周易》作“明夷夷于左股用撜马床吉”。惠氏失之。

37. 明夷 九三，明夷于南守。

彧按：今通行本作“明夷于南狩”，帛书《周易》作“明夷夷于南守”。惠氏或得之。

38. 明夷 六四,入于左腹,获明夷之心,于出门庭。

或按:今通行本作"入于左腹获明夷之心于出门庭",帛书《周易》作"夷于左腹获明夷之心于出门廷"。惠氏失之。

39. 明夷 六五,其子之明夷,利贞。惠氏注:其读为亥,坤终于亥,乾出于子,故其子之明夷。三升五得正,故利贞。马君俗儒,读为"箕子",涉《彖传》而讹耳。

或按:今通行本作"箕子之明夷利贞",帛书《周易》作"箕子之明夷利贞"。惠氏失之。

40. 睽 六三,见舆曳,其牛觢。或按:今通行本作"掣",帛书《周易》作"□"。

41. 睽 上九先张之弧后说之壶 惠氏疏:壶俗作弧,今从古。"壶",今通行本作"弧",帛书《周易》作"壶"。惠氏得之。

42. 解 九四解而母 惠氏疏:母,古文拇。或按:今通行本作"解而拇",楚竹书《周易》同,帛书《周易》作"栂"。惠氏失之。

43. 益六四利用为依迁邦 或按:"邦",今通行本作"国",与帛书《周易》同。为避刘邦讳而改"邦"作"国",惠氏得之。

44. 夬 初九壮于前止 或按:"止"今通行本作"趾",帛书《周易》作"止"。惠氏得之。

45. 遘 或按:"遘",今通行本作"姤",帛书《周易》作"狗",楚竹书《周易》作"敂"。惠氏本郑玄作"遘"。

46. 遘 初六系于金铱 或按:"铱",今通行本作"柅",楚竹书《周易》同,帛书《周易》作"梯"。惠氏从《子夏易传》做"铱",失之。

47. 遘 初六羸豕孚蹢趗 或按:今通行本作"蹢躅",楚竹书《周易》作"是蜀",帛书《周易》作"适属"。惠氏从《释文》"古文",失之。

48. 遘 九二苞有鱼 或按:"苞",今通行本作"包",楚竹书《周易》作"橐",帛书《周易》作"枹"。

49. 萃 六三萃如差如 或按:"差",今通行本作"嗟"。

50. 升 初六粇 或按:"粇",今通行本作"允",帛书《周易》作"允"。

51. 困 上六困于葛藟于倪仉 或按:"倪仉",通行本作"臲"。